# LOS ACTOS PROCESALES
# DE COMUNICACIÓN
# Y SU VINCULACIÓN CON EL EFECTIVO
# EJERCICIO DEL DERECHO DE DEFENSA

## COLECCIÓN
# ÉTICA, JUSTICIA Y PROCESO

# LOS ACTOS PROCESALES DE COMUNICACIÓN Y SU VINCULACIÓN CON EL EFECTIVO EJERCICIO DEL DERECHO DE DEFENSA

Marina Martín González

Dykinson, S.L.

Este libro ha sido sometido a evaluación por parte de nuestro Consejo Editorial
Para mayor información, véase *www.dykinson.com/quienes_somos*

El presente estudio se enmarca en el Proyecto I+D+i de generación de conocimiento y fortalecimiento científico y tecnológico, titulado "Ejes de la Justicia en tiempos de cambio", del Ministerio de Ciencia e Innovación, con REF PID2020-113083GB-100, desde el 1 de septiembre de 2021 hasta el 30 de agosto de 2024; y "Transición Digital de la Justicia", Proyecto estratégico orientado a la transición ecológica y a la transición digital del Plan Estatal de investigación científica, técnica y de innovación 2021-2023, en el marco del Plan de Recuperación, Transformación y Resiliencia, Ministerio de Ciencia e Innovación, financiado por la Unión Europea: Next Generation UE, con REF. RED 2021-130078B-100.

Publicación cofinanciada por el plan de ayudas a la investigación de la Facultad de Derecho de la UNED 2022 para cofinanciar traducciones y ediciones de publicaciones científicas.



Editorial DYKINSON, S.L. Meléndez Valdés, 61 - 28015 Madrid
Teléfono (+34) 91544 28 46 - (+34) 91544 28 69
e-mail: info@dykinson.com
*http://www.dykinson.es*
*http://www.dykinson.com*

ISBN: 978-84-1122-736-0
Depósito Legal: M-1091-2023

Preimpresión:
*Besing Servicios Gráficos, S.L.*
besingsg@gmail.com

*A Gonzalo*
*Por darle sentido a todo*

# ÍNDICE

# ABREVIATURAS

| | |
|---|---|
| ATS | Auto del Tribunal Supremo |
| BOE | Boletín Oficial del Estado |
| CC | Código Civil |
| CE | Constitución Española |
| CGPJ | Consejo General del Poder Judicial |
| CP | Ley Orgánica 10/1995, de 23 de noviembre, del Código Penal |
| F.J. | Fundamento Jurídico |
| LEC | Ley de Enjuiciamiento Civil |
| LECRIM | Ley de Enjuiciamiento Criminal |
| LOPJ | Ley Orgánica del Poder Judicial |
| LOTC | Ley Orgánica del Tribunal Constitucional |
| LPAC | Ley 39/2015, de 1 de octubre, del Procedimiento Administrativo Común de las Administraciones Públicas |
| LRJS | Ley 36/2011, de 1 de octubre, reguladora de la Jurisdicción Social |
| RRM | Real Decreto 1784/1996, de 19 de julio, por el que se aprueba el Reglamento del Registro Mercantil |
| S.A. | Sociedad Anónima |
| SAN | Sentencia de la Audiencia Nacional |
| SAP | Sentencia de la Audiencia Provincial |
| AAP | Auto de la Audiencia Provincial |
| S.L. | Sociedad de Responsabilidad Limitada |
| STC | Sentencia del Tribunal Constitucional |
| STS | Sentencia del Tribunal Supremo |
| TIC | Tecnologías de la Información y la Comunicación |
| TRLSC | Real Decreto Legislativo 1/2010, de 2 de julio, por el que se aprueba el Texto Refundido de la Ley de Sociedades de Capital |
| TSJ | Tribunal Superior de Justicia |

# PRÓLOGO

Nos resulta muy grato y –¿por qué omitirlo?– también muy emocionante presentar hoy –a modo de prólogo– la monografía de una joven jurista –la Prof.ª Doctora Marina Martín González– caracterizada por su inteligencia, voluntad y constancia. A escasos días del alumbramiento su primer hijo, Gonzalo, y con un estado de "buena esperanza" llegado casi a su término, defendió, el pasado 28 de octubre de 2022, en la Facultad de Derecho de la Universidad Nacional de Educación a Distancia, una excelente Tesis Doctoral, titulada "La renovación del sistema de notificaciones en el proceso civil", por la que obtuvo la máxima calificación: Sobresaliente cum laude por unanimidad.

El libro que hoy ve la luz –"Los actos procesales de comunicación y su vinculación con el efectivo ejercicio del derecho de defensa"– sintetiza una parte de esta brillante Tesis Doctoral, elaborada durante los últimos cinco años, bajo la atenta dirección de las Prof.ª Fernanda Moretón Sanz (Profesora Titular de Derecho Civil de la UNED, Defensora del Universitario) y Sonia Calaza López (Catedrática de Derecho Procesal de la UNED). Tanto la elaboración de la Tesis como su publicación se enmarcan en dos relevantes Proyectos de Investigación de los que tanto la Profª. Dra. Marina Martín González, como sus Directoras, forman parte; en concreto, los siguientes: Proyecto I+D+i de generación de conocimiento y fortalecimiento científico y tecnológico, titulado "Ejes de la Justicia en tiempos de cambio", del Ministerio de Ciencia e Innovación, con REF PID2020-113083GB-100, desde el 1 de septiembre de 2021 hasta el 30 de agosto de 2024; y "Transición Digital de la Justicia", Proyecto estratégico orientado a la transición ecológica y a la transición digital del Plan Estatal de investigación científica, técnica y de innovación 2021-2023, en el marco del Plan de Recuperación, Transformación y Resiliencia, Ministerio de Ciencia e Innovación, financiado por la Unión Europea: Next Generation UE, con REF. RED 2021-130078B-100.

La Profª. Marina Martín González es una joven promesa en el mundo de la Justicia; de profesión, Procuradora de los Tribunales y por devoción, Profesora del Máster de la Procura de la UNED, nos impacta no solo con la elaboración de esta sugerente monografía, sino también con trabajos de investigación previos tan relevantes como los siguientes: "La comunicación edictal en el proceso civil y su digitalización a través del Tablón edictal judicial único", *Revista General de Derecho Procesal* 56 (2022), ISSN 1696-9642; o "La definitiva tecnificación de las comunicaciones judiciales dirigidas al justiciable", en "Digitalización de la Justicia: prevención, investigación y enjuiciamiento", Ed. Aranzadi, ISBN 978-84-1124-527-2, Pamplona, 2022.

En esta imprescindible monografía y de la mano de una especialista, el lector podrá acercarse a comprender la verdadera entidad de los actos de comunicación judicial, como resortes que son del derecho a la tutela judicial efectiva y, en su reverso, del derecho a la defensa. La Prof.ª Dra. Marina Martín González parte, en esta obra, conforme a una metodología clásica, del análisis del concepto, naturaleza jurídica, función, clases y contenido de los actos de comunicación; para –a renglón seguido– adentrarse en los confines –no siempre fáciles de transitar– de la doctrina constitucional y su régimen de ineficacia: nulidad. Y todo ello con la complejidad de la sencillez. Este libro contribuirá, sin lugar a dudas, a despejar un buen número de incógnitas que deceleran –cuando no obstaculizan por completo– el tránsito hacia una Justicia más ágil, eficaz, eficiente y cercana.

FERNANDA MORETÓN SANZ
*(Profesora Titular de Derecho Civil de la UNED)*

SONIA CALAZA LÓPEZ
*(Catedrática de Derecho Procesal de la UNED)*

# INTRODUCCIÓN

Los *actos de comunicación* constituyen aquellos actos procesales emanados del órgano jurisdiccional, cuyo principal objetivo consiste en dar a conocer el contenido de una determinada resolución o actuación judicial a su legítimo destinatario.

Con todo, más allá de la función meramente informativa que cabe deducir de esta sucinta y básica definición, lo cierto es que estamos ante un auténtico elemento impulsor de los procedimientos, garantizador de los principios jurídico-naturales de contradicción, audiencia e igualdad de armas procesales, inherentes a la idea de proceso judicial.

En primer lugar, es a través de los actos de comunicación cómo se sitúa a la parte demandada en posición razonable de conocer el proceso incoado en contra de ella y comparecer, en tiempo y forma, en defensa de sus derechos e intereses. Una función trascendental en el proceso que otorga a estos actos procesales una relevancia constitucional, verificada en incontables ocasiones por el Tribunal Constitucional, y los convierte en instrumento capital para la correcta y escrupulosa constitución de la relación jurídica procesal.

Asimismo, una vez personadas las partes en el proceso, es a través de estos actos procesales cómo los distintos intervinientes adquieren un cabal conocimiento de lo que sucede en su tramitación, pudiendo actuar en consecuencia, ya sea para impugnar posibles defectos o para efectuar las alegaciones que estimen oportunas, en tiempo y forma. Los actos de comunicación actúan, por tanto, y a su vez, como vehículo transmisor de las distintas resoluciones que se suceden a lo largo del procedimiento, y como pieza impulsora de las actuaciones judiciales que deben realizarse, permitiendo a las partes el eficaz y legítimo ejercicio de los derechos que les son propios.

En el primer capítulo introductorio del presente estudio, abordaremos el concepto, la naturaleza jurídica y las funciones elementales de los actos de comunicación en el seno del proceso judicial, pasando, seguidamente, al examen de las clases de actos procesales de comunicación, las cuales se abordarán, primero, según sus destinatarios, y, segundo, conforme a la finalidad y objeto de las mismas. En este punto, procede destacar que no nos limitaremos al estudio de la clases enumeradas en el artículo 149 LEC. Por el contrario, iremos más allá, valorando la incorporación de los exhortos como auténtica categoría autónoma de acto de comunicación, en equivalentes términos que las notificaciones, los emplazamientos, las citaciones, los requerimientos, los mandamientos y los oficios.

Una vez finalizado este primer capítulo delimitador del objeto de nuestro estudio, llevaremos a cabo un riguroso análisis jurisprudencial sobre los presupuestos básicos exigidos por el Tribunal Constitucional, a la hora de constatar la existencia de una situación de indefensión con relevancia constitucional derivada de la falta o deficiente realización de un acto procesal de comunicación.

Como verificaremos, y aunque pueda parecer contrario al objetivo esencial de estos actos procesales, nuestro ordenamiento jurídico procesal no condiciona la validez de las comunicaciones judiciales al efectivo conocimiento de su contenido por parte del legítimo interesado. Ello, ciertamente, no carece de sentido pues, de ser así, en caso de darse la absoluta imposibilidad de localizar al destinatario, el procedimiento quedaría paralizado de forma indefinida, con lo cual, la parte actora llegaría a ver frustradas, *de facto*, todas sus pretensiones. En efecto, de una adecuada ponderación entre los derechos fundamentales, de defensa del demandado, y a la obtención de la tutela judicial efectiva de Jueces y Tribunales sin sufrir dilaciones indebidas del actor, surge la necesidad de construir una ficción jurídica de conocimiento, de manera que, una vez observadas todas las normas rectoras de la práctica de los actos de comunicación, se pueda presumir, salvo prueba en contrario, que el interesado ha conocido o, cuando menos ha estado en una posición razonable de conocer.

En definitiva, se trata de un mecanismo legal que dota al proceso de la imprescindible seguridad jurídica y permite, siempre que se haya obrado con la debida cautela y con-forme a Derecho, la continuación del proceso hasta su definitiva resolución, incluso cuando el demandado ha sido declarado en rebeldía. Por esta razón, y dado el perjuicio intrínseco que ello conlleva para el ejercicio del derecho de defensa, la observancia de los preceptos que guían la correcta ejecución de las comunicaciones judiciales será de capital importancia e impedirá que nos encontremos ante una situación de indefensión constitucionalmente relevante. De ahí que nos refiramos, incansablemente, a lo largo de nuestra investigación, a las normas reguladoras de los actos de comunicación como verdadero sistema de garantías protector del derecho de defensa de las partes en el proceso y, en especial, del demandado.

Ahora bien, en este sentido, debemos tener en cuenta, asimismo, que una mera infracción normativa no siempre producirá una situación de indefensión merecedora de amparo en sede constitucional. Y es que, del artículo 166 LEC, como comprobaremos, se desprende la necesidad de que concurra una indefensión material; esto es: una vulneración real y efectiva del derecho de defensa de la parte, razonablemente fundada en la omisión o defectuosa práctica de un acto de comunicación judicial, sin que sea imputable dicho perjuicio a la propia conducta negligente o maliciosa de quien alega la indefensión.

Sentado lo anterior, abordaremos el estudio del especial deber de vigilancia que recae sobre el órgano judicial y, particularmente, sobre el Letrado de la Administración de Justicia, como director y responsable de la correcta práctica de estos actos procesales (art. 152.1 LEC), dirigido a procurar la notificación personal y efectiva del destinatario con carácter previo a acordar la comunicación edictal, sobre todo, cuando se trata del primer llamamiento al proceso de la parte demandada. Comprobaremos, por consiguiente, que la comunicación edictal se concibe por el Tribunal Constitucional como última opción, de carácter supletorio y excepcional, a la que solo procede recurrir cuando, habiéndose desplegado una labor razonable de averiguación del paradero del demandado, se agoten todos los medios denominados ordinarios y personales de comunicación.

En esta línea, con ocasión del estudio de la doctrina constitucional sobre los actos procesales de comunicación, nos ocuparemos, asimismo, del deber de diligencia exigido al actor en la localización del demandado. Un cometido, en definitiva, derivado del principio dispositivo rector del proceso civil, y consistente en aportar cuantos datos de identificación y de localización se conozcan o se puedan conocer de la parte demandada, desplegando una mínima labor de averiguación en registros y bases de datos oficiales de acceso público. Abordando la actuación del actor desde un punto de vista completamente opuesto, examinaremos, asimismo, el concepto de "maquinación fraudulenta" (art. 510.1.4 LEC), desarrollado por el Tribunal Supremo, aplicado a la ocultación por el demandante del paradero real del demandado para evitar su efectiva notificación y, con ello, obtener una ventaja procesal.

Para finalizar, nos detendremos en el deber de diligencia exigido al propio demandado que ha adquirido conocimiento de la existencia del proceso, ya sea por medios extraprocesales o mediante un acto procesal de comunicación defectuoso, desglosado, concretamente, en el deber de comparecer en el proceso y el deber de denunciar la lesión sufrida en su primer acto de comparecencia. Ello, con especial referencia a la doctrina del Tribunal Constitucional sobre el conocimiento extraprocesal como elemento excluyente de la indefensión material.

Seguidamente, nos detendremos en el deber de la parte personada de permanecer localizable a lo largo del proceso, una responsabilidad ya no solo exigida del demandando, sino de todas las partes personadas. Y, por último, como cierre del presente capítulo, observaremos la diligencia exigida al demandado desconocedor del proceso, en particular: a los comerciantes y empresarios con respecto a los procesos derivados de sus actividades comerciales o profesionales; y a los sujetos obligados a la consulta regular de los Diarios y Boletines Oficiales.

Por último, dedicaremos el capítulo tercero de nuestra investigación al estudio del régimen de ineficacia de los actos de comunicación judicial. De esta manera, descenderemos al contenido del artículo 166 LEC, relativo a la "nulidad y subsanación de los actos de comunicación", con el fin de examinar los presupuestos que determinarán la declaración de la nulidad del acto procesal defectuoso, o, por el contrario, como veremos, su convalidación, para, seguidamente, centrarnos en su impugnación a instancia de parte.

Así, tras conocer el momento procesal oportuno para la denuncia de la nulidad de las comunicaciones judiciales defectuosas y verificar la exigencia de efectiva indefensión como presupuesto para su declaración de nulidad, expondremos las vías esenciales de impugnación sin ánimo de ser exhaustivos, pues, como verificaremos, nuestro ordena-miento no prevé una vía de impugnación específica para los actos de comunicación, debiendo acudir, por consiguiente, a los cauces ordinarios y extraordinarios de nuestra legislación procesal para la denuncia de los defectos procesales y las situaciones de efectiva indefensión.

# CAPÍTULO I.
# LOS ACTOS PROCESALES DE COMUNICACIÓN

## 1. CONCEPTO Y NATURALEZA JURÍDICA

Sucintamente, podemos definir los actos de comunicación judicial como actos de naturaleza procesal emanados del órgano jurisdiccional[1], dirigidos a dar a conocer el contenido de una determinada resolución o actuación judicial a su legítimo destinatario[2].

Lejos de ser meros actos instrumentales, nos encontramos ante un elemento clave para la correcta y escrupulosa constitución de la relación jurídico-procesal[3], así como para la buena marcha de los procesos hasta su definitiva terminación. En efecto, conforman el medio a través del cual el demandado adquiere conocimiento de la incoación de un proceso en contra de él, lo que le sitúa en una posición razonable de comparecer y actuar en defensa de sus derechos e intereses legítimos. Asimismo, una vez personadas las partes, estos actos procesales actúan como vehículo de las diversas resoluciones que se suceden a lo largo del procedimiento judicial y operan como elemento impulsor de las actuaciones que han de llevarse a cabo, permitiendo a los litigantes tener perfecto conocimiento de su contenido y proceder en consecuencia[4].

---

1 El presente Capítulo trae causa del epígrafe "Los actos de comunicación judicial", del artículo publicado en la *Revista Estudios Institucionales (R.E.I.)* durante el Programa de Doctorado en Derecho y Ciencias Sociales de la UNED: Martín González, M., (2018), "Introducción a la doctrina constitucional sobre actos de comunicación", *Revista Estudios Institucionales UNED (R.E.I.)*, Vol. V, Nº 9, pp. 214-227.

2 Así definidos en Martín González, M., (2019), "La modernización de la relación de los ciudadanos con la Administración de Justicia", *Revista Internacional Jurídica y Empresarial RIJE*, Nº 2, Madrid, p. 50.

3 SSTC 131/2014, de 21 de julio (BOE nº 199, de 16 de agosto), F.J. 2º; 169/2014, de 22 de octubre (BOE nº 282, de 21 de noviembre), F.J. 3º; 89/2015, de 11 de mayo (BOE nº 146, de 19 de junio), F.J. 3º; 167/2015, de 20 de julio (BOE nº 200, de 21 de agosto), F.J. 3º; 180/2015, de 7 de septiembre (BOE nº 245, de 13 de octubre), F.J. 5º; 150/2016, de 19 de septiembre (BOE nº 263, de 31 de octubre) F.J. 2º; 200/2016, de 28 de noviembre (BOE nº 7, de 9 de enero), F.J. 4º; 6/2017, de 16 de enero (BOE nº 46, de 23 de febrero), F.J. 3º; 50/2017, de 8 de mayo (BOE nº 142, de 15 de junio), F.J. 3º; 32/2019, de 28 de febrero (BOE nº 73, de 26 de marzo), F.J. 4º; 26/2020, de 24 de febrero (BOE nº 83, de 26 de marzo), F.J. 4º, entre otras muchas.

4 Cernada Badía se refiere a los actos de comunicación como "elemento esencial de la publicidad procesal interna". En palabras de la autora, dicha dimensión interna de la publicidad en el proceso "garantiza el principio de contradicción, asegurando el conocimiento por las partes de los actos procesales", (2017), *La notificación judicial electrónica: Garantía del derecho fundamental a la tutela judicial efectiva y retos que plantea a la Administración de la Justicia en España*, Tesis Doctoral, Director: D. Lorenzo Cotino Hueso, Facultad de Derecho de la Universidad de Valencia, Fecha de Lectura: 13/3/2017, pp. 187 y 189. En esta línea, procede destacar a Mejía Salazar, quien añade que "se da en estos casos una clara coordinación entre los principios de publicidad y contradicción", (2017), *La oralidad y los recursos en el proceso civil español*

Estamos, pues, ante el principal punto de unión entre los distintos sujetos intervinientes del proceso judicial[5], y de su realización conforme a Derecho dependerá, como estudiaremos, el avance del procedimiento de una fase a la siguiente, hasta alcanzar la resolución que le ponga fin.

Con relación a la naturaleza jurídica de los actos de comunicación, cabe precisar que estamos ante *actos procesales*[6]. Una especie integrada en el género de *acto jurídico*[7], considerando a éste último como aquella exteriorización de la voluntad humana, a la que el Derecho concede una determinada eficacia en el ámbito jurídico[8].

Ahora bien, dentro de la categoría de *acto jurídico*, y dado que el proceso judicial constituye, en puridad[9], una concatenación ordenada y debidamente reglada de actos procesales, conviene matizar que el *acto procesal*, más allá de ser una actuación voluntaria con consecuencias jurídicas en el proceso, comprende, como señala Montero Aroca, "el acto por medio del que el proceso se realiza"[10]. En otras palabras, hablamos de *actos jurídicos* que, considerados en su conjunto, configuran el *iter procesal*. En esta línea, De La Oliva Santos, precisa: "son actos procesales los actos jurídicos que se realizan en el seno y *como parte de un proceso* y que producen efectos en ese ámbito, aunque puedan tener también eficacia extraprocesal"[11].

---

*y ecuatoriano*, Tesis Doctoral, Director: D. Enrique Vallines García, Facultad de Derecho de la Universidad Complutense de Madrid, Fecha de Lectura: 22/6/2017, pp. 73-74.

[5] Así, Furquet Monasterio, N., (2001), *Los actos de comunicación procesales*, Tesis Doctoral, Dir.: D. Francisco Ramos Méndez, Facultad de Derecho de la Universitat Pompeu Fabra de Barcelona, Fecha de Lectura: 19/4/2002, p. 12.

[6] Integrando los actos de comunicación en la categoría de *actos procesales:* Cubillo López, I., (2000), "Los actos de comunicación. Estudio de la nueva regulación de la notificación a Procurador", *Estudios Jurídicos. Cuerpo de Secretarios Judiciales*, Nº 5, p. 297; Furquet Monasterio, N., (2001), *Op. cit.*, p. 12; Lara López, A.M., (2013), "Tema 18. Actos de comunicación procesal", en Robles Garzón, J.A., (Dir.), *Conceptos Básicos de Derecho Procesal Civil*, Tecnos, 4ª Edición, Madrid, p. 249; Torres Yanes, F., (2016), *Presente y futuro en la comunicación de los actos procesales de la Jurisdicción Civil*, Tesis Doctoral, Dir.: D. Juan Antonio Robles Garzón y Dª Yolanda De Lucchi López-Tapia, Facultad de Derecho de la Universidad de Málaga, Lectura: 22/1/2016, p. 28.

[7] De La Oliva Santos, A., (2019), "Lección 12ª. Los actos procesales: Generalidades", en De La Oliva Santos, A., Díez-Picazo Giménez, I. y Vegas Torres, I. (Coord.), *Curso de Derecho Procesal Civil I. Parte General*, Ed. Universitaria Ramón Areces, 4ª Edición, Madrid, p. 243.

[8] En palabras de Cerrada Moreno, el *acto jurídico* es "cualquier suceso caracterizado por la intervención de la voluntad humana, que produce un efecto jurídico por así preverlo el ordenamiento (...)", (2012), *Actos de comunicación procesal y derechos fundamentales*, Aranzadi, Navarra, p. 45. Por su parte, Lara López los define como "aquellas conductas humanas voluntarias susceptibles de exteriorización a las que el Derecho objetivo otorga eficacia y consecuencias jurídicas", (2013), "Tema 17. Hechos y actos procesales", en Robles Garzón, J.A., (Dir.), *Op. cit.*, p. 235; o, citando a De La Oliva Santos, "conductas humanas voluntarias susceptibles de exteriorización y provistas de eficacia jurídica", (2019), "Lección 12ª...", *Op. cit.*, p. 243.

[9] Sobre la naturaleza jurídica y las distintas concepciones de proceso, se pronuncian Molina Caballero, M.J., (2013), "Tema 7. El proceso como instrumento de la función jurisdiccional", en Robles Garzón, J.A., (Dir.), *Op. cit.*, pp. 129-132; y Armenta Deu, T., (2016), *Lecciones de Derecho Procesal Civil*, 9ª Edición, Marcial Pons, Madrid, pp. 44-45.

[10] Montero Aroca, J., (2016), *El Proceso Civil. Los procesos ordinarios de declaración y de ejecución*, Tirant Lo Blanch, 2ª Edición, Madrid, §21; Recurso electrónico ID Tirant Online: TOL4.091.469.

[11] De La Oliva Santos, A., (2019), "Lección 12ª...", *Op. cit.*, p. 243. En términos similares, destacamos la definición de Lara López, A.M., (2013), "Tema 17...", *Op. cit.*, p. 236. Por su parte, Furquet

Atendida esta definición de *acto procesal* y de *proceso*, CERRADA MORENO destaca la función desempeñada por los actos de comunicación, pues, ciertamente, es a través de esta clase de actos procesales cómo los intervinientes del proceso adquieren conocimiento del contenido de las distintas resoluciones y actuaciones judiciales que se suceden lo largo del proceso y, en definitiva, son informados del devenir de la causa judicial, siendo ello lo que les permite actuar en consecuencia en defensa de sus derechos e intereses legítimos[12].

Esta afirmación nos lleva a poner de manifiesto la transversalidad de los actos de comunicación, por cuanto, desde una perspectiva global, conforman el elemento conductor e informativo que legitima el impulso de los procedimientos judiciales hasta su definitiva terminación[13].

La necesidad de transmitir lo que acontece en el curso del proceso a los sujetos intervinientes[14], presenta un protagonismo tal que, autores como FURQUET MONASTERIO han considerado estrechamente vinculada la perfección jurídica de los *actos procesales* a su efectiva comunicación. Así, citando a la autora, "los actos realizados por un sujeto del proceso no pueden ser ignorados por los demás, sino que, precisamente, por el carácter unilateral y recepticio de los mismos, deben ser conocidos por sus destinatarios para que puedan entenderse perfeccionados"[15].

---

MONASTERIO, asevera que "por acto procesal se entiende cada uno de los actos que conforman la sucesión cronológica y ordenada hacia un fin en la que se divide todo proceso", (2001), *Op. cit.*, p. 12; y PRIETO-CASTRO Y FERRÁNDIZ, considera que "(...) son actos procesales los que realizan las partes y el Tribunal para preparar, iniciar, impulsar y terminar el proceso, logrando el fin que se propone", descripción con base a la cual procede a clasificar los actos procesales en función de su origen: "actos procesales de parte" y "actos procesales del órgano jurisdiccional", (1988), *Derecho Procesal Civil*, Tecnos, 4ª Edición, Madrid, p. 125.

[12] CERRADA MORENO, M., (2012), *Op. cit.*, p. 19. En palabras del Tribunal Constitucional, en su Sentencia nº 14/1987, de 11 de febrero (BOE nº 54, de 4 de marzo), F.J. 3º, "la finalidad de los actos de comunicación procesal consiste en llevar al conocimiento personal de los litigantes las decisiones y resoluciones judiciales a fin de que éstos puedan adoptar ante ella la conducta procesal que consideren oportuna en defensa de sus derechos e intereses". En idéntico sentido, las SSTC 115/1988, de 10 de junio (BOE nº 152, de 25 de junio), F.J. 1º; 195/1990, de 29 de noviembre (BOE nº 9, de 10 de enero), F.J. 3º; 326/1993, de 8 de noviembre (BOE nº 295, de 10 de diciembre), F.J. 3º; 34/2001, de 12 de febrero (BOE nº 65, de 16 de marzo), F.J. 3º, entre otras.

[13] En este sentido GUTIÉRREZ CARBONELL ha afirmado que se trata de "actos procesales de ordenación del desarrollo del procedimiento", (2002), "Artículo 149", en GIMENO SENDRA, V., (Dir.), *Proceso Civil Práctico*, Tomo II, La Ley, Madrid, pp. 430-431.

[14] En idénticos términos, se pronuncia LARA LÓPEZ, al aseverar "todas las actuaciones procesales, principalmente, aquellas que provienen del órgano jurisdiccional deben ser exteriorizadas y comunicadas a la parte –en sentido amplio– a quien interese, ya sea porque hay que darle impulso al procedimiento, o, fundamentalmente, para respetar los más elementales principios del proceso", (2013), "Tema 18...", *Op. cit.*, p. 249.

[15] FURQUET MONASTERIO, N., (2001), *Op. cit.*, p. 12. Conviene advertir en este punto, sin perjuicio de abordar la cuestión en un momento posterior, que la validez de los actos de comunicación no dependerá, en último término, del efectivo conocimiento de su contenido por parte de su legítimo destinatario. Razones de seguridad jurídica y de precisa ponderación de los derechos del destinatario con los derechos de las demás partes involucradas en el proceso, nos llevan a hablar de la validez y eficacia jurídica de comunicaciones cuyo contenido, en el plano fáctico, no llegó a conocimiento de su destinatario, pero sí se efectuó en las condiciones adecuadas para entender que el interesado estuvo en una posición razonable para conocer. En este sentido, como ventilaremos, adquieren un papel crucial las disposiciones integrantes del régimen de notificaciones vigente, al operar como un auténtico sistema de garantías de los derechos de las

En efecto, aunque el acto de comunicación sea un *acto autónomo* de la resolución procesal objeto de noticia –afirmación avalada, declara FURQUET MONASTERIO, "por el hecho de que los eventuales defectos de los que adolezca el acto de comunicación, no afectarán a la validez del acto notificado"[16]–, la eficacia jurídica de esta última, como también advierte esta autora, se verá condicionada, en última instancia, por la validez del acto de comunicación[17].

Pensemos que si se declarase la nulidad de un acto procesal de comunicación o éste no llegara a realizarse, difícilmente la resolución de la que es vehículo podría desplegar sus efectos. Esta aserción refleja con claridad la trascendencia de la correcta realización, conforme a Derecho, de las comunicaciones judiciales y sus consecuencias directas sobre el curso de los procesos.

Ciertamente, de la noción de proceso judicial como concatenación ordenada y reglada de diversos actos procesales dirigidos a alcanzar la resolución definitiva de un litigio[18], se deriva, de forma incontestable, la interdependencia de todos los actos procesales que conforman, en su conjunto, el *iter procesal*. Así, GUASP DELGADO explicaba con acierto que cada acto procesal integrante del procedimiento constituye, por un lado, presupuesto de admisibilidad del siguiente y, por otro, condición de la eficacia del precedente[19].

En esta línea, DE LA OLIVA SANTOS también destaca la *dependencia* existente entre el acto procesal de comunicación y la resolución objeto de notificación, si bien, desde otra perspectiva. De este modo, considera que el acto de comunicación –y, en particular, la notificación–, es un acto procesal "no independiente", al encontrar su origen en la necesidad de transmitir el contenido de una determinada resolución, la cual, a su vez, será la que promueva la realización de un acto posterior[20].

Atendiendo a la clasificación de *actos procesales* de CUBILLO LÓPEZ, en función de su origen[21], añadiremos, sobre los actos de comunicación, que nos encontra-

---

partes y como legítima referencia para determinar la validez de los actos de comunicación. Así lo explican YÉLAMOS BAYARRI, E. (2006), *Nulidad procesal y comunicaciones judiciales fallidas*, Editorial Atelier, Barcelona, pp. 441-446; LARA LÓPEZ, A.M, (2013), "Tema 18...", *Op. cit.*, p. 258; TORRES YANES, F., (2016), *Op. cit.*, pp. 32-33; y CERNADA BADÍA, R., (2017), *Op. cit.*, pp. 197-203.

[16] FURQUET MONASTERIO, N., (2001), *Op. cit.*, p. 19.

[17] FURQUET MONASTERIO, N., (2001), Ibídem; y CERNADA BADÍA, R., (2017), *Op. cit.*, p. 198.

[18] Por su parte, MOLINA CABALLERO, concibe el proceso como "cauce o método a través del cual se desenvuelve el enjuiciamiento jurisdiccional"; o en otros términos, "como cauce de la función jurisdiccional", (2013), "Tema 7...", *Op. cit.*, p. 129.

[19] GUASP DELGADO, J., (1997), *Concepto y método de Derecho Procesal*, Civitas, Madrid, p. 25. En idéntico sentido, TAPIA FERNÁNDEZ, I., (2010), *Lecciones de Derecho Procesal: Introducción*, Colección de Materiales Didácticos, Nº 91, Edita Universitat de les Illes Balears, 2ª Edición, Palma, p. 99; así como BONET NAVARRO, J., (2014), *Justicia de Paz y Alternativa*, Dykinson, Madrid, p. 186.

[20] Así, en DE LA OLIVA SANTOS, A., (2019), "Lección 25ª. Los actos de comunicación en el proceso civil: Generalidades", en DE LA OLIVA SANTOS, A., DÍEZ-PICAZO GIMÉNEZ, I. y VEGAS TORRES, I., (Dir.), *Op. cit.*, pp. 534-535. En los idénticos términos, TORRES YANES, F., (2016), *Op. cit.*, p. 47.

[21] Diferenciando entre *actos procesales del órgano judicial* y *actos procesales de parte* –en función de su origen–, destacamos: PRIETO-CASTRO Y FERRÁNDIZ, L., (1988), *Op. cit.*, 126; FURQUET MONASTERIO, N., (2001), *Op. cit.*, p. 12; LARA LÓPEZ, A.M., (2013), "Tema 17...", *Op. cit.*, p. 236; o DE LA OLIVA SANTOS,

mos ante *actos procesales del órgano jurisdiccional*[22]. Una catalogación dentro de la cual, Torres Yanes precisa que se trata de "actos de ejecución –de *ejecución material*, no ejecutivos, precisa el autor– de lo acordado en el proceso y están, por definición, incardinados en el ámbito de actuación del Letrado de la Administración de Justicia, en tanto que emisor o sujeto activo mediato de los mismos y, en todo caso, por hallarse bajo su dirección y responsabilidad la ejecución material de los mismos"[23].

Efectivamente, conforme al primer inciso del artículo 152.1 LEC, "los actos de comunicación se realizarán bajo la dirección del Letrado de la Administración de Justicia[24], que será el responsable de la adecuada organización del servicio". Ello sin perjuicio de que su ejecución material quede encomendada a otros sujetos, como los funcionarios públicos de los Cuerpos al servicio de la Administración de Justicia o los Procuradores.

Por tanto, estamos ante actos procesales del órgano jurisdiccional, integrados en la esfera de responsabilidad y de actuación del Letrado de la Administración de Justicia, a quien la Ley, en definitiva, atribuye la dirección y correcta organización del servicio.

Reduciendo el concepto de acto de comunicación a su función más elemental, *dar a conocer*, pudiera considerarse, que determinados *actos procesales de parte*[25], como la presentación de escritos y los traslados de copias entre Procuradores[26], también ostentan como finalidad primaria la puesta en conocimiento de una in-

---

A., (2019), "Lección 12ª…", *Op. cit.*, p. 244. Por su parte, Torres Yanes pone de relieve otras taxonomías posibles de los actos de comunicación, dentro de la especie de actos procesales, sistematizándolos según su finalidad, destino, estructura y forma, entre otras subclasificaciones derivadas de las anteriores también señaladas, (2016), *Op. cit.*, pp. 30-32.

[22] Citando el F.J. 4º de la STC 118/1993, de 29 de marzo (BOE nº 107, de 5 de mayo), "los actos de comunicación son, por su autor, actos del órgano jurisdiccional donde se sigue cualquier proceso y su función está conectada directamente a muchos de los principios rectores de esta institución, como el de contradicción, pero muy especialmente al derecho de defensa". De forma simétrica: STC 176/1998, de 14 de septiembre (BOE nº 251, de 20 de octubre), F.J. 2º. Así, Cubillo López, I.J., (1999), *Los actos de comunicación del tribunal con las partes en el proceso civil*, Tesis Doctoral, Dir.: D. Andrés De La Oliva Santos, Universidad Complutense de Madrid, Fecha de lectura: 1/1/1999, pp. 66-68; Furquet Monasterio, N., *Op, cit.*, p. 12; Cerrada Moreno, M., (2012), *Op. cit.*, pp. 19-20; De La Oliva Santos, A., (2019), "Lección 25ª…", *Op. cit.*, p. 532.

[23] Torres Yanes, F., (2016), *Op. cit.*, pp. 29-30.

[24] Recordemos que los "Secretarios Judiciales" pasaron a denominarse "Letrados de la Administración de Justicia", desde la entrada en vigor de la Ley Orgánica 7/2015, de 21 de julio, por la que se modifica la Ley Orgánica 6/1985, de 1 de julio, del Poder Judicial. Esta modificación, declara el Preámbulo de la norma, tenía por objeto dotar a este Cuerpo de funcionarios al servicio de la Administración de Justicia de una nueva denominación más acorde con sus funciones desempeñadas en el seno de la Oficina Judicial.

[25] Lara López define los *actos procesales de parte* como "aquellos que provienen de las personas que integran la posición procesal de demandante o demandado y que o bien configuran el proceso –la presentación de la demanda–, o bien producen efectos procesales –la admisión de hechos por alguna de las partes produce el efecto de evitar la prueba sobre los mismos en el proceso civil–", (2013), "Tema 17…", *Op. cit.*, p. 236.

[26] Definido por De La Oliva Santos como un "sistema de comunicación válida y eficaz entre las partes del proceso", el *traslado previo* entre Procuradores, introducido en nuestro ordenamiento jurídico

formación concreta, surgiendo, en este punto, ciertas dudas sobre si constituyen una especie de actos de comunicación. Al fin y al cabo, la presentación, es el medio a través del cual, las partes ponen en conocimiento del órgano judicial el contenido de los escritos y de los documentos aportados; y, es mediante el traslado de copias, cómo los Procuradores dan a conocer, de forma directa, a las demás partes representadas por Procurador, la presentación realizada[27].

No obstante, según las previsiones sobre los actos procesales de comunicación de la Ley Orgánica 6/1985, de 1 de julio, del Poder Judicial y de la Ley 1/2000, de 7 de enero, de Enjuiciamiento Civil[28], podemos constatar que ambas normas se refieren, de modo exclusivo, a los actos de comunicación emanados del órgano jurisdiccional *hacia el exterior*[29].

---

procesal como una auténtica novedad por la Ley de Enjuiciamiento Civil del 2000, se encuentra regulado en los artículos 276 a 278 LEC, (2019), "Lección 25ª…", *Op. cit.*, pp. 548 y ss.

[27] Furquet Monasterio reparó en los puntos de conexión que podían percibirse entre los actos de comunicación considerados *propios*, por ser calificados como tales por las leyes procesales, y otros actos, precisamente, por razón de su función de puesta en conocimiento. Así, atendiendo a sus características, naturaleza y función, valoró la posibilidad de considerar otros tipos de comunicaciones que pueden producirse en el proceso "del órgano judicial a las partes, de la parte al órgano judicial y de una parte a la contraria", actos de comunicación propios. Con relación a la presentación de escritos o, en general, "los actos que dirigen las partes al tribunal", aseveró que "éstos no requieren un acto autónomo de comunicación, siendo suficiente su simple presentación ante el órgano jurisdiccional. Por tanto, los actos dirigidos al tribunal no se comunican, sino que se presentan". Respecto de los traslados, si bien destaca sus evidentes similitudes con los actos de comunicación, concluye que "siendo muy rigurosos, el traslado no podría ajustarse propiamente al concepto estricto (…) de notificación, por cuanto, como ya se ha dicho, el propósito de la notificación estriba en poner el contenido de un acto en conocimiento de un sujeto determinado, el destinatario, que es precisamente la persona a la cual va dirigido, mientras que en el traslado, aun cuando se hace partícipe a un sujeto del contenido de un acto, éste no es su destinatario, pues el escrito no se dirige a la parte sino al órgano judicial". A su vez, añade, "el traslado desempeña una función adicional que no es predicable de la notificación, pues opera como condición previa para la posterior admisión del acto por el tribunal [ello conforme al art. 277 LEC]", (2001), *Op. cit.*, pp. 22-26.

[28] Regulación contenida en el Capítulo V del Título V del Libro I [artículos 149 a 177] de la Ley 1/2000, de 7 de enero, de Enjuiciamiento Civil –en adelante, LEC–; y en el Capítulo VII del Título III del Libro III [artículos 270-272] de la Ley Orgánica 6/1985, de 1 de julio, del Poder Judicial –en adelante, LOPJ–.

[29] Así definidos por Montero Aroca, quien diferencia entre comunicaciones "hacia el exterior del órgano" –actos "*ad extra*" para Cernada Badía, R., (2017), *Op. cit.*, p. 195–, dentro de las cuales se incluyen los actos de comunicación del órgano jurisdiccional con las partes o con terceros procesales (notificaciones, emplazamientos, citaciones y requerimientos), y con otros órganos judiciales y entidades públicas (oficios, mandamientos y exhortos)–; y comunicaciones "hacia el interior del órgano", dentro de la cual se incluiría la *dación de cuenta*, regulada en los artículos 455 LOPJ y 178 LEC, y que, en palabras de citado autor, "ha venido entendiéndose como la puesta en conocimiento del titular de la potestad jurisdiccional (…), bien de los actos que realizan las partes por escrito, bien de las actas realizadas por el propio letrado de la administración de justicia fuera de la presencia judicial"–, (2016), *Op. cit.*, §21. Esta clasificación de los actos de comunicación, según su doble dirección, recibe su crítica de autores como Furquet Monasterio, N., *Op. cit.*, pp. 24-23. Por su parte, Julve Guerrero, en línea con la mencionada autora, engloba los actos de comunicación y la dación de cuenta bajo la categoría de "actos de mediación" del Secretario Judicial –ahora, Letrado de la Administración de Justicia–, esto es, aquellos que "realiza el Secretario como órgano de enlace entre las partes y el Juez o Tribunal", (2000), "Actos de comunicación en la nueva Ley de Enjuiciamiento Civil. El nuevo papel de los Procuradores en el proceso", *Revista Estudios Jurídicos. Cuerpo de Secretarios Judiciales*, Nº 5, Editada por el Centro de Estudios Jurídicos de la Administración de Justicia, Madrid, pp. 332-333.

Por tanto, el acto procesal de parte, si bien implica la transmisión de información, lo cierto es que no puede ser concebido, en términos de la legislación procesal, como acto de comunicación[30], quedando, así, acotado el objeto de estudio de la presente investigación.

Sentados los anteriores fundamentos, destacaremos el precepto que, asevera VILA RODRÍGUEZ, "tiene asignada la función de marcar cuáles son los actos de comunicación y definir el concepto de los mismos"[31]: el artículo 149 LEC. En efecto, según establece con claridad la disposición, –intitulada "Clases de actos de comunicación"[32]–, "los actos procesales de comunicación serán", –según su finalidad, precisa TORRES YANES[33]– las notificaciones; los emplazamientos y citaciones; los requerimientos; y los mandamientos y oficios. Una clasificación, que será objeto del debido estudio tras detenernos, con carácter previo, en la función de estos actos procesales, considerados en su conjunto, en el proceso.

## 2. LA FUNCIÓN DE LOS ACTOS DE COMUNICACIÓN EN EL PROCESO

El cometido primitivo de todo acto procesal de comunicación es, precisamente, *comunicar*. Una función, calificada de "neutra" por TORRES YANES[34], materializada en la correcta transmisión del contenido de una determinada resolución procesal[35] a su legítimo destinatario.

---

30 FURQUET MONASTERIO, N., (2001), *Op. cit.*., p. 26.

31 VILA RODRÍGUEZ, J.P., (2000), "El Procurador ante los Actos de Comunicación en la Ley 1/2000", *Estudios Jurídicos. Cuerpo de Secretarios Judiciales*, Nº 5, Dedicado a la Ley de Enjuiciamiento Civil (I), Recurso electrónico: Repositorio Jurídico Científico del Centro de Estudios Jurídicos del Ministerio de Justicia, p. 379.

32 En el texto original de la LEC, publicado el 8 de enero del 2000, este artículo fue intitulado "Clases de actos de comunicación del tribunal". Un tenor que fue criticado por autores como JULVE GUERRERO, que sostenía la "imprecisión técnica" de la rúbrica, (2000), *Op. cit.*, p. 328; o REVILLA PÉREZ, quien, en esta línea, calificaba su sintaxis de "desafortunada", y sugería la sustitución del término "tribunal" por "órgano judicial", de forma que quedasen englobadas las comunicaciones realizadas tanto por órganos unipersonales, como colegiados, logrando, así, el empleo de una terminología más acorde con la legislación orgánica, (2000), "Los actos de comunicación en la Ley de Enjuiciamiento Civil", *Estudios Jurídicos. Cuerpo de Secretarios Judiciales*, Nº 5, p. 243. Finalmente, sería la Ley 13/2009, de 3 de noviembre, de reforma de la legislación procesal para la implantación de la nueva Oficina Judicial, la que, asumiendo con ello las críticas doctrinales y poniendo fin a la inexactitud terminológica generada por la intitulación original, suprimiría la referencia al "tribunal".

33 TORRES YANES, F., (2016), *Op. cit.*, p. 30.

34 TORRES YANES, F., (2016), Ibídem.

35 La expresión "resolución procesal" nos parece más acertada que la de "resolución judicial", por cuanto la primera es comprensiva tanto de las resoluciones dictadas por los Jueces y Tribunales, como de las dictadas por los Letrados de la Administración de Justicia. Así, el artículo 206 LEC, establece, en su apartado 1º, "son *resoluciones judiciales* las providencias, autos y sentencias dictadas por los jueces y tribunales"; para, a continuación, diferenciar, en su apartado 2º, "las *resoluciones* de los Letrados de la Administración de Justicia se denominarán diligencias y decretos". En este sentido, procede destacar la modificación del artículo 150.1 LEC operada por la Ley 13/2009, de 3 de noviembre, cuyo tenor literal pasó a ser el siguiente: "las *resoluciones procesales*, se notificarán a todos los que sean parte en el proceso". Esta nueva redacción, con respecto al texto original de la LEC –"resoluciones judiciales y diligencias de ordenación", sin contemplar

Empero y más allá de esta concepción elemental, son muchas y esenciales las funciones que desempeñan esta clase de actos procesales en el seno del proceso judicial. Así, a través de ellos, y dependiendo de la forma que adopten, como tendremos ocasión de constatar, se informa al demandado de la existencia de un litigio iniciado en contra de él; se pone en conocimiento de las partes procesales el contenido de las actuaciones judiciales y de las sucesivas resoluciones dictadas a lo largo del proceso; se notifica a terceros, en los casos que así lo prevea la Ley[36]; o se requiere la colaboración de otros órganos judiciales u organismos y autoridades públicas, cuando sea preciso.

En cuanto a las comunicaciones dirigidas por el órgano judicial a las partes del proceso, destaca la estrecha vinculación de estos actos con la correcta formación de la relación jurídica procesal. En puridad, como acabamos de afirmar, de su realización, que habrá de ser conforme a Derecho, dependerá que el demandado adquiera conocimiento efectivo de la pendencia del proceso y pueda comparecer y actuar, en tiempo y forma, en defensa de sus derechos e intereses legítimos[37]. Estamos, por tanto, ante un instrumento sustancial para la defensa de los

---

decretos u otra clase de diligencias–, nos parece más acorde con el artículo 270 LOPJ, el cual sí apela, claramente, a ambas clases de resoluciones desde la reforma operada por la Ley Orgánica 19/2003, de 23 de diciembre, de reforma de la LOPJ –"las resoluciones dictadas por Jueces y Tribunales, así como las que lo sean por Letrados de la Administración de Justicia en el ejercicio de las funciones que le son propias, se notificarán a todos los que sean parte en el pleito, causa o expediente, y también a quienes se refieran o puedan parar perjuicios, cuando así se disponga expresamente en aquellas resoluciones, de conformidad con la ley"–. Destacando la necesidad de una mayor precisión en el texto original de la Ley procesal civil: Revilla Pérez, L., (2000), *Op. cit.*, pp. 245-246.

[36] Más allá de la notificación de las resoluciones procesales a las partes, el artículo 150 LEC contempla, a su vez, en su apartado 2º, la facultad del juzgador de disponer, de oficio –en este caso, como excepción al principio dispositivo rector en el proceso civil, atendiendo a un interés jurídico superior– la notificación de la pendencia del proceso a quien pudiera verse afectado o perjudicado por la resolución que ponga fin al proceso. Una decisión que también podrá adoptar cuando advierta indicios de que las partes están haciendo uso del proceso con fines fraudulentos. Del mismo modo, establece el artículo 150.3 LEC que también se efectuarán los actos de comunicación judicial que resulten procedentes a terceros, cuando así lo disponga la Ley. Un ejemplo claro de ello lo hallamos, precisamente, en el mismo artículo 150.4 LEC, que contempla la notificación a los servicios públicos competentes en materia de política social por si procediera su actuación, y siempre que el interesado hubiere otorgado previamente su consentimiento, en aquellos casos en los que la resolución notificada contenga fijación de fecha para el lanzamiento de quienes ocupan una vivienda –muestra de ello, el artículo 441.1bis LEC, relativo a la notificación a los ocupantes en los procesos de recuperación de la posesión de una vivienda o parte de ella, cuando se hayan visto privados de ella, sin su consentimiento, la persona física propietaria o poseedora legítima por otro título, las entidades sin ánimo de lucro con derecho a poseerla y las entidades públicas propietarias o poseedoras legítimas de vivienda social (art. 250.1.4, párr. 2º LEC)–.

[37] Citando el F.J. 4º de la STC 26/2020, de 24 de febrero (BOE nº 83, de 26 de marzo), "(...) solo el adecuado emplazamiento asegura la presencia de la parte ante el órgano judicial para la defensa de sus propios intereses, en caso de que decida personarse"; y es que, como también ha declarado la STC 180/2015, de 7 de septiembre (BOE nº 245, de 13 de octubre), en su F.J. 4º, "(...) el derecho a la tutela judicial efectiva sin indefensión (art. 24.1 CE) garantiza a todos los que puedan resultar afectados por la decisión que se dicte en un proceso judicial el derecho a conocer su existencia, a fin de que tengan la posibilidad de intervenir en él, ser oídos, y ejercer la defensa de sus derechos e intereses legítimos, y (...) es reiterada la doctrina constitucional sobre la importancia de los actos de comunicación para la efectividad del derecho a la tutela judicial efectiva sin indefensión (...)". En idénticos términos, SSTC 89/2015, de 11 de mayo (BOE nº 146, de 19 de junio), F.J. 3º; 167/2015, de 20 de julio (BOE nº 200, de 21 de agosto), F.J. 3º. Poniendo de relieve

derechos e intereses cuestionados, y su ausencia o deficiente realización, como revisaremos en el Capítulo II del presente estudio, podrá provocar una situación de indefensión merecedora de amparo en sede constitucional[38].

Sin embargo y pese a lo anteriormente expuesto, autores como FURQUET MONASTERIO y YÉLAMOS BAYARRI, precisan que entre las funciones de los actos de comunicación judicial no se encuentra lograr el efectivo conocimiento por parte del legítimo destinatario[39].

Ciertamente, es constatable que nuestra legislación procesal no vincula la eficacia jurídica de las diversas comunicaciones judiciales a su recepción real o material por el legítimo destinatario, sino a su correcta realización, conforme a lo establecido en las normas procesales[40], que actúan como auténtico sistema de garantías. Y es que, sin perjuicio del deber de diligencia exigido a los órganos jurisdiccionales en la práctica de los actos de comunicación[41], la Ley contempla mecanismos para que el proceso judicial pueda proseguir hasta su definitiva resolución, aun cuando, pese a los razonables esfuerzos, no se haya logrado localizar

---

la relación existente entre la correcta práctica de los actos procesales de comunicación y la salvaguarda de los principios jurídico-naturales del proceso de contradicción, audiencia e igualdad de armas, se pronuncia CALAZA LÓPEZ, S., (2011), "Principios rectores del proceso judicial español", *Revista de Derecho UNED (RDUNED)*, Nº 8, Madrid, pp. 53-60.

[38] Tal y como ha manifestado el Tribunal Constitucional, en su Sentencia 122/2019, de 28 de octubre (BOE nº 293, de 6 de diciembre), F.J. 3º, "el acto de comunicación es el necesario instrumento que facilita la defensa en el proceso de los derechos e intereses cuestionados, de tal manera que su falta o deficiente realización, siempre que se frustre la finalidad con ellos perseguida, coloca al interesado en una situación de indefensión que vulnera el referido derecho fundamental, salvo que la situación de incomunicación sea imputable a la propia conducta del afectado (...)". En favor, las SSTC 61/2010, de 18 de octubre (BOE nº 279, de 18 de noviembre), F.J. 2º; 30/2014, de 24 de febrero (BOE nº 73, de 25 de marzo), F.J. 3º; 169/2014, de 22 de octubre (BOE nº 282, de 21 de noviembre), F.J. 3º; 89/2015, de 11 de mayo (BOE nº 146, de 19 de junio), F.J. 4º; 181/2015, de 7 de septiembre (BOE nº 245, de 13 de octubre), F.J. 3º; 137/2017, de 27 de noviembre (BOE nº 7, de 8 de enero), F.J. 4º; 32/2019, de 28 de febrero (BOE nº 73, de 26 de marzo), F.J. 4º; 47/2019, de 8 de abril (BOE nº 116, de 15 de mayo), F.J. 3º, entre otras muchas.

[39] FURQUET MONASTERIO, N., (2001), *Op. cit.*, pp. 21-22. En esta línea, YÉLAMOS BAYARRI matiza: "(...) es cierto que en ocasiones la Ley procesal otorga un papel al efectivo conocimiento, pero la recepción es solo un momento determinado del proceso de transmisión. En realidad es el elemento perfectivo, pero no la finalidad del mismo", (2006), *Nulidad procesal y comunicaciones judiciales fallidas*, Atelier, Barcelona, p. 443.

[40] En este sentido, LARA LÓPEZ, A.M., (2013), "Tema 18...", *Op. cit.*, p. 258.

[41] Con respecto a este deber de diligencia, asevera, acertadamente, CALAZA LÓPEZ, que "la interdicción de la indefensión requiere, por lo demás, tal y como ha advertido el TC, un indudable esfuerzo del órgano jurisdiccional, puesto que es a los órganos judiciales a quienes corresponde, en definitiva, la obligación de procurar que en un proceso se dé la necesaria contradicción entre las partes, así como que posean idénticas posibilidades de alegar o probar y, en definitiva, de ejercer su derecho de defensa en cada una de las instancias que lo componen", (2011), *Op. cit.*, p. 54. Así, manifiesta la STC 180/2015, de 7 de septiembre (BOE nº 245, de 13 de octubre), en su F.J. 4º, "el órgano judicial tiene no solo el deber de velar por la correcta ejecución de los actos de comunicación procesal, sino también el de asegurarse de que dichos actos sirven a su propósito de garantizar que la parte sea oída en el proceso (...)". En este sentido: SSTC 30/2014, de 24 de febrero (BOE nº 73, de 25 de marzo), F.J. 3º; 131/2014, de 21 de julio (BOE nº 199, de 16 de agosto), F.J. 2º; 150/2016, de 19 de septiembre (BOE nº 263, de 31 de octubre), F.J. 2º; 200/2016, de 28 de noviembre (BOE nº 7, de 9 de enero), F.J. 4º; 137/2017, de 27 de noviembre (BOE nº 7, de 8 de enero), F.J. 4º; 47/2019, de 8 de abril (BOE nº 116, de 15 de mayo), F.J. 3º; 129/2019, de 11 de noviembre (BOE nº 304, de 19 de diciembre), F.J. 5º.

al demandado y, por ende, no se tenga la certeza de que éste ha llegado a conocer, ni tan si quiera, de la existencia del litigio.

El fundamento de esta posibilidad se encuentra en la protección de los derechos e intereses de las demás partes personadas en la causa. Dado que hacer depender la eficacia de los actos de comunicación de su efectivo conocimiento, podría suponer una paralización indefinida de la *litis* ante una eventual actuación maliciosa del destinatario, se atiende a lo que la doctrina denomina *presunción de conocimiento legal*[42]. Esto es: respetadas las formalidades legales, y constatada la actuación diligente del órgano judicial y de la parte actora, en lo referente a la localización y emplazamiento del demandado, se presumirá su efectivo conocimiento, salvo prueba en contrario[43]. De esta forma, si el legítimo interesado se mantuviere en paradero desconocido tras haberse llevado a cabo todas las labores razonablemente exigibles de averiguación de su localización, quedaría autorizada la comunicación por edictos[44], permitiendo con ello la continuación del procedimiento y evitando la generación de posibles dilaciones indebidas perjudiciales para los demás sujetos implicados.

Ahora bien, desde nuestra perspectiva y en cuanto al papel de los actos de comunicación en el proceso, la operatividad de esta presunción legal, como elemento clave para la salvaguarda del derecho fundamental a la tutela judicial efec-

---

[42] Cubillo López, I., (1999), *Op. cit.*, p. 177; Furquet Monasterio, N., (2001), *Op. cit.*, p. 22; Torres Yanes, F., (2016), *Op. cit.*, p. 33.; Cernada Badía, R., (2017), *Op. cit.*, p. 202.

[43] Estaríamos ante una presunción de conocimiento *iuris tantum*, siendo admisible prueba en contrario, de conformidad con lo dispuesto en el artículo 385 LEC; (2017), Ibídem. Así: Torres Yanes, F., (2016), *Op. cit.*, p. 458; Cubillo López, I., (1999), Ibídem; Cernada Badía, R., (2017), Ibídem. En este sentido, el Tribunal Supremo ha señalado que "(...) con carácter general, cuando se respetan en la notificación las formalidades establecidas normativamente, siendo su única finalidad la de garantizar que el acto o resolución llegue a conocimiento del interesado, debe partirse en todo caso de la presunción *iuris tantum* de que el acto de que se trate ha llegado tempestivamente a conocimiento del interesado; presunción que cabe enervar por el interesado (...)", –STS (Sala 3ª) nº 2448/2016, de 16 de noviembre, Rec. nº 2841/2015, F.J. 3º–. Se trata de una doctrina sentada en el ámbito de las notificaciones administrativas. No obstante, con respecto a la cuestión analizada, entendemos que resulta trasladable, siempre con la debida prudencia, al ámbito jurisdiccional. Recogiendo esta doctrina, destacamos las SSTS (Sala 3ª), de 2 de junio de 2011, Rec. nº 4028/2009, F.J. 5º; de 29 de septiembre de 2011, Rec. nº 1529/2009, F.J. 4º; de 28 de junio de 2012, Rec. nº 564/2010, F.J. 4º; de 22 de noviembre de 2012, Rec. nº 2125/2011, F.J. 4º; de 17 de febrero de 2014, Rec. nº 3075/2010, F.J. 6º; de 27 de noviembre de 2014, Rec. nº 4484/2012, F.J. 5º; nº 513/2019, de 11 de abril, Rec. nº 2112/2017, F.J. 2º.

[44] Regulada en el artículo 164 LEC, la comunicación edictal es un instrumento legal que permite la prosecución de los procesos cuando, desplegada una razonable labor de localización del destinatario, no ha sido posible la puesta en su conocimiento del contenido de la resolución objeto de notificación. Se trata de una "seudomodalidad" de comunicación a la que, como tendremos ocasión de explicar, solo se debe recurrir en aquellos casos expresamente previstos por la Ley y con la debida cautela, exigida en incontables ocasiones por la doctrina constitucional, por su inherente limitación, ligada, en palabras de la STC 50/2017, de 8 de mayo (BOE nº 142, de 15 de junio), F.J. 3º, a su "menor fiabilidad" en cuanto "al efectivo conocimiento de la misma por el destinatario". Pronunciándose sobre la naturaleza supletorio y excepcional de la comunicación por edictos, con respecto a los medios de comunicación denominados personales: SSTC 200/2016, de 28 de noviembre (BOE nº 7, de 9 de enero), F.J. 4º; 82/2019, de 17 de junio (BOE nº 177, de 25 de julio), F.J. 3º; 123/2019, de 28 de octubre (BOE nº 293, de 6 de diciembre), F.J. 3º; 29/2020, de 24 de febrero (BOE nº 83, de 26 de marzo), F.J. 3º, entre otras, que serán analizadas más adelante.

tiva (art. 24.1 CE[45]) de las demás partes, no es óbice para que los actos de comunicación tengan como finalidad última, por su propia naturaleza y razón de ser, el conocimiento real y efectivo por parte de su legítimo destinatario.

Así, el Tribunal Constitucional pone de manifiesto, en Sentencias como la 14/1987, de 11 de febrero, F.J. 3º, que la finalidad de estos actos procesales consiste, en efecto, "(...) en llevar al conocimiento personal de los litigantes las decisiones y resoluciones judiciales a fin de que éstos puedan adoptar ante ella la conducta procesal que consideren oportuna en defensa de sus derechos e intereses"[46]. Una afirmación conforme a la cual, la doctrina constitucional exige del órgano judicial que "(...) no sólo vele por la práctica de esos actos con sujeción a sus requisitos legales, sino que, además, se asegure de que dichos actos sirven a su propósito, (...)"[47].

Sentado todo lo anterior, más allá de la función de comunicación que, estimamos, cabe predicar de estos actos procesales, autores como FURQUET MONASTERIO y CERRADA MORENO destacan su función de *garantía* del derecho de defensa de las partes, así como de los principios jurídico-naturales del proceso[48] de contradic-

[45] Sobre el contenido del derecho fundamental a la tutela judicial efectiva, recogido en el artículo 24.1 CE: LORCA NAVARRETE, J.F. y LORCA MARTÍN DE VILLODRES, M.I., (2010), *Derechos fundamentales y jurisprudencia*, Pirámide, 4ª Edición, Madrid, pp. 454-464; BALAGUER CALLEJÓN, F., (Coord.) (2011), *Manual de Derecho Constitucional*, Editorial Tecnos, 6ª Edición, Madrid, pp. 277-301; así como ROBLES GARZÓN, J.A., (2012), "Tema 6. Derechos básicos de los justiciables. La acción procesal", en ROBLES GARZÓN, J.A., (Dir.), *Op. cit.*, p. 128.

[46] STC 14/1987, de 11 de febrero (BOE nº 54, de 4 de marzo), F.J. 3º. En favor: SSTC 171/1987, de 3 de noviembre (BOE nº 279, de 21 de noviembre), F.J. 2º; 195/1990, de 29 de noviembre (BOE nº 9, de 10 de enero), F.J. 3º; 59/1998, de 16 de marzo (BOE nº 96, de 22 de abril), F.J. 3º, entre otras muchas que se citarán en el Capítulo II de la presente investigación, relativo a la doctrina constitucional sobre los actos de comunicación. En el ámbito de las notificaciones administrativas, GAMERO CASADO sostiene, sobre la consolidada doctrina del Tribunal Supremo, que, "(...) la finalidad básica de toda notificación va enderezada a lograr que el contenido del acto llegue, realmente, a conocimiento de su natural destinatario, en toda su integridad sustancial y formal, y en una fecha indubitada, susceptible de efectuar, sin dificultad, el cómputo del plazo previsto para que el interesado pueda actuar válidamente en defensa de su derecho (...)", (2010), "Comunicaciones y notificaciones electrónicas", *Cuadernos de Derecho Local*, Nº 22, Febrero, p. 99. En idéntico sentido, destacamos las SSTS (Sala 3ª) de 22 de marzo de 1999, Rec. nº 173/1996, F.J. 8º; de 16 de julio de 2002, Rec. nº 6794/1997, F.J. 3º; de 28 de marzo de 2006, Rec. nº 143/2003, F.J. 2º; de 26 de octubre de 2007, Rec. nº 281/2003, F.J. 3º; de 8 de abril de 2008, Rec. nº 6310/2004, F.J. 4º; de 4 de diciembre de 2008, Rec. nº 3283/2006, F.J. 4º; de 14 de octubre de 2013, Rec. nº 1342/2013, F.J. 3º.

[47] STC 113/2001, de 7 de mayo (BOE nº 137, de 8 de junio), F.J. 5º. En estos términos sobre el deber del órgano judicial de velar por que los actos de comunicación sirvan a su legítimo propósito, podemos destacar las SSTC 219/1999, de 29 de noviembre (BOE nº 310, de 28 de diciembre), F.J. 2º; 304/2006, de 23 de octubre (BOE nº 284, de 28 de noviembre), F.J. 2º; 212/2007, de 8 de octubre (BOE nº 273, de 14 de noviembre), F.J. 2º; 61/2010, de 18 de octubre (BOE nº 279, de 18 de noviembre), F.J. 2º; 197/2013, de 2 de diciembre (BOE nº 7, de 8 de enero), F.J. 2º; 30/2014, de 24 de febrero (BOE nº 73, de 25 de marzo), F.J. 3º; 137/2014, de 8 de septiembre (BOE nº 243, de 7 de octubre), F.J. 3º; 180/2015, de 7 de septiembre (BOE nº 245, de 13 de octubre), F.J. 4º; 200/2016, de 28 de noviembre (BOE nº 7, de 9 de enero), F.J. 4º; 50/2017, de 8 de mayo (BOE nº 142, de 15 de junio), F.J. 3º; 137/2017, de 27 de noviembre (BOE nº 7, de 8 de enero), F.J. 4º; 47/2019, de 8 de abril (BOE nº 116, de 15 de mayo), F.J. 3º; 129/2019, de 11 de noviembre (BOE nº 304, de 19 de diciembre), F.J. 5º, entre otras muchas.

[48] Sobre estos principios jurídico-naturales del proceso –definidos como "principios inherentes a la estructura del proceso" por GIMENO SENDRA, V., (2020), "Lección 21. Principios del proceso", en GIMENO SENDRA, V., DÍAZ MARTÍNEZ, M. y CALAZA LÓPEZ, S., *Introducción al Derecho Procesal*, Tirant Lo Blanch,

ción, audiencia e igualdad de armas procesales[49]. Una función que, como advertimos en líneas precedentes, también cumple el conjunto de normas integrantes del régimen de actos de comunicación, configurado como un verdadero sistema de garantías protector de los derechos de las partes en el proceso y, en especial, del derecho fundamental a no sufrir indefensión (art. 24.1 CE)[50].

Por otro lado, la correcta ejecución de los actos de comunicación, con plena observancia de la legislación aplicable, permitirá el avance del proceso hasta lograr una resolución judicial definitiva, aun cuando haya sido dictada *inaudita parte*[51]. Es lo que se ha denominado por la doctrina función de *seguridad jurídica* de los actos de comunicación[52], la cual se encuentra íntimamente relacionada con la función de *prueba* –también destacada por CERRADA MORENO y FURQUET MONASTERIO– que desempeña la documentación incorporada a los autos por la

Valencia, p. 307–, señalaremos a SIERRA GIL DE LA CUESTA, I., (1995), "Principios del proceso civil", *Revista Aldaba*, editada por el Centro Asociado de la UNED en Melilla, Nº 24, pp. 81-92; CALAZA LÓPEZ, S., (2011), *Op. cit.*, pp. 51-61; MOLINA CABALLERO, M.J., (2013), "Tema 8. Principios y formas del proceso y del procedimiento", en ROBLES GARZÓN, J.A., (Dir.), *Op. cit.*, pp. 138-140.

49 FURQUET MONASTERIO, N., (2001), *Op. cit.*, p. 21; CERRADA MORENO, M., (2012), *Op. cit.*, pp. 22-23. En el ámbito administrativo, GAMERO CASADO afirma que las notificaciones constituyen "(...) un trámite formal, de carácter instrumental, con el que se presta soporte al derecho material de no padecer indefensión", (2010), *Op. cit.*, p. 100. En palabras de la STS (Sala 2ª) nº 1093/1998, de 2 de octubre, Rec. nº 2985/1997, F.J. 1º, "(...) los actos de comunicación, de los órganos judiciales con quienes son parte en el proceso cumplen la función relevante en cuanto que son garantías a través de las cuales se instrumenta y asigna el derecho de defensa". Así, los AATS (Sala 2ª), de 16 de marzo de 2010, Rec. nº 1935/2008, F.J. 2º; de 1 de junio de 2011, Rec. nº 10852/2010, F.J. Único; o de 12 de diciembre de 2013, Rec. nº 10804/2013, F.J. 2º.

50 En palabras de PRIETO DE PEDRO, "(...) la estructura del trámite de emplazamiento se sustenta, como veremos, sobre un conjunto de pequeñas piezas consistentes en requisitos formales y reglas que no pueden dejar de cumplirse de forma suficiente, pues, en caso contrario, el significado garantizador, «el valor garantía», según la expresión utilizada por el Tribunal Supremo, de que aparece investido dicho trámite se desvanece" (1983), "Los requisitos de la garantía de emplazamiento eficaz de los interesados en el recurso contencioso-administrativo", *Revista de Administración Pública*, Nº 100-102, Enero-Diciembre, p. 1148. En este sentido, si bien en el ámbito administrativo: DE DIEGO DÍEZ, L.A., (2011), *Notificaciones administrativas por edictos. Patologías y deficiencias*, Tirant lo Blanch, Valencia, Edición Digital, § I.1. Por su parte, LORCA NAVARRETE afirma que "el Derecho procesal surge regulando jurídicamente el ejercicio de la función jurisdiccional y, desde esa perspectiva, se sitúa, no tan sólo como un mero instrumento jurisdiccional atemporal, acrítico y mecanicista sino, ante todo, como un sistema de garantías, que posibilita la rotunda aplicación del art. 24 de la Constitución, en orden a lograr la tutela judicial efectiva y (...) alcanzar un enjuiciamiento en justicia", (2004), "El Derecho Procesal como sistema de garantías", *Diario La Ley*, Nº 5933, Sección Doctrina, Enero, La Ley, p. 1; Recurso electrónico ID: LA LEY 2068/2003.

51 Sin perjuicio de analizar esta cuestión con la debida profundidad en un momento posterior, cabe precisar que el sustrato de la "condena en ausencia" del demandado, manifiesta CALAZA LÓPEZ, se sitúa, en el proceso civil, "en su voluntaria inactividad", habiendo tenido, en efecto, "oportunidad de ser oído y vencido en juicio" (2011), *Op. cit.*, p. 57. Al respecto, el Tribunal Constitucional, en Sentencias como la nº 19/2002, de 28 de enero (BOE nº 52, de 1 de marzo), F.J. 1º, declara que carece de justificación toda resolución judicial *inaudita parte* salvo "(...) en el caso de incomparecencia por voluntad expresa o tácita, o por negligencia imputable a la parte que pretende hacer valer dicho derecho fundamental". En favor, las SSTC 202/1993, de 14 de junio (BOE nº 171, de 19 de julio) F.J. 2º; 28/1995, de 6 de febrero (BOE nº 59, de 10 de marzo), F.J. 3º; 80/1996, de 20 de mayo (BOE nº 150, de 21 de junio), F.J. 2º; 102/1998, de 18 de mayo (BOE nº 146, de 19 de junio), F.J. 2º; 222/2002, de 25 de noviembre (BOE nº 304, de 20 de diciembre), F.J. 3º.

52 Señalada en estos términos por FURQUET MONASTERIO, N., (2001), *Op. cit.*, p. 21.

que se deja constancia fehaciente de las circunstancias de la comunicación[53]. Al fin y al cabo, en palabras de FURQUET MONASTERIO, únicamente mediante esta formalidad probatoria "puede constatarse el cumplimiento de los requisitos legales y, con ello, entender que operan las presunciones de conocimiento legal que incorpora la norma"[54].

Estrechamente relacionada con las funciones de *información* y *garantía*, la doctrina añade la cualidad de *advertencia* de los actos de comunicación, en cuanto éstos incorporan sus consecuencias jurídicas.

Expresión de esta función, CERRADA MORENO señala los artículos 248.4 LOPJ y 208.4 LEC[55], en virtud de los cuales el destinatario del acto de comunicación deberá ser informado de si la resolución notificada es o no firme y, en su caso, advertir si contra ella cabe interponer recurso, con indicación del órgano judicial competente y el plazo para hacerlo[56].

Otra muestra ilustrativa de esta función es, a nuestro juicio, el conjunto de apercibimientos del requerimiento de pago del proceso de desahucio por falta de pago de rentas o cantidades debidas[57] . Y es que, conforme a las previsiones de los apartados 3º y 4º del artículo 440 LEC, una vez admitida la demanda, y con carácter previo al señalamiento de la vista, se notificará al arrendatario-demandado un requerimiento con los siguientes apercibimientos –necesariamente, en la forma prevista en el artículo 161 LEC, esto es, mediante entrega personal por funcionario o Procurador–: que, de no atender al requerimiento en ninguno de sus términos[58], se procederá a su inmediato lanzamiento, sin necesidad de notifi-

[53] FURQUET MONASTERIO, N., (2001), *Op. cit.*, p. 21; CERRADA MORENO, M., (2012), *Op. cit.*, pp. 25-26; CERNADA BADÍA, R., (2017), *Op. cit.*, p. 197.

[54] FURQUET MONASTERIO, N., (2001), *Op. cit.*, pp. 17-18. Por su parte, GAMERO CASADO, en el ámbito de las notificaciones administrativas, ya mencionadas, ha manifestado que "(...) en el fondo de todo este asunto lo que subyace verdaderamente es un problema de prueba: la Administración debe emplear un medio de notificación que permita probar posteriormente que ésta se practicó y se recibió, la fecha en que se hizo, la identidad y contenido del acto comunicado, etc. Y esto significa que conviene a la Administración preconstituir documentalmente, a lo largo del procedimiento (...) la prueba de que se practicó la notificación, su doble intento infructuoso o su rechazo, de acuerdo con los requisitos de constancia", (2010), *Op. cit.*, p. 100.

[55] De conformidad con el artículo 248.4 LOPJ "al notificarse la resolución a las partes se indicará si la misma es o no firme y, en su caso, los recursos que procedan, órgano ante el que deben interponerse y plazo para ello". Por su parte, el artículo 208.4 LEC establece: "toda resolución incluirá la mención del lugar y fecha en que se adopte y si la misma es firme o si cabe algún recurso contra ella, con expresión, en este último caso, del recurso que proceda, del órgano ante el que debe interponerse y del plazo para recurrir". Ambos preceptos regulan la denominada "indicación o instrucción de recursos" en las notificaciones, que será objeto de análisis en el epígrafe relativo a las *notificaciones* como clase de acto de comunicación.

[56] CERRADA MORENO, M., (2012), *Op. cit.*, pp. 22-24.

[57] Sobre el proceso de desahucio por falta de pago, destacamos MARTÍN GONZÁLEZ, M. (2016), "Especialidades del proceso de desahucio por falta de pago desde un punto de vista doctrinal y jurisprudencial", *Revista de Derecho UNED (RDUNED)*, Nº 18, Madrid, pp. 349-391; así como, MARTÍN GONZÁLEZ, M., (2018), "Evolución legislativa del Proceso de Desahucio por Falta de Pago", *Actualidad Civil*, Nº 6, La Ley; Recurso electrónico ID: LA LEY 6354/2018.

[58] De acuerdo con el artículo 440.3 LEC, una vez admitida la demanda, el Letrado de la Administración de Justicia, requerirá al arrendatario para que, en el plazo máximo de diez días hábiles, formule oposición; proceda al desalojo del inmueble; pague las cantidades debidas –en el caso de haberse

cación posterior (art. 440.3, párr. 4º LEC)[59]; que, de no comparecer al acto de la vista, se declarará el desahucio sin más trámites, quedando, asimismo, citado para recibir la notificación de la sentencia que se dicte el sexto día siguiente al señalado para la vista (art. 440.4 LEC). Por tanto, gracias a la figura del apercibimiento, se advierte al destinatario de las consecuencias jurídicas derivadas de la actuación que, en su caso, pueda adoptar.

En estos preceptos, queda manifestada, a su vez, una importante función *de economía procesal*, al concentrarse en una sola comunicación una gran cantidad de información dirigida al destinatario. Se suprime, de este modo, la necesidad de realizar nuevos actos de comunicación en un momento posterior. Piénsese que en tales requerimientos se indicarán, por un lado, las conductas procesales que puede adoptar el requerido; las consecuencias jurídicas derivadas de su inobservancia; el plazo del que dispone para atender a tal requerimiento, así como aquél para solicitar el derecho a la asistencia justicia gratuita en el proceso y la designación de Abogado y Procurador del Turno de Oficio; se informará al demandando de la posibilidad de que acuda a los Servicios Sociales, y en su caso, de la posibilidad de autorizar la cesión de sus datos a éstos a efectos de que puedan apreciar una posible situación de vulnerabilidad –esta indicación también se incluirá, cabe destacar, en el requerimiento de pago regulado en el artículo 686.1 LEC, en el ámbito de la ejecución hipotecaria –[60]; por otro lado, también se indicará el día

---

acumulado a la acción de desahucio la de reclamación de rentas debidas–; o, de pretender la enervación del desahucio, pague la totalidad de las rentas o sumas debidas hasta el momento del pago enervador. En relación con el contenido del requerimiento de pago en los procesos de desahucio por falta de pago: Fernández Gil, C., (2013), *El desahucio «exprés» por falta de pago. Legislación, comentarios y formularios*, Tecnos, 2ª Edición, Madrid, § 9.4, Edición E-book; o Martín González, M., (2018), "Evolución...", *Op. cit.*, pp. 373-374.

[59] En idéntico sentido, el último inciso artículo 440.4. LEC establece que, si celebrada vista, la sentencia adquiriese firmeza, siendo condenatoria para el arrendatario, se procederá al lanzamiento en la fecha fijada en la resolución que se hubiese dictado teniendo por opuesto al demandado, sin necesidad de notificación posterior.

[60] Novedad introducida por el Real Decreto-Ley 7/2019, de 1 de marzo, de medidas urgentes en materia de vivienda y alquiler, la cual incorporó un nuevo apartado 5º en el artículo 441 LEC. Esta reforma en materia de desahucios de la vivienda habitual tenía por objeto establecer medidas específicas para garantizar una mejor atención a aquellas situaciones que demanden una mayor protección social, reforzando, a su vez, la coordinación los órganos judiciales y los servicios sociales cuando esta clase de procedimientos afectan a hogares especialmente vulnerables. Así, además de la información al demandado acerca de la posibilidad de acudir a los servicios sociales, el nuevo apartado 5º del artículo 441 LEC establece que, de oficio, el órgano judicial también comunicará la existencia del referido proceso a estos servicios, y, de constatarse una situación de vulnerabilidad económica y social, se acordará la suspensión del mismo "durante un plazo máximo de suspensión de un mes a contar desde la recepción de la comunicación de los servicios sociales al órgano judicial, o de tres meses si el demandante es una persona jurídica". Cabe destacar que, en este sentido, ha sido reformado también el artículo 150 LEC por la Ley 5/2018, de 11 de junio, de modificación de la LEC, en relación con la ocupación ilegal de viviendas, la cual le ha introducido un nuevo apartado 4º: "Cuando la notificación de la resolución contenga fijación de fecha para el lanzamiento de quienes ocupan una vivienda, se dará traslado a los servicios públicos competentes en materia de política social por si procediera su actuación, siempre que se hubiera otorgado el consentimiento por los interesados". Asimismo, el artículo 686.1 LEC sería reformado por el mismo Real Decreto-Ley para disponer que el requerimiento de pago en la ejecución hipotecaria contendrá las previsiones del artículo 441.5º LEC. Sobre esta reforma: Martínez de Santos, A., (2019), "De nuevo sobre las medidas urgentes en materia

y la hora señalados para que tenga lugar la vista en caso de oposición del demandado, lo que servirá, a su vez, de *citación*; y, de no oponerse, el destinatario quedará, igualmente citado, como ya hemos dicho, para recibir la notificación de la sentencia.

Continuando con el análisis de las funciones desempeñadas por los actos de comunicación en el proceso, la doctrina también destaca su "función de *publicidad* de las actuaciones judiciales"[61]. Un cometido, por supuesto, estrechamente vinculado con el de *comunicación*. Y es que, el presente análisis no estaría completo sin destacar la relevancia de estos actos procesales para garantizar la eficacia del principio procedimental de publicidad. Un principio este último, derivado, como declara MOLINA CABALLERO, de la exigencia de publicidad de las actuaciones judiciales del artículo 120.1 de nuestra Carta Magna[62].

Si bien es cierto que un importante sector doctrinal es contrario a notificar todas y cada una de las resoluciones dictadas a lo largo de un proceso judicial, en aras, precisamente, de la economía procesal y de la eficacia del sistema[63], por nuestra parte, asumiremos la posición más favorable a la máxima transparencia de la actividad judicial, cuando menos, para las partes procesales. En este sentido, se pronuncia GASCÓN INCHAUSTI, quien, consciente de que no todas las resoluciones procesales son importantes en idéntica proporción para todas las partes, sostiene, con todo, que su conocimiento es inherente a los postulados del derecho de defensa de los protagonistas del proceso, por cuanto todos los actos del órgano

---

de vivienda y alquiler: el Real Decreto-ley 7/2019, de 1 de marzo", *Diario La Ley*, Nº 9382, Marzo, La Ley; Recurso electrónico ID: LA LEY 3838/2019.

[61] Señalada por FURQUET MONASTERIO, N., (2001), *Op. cit.*, p. 20.

[62] En virtud del artículo 120.1 CE, "las actuaciones judiciales serán públicas, con las excepciones que prevean las Leyes del Procedimiento". En los mismos términos, el artículo 232.1 LOPJ. Contenidas en el principio procedimental de publicidad, GIMENO SENDRA diferencia la publicidad con respecto a las partes –"publicidad relativa"–; y la publicidad con respecto a terceros o a la sociedad –"publicidad absoluta"–, (2015), *Derecho Procesal Civil. I. El proceso de declaración. Parte General*, Ediciones Jurídicas Castillo de Luna, Colección Grado UNED, Madrid, p. 64. Por su parte, CERNADA BADÍA, diferencia en idénticos términos entre publicidad procesal *externa* e *interna*, (2017), *Op. cit.*, p. 187. Analizando el principio de publicidad de las actuaciones judiciales en relación con la protección de los datos de carácter personal en el ámbito judicial, cabe destacar MIRA ROS, C., (2012) "Algunas reflexiones sobre la protección de datos personales en el ámbito judicial", en NEIRA PENA, A., PÉREZ CRUZ MARTÍN, A. y FERREIRO BAAMONDE, X., (Dir. Congr.), *Los retos del Poder Judicial ante la sociedad globalizada*, Actas del IV Congreso Gallego de Derecho Procesal (I Internacional), Universidade Da Coruña, pp. 581-594.

[63] En este sentido, FURQUET MONASTERIO ha declarado que "(...) no existe razón para seguir manteniendo la notificación de aquellos actos que únicamente informan del transcurso de un trámite carente de trascendencia para el derecho de defensa de las partes, teniendo en cuenta además que rige el principio de impulso de oficio. Por todo ello y por otros motivos, entre los que pueden destacarse razones de economía procesal y de eficacia del sistema, parece más razonable restringir la exigencia legal de notificar únicamente respecto de autos y sentencias, así como de aquellas otras resoluciones de cuya notificación dependa la realización de una actuación procesal por las partes", (2001), *Op. cit.*, 116. Curiosamente, apunta REVILLA PÉREZ, el CGPJ, en su Informe al Anteproyecto de Ley de Enjuiciamiento Civil, de 11 de mayo de 1998, también apoyó esta posición, como solución para aliviar la sobrecarga de trabajo de las secretarías judiciales, (2000), *Op. cit.*, pp. 245-246.

judicial pueden llegar a tener, de forma más o menos directa, consecuencias sobre su esfera jurídica[64].

Ciertamente, resulta esencial que las partes procesales adquieran conocimiento de todas las decisiones adoptadas en el proceso en el que se ventilan sus derechos e intereses legítimos, y no solo como meros espectadores, sino como verdaderos supervisores del procedimiento y del cumplimiento de la legalidad. Al fin y al cabo, éste es uno de los objetivos principales del principio de publicidad[65]. Será este conocimiento el que permita a los litigantes constatar el avance del proceso y las eventuales dilaciones entre trámites; reaccionar rápidamente ante los posibles errores del órgano judicial; y, en definitiva, actuar en tiempo y forma en defensa de sus derechos e intereses legítimos.

Con respecto a la sobrecarga de trabajo que puede suponer para el personal integrante de la Oficina Judicial comunicar todas y cada una de las resoluciones procesales dictadas en un proceso, destacaremos, en pro de nuestra tesis, que, tras la incorporación de las nuevas tecnologías en el ámbito judicial, una parte importante de los actos de comunicación que se dirigen a las partes –a excepción, entre otros, como veremos, del primer emplazamiento del demandado– se canaliza por medios electrónicos, lo que permite una sencilla y célere ejecución de los actos de comunicación en el quehacer diario de las Oficinas Judiciales.

Para concluir, subrayaremos, nuevamente, la función de *impulso* de los actos de comunicación en el proceso. Y es que, es a través de estos actos procesales cómo se sitúa a las partes en posición de comparecer y actuar en defensa de sus derechos e intereses legítimos –determinando, asimismo, el inicio del cómputo de los plazos–. En suma, y como ya se ha explicado, la correcta ejecución de estos actos permite el transcurso de los autos de una fase procedimental a otra, dan-

[64] En Gascón Inchausti, F., (2000), "Comentarios a los artículos 149 a 168 (Actos de comunicación) y 160, 170, 171, 173, 175 y 176 (Auxilio judicial) de la Ley de Enjuiciamiento Civil", en Fernández-Ballesteros López, M.A., Rifá Soler, J.M. y Valls Gombau, J.F., *Comentarios a la nueva Ley de Enjuiciamiento Civil*, Vol. I, Ed. Iurgium, Barcelona, pp. 13-14 (Edición Digital). En idéntico sentido, Lara López: "(…) es claro que todas las resoluciones procesales, sean del juez o tribunal –providencias, autos o sentencias–, sean del secretario judicial –por ejemplo, decretos o diligencias de ordenación–, en cuanto actividad de decisión de cuestiones litigiosas o de impulso y, por ello, base de la actividad procesal, están destinadas por su propia naturaleza a ser dadas a conocer a aquellos a quienes interesen (art. 270 LOPJ), ya sea porque son parte en el proceso, porque son terceros interesados en el mismo o porque, como otros órganos, están obligados a prestar su cooperación –por ejemplo, auxilio judicial–. Es obvio también que, para permitir la oportuna defensa de sus intereses en el proceso, ha de conocer cada parte las actuaciones que realice la contraria y que dirija al órgano judicial. Ésta es tan sólo una manifestación más del principio de publicidad y del principio de contradicción que rigen en el proceso", (2013), "Tema 18…", *Op. cit.*, p. 249. Así: Cernada Badía, R., (2017), *Op. cit.*, p. 187; y Sierra Gil De La Cuesta, I., (1995), *Op. cit.*, p. 83.

[65] En palabras de Lorca Navarrete y Lorca Martín de Villodres, "(…) el principio de publicidad, estatuido por el artículo 120.1 CE, tiene una doble finalidad: por un lado, proteger a las partes de una justicia sustraída al control público, y por otro mantener la confianza de la comunidad en los tribunales, constituyendo en ambos sentidos tal principio una de las bases del debido procesal y uno de los pilares del Estado de Derecho", (2010), *Op. cit.*, p. 474. En idéntico sentido, Balaguer Callejón, F., (Coord.) (2011), *Op. cit.*, pp. 292-293.

do lugar, asevera GASCÓN INCHAUSTI, a la concatenación de actos procesales que componen el *iter procesal*[66].

## 3. CLASES Y CONTENIDO DE LOS ACTOS DE COMUNICACIÓN

Siguiendo el criterio adoptado por el artículo 149 LEC, que acoge una clasificación de los actos de comunicación en función de su *objeto*[67], analizaremos, a continuación, las distintas clases de comunicaciones que puede emitir el órgano judicial. Por razones sistemáticas, y atendiendo al método adoptado por autores como CUBILLO LÓPEZ, GASCÓN INCHAUSTI o FURQUET MONASTERIO, entre otros[68], dividiremos, a su vez, estas clases de actos de comunicación en dos grandes bloques, según sus *destinatarios*.

Así, se examinarán, en primer lugar, las comunicaciones judiciales dirigidas a las partes y otros sujetos que deban intervenir en el proceso –*notificaciones, emplazamientos, citaciones* y *requerimientos*[69]–; y, en segundo lugar, se analizarán los ac-

---

[66] GASCÓN INCHAUSTI, F., (2000), *Op. cit.*, p. 3. Por su parte, CERRADA MORENO se refiere a esta función como "función de enlace", (2012), *Op. cit.*, pp. 24-25; una calificación empleada por FURQUET MONASTERIO para referirse a la función de estos actos como nexo entre los intervinientes del litigio, y entre órgano judicial y otras autoridades y organismos públicos, e, incluso, órganos judiciales, (2001), *Op. cit.*, p. 20.

[67] Así: GALLEGO GARCÍA, R., (2012), "Artículo 149. Clases de actos de comunicación", en TORIBIOS FUENTES, F., (Dir.), *Comentarios a la Ley de Enjuiciamiento Civil*, Lex Nova, 1ª Edición, Valladolid, Edición E-Book, p. 277; LARA LÓPEZ, A.M., (2013), "Tema 18...", *Op. cit.*, p. 252; o TORRES YANES, F., (2016), *Op. cit.*, p. 30.

[68] CUBILLO LÓPEZ, I., (2000), *Op. cit.*, p. 293-294; JULVE GUERRERO, I., (2000), *Op. cit.*, p. 325; GONZÁLEZ CRESPO, M.A., (2000), "Los actos de comunicación en la nueva Ley de Enjuiciamiento Civil", *Revista Estudios Jurídicos. Cuerpo de Secretarios Judiciales*, Nº 5, Centro de Estudios Jurídicos de la Administración de Justicia, Madrid, p. 211; GASCÓN INCHAUSTI, F., (2000), *Op. cit.*, p. 6; FURQUET MONASTERIO, N., (2001), *Op, cit.*, p. 65; MONTERO AROCA, J., (2016), *Op. cit.*, §21; DE LA OLIVA SANTOS, A., (2019), "Lección 25ª...", *Op. cit.*, pp. 532-533. Pondremos de relieve que esta clasificación –en función del destinatario de la comunicación– también fue acogida por la LEC 1881, en sus Secciones 3ª a 5ª del Título VI de su Libro I, en las que diferenciaba entre los actos de comunicación dirigidos a las partes y demás sujetos que debieran intervenir en el litigio –Secciones 3ª y 4ª (arts. 260 y 283)–; y los actos de comunicación dirigidos a autoridades, funcionarios, organismos públicos y otros órganos jurisdiccionales –Sección 5ª (arts. 284-300)–. Asimismo, como apunta MARES ROGER, se constata cierto paralelismo entre las clases de actos de comunicación que contemplaba la derogada LEC 1881 y la clasificación contenida en el vigente artículo 149 LEC. Ciertamente, a excepción de las *exposiciones* –ahora integradas en el concepto de *oficio* en el orden civil, y, por ahora, subsistentes, apunta DÍAZ MARTÍNEZ, en el orden penal (*vid.* art. 196 LECrim), (2020), "Lección 26ª. Los actos de comunicación", en GIMENO SENDRA, V., DÍAZ MARTÍNEZ, M. y CALAZA LÓPEZ, S., (2020), *Op. cit.*, p. 391–, y los *suplicatorios* y las *cartas-órdenes* –ahora bajo el concepto unitario de *exhorto* en el orden civil, aunque la LECrim los sigue contemplando en su artículo 184–, se conservan todas las demás especies de estos actos procesales, (2001), "Los actos de comunicación judicial en la nueva Ley de Enjuiciamiento Civil (perspectivas de práctica forense)", *Diario La Ley*, Secc. Doctrina, Ref. D-82, Tomo 3, La Ley, pp. 3-4; Recurso electrónico ID: LA LEY 12476/2001. Con todo, destacaremos en último lugar que la LEC 1881 no contaba con un precepto equivalente al vigente 149 LEC, habiendo sido la sistematización ofrecida por la nueva LEC alabada por la doctrina. Por todos: CUBILLO LÓPEZ, I., (2000), *Op. cit.*, p. 294.

[69] Por su parte, CERNADA BADÍA define estas categorías como "actos de comunicación en sentido estricto", en clara diferenciación con los *mandamientos* y *oficios*, a los que se refiere como "actos de comunica-

tos de comunicación judicial dirigidos a autoridades, funcionarios, entes públicos –*mandamientos* y *oficios*–; y a otros órganos jurisdiccionales –*exhortos*[70]–.

### 3.1. Los actos de comunicación con las partes y otros sujetos intervinientes

#### *3.1.1. La notificación*

Establece el artículo 149 LEC que los actos de comunicación serán *notificaciones* "cuando tengan por objeto dar noticia de una resolución o actuación". Estamos ante una comunicación del órgano judicial en su estado más básico, pues su funcionalidad se limita, como vemos, a dar a conocer el contenido de una determinada resolución o actuación judicial, a su destinatario, sin compelerle a realizar actuación judicial alguna[71].

Esta es la razón por la que la *notificación*, como especie, constituye "el único y verdadero acto de comunicación" para FURQUET MONASTERIO[72]; la "clase más elemental de acto de comunicación" para TORRES YANES[73]; o, "un acto de comunicación puro" –en contraste con las demás clases del artículo 149 LEC, que serían "actos procesales complejos"–, para GASCÓN INCHAUSTI[74].

Ahora bien, desde otra perspectiva, asumiendo una noción amplia de esta categoría, la doctrina también ha considerado que la *notificación*, además de una especie autónoma de acto de comunicación judicial, es un concepto bajo el que cabe abarcar al resto de actos de comunicación dirigidos a las partes y demás su-

---

ción propios del «auxilio a la Justicia»", (2017), *Op. cit.*, p. 195. Siguiendo el planteamiento de esta autora, los *exhortos* serían "actos de comunicación de Auxilio Judicial", pues, tal y como establece el artículo 171.1 LEC, "el auxilio judicial se solicitará por el Tribunal que lo requiera mediante exhorto dirigido a la Oficina Judicial del que deba prestarlo (...)".

[70] Debemos precisar que el listado del artículo 149 LEC no incluye los *exhortos* como clase autónoma de acto de comunicación. No obstante, como tendremos ocasión de explicar en líneas subsiguientes, la doctrina sí que le otorga tal calificación. En favor de esta concepción, destacaremos, por el momento, LARA LÓPEZ, A.M., (2013), "Tema 18...", *Op. cit.*, pp. 250-251; CUBILLO LÓPEZ, I., (1999), *Op. cit.*, p. 55.

[71] En palabras de MONTERO AROCA, la notificación "es una puesta en conocimiento en estado puro", (2016), *Op. cit.*, §21. Definiendo la *notificación* –especie– como acto de comunicación judicial que tiene por objeto, en sí mismo, la puesta en conocimiento, sin pretender la acción o inactividad del destinatario, también: CERRADA MORENO, M., (2012), *Op. cit.*, p. 34; GALLEGO GARCÍA, R., (2012), "Artículo 149...", *Op. cit.*, p. 278; o TORRES YANES, F., (2016), *Op. cit.*, p. 47.

[72] FURQUET MONASTERIO, N., (2001), *Op. cit.*, p. 66. En idéntico sentido: GUASP DELGADO, J., (1948), *Comentarios a la Ley de Enjuiciamiento Civil*, Tomo I, Ed. Aguilar, 2ª Edición, Madrid, pp. 726-727.

[73] Asevera TORRES YANES, "si tratamos de buscar diferencias entre las notificaciones en sentido estricto y las citaciones, emplazamientos y requerimientos, cabe señalar que estos actos contienen, además de una puesta en conocimiento de una resolución, una intimación más o menos coactiva para que la actividad que se pretenda sea desarrollada, constituyendo por ello actos complejos de comunicación e intimación", (2016), *Op. cit.*, pp. 47-18. En idéntico sentido, apunta FURQUET MONASTERIO que los emplazamientos, las citaciones y los requerimientos, "al imponer al particular una determinada conducta, son propiamente *actos de intimación*", (2001), Ibídem.

[74] GASCÓN INCHAUSTI, F., (2000), *Op. cit.*, p. 8. Así: MONTERO AROCA, J., (2016), *Op. cit.*, §21.

jetos procesales[75]. Así, constata FURQUET MONASTERIO que la comunicación del contenido de la resolución siempre precederá a toda conminación dirigida al destinatario para actuar o no actuar de una determinada forma[76]. A este entendimiento, razona DE LA OLIVA SANTOS, "(…) es obligado llegar si se admite que las citaciones, los emplazamientos y los requerimientos son siempre consecuencia de una resolución y también han de ser *notificados* a las partes"[77]. Y es que, ciertamente, la elemental función informadora prevista, en principio, tan solo para las *notificaciones* conforme al tenor del artículo 149 LEC es predicable, asimismo, del resto de actos de comunicación, como sustrato natural e indispensable para la observancia de su objeto específico.

Con relación a esta cuestión, conviene destacar que la Ley también emplea, en ocasiones, el término *notificaciones* en este sentido amplio y comprensivo del resto de categorías. Muestra de ello, el artículo 151.1 LEC establece que "todas las resoluciones dictadas por los Tribunales o Letrados de la Administración de Justicia deberán *notificarse* en el plazo máximo de tres días desde su fecha o publicación"[78]. Efectivamente, tal precepto no se refiere, en exclusiva, a las *notifica-*

---

75 Asimismo, concibiendo las *notificaciones* como «género», CUBILLO LÓPEZ, I., (1999), *Op. cit.*, pp. 70-71; JULVE GUERRERO, I., (2000), *Op. cit.*, p. 336; FURQUET MONASTERIO, N., (2001), *Op. cit.*, pp. 65 y 69; GALLEGO GARCÍA, R., (2012), "Artículo 149...", *Op. cit.*, p. 277; CERNADA BADÍA, R., (2017), *Op. cit.*, pp. 196-197; o DE LA OLIVA SANTOS, A., (2019), "Lección 25ª...", *Op. cit.*, p. 535. Precisamente, fundado en esta concepción, un sector doctrinal apoya la necesidad de una unificación terminológica. En esta línea, CERRADA MORENO asevera que "(…) las diferencias entre unos y otros en cuanto a la forma de practicarse y sus consecuencias procesales quizás no justifiquen esta variedad de nombres, pues lo que determina el carácter y las consecuencias procesales del acto de comunicación es más el contenido de lo que se comunica que el nombre que se le dé a la resolución", (2012), *Op. cit.*, p. 33. Abogando por una simplificación legislativa y terminológica de los actos de comunicación: FURQUET MONASTERIO, N., (2001), *Op. cit.*, pp. 76-79. En contra de la unificación de las categorías, por su "amplia tradición" y por su valor orientativo de la conducta que debe adoptar el destinatario: CUBILLO LÓPEZ, I., (1999), *Op. cit.*, p. 74.

76 FURQUET MONASTERIO, N., (2001), *Op. cit.*, p. 66. Considerando que las citaciones, los emplazamientos y los requerimientos conllevan, tanto una puesta en conocimiento, como una intimación, esta autora los califica de "actos de comunicación impuros o mixtos", (2001), *Ibídem*. Así: TORRES YANES, F., (2016), *Op. cit.*, pp. 47-18.

77 DE LA OLIVA SANTOS, A., (2019), "Lección 25ª...", Ibídem.

78 A lo largo del articulado de la LEC, encontramos numerosas muestras del empleo del término *notificación* en un sentido amplio y comprensivo de otras categorías –un uso "impropio" e, incluso, "inapropiado", en ocasiones, para TORRES YANES, F., (2016) *Op. cit.*, p. 48–. Así, los artículos 16.2 –*notificación* de la existencia del proceso a los sucesores "emplazándoles para comparecer (…)"–; 28.3 –servicios de recepción de *notificaciones* de los Colegios de Procuradores–; 32.2 –"recibida la *notificación* de la demanda, si el demandado (…)"–; 150.1 –"las resoluciones procesales se *notificarán* a todos los que sean parte en el proceso"–; 152.2 – "la falta de práctica de este aviso no impedirá que la notificación sea considerada plenamente válida"; 160.1 "(…) por correo certificado (…) o por cualquier otro medio semejante que permita dejar en los autos constancia fehaciente de haberse recibido la *notificación* (…)"–; 162.2 –"(...) aquellos supuestos en los que el destinatario justifique la falta de acceso al sistema de *notificaciones*. (…) la *notificación* se entenderá válidamente recibida (…)"; 183.5 –el LAJ "lo *notificará* así a aquéllos, requiriéndoles a comparecer (…)"; 407.2 –"(…) en el plazo de veinte días a partir de la *notificación* de la demanda reconvencional"; 437.3– "(…) desde que se *notifique* la demanda"–; 441.1bis –"cuando se trate de una demanda de recuperación de la posesión de una vivienda (…), la *notificación* se hará a quien se encuentre habitando aquélla"–; 815.1 –"el requerimiento se *notificará* en la forma prevista en el artículo 161 (…)"–; 815.2 –"en las reclamaciones de deuda a que se refiere (…), la *notificación* deberá efectuarse en el domicilio (…)"–; entre otros. Asimismo, cabe precisar que estas referencias a la *notificación* en un sentido amplio no son exclusivas de la Ley procesal

*ciones* como categoría autónoma, sino que su mandato abarca a todas las demás clases de actos de comunicación. A su vez, cabe señalar el Capítulo VII del Título III del Libro III de la LOPJ, el cual, ocupándose de la regulación primordial de estos actos procesales, lleva por rúbrica "*De las notificaciones*"[79].

Asumiendo esta concepción de *notificación* como género, FURQUET MONASTERIO ha profundizado en las características que cabe predicar de todas las categorías de actos de comunicación[80].

Así, ha señalado, entre otras cualidades, que la *notificación,* por su propia naturaleza, y en contraposición con la técnica de *publicación*[81], se dirige a destinatarios "determinados o determinables"[82]. Una cualidad cuyo análisis es especialmente interesante, en particular, con motivo de la reforma operada por la Ley 5/2018, de 11 de junio, de modificación de la LEC, en relación con la ocupación ilegal de viviendas, que introdujo en nuestro ordenamiento jurídico la posibili-

civil. Muestra de ello, sin ánimo de extendernos, podemos señalar en la Ley 36/2011, de 10 de octubre, reguladora de la Jurisdicción Social –en adelante, LRJS–, los artículos 53.1 –"(...) debiendo agotarse siempre todas las posibles vías existentes para lograr la efectividad de las *notificaciones*"; 54.1 –"las resoluciones procesales se notificarán en el mismo día de su fecha (...)"–; o 60.3 –"los actos de comunicación al Ministerio Fiscal (...), así como las *notificaciones* a las partes (...)", entre otros; en la LECrim. 167 "para la práctica de las *notificaciones*, el Secretario que interviniere en la causa extenderá una cédula, que contendrá (...)"–. A su vez, como han precisado autores como FURQUET MONASTERIO y TORRES YANES, el empleo del término "notificación" también se ha extendido a otros ámbitos, como el administrativo, el tributario o, incluso, el internacional privado –destacaremos, en este sentido, el Reglamento (UE) 2020/1784 del Parlamento Europeo y del Consejo de 25 de noviembre de 2020, relativo a la *notificación* y traslado en los Estados miembros de documentos judiciales y extrajudiciales en materia civil o mercantil–, FURQUET MONASTERIO, N., (2001), *Op. cit.*, p. 13; TORRES YANES, F., (2016), *Op. cit.*, p. 48.

79 A su vez, en los preceptos que integran el mencionado Capítulo de la LOPJ también encontramos muestras del empleo del término notificación en un sentido amplio. El artículo 270, prevé, por su parte: "las resoluciones dictadas por jueces y tribunales, así como las que lo sean por letrados de la Administración de Justicia en el ejercicio de las funciones que le son propias, se *notificarán* a todos los que sean parte en el pleito (...)"; y el artículo 272, dispone, por otro lado: "podrá establecerse un local de *notificaciones* común (...). En este supuesto, el Colegio de Procuradores organizará un servicio para recibir las *notificaciones* (...). La recepción de la *notificación* por este servicio producirá plenos efectos"; CUBILLO LÓPEZ, I., (1999), *Op. cit.*, p. 70.

80 En palabras de la autora, "la definición de acto de comunicación debe hacerse (...) necesariamente partiendo del concepto de *notificación*, del que quiere analizarse su naturaleza y características esenciales", FURQUET MONASTERIO, N., (2001), *Op. cit.*, pp. 14-20.

81 Pese a que la técnica de *publicación* es la empleada para la comunicación edictal, la autora asevera que, dado que los edictos se dirigen a un destinatario determinado –con independencia de que un conjunto indeterminado de sujetos puedan acceder a su contenido–, esta modalidad de comunicación judicial no pierde su carácter de *notificación*. Otra nota característica que se predicará de los edictos –*publicación*–, pero no de las demás clases de *notificaciones* –género–, precisa la autora, será que el sujeto interesado deberá adoptar una actitud activa para darse por enterado. Esto es, en estos casos, no será el agente notificador quien se dirija al destinatario para efectuar la notificación, sino que será este último quien "se moverá en dirección al instrumento de publicación", FURQUET MONASTERIO, N., (2001), *Op. cit.*, pp. 15 y 17. Así, CUBILLO LÓPEZ, advierte que la modalidad de comunicación judicial del artículo 164 LEC, "(...) no supone una comunicación activa dirigida a un sujeto determinado; se trata, por el contrario, de fijar pasivamente una resolución que se quiere comunicar en un medio de difusión con carácter general", (1999), *Op. cit.*, p. 278. En simétricos términos: FERNÁNDEZ-GALLARDO FERNÁNDEZ-GALLARDO, J.A., (2012), "La averiguación del domicilio del demandado para la práctica de los actos de comunicación", *Boletín del Ministerio de Justicia.* Estudios doctrinales, Año LXVI, Nº 2139, Febrero de 2012, Edición Digital, p. 6.

82 FURQUET MONASTERIO, N., (2001), *Op. cit.*, p. 15.

dad de dirigir la demanda por la que se pretendiera la recuperación posesoria de una vivienda o parte de ella, genéricamente, "a los desconocidos ocupantes de la misma" (art. 437.3 bis LEC[83]).

Esta indeterminación inicial de la identidad del demandado y, por ende, del destinatario de la primera notificación, fue, precisamente, uno de los fundamentos del Recurso de Inconstitucionalidad promovido por los diputados del Grupo Parlamentario Confederal de Unidos Podemos-En Comú Podem-En Marea, contra esta reforma[84]. Al respecto, se argüía que la disposición contenida en el artículo 441.1 bis LEC, constituía una "(...) quiebra de la correcta constitución de la relación jurídico-procesal, que acarrearía la violación del derecho a la tutela judicial efectiva"[85]. No obstante, como pone de relieve el Tribunal Constitucional en el F.J. 4º de su Sentencia 32/2019, de 28 de febrero, mediante la que se resuelve en sentido desestimatorio el mencionado Recurso, esta imprecisión inicial acerca de la identidad del demandado -que no de su localización- "(...) resulta superada por la ulterior identificación personal al practicarse la notificación de la demanda y el consiguiente emplazamiento".

En estos casos, la exigida determinación del sujeto al que se dirige la demanda, se produce, no por razón de su identidad, sino por razón de su paradero; y su identificación personal tiene lugar con posterioridad a la expedición del acto de comunicación: concretamente, en el momento de su ejecución material (art. 441.1 bis LEC[86]).

---

[83] Art. 437.3 bis LEC: "3. Bis. Cuando se solicitase en la demanda la recuperación de la posesión de una vivienda o parte de ella a la que se refiere el párrafo segundo del numeral 4.º del apartado 1 del artículo 250, aquélla podrá dirigirse genéricamente contra los desconocidos ocupantes de la misma, sin perjuicio de la notificación que de ella se realice a quien en concreto se encontrare en el inmueble al tiempo de llevar a cabo dicha notificación. A la demanda se deberá acompañar el título en que el actor funde su derecho a poseer". La reforma de la Ley 5/2018, de 11 de junio, afectó, a su vez, a los artículos 150, 250, 441 y 444 LEC. Sin perjuicio de abordar en un momento posterior las modificaciones más relevantes introducidas por esta Ley en la materia estudiada, destacaremos los análisis de Schumann Barragán, G., (2018), "El proceso de tutela sumaria de la posesión por ocupación ilegal de viviendas introducido por la Ley 5/2018. Su naturaleza jurídica y algunas implicaciones prácticas", *Diario La Ley*, Nº 9264, Sección Tribuna, Septiembre, La Ley; Recurso electrónico ID: LA LEY 8922/2018; y Achón Bruñén, M.J., (2019), "Deficiencias del procedimiento de *okupas* regulado por la Ley 5/2018 y soluciones a los problemas que plantea", *Práctica de Tribunales*, Nº 139, Julio-Agosto, La Ley; Recurso electrónico ID: LA LEY 8768/2019.

[84] Recurso de Inconstitucionalidad nº 4703-2018 promovido contra la Ley 5/2018, de 11 de junio, por más de cincuenta diputados del Grupo Parlamentario Confederal de Unidos Podemos-En Comú Podem-En Marea en el Congreso de los Diputados, y resuelto por la STC 32/2019, de 28 de febrero (BOE nº 73, de 26 de marzo) de forma desestimatoria y con el Voto Particular concurrente de la Magistrada Dª María Luísa Balaguer Callejón. Analizando de forma esquemática el contenido de la STC: Magro Servet, V., (2019), "Análisis de la STC de 28 de febrero de 2019 desestimando recurso contra la Ley 5/2018 en materia de ocupación de viviendas", *Práctica de Tribunales*, Nº 139, Julio-Agosto, La Ley; Recurso electrónico: ID: LA LEY 8775/2019.

[85] STC 32/2019, de 28 de febrero (BOE nº 73, de 26 de marzo), A.H. 2º, Apartado D.

[86] Dispone el artículo 441.1 bis LEC, "(...) la notificación se hará a quien se encuentre habitando aquélla. Se podrá hacer además a los ignorados ocupantes de la vivienda. A efectos de *proceder a la identificación del receptor y demás ocupantes*, quien realice el acto de comunicación podrá ir acompañado de los agentes de la autoridad. (...)". Conforme manifiesta Schumann Barragán, "(...) en tanto que se conoce la localización exacta de los demandados –la legitimación pasiva corresponderá en cada comento, justamente, al

Otra de las cualidades inherentes a las *notificaciones* como género, reseñada por Furquet Monasterio, es su naturaleza reglada[87]. En efecto, en su ejecución, estos actos procesales se encuentran sujetos a normas procesales *ius cogens* –de obligada aplicación[88]–, que tienen por objeto garantizar el conocimiento de su contenido por parte del destinatario o, cuando menos, como se explicó en líneas precedentes, que se ha actuado con las debidas garantías para que ese conocimiento haya podido tener lugar. Y es, particularmente, en este aspecto, sostiene la autora, donde cobra especial relevancia, a su vez, la *necesidad de documentación*, como elemento perfectivo común a toda actividad notificadora[89].

De lo anteriormente expuesto se deriva, además, la *oficialidad* de las notificaciones, constatada por autores como Cubillo López, Furquet Monasterio y Fernández-Gallardo Fernández-Gallardo[90].

Realmente, es en el primer emplazamiento del demandado donde se aprecia, con mayor claridad, la ausencia del principio dispositivo y de aportación de parte en la realización de los actos de comunicación. Y así lo ha puesto de relieve el Tribunal Supremo, en su Sentencia 892/1994, de 11 de octubre, al afirmar que, lejos de limitarse a atender a lo instado por las partes, el órgano judicial, como garante del derecho fundamental de defensa, tiene el deber de velar por el escrupuloso cumplimiento de las normas rectoras de los actos de comunicación, que son, en palabras del Alto Tribunal "de derecho imperativo, más todavía, de orden público, en cuanto su incumplimiento afecta al art. 24 de la Constitución"[91]. Un cometido que, en definitiva, se atribuye al Letrado de la Administración de Justicia, como director y responsable de la adecuada organización del servicio de

---

que se encuentre en la vivienda ocupada ilegalmente–, el requisito [del artículo 155.2 LEC, con respecto al actor, de indicar "cuantos datos conozca del demandado y que puedan ser de utilidad para la localización de este"] se cumple con una identificación funcional en relación con el inmueble", (2018), *Op. cit.*, p. 6.

87 En este sentido, Furquet Monasterio, N., (2001), *Op. cit.*, pp. 16-18; y Torres Yanes, F., (2016) *Op. cit.*, p. 32.

88 Definidas por Robles Garzón como "normas que son de obligatoria aplicación en el momento en que concurra el supuesto de hecho previsto en las mismas", (2013), "Tema 9. El Derecho procesal como Derecho jurisdiccional y sus fuentes", en Robles Garzón, J.A., (Dir.), *Op. cit.*, p. 155. Considerando las normas rectoras de los actos de comunicación como normas procesales *ius cogens*, Fernández-Gallardo Fernández-Gallardo, J.A., (2012), *Op. cit.*, p. 6; o Torres Yanes, citando, en esta línea, la STS (Sala 1ª), de 4 de julio de 1996, Rec. nº 3396/1992, F.J. 2º, (2016), Ibídem. Así: ATS (Sala 1ª) de 22 de noviembre de 2005, Rec. nº 2959/2001, F.J. 3º.

89 En palabras de la autora, "de todas las características anteriormente señaladas, la entrega del acto conforme a unas formalidades previstas para su práctica, así como la necesidad de documentación la misma constituyen los rasgos distintivos de toda notificación (...)", Furquet Monasterio, N., (2001), *Op. cit.*, pp. 16-18.

90 Cubillo López, I., (1999), *Op. cit.*, p. 77; Fernández-Gallardo Fernández-Gallardo, J.A., (2012), *Op. cit.*, pp. 4-6; Torres Yanes, F., (2016), *Op. cit.*, p. 32.

91 STS 892/1994, de 11 de octubre, Rec. nº 1584/1993, F.J. 3º. Así, la STS, de 4 de julio de 1996, Rec. nº 3396/1992, F.J. 2º. Asumiendo esta doctrina, destacamos SAP Santa Cruz de Tenerife nº 723/2000, de 30 de septiembre, Rec. nº 166/1998, F.J. 2º; SAP Granada nº 256/2014, de 13 de junio, Rec. nº 693/2013, F.J. 2º; AAP Granada nº 127/2016, de 30 de junio, Rec. nº 52/2016, F.J. 2º; SAP Granada nº 84/2017, de 3 de marzo, Rec. nº 463/2016, F.J. 1º; SAP Málaga nº 610/2017, de 22 de junio, Rec. nº 883/2016, F.J. 3º.

actos procesales de comunicación de la Oficina Judicial (art. 152.1 LEC), y auténtico impulsor de proceso (art. 456.1 LOPJ)[92].

Volviendo al concepto de *notificación* en los términos del artículo 149.1º LEC, esto es, como *especie* autónoma de acto de comunicación, la siguiente cuestión que abordaremos será el formato y contenido de esta clase de comunicación judicial, pues es aquí donde encontramos ciertas diferencias reseñables con respecto al resto de categorías.

En efecto, distanciándonos de los *emplazamientos* y las *citaciones*, cuya comunicación, como analizaremos, se efectuará mediante *cédula*[93], debemos apuntar que las *notificaciones*, en el orden jurisdiccional civil[94], llegarán a conocimiento de su legítimo destinatario mediante *copia de la resolución*[95] que deba transmitirse y, precisa Julve Guerrero, en su texto íntegro[96]. Su contenido, por consiguiente,

---

[92] Cernada Badía, R., (2017), *Op. cit.*, pp. 223-224. En virtud del artículo 456.1 LOPJ, "el Letrado de la Administración de Justicia impulsará el proceso en los términos que establecen las Leyes procesales". Sin perjuicio de analizar el papel desempeñado por estos funcionarios en relación con los actos de comunicación en un momento posterior, destacaremos: Torres Yanes, F., (2016), *Op. cit.*, pp. 104-108.

[93] Así se desprende de preceptos como el 152.3.3º LEC: "3. Los actos de comunicación se efectuarán en alguna de las formas siguientes, según disponga esta Ley: (...) 3.ª Entrega al destinatario de copia literal de la resolución que se le haya de notificar, del requerimiento que el Tribunal o el Letrado de la Administración de Justicia le dirija, o de la cédula de citación o emplazamiento". Cubillo López, I., (2000), *Op. cit.*, p. 296. En este sentido, los artículos 33.2 o 155.1 LEC también hacen referencia a la "cédula de emplazamiento o citación", en contraposición a la "copia de la resolución". Como advierte Torres Yanes, la LEC no determina de forma clara y específica cuándo procede el empleo de la *cédula* o de la *copia de la resolución* para la práctica de los actos de comunicación. Se trata, pues, de una cuestión cuya respuesta se infiere del propio articulado de la Ley, que parece reservar la *cédula* para las dos clases de actos de comunicación mencionadas, (2016), *Op. cit.*, pp. 85-86; En una posición dispar a este razonamiento, cabe mencionar, no obstante, a Julve Guerrero, quien entiende que el apartado cuarto del artículo 152 LEC, relativo al contenido de las *cédulas*, no establece, realmente, "ninguna especialidad para el caso de que se comunique una notificación, una citación u otro acto de comunicación", (2000), *Op. cit.*, pp. 340-341. Por su parte, Furquet Monasterio aboga por la unificación de todos los formatos de comunicación judicial, a través de la implantación de un "documento estándar de notificación con una presentación y contenido uniforme", que se integraría, a su vez, en un "protocolo único de actuación", común a toda clase de acto de comunicación y proceso, (2001), *Op. cit.* p. 150.

[94] En el orden jurisdiccional penal, por el contrario, el Letrado de la Administración de Justicia sí extenderá *cédula* para la práctica de *notificaciones*, conforme al artículo 167 LECrim, cuyo contenido será el siguiente: "1º. La expresión del objeto de dicha causa y los nombres y apellidos de los que en ellas fueren parte; 2º. La copia literal de la resolución que hubiere de notificarse; 3º. El nombre y apellidos de la persona o personas que han de ser notificadas. 4º. La fecha en que la cédula se expidiere; 5º. La firma del Secretario [ahora LAJ]". Con todo, cabe reseñar que la LEC 1881, en su artículo 266, contemplaba la "*notificación por cédula*" para aquellos supuestos en los que, siendo conocido el domicilio del destinatario, éste no fuere hallado en él. Sobre esta especialidad en las *notificaciones* de la LEC 1881, nos remitimos a Cubillo López I. (1999), *Op. cit.*, pp. 35-37 y, en especial, n.p. 34ª.

[95] González Crespo, M.A., (2000), *Op. cit.*, p. 219; Revilla Pérez, L., (2000), *Op. cit.*, pp. 254-255; Lara López, A.M., (2013), "Tema 18...", *Op. cit.*, p. 252.

[96] En palabras de esta autora, "aunque la ley no lo diga expresamente, el texto de la resolución debe notificarse íntegramente, comprendiendo tanto la parte dispositiva de la resolución, como también, los razonamientos jurídicos que en la misma obren", Julve Guerrero, I., (2000), *Op. cit.*, p. 340.

coincidirá con el del texto de la resolución objeto de noticia[97], debiendo remitirnos a dicha regulación para conocer su información[98].

En este punto, sin ánimo de ser exhaustivos, nos detendremos en el apartado 4º del artículo 208 LEC, relativo a la preceptiva *instrucción de recursos* en toda clase de resolución procesal: una indicación dirigida al interesado a meros efectos informativos –en evidente beneficio de las garantías que le asisten en el proceso[99]–, pero que, tradicionalmente, y como consecuencia de la inespecificidad de la Ley al respecto, nunca ha estado exenta de debate en cuanto atañe al sujeto responsable de su indicación, así como al momento y lugar en que debe ser efectuada.

Dicho esto, la discusión central gira en torno a si estamos ante una información que, en efecto, debe formar parte del contenido de todas las resoluciones procesales, correspondiendo, por tanto, añadirla a quien la dicta –lo que se desprende, de hecho, del tenor del artículo 208.4º LEC, intitulado "forma de las resoluciones"–; o si, de otra manera, constituye una indicación desvinculada de la resolución objeto de notificación y a realizar por el "agente notificador"[100] en el momento de practicar el acto de comunicación –conclusión que puede deducirse, por el contrario, del tenor del artículo 248.4º LOPJ[101]–. Y es que, mientras el artículo 208.4º LEC –en su redacción de la Ley 13/2009, de 3 de noviembre– establece: "*toda resolución incluirá* la mención del lugar y fecha en que se adopte

---

[97] Julve Guerrero, I., (2000), *Op.* y *loc. cit.*

[98] En este sentido, destacaremos los artículos 208 y 209 LEC, relativos a la forma de las resoluciones y a las reglas especiales sobre forma y contenido de las sentencias, respectivamente. Sobre las clases, formas y contenido de las resoluciones procesales: García-Lubén Barthe, P., (2010), "Sección II. Reformas del Libro I de la LEC sobre disposiciones generales relativas a los juicios civiles (II): Artículos 129 a 247 LEC", en Banacloche Palao, J., (Coord.), *Guía Práctica de la Nueva Oficina Judicial*, La Ley, 1ª Edición, Madrid, pp. 53-59; Recurso electrónico ID: LA LEY 12705/2011.

[99] Torres Yanes, F., (2016), *Op. cit.*, p. 100; Cernada Badía, por su parte, avanza aún más al aseverar: "si las comunicaciones judiciales no incorporan dicha mención, se vulnera la garantía de integridad. Dicha garantía adquiere relevancia constitucional al vulnerar el derecho a la tutela judicial efectiva del artículo 24.1, en su dimensión o vertiente de derecho de acceso a los recursos legalmente establecidos", (2017), *Op. cit.*, p. 409. Trasladándonos a la instrucción de recursos en el ámbito administrativo –contemplada, actualmente, en el artículo 40.2 de la Ley 39/2015, de 1 de octubre, del Procedimiento Administrativo Común de las Administraciones Públicas (LPAC)–, De Diego Díez manifiesta: "la indicación sobre los recursos procedentes se configura así como instrumental del derecho de defensa (art. 24.2 de la CE) y como garantía de acceso a los medios de impugnación e incluso de acceso al proceso judicial mismo, esto es, a la tutela judicial efectiva; posibilita en suma la reacción frente a un acto o resolución administrativa considerada injusta o ilegal", (2011), *Op. cit.*, § II.4.

[100] Término empleado por el Tribunal Constitucional en resoluciones como las SSTC 155/1991, de 10 de julio (BOE nº 190, de 09 de agosto), F.J. 7º; 203/1991, de 28 de octubre (BOE nº 284, de 27 de noviembre), F.J. 2º; 50/1995, de 23 de febrero (BOE nº 77, de 31 de marzo), F.J. 3º; 103/1996, de 11 de junio (BOE nº 168, de 12 de julio), F.J. 2º; 77/2005, de 4 de abril (BOE nº 111, de 10 de mayo), F.J. 3º; todas relativas a la materia que nos ocupa, aunque debemos tener presente que su doctrina sería aclarada y perfilada por la renombrada STC 241/2006, de 20 de julio (BOE nº 197, de 18 de agosto), F.J. 3º, cuyo contenido analizaremos seguidamente.

[101] Y como advierte Torres Yanes, "esta diferencia no es nada intrascendente, porque con una de las disposiciones el deber de información concierne al propio Juez o Tribunal y se materializa de forma escrita, mientras que con la otra se traslada dicha obligación al momento posterior de la notificación, haciendo con ellos responsables a otros sujetos –funcionario o procurador que ejecuta el acto de comunicación y, en último término, al Letrado de la Administración de Justicia, art. 152–", (2016), *Op. cit.*, pp. 99-100.

y si la misma es firme o si cabe algún recurso contra ella, con expresión, en este último caso, del recurso que proceda, del órgano ante el que debe interponerse y del plazo para recurrir"; el artículo 248.4º LOPJ dispone, por su parte, que será al "*notificarse la resolución* a las partes" cuando se les indique "(...) si la misma es o no firme y, en su caso, los recursos que procedan, órgano ante el que deben interponerse y plazo para ello"[102].

En este último sentido se ha pronunciado, ciertamente, el Tribunal Constitucional, en Sentencias como la nº 267/1994, de 03 de octubre, al manifestar que "(...) la instrucción sobre los recursos que impone el art. 248.4 LOPJ no integra el contenido decisorio de la resolución notificada, y representa una simple información al interesado (...)". Una aserción a la que se adiciona que "(...) no constituye propiamente un acto del Juez o Tribunal del que procede la resolución notificada, sino una indicación que debe hacerse «al notificarse la resolución a las partes», por lo que corresponde a quienes tengan encomendada la realización del acto de comunicación o notificación de las resoluciones judiciales"[103].

Ahora bien, sin perjuicio de esta doctrina, es incontestable que la regulación del artículo 208.4 LEC, reformado por la Ley 13/2009, de 3 de noviembre, de reforma de la legislación procesal para la implantación de la nueva Oficina Judicial, ha quedado, finalmente, desvinculada del precepto orgánico, desprendiéndose de su tenor que la instrucción de recursos, si bien no forma parte del contenido decisorio de la resolución –siguiendo la jurisprudencia del Tribunal Constitucional–, sí compone la resolución, cuando menos, como indicación instrumental e integrante de su estructura interna[104]. Y asimismo ha sido considerado por el CGPJ, en su Informe de la Comisión Permanente de 17 de diciembre de 2015, al poner de relieve que "aunque no forma parte del contenido decisivo de la resolución, sí es parte integrante de esta"[105]. Una puntualización que, enten-

[102] Si bien el primero, en su redacción original, reproducía con fidelidad el contenido del artículo 248.4 LOPJ, su tenor fue modificado por la renombrada Ley 13/2009, de 3 de noviembre, que también reformaría el artículo 141 LECrim en idéntico sentido. Así, el artículo 97.4 LRJS en el orden jurisdiccional social, sobre la "forma de la sentencia", cuyo contenido nos parece, incluso, más acertado, por cuanto añade la obligatoriedad de indicar los "depósitos y las consignaciones que sean necesarios y la forma de efectuarlos", una precisión prevista en la Disposición Adicional 15ª LOPJ que, sin embargo, aún no ha sido trasladada a la legislación ordinaria. De este modo, siguiendo el tenor del artículo 248.4 LOPJ, el apartado 6º de la referida Disposición Adicional de la LOPJ establece: "6. Al notificarse la resolución a las partes, se indicará la necesidad de constitución de depósito para recurrir, así como la forma de efectuarlo".

[103] STC 267/1994, de 3 de octubre (BOE nº 267, de 8 de noviembre), F.J. 2º. Así: las SSTC 155/1991, de 10 de junio (BOE nº 190, de 9 de agosto), F.J. 7º; 203/1991, de 28 de octubre (BOE nº 284, de 27 de noviembre), F.J. 2º; 77/2005, de 4 de abril (BOE nº 111, de 10 de mayo), F.J. 3º; o el ATC 323/2004, de 29 de julio, F.J. 2º.

[104] Torres Yanes, F., (2016), *Op. cit.*, pp. 99 y 282.

[105] El informe fue emitido con ocasión del expediente relativo a una reclamación de naturaleza indemnizatoria por los daños que habrían sido causados a una parte en la tramitación del recurso contencioso-administrativo nº 1101/2004, seguido ante el TSJ Andalucía, formulado al amparo de la responsabilidad patrimonial del Estado por un funcionamiento anormal de la Administración de Justicia. Sobre el mismo se ha pronunciado también la Comisión Permanente de nuestro Consejo de Estado, en su Dictamen nº 618/2016, emitido en la sesión celebrada el 3 de noviembre de 2016. En ambos documentos, se aborda la naturaleza de las reclamaciones patrimoniales formuladas sobre una indicación errónea de los recursos por

demos, adquiere especial trascendencia en el caso de los actos de comunicación electrónicos, por cuanto, en esta clase de comunicaciones, no se produce una interacción personal entre el agente notificador y el destinatario[106].

Ciertamente, estamos ante un debate que se antoja irresoluble, en tanto el legislador no opte por armonizar ambas normas, aportando una mayor claridad y –siempre bienvenida– seguridad jurídica. No obstante, suscribimos a Torres Yanes, cuando asevera que: "(…) es perfectamente posible sostener que los dos preceptos, aun siendo distintos, no son incompatibles, sino complementarios, y que redundan, con su aplicación conjunta, en mayores garantías para el ciudadano, aunque no con ello quede resuelto el problema"[107]. Y es que, con independencia de que sea en el texto de la resolución procesal, o en el momento de realizar el acto de comunicación, cuando se lleve a efecto la instrucción de recursos, el Tribunal Constitucional ha puesto de manifiesto la especial relevancia de la corrección de la información ofrecida al justiciable en este sentido.

Así, la STC 241/2006, de 20 de julio, que aclara y perfila la doctrina constitucional sobre esta materia[108], ha manifestado que la información errónea sobre los recursos proporcionada por los órganos judiciales, en cuanto que es susceptible de inducir a error por la *auctoritas* inherente a quien la consignó, torna en excusable, en cualquier caso, una conducta errónea de la parte siguiendo tales indicaciones[109], aun estando asistida por profesionales del Derecho. Y es que, conforme asevera el Tribunal, en su F.J. 3º, no sería razonable "(…) exigir a la parte que contravenga o salve por sí misma la instrucción o información de recursos consignada en la resolución judicial (…)"[110]. Al fin y al cabo, como añade el F.J. 2º de la STC

parte de los Letrados de la Administración de Justicia: Rodríguez-Piñero y Bravo-Ferrer, M., (2017), "Sobre la función «parajudicial» y la independencia de los Letrados de la Administración de Justicia", *Diario La Ley*, Nº 8952, Sección Doctrina, Marzo, La Ley, pp. 2-3; Recurso electrónico ID: LA LEY 2910/2017.

[106] Pensemos, por ejemplo, en la *notificación*, la cual se pondrá en conocimiento de su destinatario, como ya hemos apuntado, a través de la entrega –o remisión– de la copia de la resolución. En aquellos casos en los que el acto de comunicación se lleve a efecto por medios electrónicos, si esta información no consta en la resolución, el interesado no tendrá conocimiento de la misma, incumpliéndose, con ello, tanto lo dispuesto en el artículo 248.4 LOPJ, como lo establecido en el artículo 208.4 LEC. En este sentido, también Torres Yanes, F., (2016), *Op. cit.*, p. 100.

[107] Torres Yanes, F., (2016), Ibídem.

[108] Al analizar la extemporaneidad de la demanda de amparo formulada, el Tribunal Constitucional se pronuncia examinando el impacto que pueden llegar a tener sobre la conducta procesal de las partes los errores cometidos por el órgano judicial en la instrucción de los recursos, para considerar como "manifiestamente improcedentes" los recursos formulados con fundamento en tales indicaciones, en el ámbito de la declaración de extemporaneidad de las demandas de amparo. Tal y como declara el Tribunal, esta Sentencia perfiló una doctrina que, hasta el momento, no estaba "(…) exenta de inflexiones y de formulaciones susceptibles de inducir a confusión". Sobre la doctrina constitucional en materia de la instrucción de recursos y su evolución, cabe destacar: Rodríguez Carbajo, J.R., (2012), "La indicación de recursos", *Actualidad Administrativa*, Nº 2, Secc. Fundamentos de Casación, Enero, Tomo I, La Ley; Recurso electrónico ID: LA LEY 22114/2011.

[109] En este sentido, las SSTC 242/2007, de 10 de diciembre (BOE nº 310, de 27 de diciembre), F.J. 3º; 63/2016, de 11 de abril (BOE nº 122, de 20 de mayo), F.J. 3º; o la 15/2019, de 11 de febrero (BOE nº 67, de 19 de marzo), F.J. 3º.

[110] STC 241/2006, de 20 de julio (BOE nº 197, de 18 de agosto), F.J. 3º. Siguiendo la doctrina sentada por esta Sentencia: SSTC 256/2006, de 11 de septiembre (BOE nº 243, de 11 de octubre), F.J. 6º;

79/2004, de 5 de mayo, los errores de los órganos judiciales, no deben producir efectos negativos en la esfera de los justiciables[111].

Un criterio que, por otro lado, puntualiza la mencionada Sentencia de 20 de julio de 2006, en su F.J. 3º, no será aplicable en los supuestos de omisión de la instrucción de recursos, pues, según estima, "(...) la simple omisión (...), a diferencia de la instrucción errónea, al ser fácilmente detectable, debe producir, normalmente, la puesta en marcha de los mecanismos ordinarios para que sea suplida por la propia diligencia procesal de la parte, especialmente si tiene asistencia letrada"[112].

A nuestro juicio, es el momento de destacar la importancia de una Justicia accesible y comprensible para el ciudadano, en especial, cuando se trata de actos procesales, como los de comunicación judicial, que, en numerosas ocasiones, llegan al justiciable directamente en su domicilio, sin encontrarse, entonces, asistido por profesionales del Derecho que le aclaren su contenido[113].

Ciertamente, este derecho se encuentra recogido en el Punto 5º de la esencial *Carta de Derechos del Ciudadano ante la Justicia*, aprobada en el Pleno del Congreso de los Diputados como Proposición no de Ley, por unanimidad de todos los Grupos Parlamentarios, el 16 de abril de 2002. Así, "el ciudadano tiene derecho a que las notificaciones, citaciones, emplazamientos y requerimientos contengan términos sencillos y comprensibles, evitándose el uso de elementos intimidatorios innecesarios". En similares términos, el Punto 7º, cuyo texto extiende este deber a todas las resoluciones: "el ciudadano tiene derecho a que las sentencias y demás resoluciones judiciales se redacten de tal forma que sean comprensibles por sus destinatarios, empleando una sintaxis y estructura sencillas, sin perjuicio de su rigor técnico. Se deberá facilitar especialmente el ejercicio de estos derechos en

---

274/2006, de 25 de septiembre (BOE nº 256, de 26 de octubre), F.J. 2º; 308/2006, de 23 de octubre (BOE nº 284, de 28 de noviembre), F.J. 2º; 26/2008, de 11 de febrero (BOE nº 64, de 14 de marzo), F.J. 2º; 4/2009, de 12 de enero (BOE nº 38, de 13 de febrero), F.J. 2º; 30/2009, de 26 de enero (BOE nº 49, de 26 de febrero), F.J. 2º; 142/2009, de 15 de junio (BOE nº 172, de 17 de julio), F.J. 2º; 210/2009, de 26 de noviembre (BOE nº 313, de 29 de diciembre), F.J. 2º; 55/2012, de 29 de marzo (BOE nº 101, de 27 de abril), F.J. 2º; 204/2012, de 12 de noviembre (BOE nº 299, de 13 de diciembre), F.J. 2º; 47/2014, de 7 de abril (BOE nº 111, de 7 de mayo), F.J. 4º; 54/2015, de 16 de marzo (BOE nº 98, de 24 de abril), F.J. 3º; 60/2017, de 22 de mayo (BOE nº 156, de 1 de julio), F.J. 5º.

[111] STC 79/2004, de 5 de mayo (BOE nº 129, de 28 de mayo), F.J. 2º. Recoge esta doctrina: SSTC 172/1985, de 16 de diciembre (BOE nº 13, de 15 de enero), F.J. 6º; 376/1993, de 20 de diciembre (BOE nº 23, de 27 de enero), F.J. 2º; 67/1994, de 28 de febrero (BOE nº 71, de 24 de marzo), F.J. 3º; 5/2001, de 15 de enero (BOE nº 41, de 16 de febrero), F.J. 2º; 146/2005, de 6 de junio (BOE nº 162, de 8 de julio), F.J. 3º; 244/2005, de 10 de octubre (BOE nº 273, de 15 de noviembre), F.J. 3º; 28/2006, de 30 de enero (BOE nº 51, de 1 de marzo), F.J. 5º; 256/2006, de 11 de septiembre (BOE nº 243, de 11 de octubre), F.J. 6º; 60/2017, de 22 de mayo (BOE nº 156, de 01 de julio), F.J. 5º.

[112] SSTC 241/2006, de 20 de julio (BOE nº 197, de 18 de agosto), F.J. 3º; 160/2009, de 29 de junio (BOE nº 181, de 28 de julio), F.J. 2º; 175/2014, de 03 de noviembre (BOE nº 293, de 4 de diciembre), F.J. 3º.

[113] Así: Furquet Monasterio, N., (2001), *Op. cit.*, p. 151. Suscribiendo la necesidad de atender a las circunstancias subjetivas del destinatario: Yélamos Bayarri, E., (2006), *Op. cit.* p. 444.

aquellos procedimientos en los que no sea obligatoria la intervención de abogado y procurador".

En desarrollo de estas disposiciones, inicialmente programáticas y rectoras de la futura actuación de los Poderes Públicos, cabe destacar el Informe de la Comisión de Modernización del Lenguaje Jurídico, de septiembre de 2011, entre cuyas medidas propuestas y llevadas a efecto, reseñaremos, por su especial impacto social y utilidad, la elaboración y publicación del *Diccionario del Español Jurídico* con fecha de 26 de enero de 2017, fruto de un convenio de colaboración entre el CGPJ y la Real Academia Española (RAE).

Por último, en este punto, descaré las *Cien Reglas de Brasilia sobre acceso a la justicia de personas en condición de vulnerabilidad*, aprobadas en la XIV Cumbre Judicial Iberoamericana, celebrada en marzo de 2008 en Brasilia y, actualizadas en su XIX Edición, celebrada en abril de 2018, en San Francisco de Quito (Ecuador).

Especialmente relacionadas con el objeto de nuestra investigación, debemos mencionar las Reglas 58 a 61, relativas a la comprensión de las actuaciones judiciales en las que participe una persona en condición de vulnerabilidad. De esta forma, con la finalidad de reducir las dificultades en la comunicación, en lo que afecta a la comprensión del acto judicial, el instrumento propugna, en primer lugar, un lenguaje claro, sencillo y fácilmente comprensible en materia de actos de comunicación, de modo que el destinatario pueda adquirir un conocimiento efectivo y certero de cuál es el sentido, alcance y efectos del acto judicial notificado. Tras su actualización, añade la necesidad de procurar que el instrumento de notificación sea "acompañado de un documento en formato accesible", con relación a la respectiva condición de discapacidad; y, por otro lado, con respecto al contenido de las resoluciones judiciales, complementa la regla de fácil comprensión original, sin perjuicio del rigor técnico, con la necesidad de hacer un "uso de lenguaje inclusivo o no sexista (…) evitando, de esta manera, que la resolución judicial y la expresión de su contenido, se conviertan en un modo de discriminación"[114].

Precisamente, la traslación de estas reglas a nuestra Ley procesal civil, se ha producido mediante la Ley 8/2021, de 2 de junio, por la que se reforma la legislación civil y procesal para el apoyo a las personas con discapacidad en el ejercicio de su capacidad jurídica, que ha introducido un nuevo artículo 7 bis LEC, bajo la rúbrica "Ajustes para personas con discapacidad". De este modo, se reconoce de forma expresa en la LEC el derecho de las personas con discapacidad a "entender y ser entendidas" –ap. 2º– en todas las fases y actuaciones procesales, incluyendo los actos procesales de comunicación, y, para ello, se establece la adopción de los ajustes, referidos a la comunicación, la comprensión y la interacción con el

[114] Sobre este instrumento internacional, remitimos al estudio de DELGADO MARTÍN, J., (2019), "Guía comentada de las Reglas de Brasilia. Comentarios a las Reglas de Brasilia sobre acceso a la Justicia de las personas en condición de vulnerabilidad", *Herramientas EUROsociAL+*, Nº 26/2019, Serie Cohesión Social en la práctica, Edita Programa EUROsociAL+, Madrid, p. 7.

entorno, que resulten precisos, así como la facilitación de la asistencia y el apoyo necesarios, para garantizar su participación en condiciones de igualdad, tanto a petición de cualquiera de las partes o del Ministerio Fiscal, como de oficio, por el propio Juez o Tribunal –ap. 1º–. Comienza a ser suplida una carencia que venimos verificando en la LEC desde hace años, de imprescindible y urgente subsanación, y aún mejorable, en aras de la salvaguarda del derecho de defensa de las partes en el proceso[115].

Para finalizar, con respecto a la actuación que podrá llevar a cabo el destinatario ante la recepción del acto procesal de comunicación, las *notificaciones*, al igual que los *emplazamientos* y las *citaciones*, conforme establece el apartado 5º del artículo 152 LEC[116], no admitirán respuesta alguna del interesado, salvo que así se hubiese acordado. Una opción sí contemplada por dicho precepto para los *requerimientos,* entendemos, como consecuencia de la repercusión que la actuación del destinatario ante esta categoría de actos de comunicación suele tener en el proceso, fundamentalmente, a efectos ejecutivos, como constataremos en líneas subsiguientes.

### *3.1.2. El emplazamiento y la citación*

Estamos ante dos clases de actos de comunicación, cuyo propósito principal y común consiste en dar a conocer una resolución judicial que conmina al destinatario a llevar a cabo una actuación específica. Dicho esto, la diferencia existente entre ambas figuras radica en que, mientras el *emplazamiento* tiene por objeto promover la personación y actuación en un plazo determinado (art. 149.2º LEC); por medio de la *citación*, se compele al sujeto procesal a comparecer y actuar en un lugar, fecha y hora determinados (art. 149.3º LEC)[117].

---

[115] Tal y como pone de relieve De Lucchi López-Tapia, al analizar el artículo 7 bis LEC, "el ámbito procesal ha sido una de las grandes asignaturas pendientes en materia de protección de derechos de personas con discapacidad que el Estado va asumiendo gradualmente como prioridad", (2021), "Ajustes procedimentales para garantizar el acceso a la justicia de las personas en situación de discapacidad: el nuevo artículo 7 bis de la Ley de Enjuiciamiento Civil", *Práctica de Tribunales*, Nº 151, Julio-Agosto, La Ley, p. 2; Recurso electrónico ID: LA LEY 8312/2021.

[116] Art. 152.5 LEC: "en las notificaciones, citaciones y emplazamientos no se admitirá ni consignará respuesta alguna del interesado, a no ser que así se hubiera mandado. En los requerimientos se admitirá la respuesta que dé el requerido, consignándola sucintamente en la diligencia". Como advierte Furquet Monasterio, esta disposición reproduce, casi en idénticos términos, el tenor del artículo 276 LEC 1881, (2001), *Op. cit.*, p. 69, n.p. 215ª; así: Revilla Pérez, L., (2000), *Op. cit.*, p. 255. Subyace aquí la idea, apunta Gascón Inchausti, "de que, como regla, el momento en que se produzca la recepción de un acto de comunicación no es idóneo para realizar alegaciones que puedan o deban ser tenidas en cuenta de cara al proceso; y, en tanto que actividad inútil –y potencialmente perturbadora–, la Ley trata de prohibirla o, cuando menos, de evitar que quede constancia de ella en las actuaciones", (2000), *Op. cit.*, p. 29.

[117] Art. 149 LEC: "(...) 2º. *Emplazamientos*, para personarse y para actuar dentro de un plazo"; "3º. *Citaciones*, cuando determinen lugar, fecha y hora para comparecer y actuar. (...)". Como asevera Lara López, en ambos casos, "se produce una intimación a la realización de una determinada actividad; lo que las diferencia es el ámbito o lapso temporal para su realización", (2013), "Tema 18...", *Op. cit.*, p. 252.

Como precisa Guasp Delgado, aludiendo también al *requerimiento*, estas categorías de actos de comunicación, a diferencia de la *notificación* en su estado más básico, "no se agotan en un simple dar a conocer, sino que invitan o imponen una conducta: en el emplazamiento y citación se impone la carga de comparecer, y así se hace constar en la cédula (...); y en el requerimiento se impone otro tipo de conducta y, además, se admite la posible contestación del requerido"[118].

Con anterioridad a la reforma procesal de 2015, en el ámbito del juicio verbal, el artículo 440.1 LEC establecía que, una vez admitida la demanda, el entonces Secretario Judicial citaría a las partes procesales para la celebración de la vista en el día y hora que a tal efecto se señalase, debiendo mediar al menos diez días desde el siguiente a la citación y sin que pudiera exceder de veinte días[119].

Sin embargo, una de las principales novedades introducidas por la Ley 42/2015, de 5 de octubre, de reforma de la LEC, fue, precisamente, la introducción del trámite de contestación a la demanda en los juicios verbales[120]. Así, conforme al vigente artículo 438.1 LEC, el Letrado de la Administración de Justicia, una vez examinada y admitida la demanda, "dará traslado de ella al demandado para que la conteste por escrito en el plazo de diez días conforme a lo dispuesto para el juicio ordinario".

Con carácter previo a la reforma, la ausencia del trámite procesal de contestación escrita resultaba justificada por la falta de complejidad de los asuntos sustanciados por los trámites del juicio verbal, así como por la célere tutela que exigen algunos de estos procesos. No obstante, con el fin de reforzar las garantías de las

118 Guasp Delgado, J., (1948), *Op. cit.*, p. 749.

119 Así, conforme al artículo 440.1 LEC, en su redacción anterior a la Ley 42/2015, de 5 de octubre, "1. El secretario judicial, examinada la demanda, la admitirá o dará cuenta de ella al tribunal para que resuelva lo que proceda conforme a lo previsto en el artículo 404. Admitida la demanda, el secretario judicial citará a las partes para la celebración de vista en el día y hora que a tal efecto señale, debiendo mediar diez días, al menos, desde el siguiente a la citación y sin que puedan exceder de veinte". Esta regulación respondía a los principios de "contradicción, celeridad, inmediación y oralidad" que, tradicionalmente, apunta Calaza López, han informado esta clase de procesos, (2015), "Procesos de modificación judicial de la capacidad por causa de discapacidad", *Actualidad Civil*, Nº 11, Noviembre, La Ley, p. 4; Recurso electrónico ID: LA LEY 7413/2015. No obstante, como comentaremos en líneas subsiguientes, la necesidad de reforzar las garantías de las partes en el proceso, llevó al legislador –fuertemente apoyado por la doctrina–, a introducir, entre otras modificaciones, el trámite de *contestación escrita a la demanda*, que, por otro lado, ya se contemplaba para determinados "procesos especiales" –*Vid.* Libro IV LEC–, precisamente, por la exigencia de reforzar el derecho de defensa en esta clase de procesos –así, sin ánimo de ser exhaustivos: los procesos sobre capacidad, filiación, matrimonio y menores (*Vid.* Art. 753.1º LEC, desde la entrada en vigor de la LEC del 2000)–. Analizando las novedades introducidas en los juicios verbales por la Ley 42/2015, de 5 de octubre y, en particular, sobre la materia que nos ocupa: Vallespín Pérez, D., (2015), "Análisis constitucional del juicio verbal previsto en la Ley 42/2015, de 5 de octubre de 2015, de reforma de la Ley 1/2000, de 7 de enero, de Enjuiciamiento Civil", *Práctica de Tribunales*, Nº 117, Noviembre-Diciembre, La Ley, pp. 4-6; Recurso electrónico: LA LEY 6243/2015.

120 Entre las modificaciones señaladas por Arsuaga Cortázar, J., (2015), "Capítulo II.7. Contestación escrita (art. 438.1). Efectos en los artículos 14.2, 255.3, 264 y 265", en Arsuaga Cortázar, J., Anta González, J.F., y De La Serna Bosch, J., (2015), *La reforma del procedimiento civil*, Tirant Lo Blanch, Valencia, p. 77; así como por Sánchez García, J.M., (2015), "Aspectos básicos de la reforma operada en el juicio verbal y en el procedimiento monitorio por la Ley 42/2015, de reforma de la L.E.Civil", *Revista de Derecho vLex*, Nº 137, Octubre, vLex, §2; Recurso electrónico ID vLex: 584668427.

partes en todo proceso judicial, y con el apoyo de un importante sector doctrinal[121], el legislador optó por incorporar este trámite –propio del juicio ordinario y ya presente en algunos procesos especiales del Libro IV de la LEC–, estableciendo un plazo de contestación de diez días, inferior al de veinte días previsto en la regulación del juicio ordinario (art. 404.1 LEC), de manera que no se viera afectada en gran medida la duración total de los litigios[122].

Ahora, por tanto, es a través de la figura del *emplazamiento* cómo se comunica al demandado la incoación de un proceso judicial en contra de él, situándole en una posición adecuada para ejercitar su derecho de defensa y actuar haciendo valer sus legítimos derechos e intereses en un juicio contradictorio con plenas garantías[123]. Ello, como analizaremos en el Capítulo II de la presente investiga-

---

[121] Así: MAGRO SERVET, V., (2013), "Primeras reflexiones sobre el nuevo Anteproyecto de reforma de la LEC", *Diario La Ley*, Nº 8084, Sección Doctrina, Mayo, Ref. D-183, La Ley, p. 2; Recurso electrónico: LA LEY 2821/2013; VALLESPÍN PÉREZ, D., (2015), *Op. cit.*, p. 4. Ciertamente, esta reforma reforzó el derecho de defensa de las partes en el proceso, por cuanto redujo, notablemente, la repercusión del "elemento sorpresivo" en el acto de la vista. En efecto, como advierte MARTÍ MARTÍ, con el sistema anterior, "(...) el demandado tenía demasiado tiempo para contestar a la demanda y le era demasiado fácil sorprender al demandante", (2015), "El juicio verbal tras la reforma de la LEC 1/2000 y tras su evolución normativa", *Práctica de Tribunales*, Nº 117, Noviembre-Diciembre, La Ley, p. 5; Recurso electrónico ID: LA LEY 6223/2015. En este sentido, se pronunció el Consejo Fiscal en su Informe al Anteproyecto de Ley de reforma de la Ley de Enjuiciamiento Civil, de 17 de junio de 2013, al manifestar, en su Punto 3.2, que "(...) con la extensión de este trámite para todos los juicios verbales se acaba con la indefensión que sufre la parte actora que se entera de la contestación del demandado en la vista del juicio"; Disponible en: https://bit.ly/3acnKuv. En esta posición: MARCOS FRANCISCO, D., (2016), "El nuevo juicio verbal tras la Ley 42/2015, de 5 de octubre, de reforma de la Ley 1/2000, de 7 de enero, de Enjuiciamiento Civil", *Revista General de Derecho Procesal IUSTEL*, Nº 38, pp. 4-5. Por su parte, RODRÍGUEZ TIRADO ha puesto de relieve, además, el fortalecimiento del derecho de defensa del demandado en esta clase de procesos. De este modo, ha apuntado que, gracias a la implantación de la *demanda ordinaria* en el juicio verbal (art. 437.1 LEC), esta parte procesal conocerá, íntegramente, la pretensión del actor en el momento del primer emplazamiento, sin perjuicio de la excepción prevista en el apartado 2º del artículo 437 LEC –posibilidad de presentar demanda sucinta en "aquellos juicios verbales en que no se actúe con abogado y procurador"–, (2015), "La nueva configuración del juicio verbal con contestación escrita. El derecho a la asistencia jurídica gratuita del demandado", *Práctica de Tribunales*, Nº 117, Noviembre-Diciembre, La Ley, pp. 1-2; Recurso electrónico ID: LA LEY 6752/2015.

[122] En efecto, como ha apuntado MAGRO SERVET, la introducción del trámite procesal de contestación al juicio verbal no afecta significativamente a la duración de estos procesos, viéndose, asimismo, en cierto modo contrarrestado por la posibilidad que contempla el artículo 438.4 LEC de proceder al dictado directo de la sentencia, si las partes no hubieran solicitado en el momento procesal oportuno la celebración de vista, y siempre que el tribunal no considere procedente su celebración, (2013), *Op. cit.*, p. 2. En esta línea se pronuncia VALLESPÍN PÉREZ, quien, además, apunta al hecho de que, con anterioridad a la reforma, la observancia de los plazos contemplados en el artículo 440.1 LEC se encontraba fuertemente condicionada por la especial sobrecarga de las agendas judiciales. Con todo, afirma, que la incorporación de la contestación no tiene especial repercusión en la duración de esta clase de procesos, sin perjuicio, advierte, de que la aplicación de criterios propios de la audiencia previa del juicio ordinario pueda facilitar "(...) mayores posibilidades de suspensión para la depuración de obstáculos procesales o resolución de excepciones que antes no se contemplaban, que sí pueden suponer, aplicados en exceso, un cierto retraso temporal en la resolución del caso concreto", (2015), *Op. cit.*, p. 7. En una posición doctrinal dispar, situamos a RODRÍGUEZ TIRADO, quien, si bien alaba el fortalecimiento del derecho de defensa de las partes con esta reforma, estima que la inclusión de este trámite en el juicio verbal, ciertamente, reduce la celeridad que debe caracterizar a estos procesos, (2015), *Op. cit.*, p. 2.

[123] En palabras de PRIETO DE PEDRO, la finalidad del *emplazamiento* es "(...) convocar a los interesados al pleito para que adquieran personalmente conocimiento del mismo y puedan así, en los trámites

ción, otorgará a esta categoría de acto de comunicación una relevancia de alcance constitucional derivada, precisamente, de su estrecha vinculación con el derecho fundamental a la tutela judicial efectiva sin sufrir indefensión, consagrado en el artículo 24.1 de nuestra Carta Magna.

Por otro lado, conviene destacar la *citación* para la celebración de la vista del juicio verbal en los casos en que proceda conforme al artículo 438.4 LEC[124], pues su regulación también sufrió algunos cambios con ocasión de la reforma realizada por la Ley 42/2015, de 5 de octubre.

Siguiendo a Arsuaga Cortázar, las novedades más significativas al respecto, han sido: por un lado, el establecimiento, de un plazo de cinco días –hábiles[125]– para citar, en su caso, a las partes a la vista, la cual, de proceder, habrá de celebrarse, a su vez, en el plazo de un mes (art. 440.1, párr. 1ºLEC[126]); y, por otro lado, la incorporación de innovaciones en el contenido de tales citaciones, como la advertencia a las partes de que, en el plazo de cinco días hábiles desde la recepción de

---

procesales posteriores, desarrollar su estrategia defensiva –o, en su caso, abstenerse voluntariamente de ejercerla– en el marco del procedimiento contradictorio", (1983), *Op. cit.*, p. 1447.

[124] Analizando el contenido del artículo 438.4 LEC que, apartándose de la regulación anterior a la Ley 42/2015, de 5 de octubre, permite a las partes renunciar a la vista, siempre que el juzgador no estime conveniente su celebración: Marcos Francisco, D., (2016), *Op. cit.*, pp. 21-24.

[125] Siguiendo lo establecido en el artículo 133.2 LEC, en cuya virtud, "en el cómputo de los plazos señalados por días se excluirán los inhábiles". Con relación a este plazo de cinco días previsto en los artículos 440.1 y 438.4 LEC, haremos notar que podría constatarse cierta contradicción con el plazo de tres días del artículo 151.1 LEC para la práctica de las notificaciones "todas las resoluciones dictadas por los Tribunales o Letrados de la Administración de Justicia se notificarán en el plazo máximo de tres días desde su fecha o publicación". No obstante, de conformidad al artículo 438.4 LEC "(…) En todo caso, bastará con que una de las partes lo solicite para que el Letrado de la Administración de Justicia señale día y hora para su celebración, *dentro de los cinco días siguientes.* (…)". Dicho esto, entendemos que el plazo previsto en tales artículos para la citación en el juicio verbal, lo es para que el Letrado de la Administración de Justicia competente proceda al señalamiento de la vista –según la disponibilidad de la agenda judicial–, debiendo, a continuación, cursarse la notificación en el plazo de tres días del artículo 151.1 LEC.

[126] El tenor del artículo 440.1 LEC dispone: "contestada la demanda y, en su caso, la reconvención o el crédito compensable, o transcurridos los plazos correspondientes, el Letrado de la Administración de Justicia, cuando haya de celebrarse vista de acuerdo con lo expresado en el artículo 438, citará a las partes a tal fin dentro de los cinco días siguientes. La vista habrá de tener lugar dentro del plazo máximo de un mes. (…)". Si bien la supresión del lapso temporal mínimo que ha de mediar entre el señalamiento de la vista y su celebración –fijado por el apartado 1º del artículo 440 LEC en su redacción anterior a la Ley 42/2015, de 5 de octubre, en diez días, con un máximo de veinte–, ha sido debatida por un sector doctrinal como Perarnau Moya, ciertamente, lo que se ha producido ha sido un traspaso de esos diez días que "se garantizaban" a la parte demandada para prepararse de cara al acto de la vista, al trámite de contestación actual. En todo caso, siguiendo al autor, cabe destacar que deberán mediar, como mínimo, los cinco días hábiles de los que disponen las partes, conforme al párrafo 4º del artículo 440.1 LEC, para indicar las personas que, por no poderlas presentar ellas mismas, han de ser citadas como parte, testigos o peritos por el Letrado de la Administración de Justicia, o para pedir respuestas escritas a cargo de personas jurídicas o entidades públicas, en los términos del artículo 381 LEC. Un periodo al que, sin duda, entendemos, deberá sumarse el lapso de tiempo que el órgano judicial tarde en llevar a efecto tales notificaciones, (2016), "El juicio verbal tras su reforma por la Ley 42/2015, de 5 de octubre. Una mirada práctica", *Diario La Ley*, Nº 8727, Sección Doctrina, 22 de Marzo, Ref. D-121, La Ley, pp. 6-7; Recurso electrónico ID: LA LEY 1291/2016.

la comunicación judicial[127] –tres días en la regulación anterior a la Ley 42/2015, de 5 de octubre–, habrán de indicar las personas que, por no poderlas presentar ellas en particular, deban ser citadas por el órgano judicial para declarar en calidad de peritos. En efecto, esta previsión ya se contemplaba para las partes y testigos, pero, a raíz de la reforma de 2015, se ha ampliado a los peritos (Art. 440.1 LEC)[128].

Sin ánimo de ofrecer una relación exhaustiva, otros ejemplos de *citación* que podemos encontrar en el texto de la LEC son: la *citación* de las partes para la reconstrucción de las actuaciones (art. 234.1 LEC); la *citación* para la práctica de diligencias preliminares (art. 259.1 LEC); la *citación* de testigos y peritos (arts. 292.1 ó 429.5 LEC); la *citación* a las partes para la práctica de pruebas fuera del juicio o vista (art. 291 LEC); o la *citación* de los interesados para la formación de inventario, en las intervenciones del caudal hereditario (art. 793.2 LEC)[129].

Con todo, debemos recordar que, no obstante las especialidades propias de cada categoría, tanto las *citaciones*, como los *emplazamientos*, se practicarán mediante *cédula*[130], y en su contenido se harán constar, con carácter general, los siguientes extremos (arts. 152.4 y 155.1 LEC):

- El carácter judicial del escrito, indicado de forma clara[131].
- Expresión del Juez, Tribunal o Letrado de la Administración de Justicia que hubiese dictado la resolución.
- Los datos identificativos del procedimiento.

[127] De conformidad con el artículo 440.1 párr. 4º LEC, este plazo de cinco días hábiles es también del que disponen las partes para solicitar "respuestas escritas a cargo de personas jurídicas o entidades públicas, por los trámites establecidos en el artículo 381 LEC".

[128] Arsuaga Cortázar, J., (2015), "Capítulo II.10. Citación para la vista (art. 440)", en Arsuaga Cortázar, J., Anta González, J.F., y De La Serna Bosch, J., (2015), *Op. cit.*, pp. 84-88. Por supuesto, a este contenido debe sumarse el ya previsto con anterioridad a la reforma de la Ley 42/2015, de 5 de octubre, para las citaciones en el juicio verbal. Así: la información a las partes sobre la posibilidad de recurrir a la negociación para la solución del conflicto, incluyendo el recurso a la mediación; la advertencia sobre las consecuencias derivadas de su inasistencia al acto de la vista –*vid.* Art. 442 LEC–; o que habrán de concurrir con los medios de prueba de que intenten valerse, con la prevención de que si no asistieren y se propusiere y admitiere su declaración, podrán considerarse admitidos los hechos del interrogatorio, conforme establece el artículo 304 LEC –relativo a la incomparecencia y la admisión tácita de los hechos– ; así como todas las demás previsiones que establezca la Ley.

[129] Ejemplos de *citación* en la LEC: Torres Yanes, F., (2015), *Op. cit.*, pp. 51-52.

[130] Haremos notar que la *cédula* a la que nos referimos en el presente epígrafe difiere de la regulada en el artículo 160.3 LEC, esto es, la cédula de emplazamiento para que el destinatario comparezca en la sede de la Oficina Judicial a efectos de ser notificado o recibir un traslado. Sobre esta forma de notificación: Cubillo López, I., (2000), *Op. cit.*, pp. 313-314.

[131] Esta precisión, introducida por la Ley 42/2015, de 5 de octubre, de reforma de la LEC, había sido calificada de afortunada por el CGPJ en su Informe al Anteproyecto de Ley de reforma de la Ley de Enjuiciamiento Civil, de 11 de julio de 2013. Citando el referido texto, en su Punto 93ª, constituye una advertencia "adecuada para que la persona que recibe el acto de comunicación no tenga duda alguna de que se trata de una notificación, citación o requerimiento judicial, aun cuando su ejecutor material no sea un funcionario judicial sino el procurador de la parte".

- Nombre y apellidos de la persona a quien se haga la *citación* o *emplazamiento*.
- Identificación del Procurador encargado de practicar el acto de comunicación, de haberse solicitado su intervención en la ejecución material de estos actos procesales, en los términos del artículo 152.1 LEC.
- Objeto del *emplazamiento* o *citación*, con indicación del lugar, día y hora en que deba comparecer el *citado*, en su caso; o el plazo dentro del cual haya de realizarse la actuación a que se refiera el *emplazamiento*, con la prevención de los efectos que, en cada supuesto, establezca la Ley.
- Indicación del derecho a solicitar asistencia justicia gratuita y el plazo para solicitarlo (art. 155.1 LEC[132]).
- La fecha de expedición y firma[133].

Finalmente, como ya apuntamos al analizar las *notificaciones*, cabe destacar que en el caso de los *emplazamientos* y las *citaciones*, tampoco se permitirá la consignación de una respuesta del interesado, salvo que así se hubiera acordado en el curso del proceso, conforme a lo dispuesto en el artículo 152.5 LEC.

### *3.1.3. El requerimiento*

A través del *requerimiento*, dispone el artículo 149.4º LEC, se dará a conocer al interesado una resolución procesal, con el fin de ordenarle, conforme a la Ley, una conducta o inactividad.

Autores, como Guasp Delgado[134], han señalado que el contenido de dicho mandato debería ser diferente al de comparecencia o personación, pues tal finalidad parece quedar reservada para los *emplazamientos* y las *citaciones*. No obstante, constatamos que es posible hallar también llamamientos a comparecer integrados en esta categoría de actos de comunicación, principalmente, por razones de economía y de celeridad procesal. Muestra de ello es el artículo 815.1 LEC, el cual,

---

[132] Art. 155.1 LEC: "Cuando las partes no actúen representadas por procurador o se trate del primer emplazamiento o citación al demandado, los actos de comunicación se harán por remisión al domicilio de los litigantes. En la cédula de emplazamiento o citación se hará constar el derecho a solicitar asistencia jurídica gratuita y el plazo para solicitarla". Este último inciso, relativo al derecho a solicitar asistencia jurídica gratuita, fue introducido por la Ley 13/2009, de 3 de noviembre, de reforma de la legislación procesal para la implantación de la nueva Oficina judicial, con el objeto de reforzar las garantías del justiciable, uno de los principales objetivos de la norma, tal y como manifiesta el Punto IV de su Preámbulo. Sobre las reformas operadas por esta Ley en materia de comunicaciones judiciales en la LEC: García-Lubén Barthe, P. (2010), *Op. cit.*, pp. 35-47.

[133] Indicación no reseñada en la LEC, sino tomada del artículo 58.1 LRJS –relativo al contenido de las cédulas de *emplazamiento* y *citación*–, por parecernos pertinente y susceptible de ser incorporada a la norma procesal civil *de lege ferenda*. En similares términos, el artículo 175 LECrim, con la especialidad de prever, como contenido de las cédulas de *citación*, en su caso, "la obligación, si la hubiere, de concurrir al primer llamamiento, bajo la multa de 200 a 5.000 euros o si fuese ya el segundo el que se hiciere, la de concurrir bajo apercibimiento de ser perseguido como reo del delito de obstrucción a la justicia tipificado en el artículo 463.1 del Código Penal".

[134] Guasp Delgado, J., (1948) *Op. cit.*, p. 706; Cerrada Moreno, J., (2012), *Op. cit.*, p. 39.

en relación con el requerimiento de pago en los procesos monitorios, establece que el Letrado de la Administración de Justicia "requerirá al deudor para que, en el plazo de veinte días, pague al peticionario, acreditándolo ante el Tribunal, o *comparezca ante éste* y alegue de forma fundada y motivada, en escrito de oposición, las razones por las que, a su entender, no debe, en todo o en parte, la cantidad reclamada (...)". Estamos, pues, ante una categoría de acto de comunicación notablemente compleja, que permite llegar a cumplir con todas las funciones que explicábamos en el epígrafe relativo a las funciones de los actos de comunicación en un solo trámite procesal, y sin necesidad de efectuar varias notificaciones[135]. Y se trata, en definitiva, de la piedra angular de procesos, como el monitorio, en los que la celeridad, la agilización y la compresión de trámites procesales, sin merma de garantías, comprenden el eje central de su existencia[136].

Otro ejemplo ilustrativo de la funcionalidad de los *requerimientos*, lo encontramos, como adelantamos en líneas anteriores, en el proceso de desahucio por falta de pago de rentas o cantidades debidas. En efecto, sin intención de reproducir lo ya expuesto con ocasión del análisis de las funciones de estos actos procesales sobre el contenido requerimiento de pago en esta clase de procesos, destacaremos que la renombrada Ley 37/2011, de 10 de octubre, de medidas de agilización procesal, extendió la *técnica monitoria* a la tramitación de esta categoría de procesos arrendaticios y, desde entonces, en imitación a lo que sucede en el monitorio común, tras la presentación de la demanda, el Letrado de la Administración de Justicia emite un requerimiento de pago, frente al cual el demandado puede adoptar varias conductas: bien pagar o enervar el desahucio; desalojar y no pagar; desalojar y pagar; formular escrito de oposición al desahucio o, sencillamente, mantener una actitud pasiva ante el requerimiento, tras lo cual se procederá, sin más trámites, ni necesidad de notificación posterior, al lanzamiento, en los términos del ya mencionado artículo 440, ap. 3º y 4º LEC[137]. Además, añadiremos que la falta de oposición, equivaldrá al consentimiento del requerido a la resolución del contrato de arrendamiento (art. 440.3 LEC)[138].

---

[135] En efecto, como apuntamos en el epígrafe relativo a las funciones de los actos de comunicación judicial, los *requerimientos* cumplen con una *función de economía procesal* merecedora de ser reseñada, por cuanto tienen el potencial de dotar de la necesaria agilización a procedimientos en los que una tutela judicial rápida resulta crucial.

[136] En idéntico sentido, con relación a los procesos de desahucio, Martínez de Santos ha aseverado que "la estructura procesal del desahucio se asienta en la práctica del requerimiento", (2019), *Op. cit.*, p. 5.

[137] Martín González, M., (2018), "Evolución legislativa...", *Op. cit.*, p. 4. Analizando la reforma realizada por la Ley 37/2011, de 10 de octubre, de medidas de agilización procesal, procede destacar: Sánchez Gimeno, S., (2012), "La modificación de la Ley de Enjuiciamiento Civil operada por la Ley 37/2011, de 10 de octubre, de Medidas de Agilización Procesal", *Actualidad Jurídica Uría Menéndez*, Nº 31, pp. 39-52. Sobre la conveniencia de la aplicación de la *técnica monitoria* a los procesos de desahucio por falta de pago: Martín González, M., (2016), *Op. cit.*, pp. 351-352; o Rodríguez Tirado, A.M., (2012), "El juicio monitorio de desahucio de finca arrendada por falta de pago del art. 440.3 LEC (modificado por Ley 37/2011)", *Práctica de Tribunales*, Nº 96/97, Sección Estudios, Septiembre-Octubre, La Ley, pp. 3-4. Recurso electrónico ID: LA LEY 8446/2012.

[138] Medida agilizadora introducida por la Ley 4/2013, de 4 de junio, de medidas de flexibilización y fomento del mercado de alquiler de viviendas. Ciertamente, los esfuerzos del legislador por agilizar esta

A esto es a lo que se refiere Gimeno Sendra cuando manifiesta que la carga procesal de comparecencia "(…) se acrecienta en determinados procedimientos, tales como el monitorio, en el que su incumplimiento puede generar un título de ejecución (art. 816 LEC)[139], o en el desahucio por falta de pago, en el que el impago o no consignación de la renta pueden ocasionar el lanzamiento (arts. 440.3 y 22 LEC)"[140]. Y es que precisamente con motivo de las severas consecuencias que se pueden derivar de la pasividad del destinatario ante los *requerimientos*, cobran especial importancia los apercibimientos contenidos, que, en suma, desempeñan una *función de advertencia* acerca de los efectos jurídicos y procesales que pueden derivarse de su actuación.

Con relación a su formato, los *requerimientos*, como ya apuntamos al estudiar las *notificaciones*, se pondrán en conocimiento del interesado mediante copia de la resolución[141], si bien, al respecto, Torres Yanes ha cuestionado que la LEC limite

clase de procesos, debemos comprenderlos guiados por factores marcadamente económicos. Y es que, en un país donde la tenencia de la vivienda en régimen de alquiler ocupa un lugar residual en comparación con el régimen de propiedad, se hace necesario reforzar la confianza depositada por el arrendador en la protección que le otorga la legislación vigente y nuestro sistema judicial; para, con ello, obtener, a través de la promoción del alquiler, una eficaz potenciación del tráfico jurídico y una notable reducción del endeudamiento de las familias, Martín González, M., (2018), "Evolución legislativa…", *Op. cit.*, p. 4. En efecto, los datos del régimen de tenencia de la vivienda actual en España, sitúan al alquiler en un 24,90%, según la información publicada por EUROSAT 2020, frente a los datos de países vecinos, como Alemania o Austria, donde la tasa de población con vivienda en régimen de "alquiler o cesión" se sitúa en un 49,60% y 44,70%, respectivamente –según los datos de 2020. Datos estadísticos obtenidos del Boletín Anual 2020 del Observatorio de Vivienda y Suelo, publicado en junio de 2021.

139 En este sentido, cabe señalar la SAP Burgos (Secc. 2ª) nº 199/2009, de 7 de mayo, Rec. nº 37/2009, la cual, en su F.J. 1º, manifiesta que, en los procesos monitorios, "la consecuencia de su incomparecencia va a ser el inmediato despacho de ejecución, lo cual se equipara a la acción ejecutiva y al inicio del proceso de ejecución" –razón por la que entiende inasumible la comunicación por edictos en esta clase de procesos–. En idénticos términos: AAP Madrid (Secc. 10ª) 391/2009, de 6 de noviembre, Rec. 640/2009, F.J. 2º; AAP Girona (Secc. 2ª) 170/2010, de 23 de junio, Rec. nº 339/2010; AAP Madrid (Secc. 8ª) 291/2010, de 8 de noviembre, Rec. nº 326/2009, F.J. 3º; AAP Toledo (Secc. 2ª) nº 378/2017, de 6 de junio, Rec. nº 190/2016, F.J. 1º; AAP Logroño (Secc. 1ª) 109/2019, de 15 de julio, Rec. nº 211/2018, F.J. 1º; AAP Málaga (Secc. 5ª) 560/2020, de 30 de noviembre, Rec. nº 45/2019, F.J. 2º. En esta línea: Armenta Deu, T., (2016), *Op. cit.*, p. 564. Sobre las consecuencias procesales de la incomparecencia del demandado –o bien, de su comparecencia sin oposición– en el proceso monitorio, se pronuncian: Cortés Domínguez, V. y Moreno Catena, V., (2013), *Derecho procesal civil. Parte especial*, Tirant Lo Blanch, 7ª Edición, Valencia, p. 187; o Armenta Deu., T., (2016), *Op. cit.*, pp. 563-564.

140 Gimeno Sendra, V., (2015), *Op. cit.*, p. 409.

141 Sobre este punto, cabe destacar la imprecisión del último inciso del artículo 441.5 LEC, al disponer: "en estos supuestos –en los del artículo 250.1.1º LEC, según precisa el propio precepto–, la *cédula de emplazamiento* al demandado habrá de contener datos de identificación de los servicios sociales a los que puede acudir el ciudadano". Ciertamente, si bien en los procesos de *desahucio por expiración legal o contractual* del plazo, la primera notificación que recibirá el demandado será un *emplazamiento* en formato de *cédula*, debemos tener presente que, conforme al artículo 440.3 LEC, en los procesos de *desahucio por falta de pago de rentas o cantidades debidas*, lo que se notificará al demandado en primer lugar será un *requerimiento* de pago mediante copia de la resolución, la cual deberá contener los apercibimientos y previsiones que establezca la Ley y, entre ellos, los datos de identificación –y de localización– de los servicios sociales a los que el demandado puede acudir en los términos del artículo 441.5 LEC. En idénticos términos se ha pronunciado Ibarra Sánchez con relación al primer inciso del artículo 440.4 LEC, en cuya virtud: "*en todos los casos de desahucio*, también se apercibirá al demandado *en el requerimiento que se le realice* que, de no comparecer a la vista, se declarará el desahucio sin más trámites y que queda citado para recibir la notificación de la senten-

el empleo de las *cédulas* a las *citaciones* y los *emplazamientos*, quedado vedadas de forma tácita a otra clase de comunicaciones, como la que estudiamos, en las que, considera, podría ser especialmente interesante la adopción de este formato para facilitar la transmisión solemne y clara del mensaje al destinatario[142].

A su vez, como ya advertimos, esta es la única categoría de acto de comunicación que admite la consignación de una respuesta –sucinta– del interesado en la diligencia de notificación. Una posibilidad que, como apunta CERRADA MORENO, adquiere especial relevancia en la *praxis*, dado que permite tanto al juzgador como a las demás partes intervinientes, conocer de forma temprana la actitud adoptada por el destinatario ante el requerimiento, en particular, y ante el proceso judicial, en general[143].

### 3.2. Los actos de comunicación con entes públicos

Una comunicación célere y eficaz a lo largo del proceso con otras autoridades, funcionarios y organismos públicos no dependientes de la Administración de Justicia, así como con otros órganos jurisdiccionales cuya colaboración se requiera, constituye un elemento imprescindible para el adecuado ejercicio de la potestad jurisdiccional, reservada, con carácter exclusivo, para Juzgados y Tribunales, conforme establecen los artículos 117.3 CE y 2.1 LOPJ[144]. Por este motivo, la le-

---

cia que se dicte el sexto día siguiente al señalado para la vista". En efecto, como apunta el autor, dado que el apartado 3º del mismo artículo 440 LEC limita de forma expresa el empleo del *requerimiento* a los "casos de demandas en las que se ejercite la pretensión de desahucio por falta de pago de rentas o cantidades debidas, acumulando o no la pretensión de condena al pago de las mismas (…)", no es posible sostener su extensión a otro tipo de proceso de desahucio, distinto de aquél, (2012), "El juicio verbal de desahucio por expiración del plazo contractual y legal", en IBARRA SÁNCHEZ, J.L., (2012), *Teoría y práctica de los juicios verbales de desahucio*, La Ley, 1ª Edición, Madrid, pp. 2-3 (Recurso electrónico ID: LA LEY 5447/2012).

[142] TORRES YANES, F., (2016), *Op. cit.*, p. 86-87.

[143] CERRADA MORENO, J., (2012), *Op. cit.*, p. 40. Aunque, como advierte LÓPEZ JARA, con ocasión del estudio del reciente juicio posesorio para la recuperación de la posesión de viviendas ocupadas ilegalmente, tal respuesta no tiene, necesariamente, por qué darse en el momento del acto de notificación, pudiendo el interesado comparecer con posterioridad, en tiempo y forma, en el procedimiento a los efectos de alegar lo que estime oportuno, (2018), "El nuevo procedimiento civil para garantizar la posesión de viviendas frente a su ocupación ilegal. A propósito de la Ley 5/2018, de 11 de junio, de modificación de la Ley 1/2000, de 7 de enero, de Enjuiciamiento Civil, en relación a la ocupación ilegal de viviendas", *Actualidad Civil*, Nº 6, junio, La Ley, pp. 8-9; Recurso electrónico ID: LA LEY 6351/2018.

[144] En virtud del artículo 117.3 de nuestra Carta Magna, "el ejercicio de la potestad jurisdiccional en todo tipo de procesos, juzgando y haciendo ejecutar lo juzgado, corresponde exclusivamente a los Juzgados y Tribunales determinados por las leyes, según las normas de competencia y procedimiento que las mismas establezcan". En similares términos, el artículo 2.1 LOPJ: "el ejercicio de la potestad jurisdiccional, juzgando y haciendo ejecutar lo juzgado, corresponde exclusivamente a los Juzgados y Tribunales determinados en las leyes y en los tratados internacionales". Tal y como ha declarado el Tribunal Constitucional, esta exclusividad –o "principio de reserva de jurisdicción" [STC 181/2000, de 29 de junio (BOE nº 180, de 28 de julio), F.J. 19]– se deriva, a su vez, del principio de independencia judicial, consagrado en el artículo 117.1 CE –así, "la justicia emana del pueblo y se administra en nombre del Rey por Jueces y Magistrados integrantes del poder judicial, independientes, inamovibles, responsables y sometidos únicamente al imperio de la ley"–, y que es consustancial a todo Estado democrático. En este sentido, SSTC 185/2012, de 17 de octubre (BOE nº 274, de 14 de noviembre), F.J. 2º; 233/2015, de 5 de noviembre (BOE nº 296, de 11 de diciembre), F.J. 15; 58/2016, de 17 de marzo (BOE nº 97, de 22 de abril), F.J. 4º; 34/2019, de 14 de marzo (BOE nº 90,

gislación procesal contempla una serie de instrumentos específicos de comunicación con entes públicos –*mandamientos, oficios* y *exhortos*– que garantizan tanto una efectiva recepción de la solicitud de colaboración, como una rápida respuesta por parte de sus destinatarios.

### *3.2.1. Mandamientos y oficios*

De conformidad con el apartado 5º del artículo 149 LEC, los actos de comunicación adoptarán la forma de *mandamientos* cuando se dirijan a Registradores de la Propiedad, Mercantiles, de Buques, de Ventas a Plazos de Bienes Muebles, Notarios, o empleados públicos al servicio de la Administración de Justicia, con el objeto de ordenarles el libramiento de certificaciones o testimonios y la práctica de cualquier actuación cuya ejecución les corresponda.

La modificación más importante que ha sufrido este precepto ha sido la realizada por la Ley 13/2009, de 3 de noviembre, de reforma de la legislación procesal para la implantación de la Nueva Oficina Judicial, que reemplazó la referencia a los "Agentes de Juzgado o Tribunal", por la actual a los "funcionarios al servicio de la Administración de Justicia", dado que aquel Cuerpo de funcionarios al servicio de la Administración de Justica fue sustituido por el de Auxilio Judicial, con ocasión de la Ley Orgánica 19/2003, de 23 de diciembre, de modificación de la LOPJ[145].

Asimismo, la mencionada Ley de reforma de la legislación procesal suprimió la referencia a los Corredores de Comercio, extinguidos tras la Ley 55/1999, de 29 de diciembre, de medidas fiscales, administrativas y del orden social, que fusionó los Cuerpos de Corredores Colegiados de Comercio y de Notarios, quedando, así, un único Cuerpo de fedatarios públicos dependiente del Ministerio de Justicia[146].

---

de 15 de abril), F.J. 3º; 49/2020, de 15 de junio (BOE nº 196, de 18 de julio), F.J. 3º, entre otras. Sobre la exclusividad de la potestad jurisdiccional: Balaguer Callejón, F., (Coord.) (2011), *Op. cit.* pp. 570-572; Robles Garzón, J.A., (2013), "Tema 2. Acepciones y perspectivas de la jurisdicción", en Robles Garzón, J.A., (Dir.), *Op. cit.*, pp. 60-61; Granda Alonso, J.L., (2015), "El control constitucional de la Justicia española", *Revista de Derecho UNED (RDUNED)*, Nº 16, Madrid, pp. 397 y 411.

[145] Jimeno Bulnes, M., (2006), "Los nuevos cuerpos al servicio de la Administración de Justicia", *Revista Jurídica de Castilla y León*, Nº 9, Mayo, p. 169. Al respecto, cabe destacar la Disposición Adicional 4ª de la Ley Orgánica 19/2003, de 23 de diciembre, cuyo apartado 5º dispone: "Los funcionarios de carrera pertenecientes al Cuerpo de Agentes de la Administración de Justicia que ostentaren, en la fecha de entrada en vigor de esta ley orgánica, el título de graduado en E.S.O. o equivalente, se integrarán con efectos de 1 de enero de 2004 en el Cuerpo de Auxilio Judicial que se crea por esta Ley".

[146] Según declara la Exposición de Motivos de la Ley 55/1999, de 29 de diciembre, el objeto de esta integración, era "(…) modernizar y dar mayor eficiencia al sistema de fe pública, mejorando la atención al ciudadano". Así, su Disposición Adicional 24ª, apartados A y B, dispuso: "A. Los notarios y los corredores de comercio colegiados se integran en un Cuerpo único de Notarios, que dependerá del Ministerio de Justicia. B. Los miembros del Cuerpo único de Notarios ejercerán las funciones que hasta la fecha de entrada en vigor de la presente disposición venían realizando los notarios y los corredores de comercio colegiados". Para procurar la viabilidad de esta medida, apunta Mares Roger, sería posteriormente aprobado el Real Decreto 1643/2000, de 22 de septiembre, sobre medidas urgentes para la efectividad de la integración en un solo Cuerpo de Notarios y Corredores de Comercio Colegiados, (2001), *Op. cit.*, pp. 29-30.

Ciertamente, como concluye TORRES YANES, la inmensa mayoría de referencias a esta categoría de actos de comunicación en el texto de la LEC se ubican en el Libro III –"De la ejecución forzosa y de las medidas cautelares"– [147]. Así, sin ánimo de ser exhaustivos, podemos destacar el *mandamiento* de anotación preventiva de embargo de bienes inmuebles u otros bienes o derechos susceptibles de inscripción registral (art. 629 LEC); el *mandamiento* para la certificación de dominio y cargas (art. 656 LEC, y en ejecuciones hipotecarias: art. 688 LEC); o, en el ámbito de las medidas cautelares, el *mandamiento* para la anotación preventiva de la demanda, cuando esta se refiera a bienes o a derechos susceptibles de inscripción en registros públicos (art. 727.5ª LEC), siendo en todos estos casos, Registradores los destinatarios[148].

Ahora bien, cabe precisar que no solo encontramos referencias a esta figura en la LEC. A modo de ejemplo, el artículo 235 del Reglamento Notarial[149] regula la obtención de segundas y posteriores copias cuando sea necesario mandamiento judicial; y, por otra parte, el reciente Real Decreto Legislativo 1/2020, de 5 de mayo, por el que se aprueba el texto refundido de la Ley Concursal –en adelante TRLC– [150], dedica el Capítulo III, del Título XIII de su Libro I (arts. 555 a 559) a los *mandamientos* que se librarán para la práctica de los asientos exigidos por esta Ley en los registros públicos de personas y de bienes (art. 555.1 TRLC[151]).

[147] TORRES YANES, F., (2016), *Op. cit.*, p. 54.

[148] Elaborando una relación de referencias en la LEC a la figura de los *mandamientos*: TORRES YANES, F., (2016), *Op. cit.*, pp. 54-55.

[149] Recogido en el Decreto de 2 de junio de 1944, por el que se aprueba con carácter definitivo el Reglamento de la organización y régimen del Notariado, el párrafo 1º de su artículo 235, establece: "para la obtención de segundas o posteriores copias, cuando sea necesario mandamiento judicial, el interesado deberá solicitarla del Juez de Primera Instancia del distrito donde radique el protocolo, o del Juez que en su caso conozca de los autos a que la copia debe aportarse. (…)". Recordemos que, en el ámbito de la ejecución forzosa, son títulos ejecutivos extraprocesales y, por tanto, llevan aparejada ejecución, la primera copia de las escrituras públicas, y la segunda, siempre que esta última sea dada en virtud de mandamiento judicial y con citación de la persona a quien deba perjudicar o su causante, o que se expida con el acuerdo de todas de las partes (art. 517.2.4º LEC), ARMENTA DEU, T., (2016), *Op. cit.*, p. 382.

[150] Los artículos 1 a 242 bis, así como las disposiciones adicionales segunda, segunda bis, segunda ter, cuarta, quinta, sexta, séptima y octava y las disposiciones finales quinta y sexta, de la Ley 22/2003, de 9 de julio, Concursal, han resultado derogados, con ocasión de la entrada en vigor de este Real Decreto Legislativo, en los términos de su disposición derogatoria única y, conforme a su disposición final segunda, desde el 1 de septiembre de 2020, con el objeto de ofrecer a los operadores jurídicos una *vacatio legis* lo suficientemente amplia para adaptarse al nuevo texto –la norma fue publicada en el BOE nº 127, de 07 de mayo de 2020–, BUENO SÁNCHEZ, M., (2020), "La nueva Ley Concursal, una panorámica", *Diario La Ley*, Nº 9661, Secc. Plan de Choque de la Justicia/Tribuna, Junio, La Ley, p. 3; Rec. electrónico ID: LA LEY 8216/2020.

[151] Art. 555.1 TRLC: "1. Los asientos exigidos por esta ley en los registros públicos de personas y de bienes se practicarán en virtud de mandamiento librado por el Letrado de la Administración de Justicia. En el mandamiento se expresará el órgano judicial que hubiera dictado la resolución, la fecha y la naturaleza de la resolución, el número de autos y si la correspondiente resolución es o no firme". Constatamos cierta contradicción entre esta norma y el artículo 149.5 LEC, por cuanto el segundo no contempla la dirección de los *mandamientos* al Registro Civil –"registros públicos de personas", a los que se refiere el mencionado artículo 555.1 TRPC–, y será en este registro donde se efectúen las anotaciones e inscripciones cuando el concursado sea una persona natural (art. 36.1 TRLC). Por otro lado, cabe añadir que el TRLC es más específico en cuanto al contenido que habrán de tener los *mandamientos* que regula (art. 555.1), una cuestión

Por su parte, sobre los *mandamientos* dirigidos a los funcionarios al servicio de la Administración de Justicia, CERRADA MORENO considera, que estamos ante títulos jurídicos de habilitación para la realización, por delegación y en nombre del Juzgado o del Tribunal, de actuaciones que forman parte del ejercicio de la potestad jurisdiccional, en su vertiente de ejecutar lo juzgado[152], esto es, en la práctica de actos de naturaleza ejecutiva, como embargos y lanzamientos[153].

Continuando con las clases de actos de comunicación, establece el apartado 6º del artículo 149 LEC que estos actos procesales adoptarán la forma de *oficios* cuando estén dirigidos a autoridades públicas no judiciales y a funcionarios distintos de los mencionados anteriormente. En esta categoría quedaron integradas las denominadas *exposiciones*, contempladas en el artículo 289 LEC 1881[154], cuya persistencia ya había sido cuestionada por la doctrina por sus imperceptibles diferencias con los *oficios*[155].

Respecto a esta categoría de actos de comunicación, TORRES YANES ha criticado que se excluya, expresamente, como posibles destinatarios a los órganos

---

sobre la que la LEC no se pronuncia, por lo que procede la aplicación de la legislación específica. Entre las cuestiones que son reguladas en el Capítulo III del Título XIII del Libro I del TRLC, destacamos la forma en la que se trasladarán los mandamientos y la documentación necesaria para la práctica de los asientos (art. 556). Por su parte, los artículos 557 y 558 TRLC establecen qué resoluciones se publicarán en los registros de personas, y cuáles en los registros de bienes, respectivamente.

[152] En efecto, conforme al artículo 117.3 CE, el ejercicio de la potestad jurisdiccional, que corresponde, en exclusiva, a Juzgados y Tribunales, comprende *juzgar y hacer ejecutar juzgado*, y, en palabras de ROBLES GARZÓN, "la tutela ejecutiva se caracteriza por operar una transformación en la realidad exterior mediante los actos que sean necesarios para conseguir un resultado perfecto o imperfectamente equivalente al que se obtendría, si el ejecutado (...) obrara voluntariamente en cumplimiento del imperativo a él dirigido, o para reestablecer el desequilibrio patrimonial alterado. Si la tutela declarativa se manifiesta a través de una declaración de voluntad, la tutela ejecutiva se traduce en una manifestación de voluntad", (2013), "Tema 3. La función jurisdiccional", en ROBLES GARZÓN, J.A., (Dir.), *Op. cit.*, p. 67.

[153] CERRADA MORENO, J., (2012), *Op. cit.*, p. 41. En palabras de TORRES YANES, se tratará de "otras actuaciones judiciales de carácter ejecutivo han de realizarse en virtud de mandamiento, como ocurre con todas las diligencias que tengan que efectuarse en Comisión Judicial por parte del funcionario de Auxilio judicial y del Gestor procesal, es decir, embargos, remociones de depósito, entregas de la posesión y lanzamientos", (2016), *Op. cit.*, p. 54.

[154] Establecía el artículo 289 de la LEC de 1881 que, "cuando los Jueces y Tribunales tengan que dirigirse a Autoridades y funcionarios de otro orden, usarán la forma de *oficios* o *exposiciones*, según el caso lo requiera". Esta última, matiza LARA LÓPEZ, solía ser empleada cuando la comunicación requería de una mayor solemnidad, (2013), "Tema 18...", *Op. cit.*, p. 251. Con todo, estamos, de nuevo, ante una categoría de acto comunicación que, pese a su desaparición en el orden civil, sigue contemplándose para el orden jurisdiccional penal, en particular, como advierte MONTERO AROCA, en el artículo 196 LECrim: "los Jueces y Tribunales se dirigirán en forma de exposición, por conducto del Ministerio de Gracia y Justicia, a los Cuerpos Colegisladores y a los Ministros de la Corona, tanto para que auxilien a la Administración de Justicia en sus propias funciones como para que obliguen a las Autoridades, sus subordinadas, a que suministren los datos o presten los servicios que se les hubieren pedido", (2016), *Op. cit.*, §21. Así, FURQUET MONASTERIO, N., (2001), *Op. cit.*, p. 75. De esta manera, DÍAZ MARTÍNEZ ofrece una interpretación actualizada del artículo 196 LECrim, matizando que su empleo se circunscribiría, en la actualidad, a los actos de comunicación con Cámaras Legislativas o Ministros del Gobierno, debiendo ser siempre efectuados por conducto del Ministerio de Justicia, (2020), *Op. cit.*, p. 391. No obstante lo anterior, destacaremos que las exposiciones han sido definitivamente suprimidas en el texto del Anteproyecto de Ley de Enjuiciamiento Criminal, conservándose los oficios y mandamientos –por ejemplo, art. 879.1, párr. 2º, del Anteproyecto–.

[155] GASCÓN INCHAUSTI, F., (2000), *Op. cit.*, p. 12.

jurisdiccionales, por cuanto, en la práctica forense, el *oficio* es usualmente empleado para las comunicaciones intrajudiciales que no tienen por objeto solicitar auxilio judicial[156] –pues, en tales casos, como verificaremos, la petición se remitirá mediante *exhorto*–. Como precisa el mencionado autor, encontramos varios ejemplos de esta afirmación en el propio texto de la LEC. Por un lado, destacamos su artículo 63.2, en virtud del cual, cuando la declinatoria se presente ante el órgano judicial del domicilio de la parte demandada –en lugar de ante aquél conocedor del asunto, que se considere carente de jurisdicción o competencia– "(...) este la hará llegar por el medio de comunicación más rápido posible al tribunal ante el que se hubiera presentado la demanda, sin perjuicio de remitírsela por *oficio* al día siguiente de su presentación". Asimismo, el artículo 89 LEC establece en su primer párrafo que, cuando el órgano judicial estime procedente la acumulación de procesos, "(...) mandará en el mismo auto dirigir *oficio* al que conozca del otro pleito, requiriendo la acumulación y la remisión de los correspondientes procesos". Y, en idéntico sentido, el artículo 90 LEC, que, además, realiza una referencia impropia[157] al término *requerimiento*, dirigiéndolo al órgano conocedor del proceso judicial cuya acumulación se pretenda.

No obstante lo expuesto, es incontestable que pesa sobre todos los destinatarios de estos actos de comunicación, ya sean *mandamientos* u *oficios*, una especial obligación de colaboración con la Justicia, derivada, precisamente, de su condición de empleado público, autoridad o entidad pública. Un deber constitucional (art. 118 CE), recogido en el artículo 17 LOPJ, y, en cuya virtud, todas las personas y entidades, ya sean públicas o privadas, tienen la obligación de prestar la colaboración requerida por Juzgados y Tribunales en el curso del proceso y en la ejecución de lo resuelto, en los términos y con las excepciones que la Constitución y la Ley establezcan[158]. Y, a su vez, con relación a los funcionarios al servicio de la

[156] Torres Yanes, F., (2016), *Op. cit.*, pp. 55-57. Así, Furquet Monasterio, N., (2001), *Op. cit.*, p. 75.

[157] Torres Yanes, F., (2016), Ibídem. Haciendo un uso impropio del término *oficio*, el autor destaca el artículo 590 LEC –"cuando lo solicite el ejecutante y a su costa, su procurador podrá intervenir en el diligenciamiento de los *oficios* que hubieran sido librados a tal efecto y recibir la cumplimentación de los mismos", refiriéndose a comunicaciones dirigidas "entidades financieras, organismos y registros públicos y personas físicas y jurídicas que el ejecutante indique, para que faciliten la relación de bienes o derechos del ejecutado de los que tengan constancia"–; y el artículo 657 LEC –"los *oficios* que se expidan en virtud de lo dispuesto en el párrafo anterior se entregarán al procurador del ejecutante para que se encargue de su cumplimiento", aludiendo a las comunicaciones dirigidas "a los titulares de los créditos anteriores que sean preferentes al que sirvió para el despacho de la ejecución y al ejecutado para que informen sobre la subsistencia actual del crédito garantizado y su actual cuantía", (2016) *Op. cit.*, p. 56.

[158] Art. 118 CE: "Es obligado cumplir las sentencias y demás resoluciones firmes de los Jueces y Tribunales, así como prestar la colaboración requerida por éstos en el curso del proceso y en la ejecución de lo resuelto". Art. 17.1 de la LOPJ: "1. Todas las personas y entidades públicas y privadas están obligadas a prestar, en la forma que la ley establezca, la colaboración requerida por los Jueces y Tribunales en el curso del proceso y en la ejecución de lo resuelto, con las excepciones que establezcan la Constitución y las leyes, y sin perjuicio del resarcimiento de los gastos y del abono de las remuneraciones debidas que procedan conforme a la ley". Cerrada Moreno, M., (2012), *Op. cit.*, p. 41. Por su parte, De La Oliva Santos, advierte que "el deber de auxiliar a los órganos jurisdiccionales (...) solo ha de cumplirse (*rectius*: solo existe) si el auxilio requerido no es ilegal en sí mismo o incompatible o simplemente ajeno a las funciones propias del exhortado o requerido", a lo que adiciona: "fuera de estas cuestiones (...), la resistencia a cumplimentar

Administración de Justicia a los que se dirigen los *mandamientos*, reforzado por el principio de jerarquía (art. 435.2 LOPJ[159]).

Ha sido, precisamente, esta unidad en el objeto de ambas clases de comunicaciones –en definitiva, el denominado "auxilio a la justicia"[160]–, con independencia del colectivo al que se dirijan[161], lo que ha llevado a un sector doctrinal, como Furquet Monasterio y Torres Yanes, a abogar por la unificación de ambas figuras –y de los *exhortos*, según propone la primera–, en aras de una mayor simplicidad y claridad normativa[162]. Al fin y al cabo, el artículo 167 LEC tampoco contempla diferencias entre uno y otro acto de comunicación en su ejecución: se remitirán, directa y electrónicamente, por el Letrado de la Administración de Justicia que los expida, sin perjuicio de que las partes, si lo solicitan, puedan encargarse de su diligenciamiento –debiendo asumir éstas, en todo caso, el abono de los gastos que requiera su cumplimiento si el oficio o mandamiento fue expedido a su instancia–[163].

En cualquier caso, y pese a que, como advierte Cerrada Moreno, en la práctica de estos actos de comunicación –*mandamientos*, *oficios* y *exhortos*– los derechos de las partes procesales no están directamente afectados, no debemos dejar de

lo solicitado puede generar el delito de desobediencia (art. 410 CP), que requerirá, de ordinario, conminación previa del órgano jurisdiccional, para que el dolo quede patente", (2019), "Lección 25ª...", *Op. cit.*, p. 536.

[159] Torres Yanes, F., (2016), *Op. cit.*, p. 53. Según establece el artículo 435.2 LOPJ, "la estructura básica de la Oficina judicial, que será homogénea en todo el territorio nacional como consecuencia del carácter único del Poder al que sirve, estará basada en los principios de jerarquía, división de funciones y coordinación".

[160] Gascón Inchausti, F., (2000), *Op. cit.*, p. 11; Mares Roger, F., (2001), *Op. cit.*, p. 1; De Hoyos Sancho, M., (2003), "Actos procesales de notificación y nuevas tecnologías", *Diario La Ley*, Nº 5751, Sección Doctrina, Abril, *La Ley*, p. 1; Recurso electrónico ID: LA LEY 442/2003; Torres Yanes, F., (2016), *Op. cit.*, p. 53; Montero Aroca, J., (2016), *Op. cit.*, §21; Cernada Badía, R., (2017), *Op. cit.*, p. 195.

[161] Citando a Gallego García, "(...) ambos tienen un mismo objeto, que no es otro que el de ordenar el libramiento de certificaciones o testimonios, así como la práctica de actuación alguna, diferenciándose entre sí exclusivamente en función del órgano o entidad al que se dirigen", (2012), "Artículo 149...", *Op. cit.*, p. 278.

[162] Adhiriéndose a la integración de los *mandamientos* y *oficios* en una única clase de acto de comunicación, Torres Yanes, F., (2016), *Op. cit.*, p. 57. Haciendo extensivo este planteamiento a los *exhortos*: Furquet Monasterio, N., (2001), *Op. cit.*, p. 75.

[163] Art. 167 LEC: "1. Los mandamientos y oficios se remitirán directamente por el letrado de la Administración de Justicia que los expida a la autoridad o funcionario a que vayan dirigidos, debiendo utilizarse los medios previstos en el artículo 162. No obstante, si así lo solicitaren, las partes podrán diligenciar personalmente los mandamientos y oficios. 2. En todo caso, la parte a cuya instancia se libren los oficios y mandamientos a que se refiere este artículo habrá de satisfacer los gastos que requiera su cumplimiento". Otra de las novedades introducidas por la Ley 42/2015, de 5 de octubre, fue la preceptividad del uso de la vía electrónica para la remisión de los *oficios* y *mandamientos* a la autoridad o funcionario a que vayan dirigidos, sin perjuicio de la posibilidad prevista en la misma norma de que estas comunicaciones sean diligenciadas personalmente por las partes o por sus Procuradores; así puesto de manifiesto por De La Serna Bosch, J., (2015), "Capítulo I.7. Actos de comunicación judicial y auxilio judicial (arts. 151.2, 152, 154.2, 155.2, 159.1, 161, 162, 164, 165, 167.1, 172, 175, 243)", en Arsuaga Cortázar, J., Anta González, J.F., y De La Serna Bosch, J., (2015), *Op. cit.*, p. 60; Monserrat Molina, P.E., (2018), "Las notificaciones electrónicas, aspectos procesales de las mismas, ventajas y desventajas", *Práctica de Tribunales*, Nº 131, Marzo-Abril, La Ley, p. 7; Rec. electrónico ID: LA LEY 2180/2018.

subrayar la importancia de su correcta ejecución –ya sean diligenciados, directamente, por el órgano judicial o por el Procurador de la parte que lo solicite (arts. 167.1 y 172 LEC[164])–, para asegurar la buena marcha de los procesos y evitar la generación de dilaciones indebidas. No podemos obviar que la inobservancia de la normas reguladoras de la práctica de esta clase de comunicaciones judiciales, provocará, asimismo, que el acto procesal en cuestión sea impugnable, conforme a lo dispuesto en el artículo 166.1 LEC[165], cuyo contenido se examinará con el debido detenimiento, y ello, en definitiva, perjudicaría los intereses y derechos en juego y demoraría la resolución del litigio.

En este aspecto, la Ley 42/2015, de 5 de octubre, de reforma de la LEC, ha supuesto todo un avance, pues la generalización definitiva del uso de los medios informáticos y telemáticos en la realización de estos actos ha contribuido, sin duda, a una importante reducción de costes y de tiempo en la práctica de estos actos de comunicación, en especial, desde el 1 de enero de 2017, momento en que fueron ampliados los sujetos obligados a interactuar electrónicamente con la Administración de Justicia, incluyendo, a Notarios, Registradores civiles y mercantiles y funcionarios de las Administraciones Públicas, para las actuaciones que realicen por razón de su cargo (art. 273.3 LEC[166]).

Así, desde esta reforma, los mandamientos y oficios, son remitidos de un modo directo por el Letrado de la Administración de Justicia que los expide por los medios previstos en el artículo 162 LEC, salvo cuando las partes solicitan su diligencia personal, con base en el art. 167.1 LEC, no siendo necesario, como precisa JULVE GUERRERO, su remisión mediante auxilio judicial[167].

---

[164] Sin perjuicio de la posibilidad de remisión directa por el órgano jurisdiccional vía electrónica, los Procuradores de la parte que así lo solicite podrán diligenciar estos actos de comunicación, conforme establecen los artículos 167.1 LEC –"No obstante, si así lo solicitaren, las partes podrán diligenciar personalmente los mandamientos y oficios–; y 172.2 LEC –"Sin perjuicio de lo anterior, si la parte a la que interese el cumplimiento del exhorto así lo solicita, se le entregará éste bajo su responsabilidad, para que lo presente en el órgano exhortado dentro de los cinco días siguientes. En este caso, el exhorto expresará la persona que queda encargada de su gestión, que sólo podrá ser el propio litigante o procurador que se designe"–.

[165] Art. 166.1 LEC: "Serán nulos los actos de comunicación que no se practicaren con arreglo a lo dispuesto en este capítulo y pudieren causar indefensión". Procede destacar el estudio específico de la nulidad de los actos de comunicación de YÉLAMOS BAYARRI, E., (2006), *Op. cit.*

[166] Art. 273.3 LEC: 3. En todo caso, estarán obligados a intervenir a través de medios electrónicos con la Administración de Justicia, al menos, los siguientes sujetos: a) Las personas jurídicas; b) Las entidades sin personalidad jurídica; c) Quienes ejerzan una actividad profesional para la que se requiera colegiación obligatoria para los trámites y actuaciones que realicen con la Administración de Justicia en ejercicio de dicha actividad profesional; d) Los notarios y registradores; e) Quienes representen a un interesado que esté obligado a relacionarse electrónicamente con la Administración de Justicia; f) Los funcionarios de las Administraciones Públicas para los trámites y actuaciones que realicen por razón de su cargo". Cabe destacar que estos mismos sujetos se encuentran obligados, en idénticos términos, al empleo de los medios electrónicos en el ámbito de la Administración Pública, por el artículo 14.2 de la Ley 39/2015, de 1 de octubre, del Procedimiento Administrativo Común de las Administraciones Públicas (LPAC).

[167] JULVE GUERRERO, I., (2000), *Op. cit.*, p. 376.

### 3.2.2. *El* exhorto *como categoría autónoma de acto de comunicación*

Conforme al artículo 129.2º LEC, aquellas actuaciones procesales que deban realizarse fuera del partido judicial donde radique la sede del órgano judicial conocedor del proceso judicial[168], se practicarán, cuando sea procedente, mediante *auxilio judicial*. Una actividad de "cooperación jurisdiccional"[169] que encuentra su primer fundamento en el deber de todos los órganos judiciales de cooperar y auxiliarse entre sí en el ejercicio de la potestad jurisdiccional que les es propia en exclusiva (art. 273 LOPJ y 169.1 LEC[170]).

Con anterioridad, la LEC de 1881 contemplaba, en la Sección 5ª del Título IV de su Libro I, los *suplicatorios*, *exhortos* y *cartas-órdenes*[171], como actos de comunicación con otros órganos jurisdiccionales. Ahora, para las solicitudes de auxilio judicial, en el orden jurisdiccional civil[172], solo nos queda el *exhorto*[173], que será ex-

[168] Adaptación del epígrafe "I.5º. Breve referencia a la notificación mediante auxilio judicial", del artículo publicado en *Derecho y Tecnología*, durante el Programa de Doctorado en Derecho y Ciencias Sociales: Martín González, M., (2017), "Régimen general de notificaciones en el proceso civil declarativo: novedades en las funciones de los Procuradores en las comunicaciones electrónicas", *Derecho y Tecnología: Revista Arbitrada de Derecho y Nuevas Tecnologías*, Nº 3/2017 (Edición Digital), Nº 18/2017 (Edición Ordinaria), Enero-Diciembre, Táchira (Venezuela), pp. 74-75.

[169] Así descrito por la rúbrica –"De la cooperación jurisdiccional"– del Capítulo VIII del Título III del Libro III de la LOPJ, que comprende los artículos 273 a 278, y que regula, bajo tal denominación, tanto el auxilio judicial entre órganos jurisdiccionales españoles, como la cooperación judicial internacional (arts. 276 a 278 LOPJ).

[170] De conformidad con el artículo 273 LOPJ, "los Jueces y Tribunales cooperarán y se auxiliarán entre sí en el ejercicio de la función jurisdiccional". En idéntico sentido, el apartado 1º del artículo 169 LEC, en virtud del cual, "los tribunales civiles están obligados a prestarse auxilio en las actuaciones que, habiendo sido ordenadas por uno, requieran la colaboración de otro para su práctica". Concibiendo este deber de colaboración como el sustrato básico del *auxilio judicial*, Gascón Inchausti, F., (2000), *Op. cit.*, p. 8; Montero Aroca, J., (2016), *Op. cit.*, §21.

[171] Así, en virtud del artículo 285 LEC 1881, "cuando una diligencia judicial hubiere de ejecutarse fuera del lugar del juicio, o por un Juez o Tribunal distinto del que la hubiere ordenado, este cometerá su cumplimiento al que corresponda por medio de suplicatorio, exhorto o carta-orden. Empleará la forma del suplicatorio cuando se dirija a un Juez o Tribunal superior en grado: la de exhorto cuando se dirija a uno de igual grado; y la de carta-orden o despacho cuando se dirija a un subordinado suyo".

[172] Conviene recordar, como ya apuntamos, que la LECrim, en su artículo 184, sigue contemplando las figuras del *suplicatorio* y *mandamiento* o *carta-orden*, junto con el *exhorto*, para las peticiones de auxilio judicial en el orden penal. Así, su párrafo 2º establece que se "(...) empleará la forma del suplicatorio cuando se dirija a un Juez o Tribunal superior en grado; la de exhorto, cuando se dirija a uno de igual grado, y la de mandamiento o carta-orden, cuando se dirija a un subordinado suyo". Apunte también realizado por Furquet Monasterio, N., (2001), *Op. cit.*, p. 70.

[173] El *exhorto*, precisa Mares Roger, será la forma externa que adopten las peticiones de auxilio judicial entre órganos judiciales nacionales, siendo la *solicitud* la prevista para las de cooperación jurídica internacional, (2001), *Op. cit.*, p. 27. Muestra de ello, podemos destacar el texto de la Ley 29/2015, de 30 de julio, de cooperación jurídica internacional en materia civil; del Acuerdo de 27 de septiembre de 2018, del Pleno del Consejo General del Poder Judicial, por el que se aprueba el Reglamento 1/2018, sobre auxilio judicial internacional y redes de cooperación judicial internacional; o el Anexo I del Reglamento (UE) 2020/1784, del Parlamento Europeo y del Consejo, de 25 de noviembre de 2020, relativo a la notificación y traslado en los Estados miembros de documentos judiciales y extrajudiciales en materia civil o mercantil.

pedido[174] y autorizado por el Letrado de la Administración de Justicia (art. 171.2 LEC), y contendrá la siguiente información (arts. 171.1 y 172.2 LEC):

- La designación de los órganos exhortante y exhortado;
- La indicación del motivo que fundamenta la solicitud;
- La designación de las partes, así como de su representación y defensa técnica;
- La indicación de las actuaciones judiciales que se solicitan del órgano judicial exhortado;
- El plazo para su cumplimentación, si lo hubiere, y la fecha en que este finaliza; y, finalmente;
- La mención de todos los documentos, si los hubiere, que se hayan de acompañar para el cumplimiento del exhorto;
- Y, cuando la parte interesada solicite el diligenciamiento del exhorto por su propio conducto, la indicación de la persona –que será necesariamente, el litigante o su Procurador– que asumirá su gestión (art. 172.2 LEC)[175].

Por supuesto, entre las actuaciones judiciales que pueden efectuarse mediante auxilio judicial, se encuentran los actos de comunicación (art. 165 LEC), para cuya realización se remitirá un *exhorto* dirigido a la Oficina Judicial que haya de asumir la ejecución material del acto de comunicación en cuestión, y ésta lo efectuará del mismo modo que lo hubiera hecho el órgano exhortante, conforme a las normas reguladoras de estos actos procesales[176]. Nos referimos, pues, al *exhorto*,

---

174 Pese a que, en efecto, el tenor del artículo 171.2 LEC atribuye a los Letrados de la Administración de Justicia, tanto la *expedición* como la *autorización* de los exhortos, Torres Yanes precisa que, ciertamente, la *expedición* de los mismos es una labor que asumen, en la práctica forense, los funcionarios del Cuerpo de Tramitación Procesal y Administrativa, conforme a la competencia que les atribuye el artículo 477 LOPJ, en su apartado a) –"tramitación general de los procedimientos, mediante el empleo de los medios mecánicos u ofimáticos que corresponda, para lo cual confeccionará cuantos documentos, actas, diligencias, notificaciones y otros le sean encomendados, así como copias de documentos y unión de los mismos a los expedientes", (2016), *Op. cit.*, p. 109.

175 Art. 172.2 LEC, último inciso: "en estos casos, el exhorto expresará la persona que queda encargada de su gestión, que sólo podrá ser el propio litigante o procurador que se designe". Fundado en razones sistemáticas, Torres Yanes sugiere la inclusión de esta disposición en un ordinal séptimo del artículo 171.1 LEC. Al fin y al cabo, este último precepto se ocupa de regular, específicamente, el contenido de los *exhortos*, (2016), *Op. cit.*, p. 87.

176 Realmente, la modalidad de comunicación que precisará del auxilio judicial será la del artículo 161 LEC, esto es, la entrega personal de la notificación por funcionario del Cuerpo de Auxilio Judicial –tampoco por Procurador, pues, en estos casos, el profesional podrá constituirse directamente en el domicilio del destinatario, sin que sea precisa la mediación de una solicitud de auxilio judicial (art. 152.1 LEC)–. En este sentido, el propio tenor literal del artículo 165 LEC, en su redacción original, reservaba el auxilio judicial para las comunicaciones que debieran practicarse "(...) según lo dispuesto en el artículo 161 de esta ley por Tribunal distinto del que los hubiere ordenado". No obstante, tal precisión fue suprimida por la Ley 42/2015, de 5 de octubre, contra la opinión de un sector doctrinal, como Torres Yanes y Martínez de Santos, que, además, sostiene su vigencia sin perjuicio de la nueva redacción; respectivamente, (2016), *Op. cit.*, p. 119; y Martínez de Santos, A., (2015), "El nuevo empleo de sistemas telemáticos o electrónicos

como el acto de comunicación por el que se requiere el auxilio o la cooperación de otro órgano judicial, y no como forma de notificación en los términos del apartado 3° del artículo 152 LEC[177].

Ha sido, precisamente, esta categorización del *exhorto* como acto de procesal comunicación[178], equiparándolo a las clases relacionadas en el artículo 149 LEC, lo que ha llevado a un sector doctrinal, como Torres Yanes o Furquet Monasterio, a cuestionar tanto la ubicación sistemática de su regulación en la LEC –en el Capítulo VI, del Título V, del Libro I de la LEC, específico del auxilio judicial, e independiente del Capítulo V, "de los actos de comunicación judicial"–, como su exclusión del listado del artículo 149 LEC. Así, ambos autores coinciden en la conveniencia de incluir los *exhortos* en un apartado 7° del artículo 149 LEC; por su parte, Torres Yanes propone un regreso a la sistemática del texto de la LEC de 1881, que regulaba las comunicaciones entre órganos jurisdiccionales y entre estos y otras autoridades, funcionarios y organismos públicos de forma unitaria y autónoma con respecto de las comunicaciones dirigidas a las partes litigantes y demás sujetos procesales[179]; y, por otra parte, Furquet Monasterio se muestra favorable a una regulación unitaria de todas las clases de actos de comunicación, entre las que se incluirían los *exhortos*, en un mismo bloque[180].

---

en los trámites con la Administración de Justicia", *Actualidad Civil*, N° 11, Noviembre, La Ley, p. 5; Recurso electrónico ID: LA LEY 7672/2015. Ciertamente, sería contrario a los principios de eficacia y economía procesal, acordar la remisión –bien postal o telemática– de un acto de comunicación mediante auxilio judicial, siendo una actuación que puede asumir el órgano judicial conocedor del proceso de forma directa. Así se han pronunciado: Gascón Inchausti, F. (2000), *Op. cit.*, p. 73; Furquet Monasterio, N., (2001), *Op. cit.*, p. 73; Serrano Patiño, A., (2005) "Breve análisis de los Actos de Comunicación en la Ley de Enjuiciamiento Civil 1/2000, de 7 de enero", *Revista Jurídica de la Comunidad de Madrid*, N°. 22, Madrid, § 3.

177 A saber: la comunicación a través de Procurador, cuando las partes se encuentren personadas en el proceso y representadas por dicho profesional –art. 152.3.1° LEC–; la comunicación por remisión, como primera opción con carácter general para notificar al demandado no personado, así como a los testigos, peritos y otras personas que, sin ser parte en el proceso, deban intervenir en él –art. 152.3.2° LEC–; la notificación mediante entrega personal al destinatario, cuando proceda conforme a la Ley –art. 152.3.3° LEC–; y la comunicación por edictos –no prevista en el artículo 152.3, sino en el 164 LEC–, que se acordará con la debida cautela en los términos previstos en la legislación procesal y conforme a la doctrina constitucional sobre los actos de comunicación, a la que, por su especial trascendencia, dedicaremos el Capítulo II inmediatamente posterior. Así, Serrano Patiño, A., (2005), *Op. cit.*, § 3.

178 Concibiendo los exhortos como verdaderos actos de comunicación: Cubillo López, I., (1999), *Op. cit.*, p. 55; Gascón Inchausti, F., (2000), *Op. cit.*, p. 8; Furquet Monasterio, N., (2001), *Op. cit.*, 69; Cerrada Moreno, M., (2012), *Op. cit.*, p. 42; Lara López, A.M., (2013), "Tema 18…", *Op. cit.*, pp. 250-251; Torres Yanes, F., (2016), *Op. cit.* p. 57; Río Gómez, E., (2018), "Efectos del expediente judicial electrónico en el cómputo de plazos", Ponencia impartida en el Curso "Tramitación electrónica de expedientes judiciales", 4ª Edición, disponible en el Repositorio Jurídico-Científico del Centro de Estudios Jurídicos de la Administración de Justicia, Ministerio de Justicia, Madrid, p. 9; De La Oliva Santos, A., (2019), "Lección 25ª…", *Op. cit.*, p. 533. Es posible encontrar en nuestro ordenamiento jurídico procesal una muestra de esta calificación. Así, el artículo 62 LRJS, en virtud del cual "el secretario judicial –LAJ– deberá expedir oficios, mandamientos, exhortos *y cualesquiera otros actos de comunicación* que se acuerden interesando la práctica de actuaciones".

179 Torres Yanes, F., (2016), *Op. cit.*, p. 58.

180 Una propuesta para la que toma como referencia la regulación procesal laboral, ahora contenida en la Ley 36/2011, de 10 de octubre, reguladora de la jurisdicción social (arts. 53-61 LRJS), Furquet Monasterio, N., (2001), *Op. cit.*, p. 28.

Sin embargo, como precisa GASCÓN INCHAUSTI, es cierto que "(...) el exhorto puede ser visto desde una doble perspectiva: de un lado, es un acto de comunicación del tribunal con otro tribunal; de otro, es el vehículo por el que se reclama el auxilio judicial"[181]. De ahí que tampoco carezca de lógica, como constata el autor, que el legislador haya decidido optar por enfatizar esta segunda faceta –de cooperación jurisdiccional–, ubicando su regulación en un Capítulo autónomo de la norma procesal. En cualquier caso, matiza FURQUET MONASTERIO, "(...) desde un punto de vista estrictamente sistemático, cualquiera de las opciones anteriores resulta igual de válida, siempre que se mantenga una coherencia entre el contenido y la nomenclatura del capítulo"[182].

Por nuestra parte, no cuestionamos las razones sistemáticas que llevaron al legislador a regular de forma autónoma el *auxilio judicial*, por cuanto, en sí misma, esta actividad de cooperación jurisdiccional reviste suficiente entidad y tradición en nuestro Derecho para ello. Ahora bien, de idéntico modo que se ha introducido en el Capítulo relativo a los actos de comunicación una referencia a la posibilidad de realizar estos actos procesales mediante auxilio judicial (art. 165 LEC[183]), entendemos que no hubiera sido desacertado incluir los *exhortos* en la enumeración del artículo 149 LEC, precisamente, por la vocación de tal norma de ofrecer una relación de las clases de "actos de comunicación judicial" existentes en el orden civil, contribuyendo, de esta forma, a construir un concepto de estos actos procesales aún más preciso.

---

181 GASCÓN INCHAUSTI, F., (2000), *Op. cit.*, p. 94.

182 FURQUET MONASTERIO, N., (2001), Ibídem.

183 El artículo 165 LEC, rubricado "Actos de comunicación mediante auxilio judicial", establece que "cuando los actos de comunicación hayan de practicarse por tribunal distinto del que los hubiere ordenado, el despacho se remitirá por medio del sistema informático judicial salvo los supuestos en los que deba realizarse en soporte papel por ir el acto acompañado de elementos que no sean susceptibles de conversión en formato electrónico, y se acompañará la copia o cédula correspondiente y lo demás que en cada caso proceda. (...)". La ubicación sistemática de este precepto en la LEC, ha sido, no obstante, criticada por MARTÍNEZ DE SANTOS, quien, además, apunta a la imprecisión de su tenor literal, al indicar "despachos", cuando, claramente, se refiere a los "exhortos", (2015), *Op. cit.*, p. 5.

# CAPÍTULO II.
# LA DOCTRINA CONSTITUCIONAL SOBRE LOS ACTOS PROCESALES DE COMUNICACIÓN

## 1. LA RELEVANCIA CONSTITUCIONAL DE LOS ACTOS DE COMUNICACIÓN

Desde sus primeras sentencias[184], el Tribunal Constitucional ha subrayado, incansablemente, la especial relevancia que adquieren los actos procesales de comunicación en el seno de todo proceso judicial, al tratarse de actos que alcanzan una dimensión constitucional derivada de su estrecha vinculación con la efectividad del derecho de defensa[185].

Como explicábamos en el epígrafe anterior, a través de estos actos procesales, las partes adquieren conocimiento en tiempo y forma del contenido de las distintas resoluciones procesales que se suceden desde el inicio del proceso hasta su definitivo archivo. En su virtud, logran la posibilidad efectiva de comparecer y actuar en defensa de sus derechos e intereses legítimos, mediante los trámites legalmente habilitados para ello.

Por supuesto, en esta materia, adquiere una especial importancia la primera comunicación judicial dirigida al demandado. Este primer emplazamiento, definido por Yélamos Bayarri como "piedra angular del proceso"[186], tiene por objeto fundamental dar a conocer al demandado la existencia del proceso judicial incoado en contra de él y promover su defensión. En otras palabras, es un acto de comunicación de relevancia claramente constitucional, por cuanto se ocupa de abrir las puertas al proceso a quien se verá directamente afectado por su resultado, dándole, así, la oportunidad de comparecer y hacerse oír, ejerciendo su

[184] Destacamos la STC 9/1981, de 31 de marzo (BOE nº 89, de 14 de abril), F.J. 4º.

[185] Entre otras muchas: SSTC 156/1985, de 15 de noviembre (BOE nº 301 de 17 de diciembre), F.J. 1º; 108/1987, de 26 de junio (BOE nº 163, de 9 de julio), F.J. 2º; 233/1988, de 2 de diciembre (BOE nº 307, de 23 de diciembre), F.J. 2º; 110/1989, de 12 de junio (BOE nº 158, de 4 de julio), F.J. 2º; 155/1989, de 5 de octubre (BOE nº 267, de 7 de noviembre), F.J. 2º; 275/1993, de 20 de septiembre (BOE nº 256, de 26 de octubre), F.J. 1º; 94/2005, de 18 de abril (BOE nº 120, de 20 de mayo) F.J. 2º.

[186] Yélamos Bayarri, E., (2006), *Op. cit.*, p. 184.

derecho de defensa en un juicio contradictorio[187] y en condiciones de igualdad procesal[188] respecto del resto de contendientes.

Y es que, como señaló el Tribunal Constitucional en su Sentencia 176/1998, de 14 de septiembre, "el derecho fundamental a la tutela judicial efectiva, y más en concreto el derecho a un proceso público con todas las garantías, no solo incluye el derecho de acceso a la Justicia, sino también, como es obvio, el de hacerse oír por ésta y, por tanto, el de ser emplazado en la forma legalmente prevista para, así, poder comparecer en aquellas actuaciones judiciales cuya finalidad es, precisamente, la de dar a las partes la ocasión de hacerse oír y de expresar cuanto convenga a la defensa de sus derechos e intereses legítimos"[189].

Procurar diligentemente el emplazamiento personal de la parte demandada se torna, en suma, un presupuesto lógico para el acceso a la Justicia, la defensa de los propios intereses y, en definitiva, el alcance de la tutela judicial efectiva, consagrado como derecho fundamental en el artículo 24.1 de nuestra Constitución[190].

Esto justifica que nuestra jurisprudencia constitucional se refiera al régimen legal de notificaciones como un "instrumento capital" para la correcta constitución de la relación jurídico-procesal[191]. Más allá de ser meros requisitos formales exigidos para dar paso al siguiente trámite, las normas reguladoras de la práctica de los actos de comunicación, y en particular, de la primera comunicación di-

---

187 Concibiendo los actos de comunicación como "exigencia ineludible" para hacer realidad la garantía constitucional de un juicio contradictorio, cabe destacar la STC 77/1997, de 21 de abril (BOE nº 121, de 21 de mayo), F.J. 2º. Así: SSTC 97/1992, de 11 de junio (BOE nº 169, de 15 de julio), F.J. 3º; 216/1992, de 1 de diciembre (BOE nº 307, de 23 de diciembre), F.J. 2º; 81/1996, de 20 de mayo (BOE nº 150, de 21 de junio), F.J. 3º; 99/1997, de 20 de mayo (BOE nº 137, de 9 de junio), F.J. 4º; 65/2000, de 13 de marzo (BOE nº 90, de 14 de abril), F.J. 3º; 145/2000, de 19 de mayo (BOE nº 156, de 30 de junio) F.J. 2º; 1/2002, de 14 de enero (BOE nº 34, de 8 de febrero) F.J. 2º.

188 Sobre el principio de igualdad en el proceso: STC 155/1988, de 22 de julio (BOE nº 203, de 24 de agosto), F.J. 3º.

189 STC 176/1998, de 14 de septiembre (BOE nº 251, de 20 de octubre), F.J. 2º. *Vid.*, STC 175/2009, de 16 de julio (BOE nº 193, de 11 de agosto), F.J. 2º.

190 STC 48/1986, de 23 de abril (BOE nº 120, de 20 de mayo), F.J. 1º: "El art. 24.1 de la Constitución es un precepto de contenido complejo, dentro del cual el derecho a la tutela judicial efectiva supone, positivamente, el acceso al proceso y al uso de los instrumentos que en él se proporcionan para la defensa de los propios intereses, con el límite más trascendente, formulado negativamente, de la prohibición de indefensión a que se alude en su inciso final, garantía que, en sentido amplio, implica el respeto del esencial principio de contradicción, de modo que los contendientes, en posición de igualdad, dispongan de las mismas oportunidades de alegar y probar cuanto estimaren conveniente con vistas al reconocimiento judicial de sus tesis".

191 STC 113/2001, de 7 de mayo (BOE nº 137, de 8 de junio), F.J. 5º. *Vid.*, también, SSTC 82/1983, de 20 de octubre (BOE nº 266, de 7 de noviembre), F.J. 4º; 34/2001, de 12 de febrero (BOE nº 65, de 16 de marzo) F.J. 2º; 42/2002, de 25 de febrero (BOE nº 80, de 3 de abril) F.J. 2º; 55/2003, de 24 de marzo (BOE nº 91, de 16 de abril), F.J. 2º; 90/2003, de 19 de mayo (BOE nº 138, de 10 de junio) F.J. 2º; 104/2008, de 15 de septiembre (BOE nº 245, de 10 de octubre) F.J. 3º; 176/2009, de 16 de julio (BOE nº 193, de 11 de agosto), F.J. 2º; 122/2013, de 20 de mayo (BOE nº 145, de 18 de junio) F.J. 3º; 131/2014, de 21 de julio (BOE nº 199, de 16 de agosto) F.J. 2º; 169/2014, de 22 de octubre (BOE nº 282, de 21 de noviembre), F.J. 3º; 181/2015, de 07 de septiembre (BOE nº 245, de 13 de octubre), F.J. 3º; 200/2016, de 28 de noviembre (BOE nº 7, de 9 de enero), F.J. 4º; 32/2019, de 28 de febrero (BOE nº 73, de 26 de marzo) F.J. 4º.

rigida al demandado, encarnan un verdadero sistema legal de garantías[192] que asegura la salvaguarda y la efectividad de los principios jurídico-naturales de contradicción[193], audiencia e igualdad de armas procesales, esenciales e inherentes a la idea de proceso judicial[194].

Destacamos, por consiguiente, el crucial papel desempeñado por nuestro legislador a la hora de configurar dicho régimen, de manera que incorpore los mecanismos y las garantías adecuados y suficientes para promover el ejercicio real y efectivo del derecho de defensa (art. 24.1 CE)[195]; procurando, asimismo, en la medida de lo posible, que el tenor de la norma no dé cabida a interpretaciones contrarias a las exigencias constitucionales –puestas de manifiesto en incontables ocasiones por la jurisprudencia constitucional– y que puedan dar lugar a situaciones de indefensión constitucionalmente relevantes.

En las acertadas palabras de Yélamos Bayarri, "no se trata solo de que el legislador respete el contenido esencial del derecho, de otro lado de determinación sumamente complicada, sino, mucho más allá, que evite interpretaciones que pudieran rozar la inconstitucionalidad"[196].

Recordemos, como hace la STC 6/2019, de 17 de enero, en su F.J. 2º, que el derecho fundamental a la tutela judicial efectiva (art. 24.1 CE), al ser un derecho de naturaleza prestacional y de configuración legal, tan solo "puede ejercerse por los cauces que el legislador, respetando el contenido esencial del derecho, haya querido articular, pues es a él a quien le incumbe configurar el marco en el cual ha de desarrollarse la actividad judicial y, más concretamente, el proceso en cuyo seno se ejercite el derecho fundamentalmente ordenado a la satisfacción de las pretensiones"[197].

Es evidente que no estamos ante una cuestión baladí. En suma, por lo que se refiere a la configuración legal de estos actos procesales, será el legislador, sin perjuicio de la función integradora del Derecho que en esta materia asume, como

---

192 SSTC 114/1986, de 2 de octubre (BOE nº 253, de 22 de octubre); 157/1987, de 15 de octubre (BOE nº 271, de 12 de noviembre), F.J. 2º; 192/1989, de 16 de noviembre (BOE nº 291, de 5 de diciembre) F.J. 3º; 212/1989, de 19 de diciembre (BOE nº 10, de 11 de enero) F.J. 2º; 25/1996, de 13 de febrero (BOE nº 67, de 19 de marzo), F.J. 2º; 72/1996, de 24 de abril (BOE nº 132, de 31 de mayo) F.J. 2º; 19/2004, de 23 de febrero (BOE nº 74, de 26 de marzo) F.J. 2º; 155/2009, de 25 de junio (BOE nº 181, de 28 de julio), F.J. 2º.

193 Sobre la importancia de un "buen sistema de notificaciones" para la eficacia del principio jurídico natural de contradicción: Calaza López, S., (2011), *Op. cit.*, p. 55.

194 Calaza López, S., (2011), *Op. cit.*, p. 51; Sierra Gil De La Cuesta, I., (1995), *Op. cit.*, p. 88.

195 STC 36/1987, de 25 de marzo (BOE nº 89, de 14 de abril), F.J. 2º, así como SSTC 1/1983, de 13 de enero (BOE nº 41, de 17 de febrero), F.J. 1º; 155/1989, de 5 de octubre (BOE nº 267, de 7 de noviembre), F.J. 2º; 25/1996, de 13 de febrero (BOE nº 67, de 19 de marzo), F.J. 2º; 155/2009, de 25 de junio (BOE nº 181, de 28 de julio), F.J. 2º.

196 Yélamos Bayarri, E., (2006), *Op. cit.*, p. 353.

197 STC 6/2019, de 17 de enero (BOE nº 39, de 14 de febrero), F.J. 1º. Asimismo: SSTC 99/1985, de 30 de septiembre (BOE nº 265, de 5 de noviembre), F.J. 4º; 116/1986, de 8 de octubre (BOE nº 253, de 22 de octubre), F.J. 3º; 175/1988, de 3 de octubre (BOE nº 266, de 5 de noviembre), F.J. 1º y 113/1989, de 22 de junio (BOE nº 175, de 24 de julio), F.J. 3º.

constataremos, el Tribunal Constitucional[198], quien determine cuándo y ante qué circunstancias será legítimo cesar en los intentos de notificar personalmente al demandado ilocalizable[199].

Debemos considerar, como hemos tenido ocasión de explicar, que nuestro ordenamiento jurídico procesal no condiciona la validez de los actos de comunicación a su efectiva recepción y conocimiento por el legítimo destinatario. Es por ello por lo que la Ley prevé mecanismos, como la comunicación por edictos, cuya finalidad última no es otra que el establecimiento de una ficción jurídica de conocimiento que permita la prosecución del proceso y su definitiva resolución en aquellos casos en los que no sea posible localizar y notificar al interesado.

La continuación del procedimiento en estos casos encuentra su razón de ser en la necesaria ponderación entre el derecho de defensa del demandado y el derecho fundamental, del que también son titulares las demás partes del proceso, a obtener la tutela judicial efectiva de Juzgados y Tribunales sin padecer dilaciones indebidas[200]. Esto es lo que hace que sea tan importante que los actos procesales de comunicación se efectúen legal y diligentemente, pues, si bien la falta de conocimiento efectivo por parte del destinatario no será un impedimento de carácter absoluto para la continuación del procedimiento, sí será determinante que, en todo caso, incluso cuando la comunicación no haya alcanzado su objetivo, el órgano jurisdiccional haya actuado conforme a Derecho y atendiendo al cumplimiento de la finalidad material de estos actos procesales[201].

En palabras de la STC 217/1993, de 30 de junio, en su F.J. 3º, "(…) la corrección en la práctica de las notificaciones y emplazamientos es esencial para que se dé cumplida satisfacción al derecho a una tutela judicial efectiva, debiendo los órganos judiciales poner el máximo empeño en que no se creen por error o funcionamiento deficiente de la Administración de Justicia situaciones de indefensión"[202].

---

198 SSTC 131/2014, de 21 de julio (BOE nº 199, de 16 de agosto), F.J. 2º; 5/2018, de 22 de enero (BOE nº 46, de 21 de febrero), F.J. 3º.

199 Yélamos Bayarri, E., (2006), *Op. cit.*, p. 353.

200 STC 217/1993, de 30 de junio (BOE nº 183, de 2 de junio), F.J. 3º. En favor: SSTC 133/1986, de 29 de octubre (BOE nº 276, de 18 de noviembre), F.J. 4º; 205/1988, de 7 de noviembre (BOE nº 297, de 12 de diciembre), F.J. 4º; 8/1991, de 17 de enero (BOE nº 38, de 13 de febrero), F.J. 3º; 186/1991, de 3 de octubre (BOE nº 265, de 5 de noviembre), F.J. 3º.

201 STC 171/1987, de 3 de noviembre (BOE nº 279, de 21 de noviembre), F.J. 2º. En palabras de Talavera Hernández, "recae sobre el órgano judicial no solo el deber de velar por la correcta ejecución de los actos de comunicación, sino también el de que éstos sirvan a su propósito, que no es otro que el de garantizar que la parte sea oída en el proceso", (2014), "La notificación por edictos. Comentario a la STC 197/2013, de 2 de diciembre. Recurso de amparo 2028-2013", *Revista Boliviana de Derecho*, Nº 18 (Julio, 2014), p. 505. *Vid.*, De Diego Díez, L.A., (2011), *Op. cit.*, § II.2.

202 STC 217/1993, de 30 de junio (BOE nº 183, de 2 de junio), F.J. 3º. Asimismo: SSTC 211/1989, de 19 de diciembre (BOE nº 10, de 11 de enero) F.J. 2º; 213/1989, de 19 de diciembre (BOE nº 10, de 11 de enero), F.J. 2º; 8/1991, de 17 de enero (BOE nº 38, de 13 de febrero), F.J. 3º; 52/1991, de 11 de marzo (BOE nº 91, de 16 de abril) F.J. 3º.

Se trata, en suma, de procurar la defensión, poniendo a disposición del debido emplazamiento cuantos medios resulten proporcionalmente exigibles. Solo así se logrará situar a la parte demandada en una posición jurídicamente razonable de conocer[203] y adoptar la conducta procesal que estime oportuna[204]; aun cuando esto, por otras razones, no llegue a suceder en el plano fáctico.

## 2. LA TEORÍA DE LA INDEFENSIÓN MATERIAL

La correcta práctica de los actos de comunicación constituye, pues, una pieza fundamental para garantizar que no se produzcan situaciones de indefensión en el proceso, proscritas por nuestra Constitución. Ahora bien ¿cabe afirmar, siguiendo este razonamiento, que toda comunicación judicial defectuosa, o incluso inexistente, es generadora una indefensión constitucionalmente relevante? Para responder satisfactoriamente esta cuestión, nos adentraremos en la denominada "teoría de la indefensión material", desarrollada y aplicada por nuestro Tribunal Constitucional en la resolución de los Recursos de Amparo cuyo objeto versa sobre la presunta indefensión generada por una notificación defectuosa.

Sin perjuicio de que, como explicábamos, el régimen legal de actos de comunicación, considerado en su conjunto, conforma un auténtico sistema de garantías protector del derecho a la defensa jurídica, debe advertirse que no cualquier infracción de una norma procesal situará a quien la padezca en un estado de indefensión merecedor de amparo en sede constitucional.

Como acertadamente manifiestan LORCA NAVARRETE y LORCA MARÍN DE VILLODRES, la jurisprudencia constitucional ha ido perfilando de forma progresiva un concepto jurídico-constitucional "estricto" de indefensión, en virtud del cual la indefensión con trascendencia constitucional no tiene por qué coincidir enteramente con la figura jurídica procesal[205].

En este sentido, nos explica la STC 48/1984, de 4 de abril, en su F.J. 1º, que "si bien el Derecho procesal, en aras de sus propias necesidades de estructuración de los procesos y para facilitar el automatismo y la tramitación de los procedimientos judiciales, presenta un contenido marcadamente formal y define la indefensión de un modo igualmente formal, a través, por ejemplo, de la falta del debido emplazamiento o de la falta de otorgamiento de concretos trámites o de concretos recursos, en el marco jurídico-constitucional no ocurre lo mismo"[206]. Expuesto lo anterior, la indefensión con efectos jurídico-constitucionales, entendida como

---

[203] Explica YÉLAMOS BAYARRI que "el sistema busca, no ya que el destinatario conozca efectivamente, sino poner a su disposición la posibilidad de conocer"; (2006), *Op. cit.*, p. 442.

[204] STC 14/1987, de 11 de febrero (BOE nº 54, de 4 de marzo), F.J. 3º.

[205] LORCA NAVARRETE, J.F. y LORCA MARTÍN DE VILLODRES, M.I., (2010), *Op. cit.*, p. 462, reproduciendo la doctrina del TC contenida en Sentencias como las SSTC 48/1984, de 4 de abril (BOE nº 99, de 25 de abril), F.J. 1º; 155/1988, de 22 de julio (BOE nº 203, de 24 de agosto), F.J. 4º.

[206] STC 48/1984, de 4 de abril (BOE nº 99, de 25 de abril), F.J. 1º.

aquélla provocada por la lesión de los derechos fundamentales del artículo 24 de la Constitución, se producirá solo cuando el destinatario vea efectivamente mermadas sus posibilidades de rogar, por los cauces legalmente previstos, la protección judicial de sus derechos o intereses legítimos; o cuando la vulneración de las normas procesales conlleve, en efecto, la privación o limitación sustancial del derecho de defensa, con el consiguiente perjuicio real y efectivo para los intereses del afectado[207].

La indefensión que prohíbe el artículo 24.1 CE no nace, por tanto, de la mera y simple infracción por el órgano jurisdiccional de las normas rectoras del procedimiento[208]. De lo contrario, la llamada "indefensión material" integra, además, los siguientes elementos: en primer lugar, la privación o limitación sustancial de los medios lícitos de defensa[209], de lo que se debe haber derivado un perjuicio real y efectivo directamente imputable al órgano judicial; y, en segundo lugar, la debida diligencia del afectado, de manera que la indefensión no sea un resultado de su propia conducta maliciosa o negligente.

### 2.1. La relevancia del cumplimiento de la norma. Indefensión material vs. indefensión formal

Cabe distinguir, por consiguiente, dos conceptos –aparentemente autónomos– de indefensión: indefensión material e indefensión formal. Ambos de creación eminentemente jurisprudencial y en torno a cuya definición y contenido la doctrina científica no logra un consenso.

Los interrogantes previos que surgen al abordar esta materia son: ¿qué es la indefensión formal? ¿se encuentran vinculadas la indefensión material y formal, de manera que la primera deriva de la segunda? Pese a que estamos ante una noción que no ha alcanzado idéntico grado de desarrollo en la doctrina constitucional que la de indefensión material, podemos afirmar que la indefensión formal se encuentra asociada a la infracción de la norma procesal[210]. Una vulneración que, por otro lado, de concurrir los presupuestos necesarios para ello, podría situar a quien fuese afectado, directamente en una situación de indefensión material.

---

[207] STC 155/1988, de 22 de julio (BOE nº 203, de 24 de agosto), F.J. 4º. *Vid.*, SSTC 70/1984, de 11 de junio (BOE nº 165, de 11 de julio), F.J. 1º; 48/1986, de 23 de abril (BOE nº 120, de 20 de mayo), F.J. 1º; 59/1998, de 16 de marzo (BOE nº 96, de 22 de abril), F.J. 2º; 184/2000, de 10 de julio (BOE nº 192, de 11 de agosto), F.J. 2º.

[208] STC 102/1987, de 17 de junio (BOE nº 163, de 9 de julio), F.J. 2º. Asimismo, puede consultarse: STC 31/1989, de 13 de febrero (BOE nº 52, de 2 de marzo), F.J. 2º.

[209] Precisa el Tribunal Constitucional, en su STC 48/1984, de 4 de abril (BOE nº 99, de 25 de abril): "la idea de indefensión contiene, enunciándola de manera negativa, la definición del derecho a la defensa jurídica, de la que se ha dicho que supone el empleo de los medios lícitos necesarios para preservar o restablecer una situación jurídica perturbada o violada consiguiendo una modificación jurídica que sea debida, tras un debate-proceso, decidido por un órgano imparcial –jurisdicción–" (F.J. 1º).

[210] En este sentido, YÉLAMOS BAYARRI, E., (2006), *Op. cit.*, p. 287.

Considera YÉLAMOS BAYARRI que "el verdadero problema es que la distinción entre indefensión formal e indefensión material, en realidad, no es posible"[211], pues la primera de ellas "se convierte en indefensión constitucional y, a la inversa, si hay indefensión constitucional es que, previamente, se ha producido indefensión procesal"[212]. Por otra parte, FURQUET MONASTERIO se ocupa de recordarnos el rechazo que ha recibido tradicionalmente esta distinción entre dos indefensiones, por cuanto la doctrina procesal mayoritaria considera que la indefensión es única, con independencia de que, como afirma la autora, el Tribunal Constitucional decidiera acoger esa diferenciación con la finalidad de "(...) impedir una previsible avalancha de recursos fundamentados en la infracción de normas procesales o en una prevención frente al llamado «rigor formal del enjuiciamiento»"[213].

En cualquier caso, resulta incontestable, como explicábamos con anterioridad, que no toda infracción de una regla procesal –indefensión formal o procesal– tendrá la suficiente entidad como para generar una situación de indefensión merecedora de amparo en sede constitucional –indefensión material–[214].

Adentrándonos un poco más en el concepto de "indefensión con relevancia constitucional", la siguiente cuestión que nos formulamos es: ¿es la infracción normativa el sustrato de toda situación de indefensión material? O, por el contrario ¿cabe la posibilidad de que tal indefensión se genere también en el marco de la legalidad?[215]. Una respuesta afirmativa al segundo de los aspectos nos llevaría, por un lado, a disociar la indefensión formal de la material y, por otro, a la espinosa controversia sobre si las normas reguladoras del proceso judicial son suficientes o no para garantizar la eficacia del derecho fundamental a la tutela judicial efectiva sin padecer indefensión (art. 24.1 CE).

Trasladándonos al ámbito de los actos de comunicación judicial, destacamos dos Sentencias del Tribunal Constitucional en las cuales, al menos en principio, parece acogerse la peligrosa posibilidad de que las notificaciones practicadas conforme a la Ley también puedan generar situaciones de indefensión jurídico-constitucional. Así:

- La Sentencia 242/1991, de 16 de diciembre, en su F.J. 4º: "(...) del cumplimiento de las formas procesales no puede sin más excluirse una vulneración constitucional, pues el derecho de acceso a la Justicia garantizado en el artículo 24.1 impone a Juzgados y Tribunales la obligación

[211] YÉLAMOS BAYARRI, E., (2006), *Op. cit.*, p. 203.

[212] YÉLAMOS BAYARRI, E., (2006), *Op. cit.*, p. 204. En esta línea: GESTO ALONSO, G., (1991), "Precisiones sobre el concepto de indefensión desde el punto de vista procesal", *Revista Iberoamericana de Derecho Procesal (R.I.D.P)*, Nº 2, p. 318.

[213] FURQUET MONASTERIO, N., (2001), *Op. cit.*, p. 47.

[214] STC 48/1986, de 23 de abril (BOE nº 120, de 20 de mayo), F.J. 2º.

[215] Cuestión que también se formularon BORRAJO INIESTA, I., (2000), "El derecho a la tutela sin indefensión (art. 24.1 CE): guión de cuestiones", *Cuadernos de Derecho Público*, Nº 10, Mayo-Agosto, p. 43; y YÉLAMOS BAYARRI, E., (2006), *Op. cit.*, p. 291.

de promover, por encima de interpretaciones formales, la efectividad de aquel derecho, entendiendo siempre las normas procesales en el sentido más favorable a su ejercicio"[216].

- La Sentencia 59/1998, de 16 de marzo, F.J. 3º: "(...) de la misma forma que hemos considerado que una notificación defectuosa no siempre produce vulneración del artículo 24.1 CE, sino solamente cuando impide el cumplimiento de su finalidad (...), produce indefensión constitucionalmente relevante dar plena eficacia a aquellas notificaciones correctamente practicadas en el plano formal, cuando se acredita que no sirvieron para poner en conocimiento (...)[217]".

¿Debemos entender, por tanto, que, aun habiéndose observado la norma, es posible que se generen situaciones de indefensión material?

A nuestro parecer, la respuesta ha de ser negativa. En ambos casos, nuestro Tribunal Constitucional alude a una interpretación y aplicación "formalista" de la Ley, ignorando su finalidad última, que, en el supuesto de los actos de comunicación, como constatamos en líneas precedentes, es el conocimiento real y efectivo por parte del destinatario –pese a que, paradójicamente, del cumplimiento de dicho fin no dependa su validez–. Estamos, pues, ante una observancia meramente formal de la norma, lo cual, no puede estimarse válido, en absoluto, para alcanzar los cánones de exigencia constitucionalmente previstos para la efectiva protección de los derechos y garantías que amparan al justiciable en el seno de todo proceso judicial. Y es que, como pone de relieve la STC 171/1987, de 3 de noviembre, en su F.J. 2º, el núcleo esencial de la tutela judicial efectiva impone a la jurisdicción "(...) el deber específico de adoptar, más allá del cumplimiento rituario de las formalidades legales, todas las cautelas y garantías que resulten razonablemente adecuadas al aseguramiento de que esa finalidad de conocimiento personal no se incumpla por causas ajenas a la voluntad de aquél a quien se dirigen (...)"[218].

En efecto, puede suceder que una interpretación excesivamente formalista de la norma derive en una situación de indefensión material. Como asevera Furquet Monasterio en este sentido, "el único límite que tergiversa el respeto a las normas es el formalismo, que también causa indefensión en exceso"[219]. Ahora bien, como defiende Yélamos Bayarri, cuya postura apoyamos, en estos casos, la infracción normativa también se ha producido, pues, asevera la autora, "(...) el precepto existe solo en su interpretación constitucional"[220].

---

[216] STC 242/1991, de 16 de diciembre (BOE nº 13, de 15 de enero), F.J. 4º, citada por la STC 55/2003, de 24 de marzo (BOE nº 91, de 16 de abril), F.J. 4º.

[217] STC 59/1998, de 16 de marzo (BOE nº 96, de 22 de abril), F.J. 3º.

[218] STC 171/1987, de 03 de noviembre (BOE nº 279, de 21 de noviembre), F.J. 2º. En este sentido: SSTC 59/1998, de 16 de marzo (BOE nº 96, de 22 de abril), F.J. 1º; 34/2001, de 12 de febrero (BOE nº 65, de 16 de marzo), F.J. 2º; 55/2003, de 24 de marzo (BOE nº 91, de 16 de abril), F.J. 2º; ATC 20/2004, de 26 de enero, F.J. 2º.

[219] Furquet Monasterio, N., (2001), *Op. cit.*, p. 47.

[220] Yélamos Bayarri, E., (2006), *Op. cit.*, p. 439.

Dicho esto, no podemos dejar de concebir la Ley procesal como un sistema eficaz para la protección de las garantías constitucionales, pues, la formalidad no es un fin en sí misma, sino un medio al servicio de una finalidad constitucional: la salvaguarda de la tutela judicial efectiva[221]. Por este motivo, lejos de considerar que es posible que nuestro sistema procesal acoja en su seno situaciones de indefensión material –supuesto que, de ocurrir, lo que debería conllevar es la expulsión automática de la norma vulneradora de la Constitución del ordenamiento jurídico[222] o, cuanto menos, su reforma urgente–, creemos que para poder considerar que se ha actuado verdaderamente conforme a Derecho, será necesario acreditar que se han observado las formalidades procesales desde el prisma del valor superior al que sirven, pues, de lo contrario, estaremos ante una observancia meramente superficial o simulada, lo que, en suma, no deja de ser una modalidad de infracción normativa[223].

Especialmente clara en esta línea, es la STC 57/1984, de 8 de mayo, cuyo F.J. 3º, asevera que "el derecho, constitucionalmente garantizado, a obtener la tutela efectiva de los Juzgados y Tribunales, no puede ser comprometido u obstaculizado mediante la imposición de formalismos enervantes o acudiendo a interpretaciones o aplicaciones de reglas (…) de los requisitos y formas de las secuencias procesales, en sentidos que aunque puedan parecer acomodados al tenor literal del texto en que se encierra la norma, son contrarios al espíritu y a la finalidad de ésta, (…) no ajustados a una consideración de tales reglas reinterpretadas a la luz del art. 24.1 de la CE".

En favor de este planteamiento, y con relación a la importancia de la diligente práctica de los actos procesales de comunicación, también destacamos el F.J. 3º de la Sentencia 37/1984, de 14 de marzo[224], en virtud del cual, "para dar ple-

---

221 Apunta De Diego Díez, en el ámbito administrativo, "en Derecho la forma por la forma no tiene valor jurídico, los requisitos formales valen en cuanto incorporan y garantizan derechos materiales (...)", (2011), *Op. cit.*, § V.2. En idéntico sentido, la STC 216/1989, de 21 de diciembre (BOE nº 10, de 11 de enero), F.J. 3º, nos explica que "los requisitos formales no son, por lo demás, valores autónomos que tengan sustantividad propia, sino que sólo sirven en la medida en que son instrumentos para conseguir una finalidad legítima (...)." Así: STC 163/1988, de 26 de septiembre (BOE nº 247, de 14 de octubre), F.J. 2º.

222 En palabras de Yélamos Bayarri, "la norma cuya aplicación ha dado lugar a una vulneración de garantías, o bien son inconstitucionales de por sí, con lo que el TC debería expulsarlas directamente del ordenamiento jurídico, planteándose la autocuestión tras un recurso de amparo; o bien la interpretación que se ha dado de la norma no es la correcta, de modo que existe una más acorde con las garantías constitucionales", (2006), *Op. cit.*, p. 291.

223 En este aspecto, Yélamos Bayarri nos explica que "en los casos en que el juez haya cumplido la norma y, pese a ello, se ha dado indefensión, es porque el cumplimiento es sólo formal, aparente, ya que el verdadero sentido de los preceptos es otro, no tenido en cuenta por el juzgador. Además, en cualquier caso, habrá existido una infracción normativa, al art. 24 de la Norma Suprema, aplicable cada vez que se entabla un procedimiento", (2006), *Op. cit.*, p. 290.

224 STC 37/1984, de 14 de marzo (BOE nº 80, de 3 de abril), F.J. 3º. En favor: SSTC 275/1993, de 20 de septiembre (BOE nº 256, de 26 de octubre), F.J. 1º; 108/1994, de 11 de abril (BOE nº 117, de 17 de mayo), F.J. 1º; 180/1995, de 11 de diciembre (BOE nº 11, de 12 de enero), F.J. 1º; 186/1997, de 10 de noviembre (BOE nº 297, de 12 de diciembre), F.J. 3º; 192/1997, de 11 de noviembre (BOE nº 297, de 12 de diciembre), F.J. 2º; 65/2000, de 13 de marzo (BOE nº 90, de 14 de abril), F.J. 3º; 40/2005, de 28 de febrero, (BOE nº 81, de 5 de abril), F.J. 2º.

no cumplimiento al precepto constitucional no basta con el mero cumplimiento formal del requisito de la citación; es preciso que el órgano judicial asegure, en la medida de lo posible, su efectividad real, pues, (...), el art. 24.1 CE contiene un mandato implícito al legislador y al intérprete, dirigido a promover la defensión mediante la correspondiente contradicción".

Se exige, en síntesis, un *plus* de diligencia al órgano jurisdiccional al interpretar y aplicar la norma, debiendo atender, como señalan Lorca Navarrete y Lorca Martín de Villodres a un "criterio teleológico", por el que se observe el tenor literal de la Ley, no desde la preponderancia de la forma, sino desde su finalidad material y espíritu[225].

Solo así se garantizará la protección del justiciable frente a las consecuencias del formalismo rígido generador de indefensión y, lo que también es fundamental, se respetará el papel esencial que desempeñan las normas jurídicas en nuestra sociedad. Y es que, otro de los grandes problemas derivados de considerar que en el marco de la Ley pudieran darse situaciones de indefensión con trascendencia constitucional, era, precisamente, la desvalorización de la norma[226] y, por consiguiente, de la importancia de su cumplimiento[227].

### 2.2. Los elementos integrantes de la indefensión material

Sentados los anteriores fundamentos, señalaremos de nuevo y de forma más detallada en este punto de nuestra investigación, aquellos elementos conformadores del sustrato fundamental de toda indefensión jurídico-constitucional, adoptados por el Tribunal Constitucional, como criterios determinantes para la resolución de los Recursos de Amparo formulados sobre la vulneración del derecho a la tutela judicial efectiva sin sufrir indefensión (art. 24.1 CE).

En primer lugar, la infracción de normas o garantías procesales[228], en cuya órbita estimamos que deben entenderse integrados aquellos supuestos de aparen-

[225] En palabras de estos autores, los órganos judiciales no pueden "(...) adoptar un criterio interpretativo formalista que lleve a no atender a un criterio teleológico, es decir a una razonable ponderación del medio en que consiste el requisito y el fin que con él se persigue, evitando la preponderancia de lo que es sólo instrumento con mengua de la finalidad última de la función jurisdiccional." En Lorca Navarrete, J.F. y Lorca Martín de Villodres, M.I., (2010), *Op. cit.*, p. 457.

[226] Defiende Yélamos Bayarri que, "sólo sosteniendo que la indefensión parte de una infracción normativa se garantiza el respeto por el sistema procesal. La premisa debe ser, necesariamente, que la Ley coadyuva en el respeto de las garantías. Si ello no es así, tarde o temprano se declarará inválida la norma o será descartada una interpretación no favorable de aquella. Pero estos casos serán excepciones y deben tratarse como tales. No podemos hacer de ellos una teoría general según la cual la indefensión procesal va por otros caminos distintos a la indefensión material. Si ello es así, la seguridad jurídica se desvanece (...)", (2006), *Op. cit.*, p. 292.

[227] Este razonamiento llevó a Borrajo Iniesta a plantearse la formulación de una construcción teórica en la que se redujese el valor y funcionalidad de la norma legal, en favor de la consideración de otros datos objetivos, a la hora de determinar si los hechos enjuiciados constituían o no una situación de indefensión. En Borrajo Iniesta, I. (2000), *Op. cit.*, p. 44.

[228] En favor de que la indefensión material nace de la infracción normativa, podemos señalar Sánchez Rubio, M.A., (2003), "Derecho a la tutela judicial efectiva: prohibición de sufrir indefensión y su

te cumplimiento de la Ley, en los que, realmente, lo que se da es una carencia de diligencia por parte del órgano judicial. Una diligencia que, en materia de actos procesales de comunicación, consiste en procurar, en la medida de lo razonablemente exigible, el llamamiento personal de todas las partes al proceso judicial[229], evitando recurrir a modalidades de comunicación que, en absoluto, garantizan la recepción por el destinatario. Nos referimos, por supuesto, a la comunicación por edictos: remedio último, cuyo carácter supletorio y excepcional ha sido declarado por la doctrina constitucional de forma incansable[230].

En segundo lugar, la concurrencia de un perjuicio real, efectivo y definitivo en los derechos e intereses legítimos del afectado que pueda ser imputado de un modo directo e inmediato a la conducta negligente del órgano jurisdiccional. El fundamento último de este requisito reside en la propia regulación del Recurso de Amparo en la LOTC, la cual, en su artículo 44.1.c), prevé, expresamente, como presupuesto elemental para su admisión a trámite, que la lesión del derecho o libertad fundamental susceptible de amparo constitucional sea "imputable de modo *inmediato* y *directo* a una acción u omisión del órgano judicial, con independencia de los hechos que dieron lugar al proceso en que aquellas se produjeron, acerca de los que, en ningún caso, entrará a conocer el Tribunal (...)". De este modo, si se comprueba que la situación de indefensión fue generada por la actuación de terceras personas, -ya sea la parte actora inicial, por medio de una maquinación fraudulenta[231], o un receptor subsidiario no destinario (art. 161.3º LEC[232]), que ha incumplido con su deber de hacer entrega del acto de comuni-

---

tratamiento por el Tribunal Constitucional", *Anuario de la Facultad de Derecho de la Universidad de Extremadura*, Nº 21, p. 608; Sierra Gil De La Cuesta, I., (1995), *Op. cit.*, p. 87; Talavera Hernández, J.A., (2014), *Op. cit.*, p. 509.

229 Sobre el deber de emplazamiento personal de las partes procesales que recae sobre el órgano judicial: SSTC 9/1981, de 31 de marzo (BOE nº 89, de 14 de abril), F.J. 4º; 37/1984, de 14 de marzo, (BOE nº 80, de 3 de abril), F.J. 3º; 81/1985, de 4 de julio (BOE nº 170, de 17 de julio), F.J. 4º; 42/2001, de 12 de febrero (BOE nº 65, de 16 de marzo), F.J. 2º; 181/2003, de 20 de octubre (BOE nº 272, de 13 de noviembre), F.J. 5º; 231/2007, de 5 de noviembre (BOE nº 295, de 10 de diciembre), F.J. 3º; 30/2014, de 24 de febrero (BOE nº 73, de 25 de marzo) F.J. 2º, entre otras muchas.

230 Sobre el carácter supletorio y excepcional de la comunicación por edictos: SSTC 141/1989, de 20 de julio, (BOE nº 190, de 10 de agosto), F.J. 3º; 242/1991, de 16 de diciembre (BOE nº 13, de 15 de enero) F.J. 5º; 103/1993, de 22 de marzo (BOE nº 100, de 27 de abril), F.J. 3º; 51/1994, de 16 de febrero (BOE nº 65, de 17 de marzo), F.J. 3º; 227/1994, de 18 de julio (BOE nº 197, de 18 de agosto), F.J. 3º; 108/1995, de 4 de julio (BOE nº 184, de 3 de agosto), F.J. 2º; 86/1997, de 22 de abril (BOE nº 121, de 21 de mayo), F.J. 1º; 39/2000, de 14 de febrero (BOE nº 66, de 17 de marzo), F.J. 4º; 158/2001, de 2 de julio (BOE nº 178, de 26 de julio), F.J. 2º; 200/2016, de 28 de noviembre (BOE nº 07, de 9 de enero), F.J. 4º; 82/2019, de 17 de junio (BOE nº 177, de 25 de julio), F.J. 3º, entre otras muchas.

231 Expresiva de la irrelevancia en sede constitucional de la conducta maliciosa del actor en Primera Instancia destacamos el F.J. 1º de la STC 140/1988, de 11 de julio (BOE nº 189, de 8 de agosto): "es evidente, sin embargo, que la concesión del amparo sólo será procedente si resulta que la indefensión que el actor alega haber sufrido es de alguna forma imputable a la Magistratura (...), y no a la posible mala fe del demandante en el proceso previo, que en ningún caso podría ser corregida por este cauce procesal del recurso de amparo".

232 Art. 161.3 LEC: "Si el domicilio donde se pretende practicar la comunicación fuere el lugar en el que el destinatario tenga su domicilio (...) y no se encontrare allí dicho destinatario, podrá efectuarse la entrega, en sobre cerrado, a cualquier empleado, familiar o persona con la que conviva, mayor de ca-

cación[233]–, no siendo posible atribuir falta de diligencia al órgano jurisdiccional conforme a criterios de racionalidad, la vía procesal adecuada para instar y obtener el resarcimiento no será el Recurso de Amparo constitucional, sino otras específicas que se serán examinadas con mayor detenimiento, al abordar el estudio de la nulidad de los actos de comunicación.

Por supuesto, el resultado de *indefensión efectiva* tampoco existirá cuando de las actuaciones obrantes se deduzca que el daño denunciado es imputable a la conducta del destinatario de la comunicación. Como ha matizado nuestro Tribunal Constitucional en innumerables ocasiones, entre ellas, en el F.J. 6º de la STC 113/2001, de 7 de mayo, la indefensión lesiva del artículo 24.1 de la Carta Magna no puede ser apreciada si se constata que quien la denuncia se quedó al margen del proceso porque no observó la debida diligencia en la defensa de sus derechos e intereses legítimos, ya fuere por desidia, negligencia, falta de pericia –tanto por su parte, como por la de los profesionales del Derecho que le asistieron–, o incluso por malicia, pretendiendo obtener ventaja de tal marginación. Del mismo modo, tampoco procederá el amparo constitucional cuando resulte suficientemente probado que quien no fue emplazado conforme a Derecho conoció por medios extraprocesales de la existencia del litigio y, pese a ello, no compareció ni actuó de acuerdo con las exigencias de la buena fe, para denunciar el defecto y ejercer su derecho de defensa[234].

Esta diligencia exigida al destinatario de la comunicación casa a la perfección con los otros dos requisitos que establece el artículo 44.1 de la LOTC para acceder al Recurso de Amparo constitucional, a saber: la denuncia formal en el proceso tan pronto como se tuvo conocimiento de la vulneración del derecho fundamental, si hubo ocasión para ello; y el agotamiento previo de todos los medios de impugnación legalmente establecidos dentro de la vía judicial que, "sien-

torce años, que se encuentre en ese lugar, o al conserje de la finca, si lo tuviere (...). Si la comunicación se dirigiere al lugar de trabajo no ocasional del destinatario, en ausencia de éste, la entrega se efectuará a persona que manifieste conocer a aquél o, si existiere dependencia encargada de recibir documentos u objetos, a quien estuviere a cargo de ella, con las mismas advertencias del párrafo anterior". Para un amplio análisis del art. 161 LEC *vid.*, Torres Yanes, F., (2014), "Comunicaciones judiciales civiles mediante entrega por funcionario o Procurador. Problemas prácticos que plantea el artículo 161 de la Ley de Enjuiciamiento Civil", *Boletín del Ministerio de Justicia*, Estudios Doctrinales, Año LXVIII, Nº 2164, Madrid, Edición Digital.

[233] Acto de comunicación entregado a la Secretaria de un despacho profesional que no cumple con su deber de entregar la cédula de emplazamiento: STC 110/1989, de 12 de junio (BOE nº 158, de 4 de julio), F.J. 3º: "Así, pues, el recurrente pudo y debió tener conocimiento del emplazamiento que se le hacía para comparecer (...); de modo que si tal no ocurrió, por una negligencia de una persona a su servicio (arts. 31 de la LPL y 268 de la L.E.C.), ello es únicamente imputable a una conducta poco diligente de la parte y no directamente a una acción u omisión del órgano judicial, tal y como exige el art. 44.1 b) de la Ley Orgánica de este Tribunal".

[234] STC 113/2001, de 7 de mayo (BOE nº 137, de 8 de junio), F.J. 6º. A favor: SSTC 82/2000, de 27 de marzo (BOE nº 107, de 27 de marzo), F.J. 5º, o 128/2005, de 23 de mayo (BOE nº 148, de 22 de junio) F.J. 2º, entre otras muchas que se mencionarán posteriormente.

do procedentes según las normas procesales aplicables, permitan una reparación adecuada de la lesión del derecho fundamental en cuestión"[235].

Como explicaremos más adelante con ocasión del estudio sobre el *conocimiento extraprocesal* como una de las causas excluyentes de la indefensión material[236], desde el instante en que el interesado adquiere conocimiento, pasamos a la esfera de su voluntad y la atención recae sobre la conducta que éste adopta respecto de la lesión sufrida. En estos supuestos, el afectado tiene la carga procesal de comparecer y hacer un uso legítimo de cuantos medios ponga a su disposición la Ley procesal para obtener la reparación del perjuicio que le ha sido causado[237].

Sin ánimo de extendernos en nuestra exposición, pues pasaremos, seguidamente, a profundizar en la actuación y obligada diligencia de los sujetos involucrados, activa y pasivamente, en la comunicación judicial, destacaremos, sintetizados en cuatro puntos fundamentales y aplicados específicamente al ámbito de las notificaciones judiciales, los requisitos que, en definitiva, ha establecido nuestra jurisprudencia constitucional a la hora de verificar la existencia de indefensión jurídico-constitucional. Tomados del F.J. 2º de la Sentencia 121/1996, de 8 de julio, señalamos[238]:

- Que la decisión judicial haya sido adoptada *inaudita parte;*
- Que ello no pueda atribuirse a la voluntad expresa o táctica o negligencia imputable al recurrente en amparo;
- Que la limitación o privación de los medios de defensa, le hayan deparado al recurrente en amparo un perjuicio real y efectivo en sus derechos e intereses legítimos; y,
- Por último, y teniendo en cuenta que la indefensión material en estos casos tiene su origen en una notificación defectuosa, que el recurrente en amparo no haya adquirido conocimiento de la existencia del litigio contra él seguido por otros medios.

---

235 STC 42/2001, de 12 de febrero (BOE nº 65, de 16 de marzo), F.J. 2º. Sobre el requisito de agotar de la vía judicial previa del art. 44.1.a) de la LOTC, destacamos: SSTC 114/1986, de 2 de octubre (BOE nº 253, de 22 de octubre), F.J. 4º; 134/1995, de 25 de septiembre (BOE nº 246, de 14 de octubre), F.J. 1º; 227/1999, de 13 de diciembre (BOE nº 17, de 20 de enero), F.J. 2º; 242/2012, de 17 de diciembre (BOE nº 19, de 22 de enero), F.J. 2º.

236 Definida así por Yélamos Bayarri, E., (2006), *Op. cit.*, p. 201.

237 Como claramente explica Cubillo López, "la diligencia que, según esas sentencias, se exige al interesado que tiene noticia del acto por medios extraprocesales podemos resumirla en dos puntos: a) Quien conoce, debe comparecer (...); b) Quien comparece, debe denunciar la falta (en el primer trámite procesal de que disponga) (...).", (1999), *Op. cit.*, pp. 198-199.

238 STC 121/1996, de 8 de julio (BOE nº 194, de 12 de agosto), F.J. 2º. Asimismo: SSTC 166/1989, de 16 de octubre (BOE nº 267, de 7 de noviembre) F.J. 1º; 216/1989, de 21 de diciembre (BOE nº 10, de 11 de enero) F.J. 3º; 167/1992, de 26 de octubre (BOE nº 288, de 1 de diciembre) F.J. 2º; 103/1993, de 22 de marzo (BOE nº 100, de 27 de abril) F.J. 3º; 149/2002, de 15 de julio (BOE nº 188, de 7 de agosto) F.J. 3º; 6/2003, de 20 de enero (BOE nº 43, de 19 de febrero) F.J. 4º; 90/2003, de 19 de mayo (BOE nº 138, de 10 de junio) F.J. 2º.

## 3. EXIGENCIA CONSTITUCIONAL DE LEGALIDAD Y CAUTELA

Consideramos que un estudio de la doctrina constitucional sobre los actos procesales de comunicación y, en particular, sobre la teoría de la indefensión material, estaría incompleto si no nos detuviésemos en el papel que desempeñan los distintos sujetos intervinientes, de un modo u otro, en la realización de las comunicaciones –ya sea como emisores, ejecutores, facilitadores, meros receptores o destinatarios–, así como la trascendencia de su actuación en el proceso. Todo ello para ventilar si ha concurrido o no la indefensión efectiva proscrita por la Constitución.

### 3.1. El especial deber de vigilancia del órgano judicial

En líneas anteriores, hemos destacado la relevancia de la correcta práctica de los actos de comunicación para la perfecta constitución de la relación jurídico-procesal[239] y, en suma, para la salvaguarda del derecho fundamental a la tutela judicial efectiva sin sufrir indefensión (art. 24.1 CE). En el presente apartado, abordaremos la función desempeñada por el órgano judicial, como verdadero garante del proceso y, en particular, para que las comunicaciones judiciales sirvan a su fin constitucional.

Como sabemos, nuestro Derecho procesal no vincula la eficacia y validez de los actos de comunicación al hecho de que éste cumpla o no con su finalidad material de poner en conocimiento del destinatario el contenido de la resolución judicial de la que es vehículo. Ahora bien, ello no obsta a que, en todo caso, deba procurarse que estos actos procesales cumplan con su cometido. Es más, tal y como señala la STC 19/2004, de 23 de febrero, es una carga específica del órgano judicial –integrada en el contenido elemental del artículo 24 CE– la de supervisar que los actos de comunicación se realicen, no solo conforme a Derecho, sino, además, de modo que aseguren, en la medida de lo posible, su efectividad real[240].

Por supuesto, el momento en el que este deber de diligencia alcanza su cénit es en el primer emplazamiento del demandado. En buena lógica, como asevera la STC 113/2001, de 7 de mayo, en su F.J. 5°, la diligencia exigida al órgano judicial

---

[239] SSTC 219/1999, de 29 de noviembre (BOE nº 310, de 28 de diciembre), F.J. 2º; 128/2000, de 16 de mayo (BOE nº 147, de 20 de junio), F.J. 5º; 268/2000, de 13 de noviembre (BOE nº 299, de 14 de diciembre) F.J. 4º; 186/2007, de 10 de septiembre (BOE nº 248, de 16 de octubre), F.J. 2º; 181/2015, de 7 de septiembre (BOE nº 245, de 13 de octubre), F.J. 2º; 150/2016, de 19 de septiembre (BOE nº 263, de 31 de octubre), F.J. 2º.

[240] STC 19/2004, de 23 de febrero (BOE nº 74, de 26 de marzo), F.J. 2º. Así: SSTC 156/1985, de 15 de noviembre (BOE nº 301, de 17 de diciembre), F.J. 4º; 157/1987, de 15 de octubre (BOE nº 271, de 12 de noviembre), F.J. 2º; 113/2001, de 7 de mayo (BOE nº 137, de 8 de junio), F.J. 3º; 214/2005, de 12 de septiembre (BOE nº 246, de 14 de octubre), F.J. 4º; 186/2007, de 10 de septiembre (BOE nº 248, de 16 de octubre), F.J. 2º; 2/2008, de 14 de enero (BOE nº 40, de 15 de febrero), F.J. 2º; 122/2013, de 20 de mayo (BOE nº 145, de 18 de junio) F.J. 3º; 30/2014, de 24 de febrero (BOE nº 73, de 25 de marzo), F.J. 3º; 169/2014, de 22 de octubre (BOE nº 282, de 21 de noviembre), F.J. 3º; 50/2017, de 8 de mayo (BOE nº 142, de 15 de junio) F.J. 3º.

no será la misma, ni tendrá idéntica intensidad si procediese notificar a la parte demandada la pendencia de un proceso incoado en contra de ella, que si dicha comunicación se dirigiese a quien ya se encuentra debidamente personado en el procedimiento y asistido por profesionales del Derecho[241].

La jurisprudencia constitucional, se preocupa especialmente por esa situación de vulnerabilidad en la que se encuentra quien desconoce aún que ha de defenderse. En su virtud, subraya la necesidad de que, en estos supuestos, se promueva el emplazamiento personal y directo del destinatario, evitando recurrir a otros medios de comunicación judicial que podríamos denominar "ficticios", y que carecen de efectividad para lograr el conocimiento real por el destinatario[242].

En justa consecuencia, debemos distinguir entre los denominados "medios de comunicación ordinarios"[243] – esto es, todos los que ofrecen mayores garantías y seguridad de recepción personal de la notificación por el legítimo destinatario– y la comunicación por edictos, configurada, en sentido estricto, no tanto como un auténtico medio de comunicación, sino, antes bien, como un mecanismo legal que legitima la continuación del procedimiento si no fuese posible lograr la notificación personal del interesado. De la tradicional ineficacia por defecto de esta modalidad de comunicación, si es que puede definirse así, se deriva, precisamente, su carácter supletorio y excepcional con respecto del resto de formas de comunicación, consideradas personales[244], por ser, en su esencia, adecuadas e idóneas para alcanzar dicho conocimiento por parte del sujeto afectado.

Dicho esto, no es de extrañar que el Tribunal Constitucional haya advertido en innumerables ocasiones que la comunicación edictal, aun siendo admitida por nuestra Carta Magna, requerirá, por su cualidad de remedio último, no solo el agotamiento previo de otras modalidades de comunicación más garantistas, junto

---

241 En palabras de la STC 113/2001, de 7 de mayo (BOE nº 137, de 8 de junio), en su F.J. 5º, "el cercioramiento judicial exigible no es el mismo en el caso de que el fin del acto de comunicación sea, justamente, poner en conocimiento de su destinatario que contra él se han iniciado ciertas actuaciones, que en aquellos otros en los que la comunicación versa sobre los distintos actos procesales que se siguen en la causa en la que ya es parte y está debidamente representado y asistido técnicamente". En favor: SSTC 77/1997, de 21 de abril (BOE nº 121, de 21 de mayo), F.J. 2º; 168/2008, de 15 de diciembre (BOE nº 8, de 9 de enero), F.J. 1º.

242 Sobre el deber de procurar la notificación personal de la parte demandada, como medio más adecuado para asegurar el conocimiento y la eventual actividad procesal del destinatario, destacaremos, a modo ilustrativo, las SSTC 48/1986, de 23 de abril (BOE nº 120, de 20 de mayo), F.J. 2º; 34/1988, de 1 de marzo (BOE nº 67, de 18 de marzo), F.J. 4º; 108/1995, de 4 de julio (BOE nº 184, de 3 de agosto), F.J. 2º; 219/1999, de 29 de noviembre (BOE nº 310, de 28 de diciembre), F.J. 2º; 41/2001, de 12 de febrero (BOE nº 65, de 16 de marzo), F.J. 5º; 199/2002, de 28 de octubre (BOE nº 278, de 20 de noviembre) F.J. 2º; 122/2013, de 20 de mayo (BOE nº 145, de 18 de junio) F.J. 3º; 83/2018, de 16 de julio (BOE nº 199, de 17 de agosto), F.J. 4º.

243 Así denominados por la jurisprudencia constitucional para distinguirlos de la comunicación por edictos, de carácter supletorio y excepcional: SSTC 108/1995, de 4 de julio (BOE nº 184, de 3 de agosto), F.J. 2º; 180/1995, de 11 de diciembre (BOE nº 11, de 12 de enero), F.J. 1º; 30/2014, de 24 de febrero (BOE nº 73, de 25 de marzo), F.J. 2º.

244 SSTC 117/2005, de 9 de mayo (BOE nº 136, de 8 de junio), F.J. 3º; 191/2003, de 27 de octubre (BOE nº 283, de 26 de noviembre), F.J. 3º.

con la debida constancia formal de haberse intentado su práctica, sino, también, que la resolución procesal por la que se tenga a la parte en "ignorado paradero", se halle fundada en criterios de razonabilidad que lleven a la convicción o certeza sobre la inutilidad de aquellas otras modalidades ordinarias y personales de notificación[245].

Resulta, por tanto, evidente que recae sobre el órgano judicial el deber de poner a disposición del efectivo conocimiento del demandado cuantos medios resulten razonablemente exigibles, por encontrarse a su alcance y disponibles, para lograr su localización y notificación personal. Ahora bien, la cuestión que procede formular es ¿cuál es el contenido de ese deber de diligencia? ¿qué medidas concretas son las que se le exigen al órgano judicial para estimar que ha observado el debido cuidado en la práctica de los actos de comunicación?

En principio, no nos parece posible dar una respuesta universal y atemporal a estos interrogantes, sin incurrir en el equívoco de calificar precipitadamente como suficientes y adecuadas determinadas medidas y actuaciones que, quizás, atendiendo a las circunstancias concretas del asunto, no resulten ser bastantes y aptas para impedir una indefensión constitucionalmente relevante. Si profundizamos en la jurisprudencia del máximo intérprete de nuestra Constitución, constataremos que se ocupa, en puridad, de ofrecer casuísticamente una solución específica en cada caso, descendiendo al supuesto de hecho concreto y comprobando si, en efecto, ante las concretas circunstancias concurrentes, el órgano judicial hizo cuanto estaba a su alcance para evitar la indefensión denunciada.

Con todo, y sin perjuicio de la imposibilidad de elaborar un listado taxativo de todas aquellas medidas que integran el deber de diligencia de los órganos judiciales, dirigidas a promover activamente la defensión de las partes en el proceso, abordaremos el análisis de las conductas y actuaciones que consideramos componentes, cuanto menos, del mínimo razonablemente exigible:

### *3.1.1. La observancia de la legalidad*

Puede resultarnos obvio que forma parte del deber de diligencia exigido al órgano judicial velar por la corrección y legalidad de los actos procesales de comunicación. Ahora bien, más allá de la mera verificación del cumplimiento rituario de los requisitos legalmente previstos para la correcta realización de las comuni-

[245] Entre las incontables Sentencias, destacamos: SSTC 157/1987, de 15 de octubre (BOE nº 271, de 12 de noviembre), F.J. 2º; 16/1989, de 30 de enero (BOE nº 50, de 28 de febrero), F.J. 2º; 203/1990, de 13 de diciembre (BOE nº 9, de 10 de enero), F.J. 2º; 242/1991, de 16 de diciembre (BOE nº 13, de 15 de enero) F.J. 3º; 97/1992, de 11 de junio (BOE nº 169, de 15 de julio) F.J. 3º; 216/1992, de 1 de diciembre (BOE nº 307, de 23 de diciembre), F.J. 2º; 103/1994, de 11 de abril (BOE nº 117, de 17 de mayo) F.J. 3º; 138/2003, de 14 de julio (BOE nº 193, de 13 de agosto) F.J. 3º; 293/2005, de 21 de noviembre (BOE nº 304, de 21 de diciembre) F.J. 2º; 38/2006, de 13 de febrero (BOE nº 64, de 16 de marzo) F.J. 4º; 104/2008, de 15 de septiembre (BOE nº 245, de 10 de octubre) F.J. 3º; 93/2009, de 20 de abril (BOE nº 125, de 23 de mayo) F.J. 3º; 32/2019, de 28 de febrero (BOE nº 73, de 26 de marzo) F.J. 4º.

caciones judiciales[246], cabe añadir que también corresponde al juzgador adoptar una posición activa, tendente a asegurar la contradicción en el proceso[247], interpretando y aplicando las normas que integran el régimen legal de notificaciones en el sentido más favorable al cumplimiento de su finalidad constitucional.

Incluso en aquellas ocasiones en las que el tenor de la Ley parece admitir un legítimo automatismo a la comunicación edictal, el Tribunal Constitucional, declara la interpretación *secundum Constitutionem* del precepto, de modo tal que, a tenor de lo dispuesto en el artículo 5 LOPJ[248], la totalidad de los órganos jurisdiccionales hayan de seguir la doctrina más garantista del derecho fundamental del 24 CE[249].

En este punto, nos ilustra lo expuesto el artículo 686.3 LEC, según la Ley 13/2009, de 3 de noviembre, de reforma de la legislación procesal para la implantación de la nueva Oficina Judicial[250]. Si bien, téngase en cuenta que el mencionado precepto ha sido, a su vez, modificado por la Ley 19/2015, de 13 de julio, de medidas de reforma administrativa en el ámbito de la Administración de Justicia y del Registro Civil, quedando, por fin, adecuado su contenido a la doctrina constitucional sobre actos de comunicación[251].

---

246 STC 171/1987, de 3 de noviembre (BOE nº 279, de 21 de noviembre), F.J. 2º.

247 Como afirma el Tribunal Constitucional en su STC 48/1986, de 23 de abril (BOE nº 120, de 20 de mayo), F.J. 2º, "para asegurar la contradicción se requiere, en suma, del juzgador, una acción positiva que tienda a asegurar su efectividad". Recogida, a su vez, por la STC 216/1989, de 21 de diciembre (BOE nº 10, de 11 de enero) F.J. 3º.

248 Conforme establece el primer apartado del artículo 5 LOPJ, "la Constitución es la norma suprema del ordenamiento jurídico, y vincula a todos los Jueces y Tribunales, quienes interpretarán y aplicarán las leyes y los reglamentos según los preceptos y principios constitucionales, conforme a la interpretación de los mismos que resulte de las resoluciones dictadas por el Tribunal Constitucional en todo tipo de procesos". Acerca de la labor exegética de nuestro Tribunal Constitucional: Goig Martínez, J.M., (2013), "La interpretación constitucional las Sentencias del Tribunal Constitucional. De la interpretación evolutiva a la mutación constitucional", *Revista de Derecho UNED (RDUNED)*, Nº 12, Madrid, pp. 257-292.

249 Como sostiene Yélamos Bayarri, "(...) en ocasiones se ha salvado la anulación de la norma dudosamente inconstitucional mediante la técnica de la interpretación conforme. El carácter del TC de intérprete supremo de la Constitución (art. 1 LOTC), así como la obligación de los Tribunales ordinarios de aplicar las leyes y reglamentos conforme a la interpretación que resulte de las resoluciones del TC (art. 5.1 LOTC), ha permitido lo que «en la técnica jurídica alemana e italiana, se ha venido llamando sentencias interpretativas»"; (2006), *Op. cit.,* p. 188. Así: Saraza Jimena, R., (1994), *Doctrina constitucional aplicable en materia civil y procesal civil,* Civitas, Madrid, pp. 31 y 32.

250 Art. 686.3 LEC, en su redacción dada por la Ley 13/2009, de 3 de noviembre: "3. Intentado sin efecto el requerimiento en el domicilio que resulte del Registro, no pudiendo ser realizado el mismo con las personas a las que se refiere el apartado anterior, se procederá a ordenar la publicación de edictos en la forma prevista en el artículo 164 de esta ley". Sobre la debida interpretación *secundum Constitutionem* de este precepto se han pronunciado Sentencias como las SSTC 122/2013, de 20 de mayo (BOE nº 145, de 18 de junio), F.J. 2º; 131/2014, de 21 de julio (BOE nº 199, de 16 de agosto), F.J. 2º; 5/2018, de 22 de enero (BOE nº 46, de 21 de febrero), F.J. 3º. Sobre el comentario y crítica a la redacción de este artículo dada por la Ley 13/2009 *vid.*, Fernández-Gallardo Fernández-Gallardo, J.A., (2012), *Op. cit.*, pp. 16-18.

251 Art. 686.3 LEC –texto vigente y conforme con la consolidada jurisprudencia del Tribunal Constitucional–: "Intentado sin efecto el requerimiento en el domicilio que resulte del Registro, no pudiendo ser realizado el mismo con las personas a las que se refiere el apartado anterior, y realizadas por la Oficina judicial las averiguaciones pertinentes para determinar el domicilio del deudor, se procederá a ordenar la publicación de edictos en la forma prevista en el artículo 164". Sobre la reforma de este precepto

Lo mismo cabría manifestar del último inciso del artículo 164 LEC, relativo a la comunicación por edictos en los procesos de desahucio del artículo 250.1.1º LEC, cuyo texto, introducido por la Ley 19/2009, de 23 de noviembre, de medidas de fomento y agilización procesal del alquiler y de la eficiencia energética de los edificios, aún no ha sido modificado, pese a que el Tribunal Constitucional se ha pronunciado en Sentencias, como la 97/2021, de 10 de mayo, en su F.J. 2º, sobre la necesidad de "(...) realizar una interpretación *secundum Constitutionem* de dicho precepto, integrando el contenido de la reforma con la doctrina de este Tribunal en cuanto a la subsidiariedad de la comunicación edictal, la cual tiene su fuente directa en el derecho de acceso al proceso del art. 24.1 CE"[252].

En lo que afecta al deber de diligencia que recae sobre los órganos judiciales en la práctica de los actos de comunicación, cabe precisar que éste no concluye con la obligación de interpretar las normas a la luz de la jurisprudencia constitucional y, en definitiva, del texto constitucional. Se exige, además, que si la comunicación no se hubiere efectuado en la persona del destinatario, se cercioren de que la notificación, en el modo en que fue practicada –aun siendo legal–, era apta para cumplir con su finalidad material; esto es, presumiblemente idónea para garantizar que la parte fuera oída en el proceso[253].

Hemos de matizar que no nos referimos a aquellos supuestos en los que el juzgador acoge una interpretación formalista de la norma que termina produciendo indefensión, sino a situaciones en las que, *a priori*, la comunicación es efectuada correctamente y conforme a Derecho, y sin embargo, al concurrir circunstancias impeditivas ajenas al propio acto de comunicación, en sí, era, *per se*, inidóneo para alcanzar su objetivo.

Destacaremos tres ejemplos muy claros: un supuesto en el que se entregó una notificación a un receptor subsidiario de los contemplados en el artículo 161.3 LEC, pero dicha persona resultó ser el cónyuge de la parte actora, con intereses claramente opuestos a los del destinatario[254] –circunstancia que puede darse, sobre todo, en procesos de familia[255]–; un supuesto en el que la comunicación se

---

operada por la Ley 19/2015, de 13 de julio: ACHÓN BRUÑÉN, M.J., (2015), "Comentario crítico de las modificaciones introducidas en el procedimiento de ejecución hipotecaria por la Ley 19/2015, de 13 de julio", *Diario La Ley*, Nº 8619, Sección Tribuna, Octubre, Recurso electrónico ID: LA LEY 5573/2015.

252 STC 97/2021, de 10 de mayo (BOE nº 142, de 15 de junio), F.J. 2º. En este sentido, podemos destacar: SSTC 30/2014, de 24 de febrero (BOE nº 73, de 25 de marzo), F.J. 5º; 181/2015, de 7 de septiembre (BOE nº 245, de 13 de octubre), F.J. 5º; 137/2017, de 27 de noviembre (BOE nº 7, de 8 de enero), F.J. 6º; 39/2018, de 25 de abril (BOE nº 130, de 29 de mayo), F.J. 3º; 123/2019, de 28 de octubre (BOE nº 293, de 06 de diciembre), F.J. 3º; 62/2020, de 15 de junio (BOE nº 196, de 18 de julio), F.J. 3º; o la 82/2021, de 19 de abril (BOE nº 119, de 19 de mayo), F.J. 2º, solo por señalar algunas.

253 MARTÍN GONZÁLEZ, M., (2018), "Introducción...", *Op. cit.*, p. 231.

254 Destacaremos en este punto, como declara la STC 145/2000, de 29 de mayo (BOE nº 156, de 30 de junio), en su F.J. 3º, que el codemandado, conocedor del proceso y con intereses contrapuestos, no tiene la obligación de poner en conocimiento de su contendiente la existencia del litigio, ni tampoco el deber de comunicar al órgano judicial el motivo de la incomparecencia de aquel.

255 Sobre este supuesto, se pronuncia la STC 42/2002, de 25 de febrero (BOE nº 80, de 3 de abril). Se hizo entrega de un acto de comunicación dirigido al demandado al cónyuge de la parte actora. En pala-

practicó válidamente a través del Procurador de la parte, pero el fallecimiento de aquél el mismo día en que se puso a su disposición la notificación en la Sala del Colegio de Procuradores –suceso del que, por otra parte, tenía constancia el propio órgano judicial– impidió a su poderdante conocer la resolución[256]; y, en tercer lugar, un supuesto en el que la notificación de la ejecución de una vivienda hipotecada se notificó a la recurrente en amparo en la persona de su ex cónyuge –también parte procesal– y del padre de este, sin que se procediera por parte del órgano judicial a averiguar el domicilio real de la demandada, ni si quiera una vez conocida, a través del excepcional incidente de nulidad de actuaciones, la circunstancia del divorcio entre ambos y que la demandante de amparo habitaba desde entonces en otro domicilio, momento en el que, según asevera el Tribunal Constitucional, el órgano judicial debiera haber remediado la situación de indefensión sufrida, mediante la oportuna declaración de nulidad de lo actuado[257].

Como explica la STC 97/2012, de 7 de mayo, en su F.J. 3º, respecto de los actos de comunicación practicados a través de terceras personas, "(...) los órganos judiciales no pueden presumir, sin lesionar el derecho consagrado en el art. 24.1 CE, que hayan llegado al conocimiento de la parte interesada cuando la misma cuestione *fundadamente* la recepción del acto de comunicación procesal o la fecha en que se produjo, supuesto en el cual, a la vista de las circunstancias del caso, de las alegaciones formuladas y de la prueba que pudiera eventualmente practicarse, están obligados a emitir un pronunciamiento expreso sobre la posibilidad o no de que el acto de comunicación haya llegado a su destinatario"[258].

bras de nuestro Tribunal Constitucional, "(...) el Juzgado de lo Social incurrió (...) en una falta de diligencia al realizar una valoración absolutamente mecánica del acto formal de notificación, al entender que se había efectuado de forma totalmente correcta, por constar debidamente identificada la persona receptora de la notificación. Ahora bien, no reparó el órgano judicial en que, siendo cierto que figura perfectamente identificada en el acuse de recibo de Correos la persona receptora de la misma, ésta era el cónyuge de la parte demandante y, por lo tanto, podía no haberle hecho entrega de las resoluciones a la entidad demandada. (...) el Juzgado no adoptó las medidas necesarias para asegurar el debido conocimiento por el recurrente en amparo de la resolución que le había sido adversa, a los efectos de su eventual impugnación, frustrando la expectativa razonable de esa parte y su confianza legítima en una actuación judicial ajustada a Derecho". En este sentido, destacamos también la: STC 39/1996, de 11 de marzo (BOE nº 93, de 17 de abril), F.J. 3º.

256 La STC 59/1998, de 16 de marzo (BOE nº 96, de 22 de abril), nos explica, en su F.J. 3º, que, pese a que los actos de comunicación practicados a través de los servicios de recepción de notificaciones organizados por los Colegios de Procuradores surten plenos efectos (art. 28 LEC), "dadas las excepcionales circunstancias del supuesto, que excluyen toda negligencia por parte del Procurador o del recurrente, el Tribunal, a la vista de la prueba aportada y la trascendencia que suponía para la parte la firmeza de la resolución notificada, debió haberse pronunciado expresamente sobre si estimaba que la notificación había podido llegar efectivamente a conocimiento de la parte, confirmando en consecuencia las resoluciones impugnadas o, en otro caso, accediendo a la petición de nulidad con retroacción de las actuaciones al momento de notificar la sentencia de apelación".

257 STC 43/2021, de 3 de marzo (BOE nº 77, de 31 de marzo), F.J. 3º.

258 STC 97/2012, de 7 de mayo (BOE nº 134, de 5 de junio), F.J. 3º. En este sentido, las SSTC 275/1993, de 20 de septiembre (BOE nº 256, de 26 de octubre), F.J. 4º; 39/1996, de 11 de marzo (BOE nº 93, de 17 de abril), F.J. 2º; 42/2002, de 25 de febrero (BOE nº 80, de 3 de abril), F.J. 2º; 199/2002, de 28 de octubre (BOE nº 278, de 20 de noviembre), F.J. 2º; 19/2004, de 23 de febrero (BOE nº 74, de 26 de marzo) F.J. 4º; 21/2006, de 30 de enero (BOE nº 51, de 1 de marzo), F.J. 3º. Subrayando la importancia de que el interesado formule

Dicho esto, no constando la práctica del emplazamiento personal y directo, sino a través de un receptor subsidiario, el órgano judicial no debe otorgar un valor absoluto a la validez de la comunicación judicial, prescindiendo de todo enjuiciamiento sobre los motivos alegados por el destinatario que no llegó a conocer[259]. Aseverar lo contrario supondría, en palabras de la Sentencia 275/1993, de 20 de septiembre, "imputar a la parte el riesgo del cumplimiento por parte del tercero del deber de colaboración con la Justicia que le impone el art. 268.2 LEC [1881]"[260].

Especialmente interesante a estos efectos es, asimismo, la reciente Sentencia 79/2021, de 19 de abril[261]. En este supuesto, la situación de indefensión denunciada, se produce en un contexto en el que, habiendo tenido lugar la sustitución del sistema LexNET por el sistema de gestión "Avantius", en el ámbito de la Comunidad Autónoma de Aragón, los actos de comunicación comenzaron a efectuarse por este canal desde junio de 2018, sin que los Colegios profesionales –en este caso, de Procuradores– situados fuera del ámbito territorial de aquélla Comunidad Autónoma, o sus colegiados –los cuales, en legítimo uso de la facultad que les otorga el artículo 3 de la Ley de Colegios Profesionales, pueden ejercer en todo el territorio nacional[262]–, recibieran comunicación institucional, oficial o, incluso, personal alguna.

Fue, precisamente, esta circunstancia, la que llevó al Procurador personado en el procedimiento en representación procesal de los ahora recurrentes en amparo constitucional, a no recoger la notificación de la Sentencia recaída en autos, transcurriendo, sobradamente, el plazo para recurrir, una vez adquirió el debido conocimiento del cambio de sistema. Y es que, en efecto, la comunicación oficial

---

tal cuestionamiento *fundadamente*, para que resulte exigible al órgano judicial un pronunciamiento sobre la idoneidad del acto de comunicación para ser conocido: SSTC 116/2004, de 12 de julio (BOE nº 193, de 11 de agosto), F.J. 5º; 3/2010, de 17 de marzo (BOE nº 92, de 16 de abril), FF.JJ. 2º y 3º.

[259] La STC 43/2021, de 3 de marzo (BOE nº 77, de 31 de marzo), en su F.J. 2º, destaca "(...) la necesidad de que los órganos judiciales no otorguen mecánicamente un valor absoluto al simple contenido formal de la diligencia de notificación, prescindiendo de cualquier enjuiciamiento sobre los motivos alegados por la parte acerca de la no recepción en plazo de la notificación. En estos términos, las SSTC 39/1996, de 11 de marzo (BOE nº 93, de 17 de abril) F.J. 2º; 113/2001, de 7 de mayo (BOE nº 137, de 8 de junio), F.J. 6º; 42/2002, de 25 de febrero (BOE nº 80, de 3 de abril), F.J. 2º; 221/2003, de 15 de diciembre (BOE nº 17, de 20 de enero), F.J. 4º; 79/2001, de 19 de abril (BOE nº 119, de 19 de mayo), F.J. 3º.

[260] STC 275/1993, de 20 de septiembre (BOE nº 256, de 26 de octubre), F.J. 3º. Así, las SSTC 39/1996, de 11 de marzo (BOE nº 93, de 17 de abril), F.J. 2º; 186/1997, de 10 de noviembre (BOE nº 297, de 12 de diciembre), F.J. 4º; 113/2001, de 7 de mayo (BOE nº 137, de 8 de junio) F.J. 6º.

[261] STC 79/2021, de 19 de abril (BOE nº 119, de 19 de mayo), de la que destacamos su F.J. 4º.

[262] Conforme dispone el artículo 3 de la Ley 2/1974, de 13 de febrero, sobre Colegios Profesionales –en su redacción otorgada por la Ley 25/2009, de 22 de diciembre, de modificación de diversas leyes para su adaptación a la Ley sobre el libre acceso a las actividades de servicios y su ejercicio–, en su apartado 3º, "cuando una profesión se organice por colegios territoriales, bastará la incorporación a uno solo de ellos, que será el del domicilio profesional único o principal, para ejercer en todo el territorio español. (...)", no pudiendo los Colegios exigir a los profesionales, añade el precepto en su párrafo 2º, previa comunicación o habilitación para ejercer la profesión en un territorio distinto al de colegiación, como tampoco "contraprestaciones económicas distintas de aquellas que exijan habitualmente a sus colegiados por la prestación de los servicios de los que sean beneficiarios y que no se encuentren cubiertos por la cuota colegial".

de la Diputación de Aragón al Consejo General de Procuradores de España, y con ello, seguidamente, a todos los Colegios de Procuradores de España, no se produciría hasta el 17 de enero de 2019.

Considerando, apunta el Tribunal Constitucional, que tampoco fue necesario un acto por parte del profesional de alta en el nuevo sistema, por haberse producido automáticamente mediante el volcado de datos, se verifica una falta de conocimiento del profesional no imputable a su negligencia o malicia, sino a una omisión del órgano judicial conocedor del proceso, que, habiendo remitido hasta el momento, con normalidad, las comunicaciones judiciales a través del sistema LexNET al profesional mencionado, comenzó, de forma directa y sin aviso alguno, a efectuar las comunicaciones a través del sistema Avantius desde junio de 2018.

Expuesto lo anterior, el Tribunal Constitucional estima vulnerado el derecho a la tutela judicial efectiva de los demandantes de amparo por otorgar el órgano judicial "(...) un valor automático al simple acto formal de la puesta a disposición de la notificación de la sentencia en la nueva plataforma telemática, sin ponderar adecuadamente las razones por las que no se pudo tomar conocimiento efectivo de dicha resolución por la ausencia de cualquier tipo de comunicación (...) del cambio (...)".

Ciertamente, este planteamiento parece acoger la posibilidad de que exista una indefensión material, atribuible a la actuación del órgano judicial, incluso cuando, desde un punto de vista técnico-jurídico, no se ha producido infracción de norma procesal alguna.

No obstante, como explicábamos en líneas precedentes, el deber de diligencia del órgano judicial integrado, a nuestro juicio, en lo que ha de entenderse por una actuación conforme a Derecho, es un asunto más complejo que el mero cumplimiento formal de la Ley: es la observancia de la norma a la luz de su finalidad material que, en el caso de los actos de comunicación, es su efectividad real[263].

### *3.1.2. Comprobación de las actuaciones*

Conforme al artículo 155.2 LEC, el demandante tiene la obligación de indicar en el escrito que dé inicio al proceso uno o varios domicilios que considere válidos para efectuar la primera comunicación dirigida al demandado con resultado positivo. En idéntico sentido, el artículo 399.1 LEC, al establecer, en sede del contenido de la demanda, la necesidad de que la parte actora consigne, junto con los suyos propios, los datos y las circunstancias de identificación del demandado, así como el domicilio o residencia en que pueda ser emplazado.

---

[263] STC 59/1998, de 16 de marzo (BOE nº 96, de 22 de abril), F.J. 3º. Así, por ejemplo, las SSTC 113/2001, de 7 de mayo (BOE nº 137, de 08 de junio), .F.J. 5º; 79/2021, de 19 de abril (BOE nº 119, de 19 de mayo), F.J. 3º; 116/2021, de 31 de mayo (BOE nº 161, de 07 de julio), F.J. 2º.

Es cierto que podrá darse la situación de que el actor no conozca la ubicación del demandado, lo que, verdaderamente, no será óbice para la admisión de la demanda, siempre que se ponga de manifiesto en dicho escrito la imposibilidad de aportar un domicilio válido[264]. Sin embargo, en virtud del principio dispositivo, rector en el proceso civil[265], se exige, en principio, que sea el demandante quien proporcione esa información a la hora de promover la acción judicial.

El primer domicilio en el que se intentará esa comunicación inicial se corresponderá, por consiguiente, con aquél o aquéllos designados por el actor en la demanda. Y solo si éstos resultaren infructuosos, procederá la consulta a la información prevenida en las actuaciones o, de resultar ésta insuficiente y no pudiendo el actor aportar un domicilio alternativo en el que intentar de nuevo la notificación, se recurrirá a la consulta de los datos oficiales contenidos en los Registros y organismos públicos, de conformidad con lo previsto en el artículo 156 LEC.

Y esto es, precisamente, lo ventilado por la STC 83/2018, de 16 de julio, en su F.J. 4º, al exponer que "(…) cuando del examen de los autos o de la documentación aportada por las partes se deduzca la existencia de un domicilio que haga factible practicar de forma personal los actos de comunicación procesal con el demandado, debe intentarse esta forma de notificación antes de acudir a la notificación por edictos (...)". A lo que añade: "incluso cuando no conste ese domicilio en las actuaciones habría que realizar otras gestiones en orden a la averiguación del domicilio real (...), siempre que ello no suponga exigir al órgano judicial una desmedida labor investigadora sobre la efectividad del acto de comunicación (...)"[266].

Sin perjuicio de la libertad del demandante al delimitar el objeto del proceso, así como el sujeto o los sujetos contra quienes dirigirá la demanda –evidente expresión del mencionado principio dispositivo[267]– debe señalarse que, una vez admitida, en lo concerniente a la protección del derecho de defensa de las partes y, en especial, del demandado en el momento inicial del proceso, el órgano judicial asume un papel activo[268].

---

264 En estos casos, conforme a lo dispuesto en el artículo 156.1 LEC, "(...) se utilizarán por el Letrado de la Administración de Justicia los medios oportunos para averiguar esas circunstancias, pudiendo dirigirse, en su caso, a los Registros, organismos, Colegios profesionales, entidades y empresas a que se refiere el apartado 3 del artículo 155". Sobre la averiguación domiciliaria llevada a cabo por la Oficina Judicial: Fernández-Gallardo Fernández-Gallardo, J.A., (2012), *Op. cit.*, pp. 4-10.

265 Sobre este principio: Molina Caballero, M.J., (2013), "Tema 8…", *Op. cit.*, pp. 141 y ss.

266 STC 83/2018, de 16 de julio (BOE nº 199, de 17 de agosto), F.J. 4º. A favor: SSTC 19/2004, de 23 de febrero (BOE nº 74, de 26 de marzo), F.J. 4º; 126/2006, de 24 de abril (BOE nº 125, de 26 de mayo), F.J. 4º; 122/2013, de 20 de mayo (BOE nº 145, de 18 de junio), F.J. 3º; 138/2017, de 27 de noviembre (BOE nº 7, de 8 de enero), F.J. 3º; 39/2018, de 25 de abril, (BOE nº 130, de 29 de mayo), F.J. 3º.

267 Citando a Calaza López, "(…) la total disponibilidad del actor de delimitar, de un lado el material fáctico, esto es, los hechos que serán susceptibles de enjuiciamiento y, de otro, el sujeto o los sujetos frente a quienes dirigirá, en el ejercicio del derecho de acción, su demanda, constituye, en este sentido, una manifestación del principio dispositivo"; (2011), *Op. cit.*, p. 65.

268 Esta función activa de los Juzgados y Tribunales, extensible a todos los órdenes jurisdiccionales, conlleva que, incluso en aquellos procedimientos en los que, por su naturaleza sumaria, no se incluyan preceptos específicos para procurar la presencia de todos los interesados en el juicio, el juzgador deba adoptar, por iniciativa propia, aquellas medidas que estime oportunas para garantizar esa presencia. Sobre

Por este motivo, cuando la información al alcance del demandante es insuficiente, pesa sobre el órgano judicial la obligación constitucional de desplegar una labor indagadora tendente a la efectiva localización del demandado. En palabras de la STC 138/2003, de 14 de julio, en su F.J. 3º, "(...) la colaboración del demandante en esta labor –impuesta hoy en el art. 155.2 de la vigente Ley de Enjuiciamiento Civil– no excusa al órgano juzgador de la necesaria diligencia en este aspecto, en tanto que director del proceso con la potestas que su condición le concede"[269].

Esto nos lleva a manifestar que, a pesar de la vigencia del referido principio, el juzgador no debe acceder mecánicamente a la solicitud del actor de proceder a la comunicación por edictos en caso de no disponer de más información acerca del paradero del demandado. Antes bien, ha de asegurarse, con carácter previo, que, en efecto, se han agotado todas las posibilidades razonables de averiguación del domicilio o ubicación real del demandado para proceder a su notificación personal[270].

Destacaremos en este punto de nuestra exposición, por el especial interés que nos ha merecido, la reflexión crítica de FERNÁNDEZ-GALLARDO FERNÁNDEZ-GALLARDO sobre esta cuestión. Conforme manifiesta el autor, el principio dispositivo "no permite eludir u olvidar el impulso procesal de oficio que corresponde al órgano judicial, establecido en los arts. 179 LEC y 237 LOPJ, que obliga al Secretario Judicial[271] a dar al proceso el «curso que corresponda», siendo reglado por normas de *ius cogens*, no susceptible de disposición por las partes. (...) Por tanto, si la notificación, citación, emplazamiento o requerimiento del demandado han resultado negativas no puede dictarse una diligencia de ordenación acordando dar traslado a la parte actora a fin de que inste lo que a su derecho convenga –práctica procesal habitual–, sino que el Secretario Judicial debe dictar resolución acordando la averiguación del actual domicilio (...)"[272].

---

este deber de diligencia del órgano judicial en el juicio de faltas –ahora juicio sobre «delitos leves», por modificación del artículo 13 del Código Penal, introducida por el ordinal nueve del Artículo Único de la Ley Orgánica 1/2015, de 30 de marzo, por la que se modifica la Ley Orgánica 10/1995, de 23 de noviembre, del Código Penal– (art. 971 LECrim) se han pronunciado, entre otras, las SSTC 93/1987, de 3 de junio, (BOE nº 152, de 26 de junio), F.J. 2º; 196/1989, de 27 de noviembre (BOE nº 5, de 5 de enero), F.J. 3º; 236/1993, de 12 de julio (BOE nº 192, de 12 de agosto), F.J. Único; 103/1994, de 11 de abril (BOE nº 117, de 17 de mayo), F.J. 2º; 18/1995, de 24 de enero (BOE nº 50, de 28 de febrero) F.J. 2º; 135/1997, de 21 de julio (BOE nº 187, de 6 de agosto), F.J. 5º; 255/2006, de 11 de septiembre (BOE nº 243, de 11 de octubre), F.J. 2º; 175/2009, de 16 de julio (BOE nº 193, de 11 de agosto), F.J. 2º.

[269] STC 138/2003, de 14 de julio (BOE nº 193, de 13 de agosto), F.J. 3º.

[270] SSTC 174/1990, de 12 de noviembre (BOE nº 289, de 3 de diciembre), F.J. 3º; 81/1996, de 20 de mayo (BOE nº 150, de 21 de junio), F.J. 5º; 49/1997, de 11 de marzo, (BOE nº 87, de 11 de abril) F.J. 3º; 138/2003, de 14 de julio (BOE nº 193, de 13 de agosto), F.J. 3º; 168/2008, de 15 de diciembre (BOE nº 8, de 9 de enero), F.J. 2º.

[271] "Letrado de la Administración de Justicia" desde la entrada en vigor de la Ley Orgánica 7/2015, de 21 de julio, por la que se modifica la Ley Orgánica 6/1985, de 1 de julio, del Poder Judicial.

[272] FERNÁNDEZ-GALLARDO FERNÁNDEZ-GALLARDO, J.A., (2012), *Op. cit.*, pp. 4-6.

Siguiendo la jurisprudencia constitucional, convergen[273], de una parte, la buena fe del demandante, sobre quien recae la carga de aportar cuantos datos conozca de la parte demandada para procurar su debida notificación personal; y, de otra, el deber del órgano judicial de verificar la veracidad y suficiencia de la información facilitada por la parte actora con anterioridad a acordar la comunicación por edictos. En caso de ser insuficiente, deberá adoptar cuantas medidas de averiguación resulten razonablemente exigibles, las cuales serán diferentes en función de las circunstancias, de los recursos disponibles e, incluso, del avance de las nuevas tecnologías y su grado de implantación en la Oficina Judicial.

De lo dicho se sigue que, en sede constitucional, si hubo o no mala fe o negligencia por parte del demandante, no será relevante[274]; lo que se valorará es si el órgano judicial actuó con la debida diligencia. Así, el Tribunal Constitucional ha declarado, en Sentencias como la 168/2008, de 15 de diciembre, que "sin perjuicio de la responsabilidad que compete a las partes personadas en el procedimiento de colaborar con la Justicia también en este ámbito de constitución adecuada de la relación jurídica procesal (...), corresponde al órgano judicial la salvaguarda de la garantía de comunicación personal en el emplazamiento y el empleo del edicto como mecanismo último y subsidiario"[275].

Por otra parte, y según la intitulación del presente epígrafe, es el momento de poner de manifiesto la relevancia que adquiere el examen de la información contenida en las actuaciones para localizar posibles datos domiciliarios alternativos del demandado y, de este modo, eludir la comunicación edictal[276]. A estos efectos, será interesante la consulta de todos los escritos y documentos que conformen el

---

[273] SSTC 134/1995, de 25 de septiembre (BOE nº 246, de 14 de octubre), F.J. 3º; 34/1999, de 22 de marzo (BOE nº 100, de 27 de abril), F.J. 3º.

[274] Como explicaremos en un momento posterior, el cauce adecuado para procurar la reparación del derecho fundamental presuntamente vulnerado en los supuestos de ocultación deliberada del domicilio –maquinación fraudulenta– por parte del demandante será la revisión de sentencias firmes, regulada en los arts. 509 y ss. de la LEC, y así lo ha puesto de manifiesto nuestro Tribunal Constitucional en muchas ocasiones: SSTC 102/1993, de 22 de marzo (BOE nº 100, de 27 de abril), F.J. Único; 108/1994, de 11 de abril (BOE nº 117, de 17 de mayo), F.J. 1º; 108/1995, de 4 de julio (BOE nº 184, de 3 de agosto), F.J. 3º B; o AATC 325/1997, de 1 de octubre, F.J. 1º; 20/2004, de 26 de enero, F.J. 3º.

[275] STC 168/2008, de 15 de diciembre (BOE nº 8, de 9 de enero), F.J. 1º.

[276] Sobre la relevancia de revisar el contenido de las actuaciones judiciales, al efecto de verificar si constan otros datos que permitan localizar al demandado con carácter previo a recurrir a la notificación edictal: SSTC 81/1996, de 20 de mayo (BOE nº 150, de 21 de junio), F.J. 5º; 29/1997, de 24 de febrero (BOE nº 78, de 1 de abril), F.J. 3º; 100/1997, de 20 de mayo (BOE nº 137, de 9 de junio), F.J. 3º; 118/1997, de 23 de junio (BOE nº 171, de 18 de agosto), F.J. 3º; 165/1998, de 14 de julio (BOE nº 197, de 18 de agosto), F.J. 3º; 65/2000, de 13 de marzo (BOE nº 90, de 14 de abril), F.J. 4º; 232/2000, de 2 de octubre (BOE nº 267, de 7 de noviembre), F.J. 3º; 55/2003, de 24 de marzo (BOE nº 91, de 16 de abril), F.J. 2º; 181/2003, de 20 de octubre (BOE nº 272, de 13 de noviembre), F.J. 4º; 191/2003, de 27 de octubre (BOE nº 283, de 26 de noviembre), F.J. 3º; 40/2005, de 28 de febrero (BOE nº 81, de 5 de abril), F.J. 2º; 117/2005, de 9 de mayo (BOE nº 136, de 8 de junio), F.J. 3º; 161/2006, de 22 de mayo (BOE nº 148, de 22 de junio), F.J. 2º; 2/2008, de 14 de enero (BOE nº 40, de 15 de febrero), F.J. 3º; 28/2010, de 27 de abril (BOE nº 129, de 27 de mayo), F.J. 4º; 169/2014, de 22 de octubre (BOE nº 282, de 21 de noviembre), F.J. 3º; 181/2015, de 7 de septiembre (BOE nº 245, de 13 de octubre), F.J. 3º; 150/2016, de 19 de septiembre (BOE nº 263, de 31 de octubre), F.J. 2º; 50/2017, de 8 de mayo (BOE nº 142, de 15 de junio), F.J 3º; 137/2017, de 27 de noviembre (BOE nº 7, de 08 de enero), F.J 4º.

expediente, ya sea la propia demanda, los documentos probatorios aportados con ella, o todos aquellos documentos de diverso origen cuya incorporación a los autos se acuerde a lo largo del proceso. A modo de ejemplo, señalaremos: las notas simples y certificaciones registrales[277], escrituras públicas[278], documentos privados o mercantiles (acuerdos, contratos[279], facturas[280]), testimonios de actuaciones judiciales previas; correspondencia (cartas, correos electrónicos) o cualquier otra clase de documentos emitidos por organismos públicos o privados.

Por su especial interés, conviene traer a colación, asimismo, la STC 155/1988, de 22 de julio, cuyo F.J. 8º asevera que, constando el nombre del Letrado director de la defensa en las actuaciones –pese a carecer de un poder de representación–, se le podría haber comunicado la situación de imposibilidad de localización de su cliente, quien dejó de recibir las notificaciones mediante entrega personal de forma repentina[281].

Y es que, aunque este análisis pormenorizado de las actuaciones, esté enfocado, esencialmente, a la búsqueda de un domicilio alternativo en el que efectuar un nuevo intento de notificación personal dirigido al demandado, la doctrina constitucional ha matizado que también deberá otorgarse la oportuna relevancia a aquellos otros datos –tales como el número de teléfono, el fax o el correo electrónico ordinario– que, si bien no representan canales idóneos y jurídicamente válidos para la práctica de los actos procesales de comunicación[282], sí pueden ser de gran utilidad para averiguar el paradero actual del demandado[283].

---

[277] SSTC 99/1997, de 20 de mayo (BOE nº 137, de 9 de junio), F.J. 5º; 76/2006, de 13 de marzo (BOE nº 92, de 18 de abril), F.J. 4º; 161/2006, de 22 de mayo (BOE nº 148, de 22 de junio), F.J. 3º; 231/2007, de 5 de noviembre (BOE nº 295, de 10 de diciembre), F.J. 3º; 176/2009, de 16 de julio (BOE nº 193, de 11 de agosto), F.J. 3º.

[278] SSTC 50/2017, de 8 de mayo (BOE nº 142, de 15 de junio), F.J. 5º; 83/2018, de 16 de julio (BOE nº 199, de 17 de agosto), F.J. 5º.

[279] STC 174/1990, de 12 de noviembre (BOE nº 289, de 3 de diciembre), F.J. 3º; 181/2015, de 7 de septiembre (BOE nº 245, de 13 de octubre), F.J. 4º.

[280] STC 65/2000, de 13 de marzo (BOE nº 90, de 14 de abril), F.J. 1º.

[281] STC 155/1988, de 22 de julio (BOE nº 203, de 24 de agosto), F.J. 8º.

[282] Sobre la inidoneidad originaria de determinados canales de comunicación como el teléfono o el fax se han pronunciado Sentencias como las SSTC 105/1993, de 22 de marzo (BOE nº 100, de 27 de abril), F.J. 4º; 141/1991, de 20 de junio (BOE nº 174, de 22 de julio), F.J. 2º; 117/1993, de 29 de marzo (BOE nº 107, de 5 de mayo), F.J. 3º; 94/2005, de 18 de abril (BOE nº 120, de 20 de mayo), F.J. 3º [Teléfono]; 58/2010, de 4 de octubre (BOE nº 262, de 29 de octubre) F.J. 4º [Fax].

[283] En palabras del F.J. 2º de la STC 216/2002, de 25 de noviembre (BOE nº 304, de 20 de diciembre), "este Tribunal ha otorgado el amparo en aquellos casos en que se acudió a los edictos pese a que en las actuaciones aparecía un teléfono en el que la demandada pudo ser localizada (...); o cuando no se intentó previamente la notificación personal en el domicilio que señaló el vecino con el que se practicó el acto de comunicación que resultó negativo (...)". Así, la STC 65/2000, de 13 de marzo (BOE nº 90, de 14 de abril), F.J. 1º. En este sentido se pronuncia FURQUET MONASTERIO: "el Tribunal no puede limitarse a comprobar si el domicilio del demandado aparece en la documentación (entendida ésta en sentido amplio ya se trate de contratos, correspondencia, actuaciones judiciales de instancias inferiores...) sino que debe extender sus averiguaciones tomando en consideración cualquier referencia que aparezca sobre el demandado y que podría ayudar a localizarle", (2001), *Op. cit.*, p. 135. Asimismo: FERNÁNDEZ-GALLARDO FERNÁNDEZ-GALLARDO, J.A., (2012), *Op. cit.*, p. 9.

El propio artículo 155.2 LEC, en su párrafo 2º, establece con este mismo objeto que "el demandante deberá indicar cuantos datos conozca del demandado y que puedan ser de utilidad para la localización de éste, como números de teléfono, de fax, dirección de correo electrónico o similares (...)".

En principio, este deber de comprobación de los datos obrantes en autos queda circunscrito a las actuaciones propias del procedimiento de que se trate, no siendo exigible el conocimiento de la información contenida en otros expedientes o procesos en trámite o sustanciados con anterioridad ante el órgano judicial en cuestión[284].

No obstante, sí que es cierto que, en alguna ocasión, como sucedió en la Sentencia 126/2006, de 24 de abril, el Tribunal Constitucional, ha considerado que el órgano jurisdiccional no había actuado con la debida diligencia, por cuanto no intentó "averiguar si en los archivos judiciales constaba un domicilio del demandado distinto (...)." Y ello debido a que la demanda traía su origen directo en una Sentencia dictada en un juicio de faltas seguido contra el demandado ante los Juzgados de Primera Instancia de esa misma localidad[285].

Adicionalmente, de resultar impracticable encontrar ni por esta ni por otras fórmulas, un domicilio efectivo en el que poder practicar los actos de comunicación en la persona del destinatario o, cuando menos, en la persona de un tercero receptor subsidiario, ha de considerarse que el deber de permanecer atentos al surgimiento de nuevos datos que hagan posible la puesta en conocimiento de la pendencia del proceso al demandado ausente, perdurará a lo largo de todo del proceso judicial, y, por supuesto, en sucesivas fases e instancias.

En este sentido, las Sentencias de nuestro Tribunal Constitucional 99/1997, de 20 de mayo, y 231/2007, de 5 de noviembre, han puesto de manifiesto la posibilidad de que, en fase de ejecución, al incorporarse a los autos nuevos documentos, como las certificaciones de cargas, surjan datos sobre domicilios desconocidos hasta ese momento[286]. A la vista de circunstancias de esta naturaleza, será deber del órgano judicial reiterar una comunicación judicial personal, sin perjuicio de la validez de todo lo actuado precedentemente, conforme a lo dispuesto en el artículo 499 LEC[287].

---

[284] SSTC 108/1994, de 11 de abril (BOE nº 117, de 17 de mayo), F.J. 3º; 55/2003, de 24 de marzo (BOE nº 91, de 16 de abril), F.J. 4º.

[285] STC 126/2006, de 24 de abril (BOE nº 125, de 26 de mayo) F.J. 4º. En este sentido, la STC 131/2014, de 21 de julio (BOE nº 199, de 16 de agosto), en su F.J. 3º, también menciona la comprobación de los archivos judiciales como actuación al alcance del órgano judicial para averiguar el domicilio real del demandado.

[286] SSTC 99/1997, de 20 de mayo (BOE nº 137, de 9 de junio), F.J. 5º; 231/2007, de 5 de noviembre (BOE nº 295, de 10 de diciembre), F.J. 3º.

[287] En virtud del artículo 499 LEC: "Cualquiera que sea el estado del proceso en que el demandado rebelde comparezca, se entenderá con él la sustanciación, sin que ésta pueda retroceder en ningún caso". Sobre esta cuestión, *vid.*, MAGRO SERVET, V., (2008), "Posibilidades procesales del demandado una vez declarada la rebeldía", *Práctica de Tribunales*, Nº 47, Sección Práctica Procesal, Marzo, La Ley. Recurso electrónico ID: LA LEY 883/2008.

Esta doctrina encuentra su reflejo legal en el artículo 498 LEC, que dispone: "al demandado rebelde que, por carecer de domicilio conocido o hallarse en ignorado paradero, hubiese sido citado o emplazado para personarse mediante edictos, se le comunicará la pendencia del proceso, de oficio o a instancia de cualquiera de las partes personadas, en cuanto se tenga noticia del lugar en que pueda llevarse a cabo la comunicación".

Entendemos que no se exigen largas y arduas pesquisas[288] de los saturados órganos judiciales. Siguiendo lo sentado por la jurisprudencia constitucional, este específico deber de Juzgados y Tribunales, en suma, podría sintetizarse en otorgar la "debida relevancia jurídico-procesal a los datos obrantes ante ellos"[289].

### *3.1.3. Consulta de datos oficiales de Registros y organismos públicos*

La consulta por los órganos judiciales de la información constante en Registros y organismos públicos está prevista en la LEC como paso sucesivo a la imposibilidad del actor de indicar un domicilio efectivo del demandado a los efectos del primer emplazamiento (art. 156 LEC). A mayor abundamiento, se dispone esta actividad de averiguación para aquellos casos en los que fracase la comunicación mediante entrega personal por funcionario del Cuerpo de Auxilio Judicial o Procurador en el domicilio o domicilios de los que se tenga conocimiento, no habiendo sido posible tampoco recabar datos útiles para la localización del destinatario por medio de las pesquisas realizadas en las inmediaciones del lugar por el ejecutor material del acto de comunicación (art. 161.4 LEC). En síntesis, entendemos que procederá cuando al actor le resulte imposible aportar más datos por sus propios medios, y cuando no conste en autos ningún otro domicilio válido.

En relación con el primero de los supuestos y, deteniéndonos, por un momento, en el deber del actor de designar uno o varios domicilios en los que el demandado pueda ser localizado con éxito, procede señalar que, conforme a lo previsto en el artículo 156.2 LEC, en ningún caso se considerará que al actor le ha resultado imposible designar un domicilio válido si este obrara en archivos o registros públicos, a los que pudiere tenerse acceso. Del tenor de este precepto, combinado con lo dispuesto en su primer apartado[290], parece desprenderse

---

[288] Esta noción, que podría definirse como concepto jurídicamente indeterminado, dependerá de los factores socioculturales del momento, del avance de la tecnología, de su grado de implantación en la Administración de Justicia y, en particular, de los medios concretos de los que disponga cada órgano jurisdiccional. En cualquier caso, apunta Yélamos Bayarri, "no puede obligarse al Tribunal a realizar arduas pesquisas, pero el límite de lo razonablemente exigible depende, obviamente del interés puesto a tal fin, (...) [que], en materia de comunicaciones judiciales debería ser elevado (...)", (2006), *Op. cit.*, p. 455.

[289] STC 165/1998, de 14 de julio (BOE nº 197, de 18 de agosto).

[290] Prevé el artículo 156.1 LEC: "en los casos en que el demandante manifestare que le es imposible designar un domicilio o residencia del demandado, a efectos de su personación, se utilizarán por el Letrado de la Administración de Justicia los medios oportunos para averiguar esas circunstancias, pudiendo dirigirse, en su caso, a los Registros, organismos, Colegios profesionales, entidades y empresas a que se refiere el apartado 3 del artículo 155. (...)"; Fernández-Gallardo Fernández-Gallardo, J.A., (2012), *Op. cit.*, pp. 4-10.

que el deber del órgano judicial de desplegar una labor indagadora del paradero del demandado solo operará en aquellos supuestos en los que la información no conste en Registros, organismos y bases de datos de acceso público que el actor podría haber consultado con carácter previo por sus propios medios.

Ahora bien, como acertadamente apunta Revilla Pérez, se antoja cierta contradicción en el seno de este artículo. Apréciese que, en efecto, si el domicilio del demandado figuraba en un Registro al que pudo haber accedido el demandante, y no lo hizo, el órgano judicial no se percatará de tal circunstancia hasta una vez desplegadas las medidas oportunas de averiguación para conocer el domicilio del demandado. Con lo cual, la cuestión que se plantea a continuación este autor es: ¿qué ocurrirá si se comprueba que la parte actora no hizo cuanto estuvo en sus manos para procurar la localización del demandado?[291].

Al margen de que volverá a abordarse esta cuestión con ocasión del estudio del específico deber de colaboración que recae sobre el actor en el proceso, nos decantaremos en este momento por una solución favorable a la agilización del procedimiento, acorde con el principio de economía procesal[292], sin perjuicio de la conveniencia de apercibir a la parte demandante sobre su deber de prestar la debida colaboración a los Jueces y Tribunales (art. 17.1 LOPJ[293]), en especial, dada su condición de promotor de la acción judicial; o, incluso de la posibilidad de sancionarle si se estimare que su actuación ha conculcado las reglas de la buena fe procesal (art. 247.3 LEC[294]).

---

[291] En las palabras de Revilla Pérez, "¿Qué hará el Tribunal? ¿Participará al actor que ese domicilio es de posible designación simplemente acudiendo a esos registros públicos, sin facilitarle los datos ya obtenidos? (...) o, por el contrario, y ateniéndose a la economía procesal, ¿Procederá el tribunal a la comunicación al demandado en la forma legalmente prevista para cada caso, pero advirtiendo al actor o imponiendo a éste algún tipo de reprensión –no prevista– por su conducta de mínimo esfuerzo?", (2000), *Op. cit.*, p. 274.

[292] Fernández-Gallardo Fernández-Gallardo, J.A., (2012), *Op. cit.*, p. 10.

[293] De conformidad al artículo 17.1 LOPJ, "todas las personas y entidades públicas y privadas están obligadas a prestar, en la forma que la ley establezca, la colaboración requerida por los Jueces y Tribunales en el curso del proceso y en la ejecución de lo resuelto, con las excepciones que establezcan la Constitución y las Leyes, y sin perjuicio del resarcimiento de los gastos y del abono de las remuneraciones debidas que procedan conforme a la ley". En el próximo epígrafe, se abordará el estudio del deber de diligencia y colaboración de la parte demandante en la efectiva localización y emplazamiento del demandado.

[294] Art. 247.3 LEC: "si los Tribunales estimaren que alguna de las partes ha actuado conculcando las reglas de la buena fe procesal, podrán imponerle, en pieza separada, mediante acuerdo motivado, y respetando el principio de proporcionalidad, una multa que podrá oscilar de ciento ochenta a seis mil euros, sin que en ningún caso pueda superar la tercera parte de la cuantía del litigio. Para determinar la cuantía de la multa el Tribunal deberá tener en cuenta las circunstancias del hecho de que se trate, así como los perjuicios que al procedimiento o a la otra parte se hubieren podido causar. En todo caso, por el Letrado de la Administración de Justicia se hará constar el hecho que motive la actuación correctora, las alegaciones del implicado y el acuerdo que se adopte por el Juez o la Sala". Favorable a este planteamiento, cabe destacar: Sánchez Parellada, J., (2002), "Averiguación del domicilio de las partes en los procesos civiles", *Revista Doctrinal Aranzadi Civil-Mercantil*, Nº 14, Aranzadi, p. 11; Recurso electrónico Aranzadi ID: BIB 2002\1914. Sobre la buena fe procesal y el sentido del artículo 247 LEC: Jiménez Bautista, S., (2003), "La buena fe: perspectiva doctrinal, legal y jurisprudencial. Examen del artículo 247 de la vigente Ley de Enjuiciamiento Civil", *Diario La Ley*, Nº 5828, Sección Doctrina, Julio, La Ley, Recurso electrónico ID: LA LEY 1326/2003;

En cualquier caso, este precepto encuentra su fundamento en la racionalización de la carga de trabajo de las Oficinas Judiciales. Recae la responsabilidad de localizar al demandado sobre quien debería ser el primer interesado en su efectivo emplazamiento, es decir, el actor. Y, al tiempo, se evita en la práctica forense, si bien sin sanción específica[295], una espiral sistemática al argumento de la imposibilidad de designar un domicilio del demandado, haciendo recaer sobre los órganos judiciales la averiguación subsidiaria[296].

Respecto de la actividad indagatoria que corresponde desplegar a los órganos judiciales, la siguiente cuestión que debemos resolver desde el punto de vista de la jurisprudencia constitucional es: ¿a qué Registros y organismos públicos habrán de dirigirse las Oficinas Judiciales para cumplir adecuadamente con su deber de diligencia?

Como advertimos con anterioridad, sería un error proporcionar una respuesta definitiva a este interrogante, dado que, ni las medidas de averiguación razonablemente exigibles serán idénticas para todos los supuestos, ni éstas conservarán su valor indefinidamente en el tiempo, pudiendo aparecer nuevos Registros, bases de datos o herramientas que pasen a formar parte de ese mínimo de diligencia exigible.

Una muestra clara de ello ha sido la puesta en marcha del *Punto Neutro Judicial,* una Intranet al servicio de la Administración de Justicia que, entre otras aplicaciones, permite a las Oficinas Judiciales acceder a la información contenida en las bases de datos de los principales Registros y organismos públicos, y que ha pasado a formar parte de ese mínimo de diligencia[297], tanto por su rapidez, seguridad y fácil consulta, como por su demostrada eficacia.

Ahora bien, aunque pudiera parecernos que, mediante el uso de herramientas como el Punto Neutro Judicial, el deber de diligencia del órgano judicial queda más que satisfecho, no es cierto. Como se ocupó de explicar el Tribunal Constitucional en su Sentencia 50/2017, de 8 de mayo, pese a las bondades de las nuevas herramientas digitales, como el mencionado *Punto Neutro Judicial,* ni siquiera su practicidad o eficacia nos permiten afirmar que su consulta será suficiente. Reproduciendo el F.J. 5º de dicha resolución, "(...) no puede estimarse dicha consulta, como único medio posible de investigación del paradero del demando, que haga innecesaria una indagación in situ como la que ordena el art.

---

MARTÍ MARTÍ, J., (2001), "La buena fe procesal en la Ley 1/2000, de Enjuiciamiento Civil", *Diario La Ley*, Sección Doctrina, Ref. D-35, Tomo I, La Ley, pp. 7-9; Recurso electrónico ID: LA LEY 21094/2001.

295 REVILLA PÉREZ, L., (2000), *Op. cit.*, p. 274.

296 En favor de esta reflexión se pronuncia GASCÓN INCHAUSTI, quien considera que "se trata, por tanto, de un precepto de naturaleza más bien programática, inspirado en el objetivo de evitar que los demandantes sobrecarguen a los Tribunales con tareas de investigación que ellos mismos podrían efectuar por su cuenta", (2000), *Op. cit.*, p. 45.

297 SSTC 83/2018, de 16 de julio. BOE nº 199, de 17 de agosto, F.J. 5º; 50/2017, de 8 de mayo (BOE nº 142, de 15 de junio), F.J. 4º.

161.4 LEC, y que conduzca a una convicción razonable sobre la inutilidad de los medios personales de citación"[298].

Y es que, como explica a continuación, ni siquiera la información prevista en Registros y organismos públicos, permite adquirir certeza sobre el lugar en el que verdaderamente reside el interesado, dado que se nutren de datos que facilitan los ciudadanos a efectos distintos del proceso y en un momento anterior al inicio y desarrollo de éste. Esta es la razón que lleva al Tribunal Constitucional a declarar que, aunque de dichos Registros públicos se pueda deducir la existencia de un domicilio, no podrá presumirse su vigencia y, mucho menos, la inutilidad de otros medios de averiguación en el caso de que la comunicación dirigida al mismo resulte infructuosa (F.J. 5º).

Continuando con el análisis de esta interesante Sentencia, procede destacar que, en ella, incluso se aborda el uso de Internet y de las Redes sociales como posibles vías para la obtención de información relevante para la efectiva localización del demandado. En este sentido y, sobre todo, considerando que en este asunto el interesado era una persona de notoriedad reconocida, el Tribunal afirmó que "con independencia de que los distintos buscadores y Redes Sociales que obran en Internet no constituyan un instrumento de investigación exigible a los órganos judiciales a los efectos de la localización del demandado en un proceso civil, en el presente caso no puede descartarse que la condición del Sr. (...) podía haber facilitado su localización, dirigiendo la notificación a la sede de dicho club de fútbol".

Es evidente que, atendiendo a las circunstancias concurrentes, el margen de actuación de cada órgano judicial será distinto. No obstante, es incontestable que el juzgador, en cada asunto, tendrá la obligación de agotar cuidadosamente cuantos medios se encuentren a su alcance para procurar el efectivo conocimiento, debiendo dirigirse, de llegar a ser necesario, a todos aquellos registros y organismos oficiales que, por su propia naturaleza, sea previsible que dispongan de datos útiles para la localización del interesado[299].

---

[298] STC 50/2017, de 8 de mayo (BOE nº 142, de 15 de junio), F.J. 5º. En este sentido, la STC 125/2020, de 21 de septiembre (BOE nº 289, de 02 de noviembre), cuyo F.J. 2º manifiesta que "(...) no puede estimarse la consulta al punto neutro judicial "como único medio posible de investigación del paradero del demandado" para entender agotadas las posibilidades de localización, si cabe realizar "otras pesquisas, que por el contenido de las actuaciones", puedan encontrarse "razonablemente a su alcance". En idénticos términos, la STC 87/2021, de 19 de abril, (BOE nº 119, de 19 de mayo de 2021), F.J. 2º.

[299] Sobre el deber de los órganos judiciales de agotar los medios de averiguación a su alcance, con carácter previo a recurrir a la comunicación edictal: SSTC 158/2001, de 2 de julio (BOE nº 178, de 26 de julio), F.J. 2º; 220/2002, de 25 de noviembre (BOE nº 304, de 20 de diciembre), F.J. 5º; 176/2009, de 16 de julio (BOE nº 193, de 11 de agosto), F.J. 2º; 28/2010, de 27 de abril (BOE nº 129, de 27 de mayo), F.J. 4ºB; 61/2010, de 18 de octubre (BOE nº 279, de 18 de noviembre), F.J. 2º; 122/2013, de 20 de mayo (BOE nº 145, de 18 de junio), F.J. 5º; 197/2013, de 2 de diciembre (BOE nº 7, de 8 de enero), F.J. 4º; 89/2015, de 11 de mayo (BOE nº 146, de 19 de junio), F.J. 3º; 200/2016, de 28 de noviembre (BOE nº 7, de 9 de enero), F.J. 4º; 50/2017, de 8 de mayo (BOE nº 142, de 15 de junio), F.J. 5º; 106/2017, de 18 de septiembre (BOE nº 247, de 13 de octubre), F.J., 4º; 137/2017, de 27 de noviembre (BOE nº 7, de 8 de enero), F.J. 5º; 5/2018, de 22 de enero (BOE nº 46, de 21 de febrero), F.J. 3º; 83/2018, de 16 de julio, F.J. 4º, entre otras.

En último lugar, y para completar nuestra exposición sobre el deber de diligencia que recae sobre el órgano judicial a la hora de procurar la defensión del demandado en el proceso, destacaremos, por la especial repercusión social de su contenido, la STC 167/2015, de 20 de julio.

En el supuesto controvertido, se constata una falta de diligencia manifiesta por parte del juzgador, al acordar la comunicación mediante edictos de la ejecutada sin haber agotado los medios de averiguación de los que disponía. Concretamente, la mera consulta del Padrón Municipal, solicitada, de hecho, por la parte ejecutante, hubiera sido suficiente para localizar a la demandada, si bien dicha medida nunca llegó a acordarse.

Ahora bien, pese a que esta conducta constituía, *per se,* fundamento bastante para la estimación del Recurso de Amparo, el motivo para su apreciación, dada la especial trascendencia constitucional de la cuestión, no fue sino la adecuación de la doctrina constitucional sobre los actos de comunicación a los casos en los que el desconocimiento del domicilio de la demandada responde a la necesidad de eludir una situación de violencia de género.

Ante estas circunstancias, declara el Tribunal Constitucional que, "con independencia de que el Juez haya agotado todas las posibilidades de investigación del domicilio de la ejecutada, cuando ésta comparezca en el procedimiento e interponga incidente de nulidad de actuaciones en el que ponga de manifiesto que el desconocimiento de un domicilio (...) se debió a la situación de violencia de género que estaba padeciendo, dicha circunstancia debe ser objeto de una especial ponderación por el Juez, valorando, en cada caso, la necesidad de salvaguardar el deber de confidencialidad debido a la situación de la víctima"[300].

En síntesis, estamos ante una Sentencia pionera que se ocupa de trasladar la necesaria protección integral de las víctimas de violencia de género al ámbito de los actos procesales de comunicación, incorporando un nuevo elemento de obligatoria ponderación por el juzgador. Y, es que, difícilmente sería admisible hacer recaer las consecuencias negativas de la incomparecencia procesal sobre quién actuaba guiada por la urgencia y necesidad de salvaguardar su propia integridad.

A modo de cierre, cuantas medidas y cautelas han sido analizadas a lo largo de estos tres apartados, forman parte del deber específico de diligencia, integrante del contenido esencial del derecho consagrado en el artículo 24 de nuestra Constitución[301], que recae sobre los órganos judiciales al acceso al proceso y la defensión del demandado.

Exclusivamente, una vez adquirida por el juzgador la convicción, fundada en criterios de razonabilidad, sobre la imposibilidad de hacerle llegar al demandado en paradero desconocido la información por los medios ordinarios y persona-

[300] STC 167/2015, de 20 de julio (BOE nº 200, de 21 de agosto), F.J. 4º.

[301] Así: SSTC 157/1987, de 15 de octubre (BOE nº 271, de 12 de noviembre), F.J. 2º; 16/1989, de 30 de enero (BOE nº 50, de 28 de febrero), F.J. 2º; 48/1990, de 20 de marzo (BOE nº 85, de 9 de abril), F.J. 2º; 19/2004, de 23 de febrero (BOE nº 74, de 26 de marzo), F.J. 2º.

les de comunicación, quedará legitimada, desde el punto de vista constitucional, la que se concibe como "el último remedio de comunicación": la comunicación edictal[302].

### 3.2. El papel del actor en la localización del demandado

En líneas precedentes, hemos planteado elementos introductorios sobre la función desempeñada por el demandante en la localización y emplazamiento personal del demandado, materializado desde el prisma de la debida diligencia del órgano jurisdiccional respecto de la actuación de aquél en el proceso.

A continuación, sin apartarnos del pormenorizado estudio de la doctrina constitucional, profundizaremos en este deber de colaboración del actor con la Justicia, en su condición de sujeto iniciador del proceso, adoptando como referencia, a mayor abundamiento, la jurisprudencia del Tribunal Supremo.

Si bien podría pensarse lo contrario, el actor es –o debería ser– el primer interesado en que el proceso no se tramite y resuelva *inaudita parte*. Deficientemente asesorada actuará, a nuestro juicio, la parte que pretenda –mediante su pasividad o maquinación fraudulenta–, obtener una resolución condenatoria sin que el demandado haya sido oído en el proceso. Y es que lo que logrará será una resolución –no necesariamente favorable[303]–, que siempre estará acechada por la sombra de la nulidad, con la consiguiente situación de inseguridad jurídica que ello supone[304]. En todo caso, no debemos olvidar los perjuicios que, con total seguridad, se derivarían de una posterior declaración de nulidad y retroacción de actuaciones: la prolongación indefinida del proceso, la elevación de su coste económico, la imposibilidad de practicar de nuevo determinadas pruebas por el tiempo transcurrido, el desgaste psicológico, etc.[305].

---

302 SSTC 160/1995, de 6 de noviembre (BOE nº 284, de 28 de noviembre), F.J. 2º; 81/1996, de 20 de mayo (BOE nº 150, de 21 de junio), F.J. 5º; 126/1996, de 9 de julio (BOE nº 194, de 12 de agosto), F.J. 2º; 86/1997, de 22 de abril (BOE nº 121, de 21 de mayo), F.J. 1º; 135/1997, de 21 de julio (BOE nº 187, de 6 de agosto), F.J. 4º; 186/1997, de 10 de noviembre (BOE nº 297, de 12 de diciembre), F.J. 3º; 219/1999, de 29 de noviembre (BOE nº 310, de 28 de diciembre), F.J. 2º; 12/2000, de 17 de enero (BOE nº 42, de 18 de febrero), F.J. 3º; 268/2000, de 13 de noviembre (BOE nº 299, de 14 de diciembre), F.J. 4º; 181/2003, de 20 de octubre (BOE nº 272, de 13 de noviembre), F.J. 4º; 191/2003, de 27 de octubre (BOE nº 283, de 26 de noviembre), F.J. 3º.

303 Prevé el artículo 496.2 LEC: "la declaración de rebeldía no será considerada como allanamiento, ni como admisión de los hechos de la demanda, salvo los casos en que la Ley expresamente disponga lo contrario". Por lo tanto, la ausencia del demandado en el proceso no eximirá al actor de alegar y probar cuantos hechos aduzca. En este sentido: FURQUET MONASTERIO, N., (2001), *Op. cit.*, p. 307.

304 En este sentido, un sector doctrinal, como ARIZA COLMENAREJO pone de manifiesto que "(...) la inseguridad jurídica implícita no beneficia a ninguna de las partes, ya que el actor puede ver cómo el demandado se persona durante el proceso, o durante el recurso, o utiliza el mecanismo de audiencia al rebelde, prolongando enormemente la duración del mismo y [provocando] la obtención de una sentencia favorable", (2012), "El acto de comunicación entre las funciones de los Procuradores", *Boletín del Ministerio de Justicia*, Estudios Doctrinales, Año LXVI, Nº 2149, Madrid, Edición Digital, p. 8.

305 En definitiva, manifiesta ARIZA COLMENAREJO, "(...) celeridad y seguridad jurídica corroboran la idea de que quién está interesado en que la demanda sea conocida por el contrario es el demandante, y por supuesto el demandado", (2012), Ibídem.

Ahora bien, más allá de este especial interés y del deber general que recae sobre todo interviniente en un proceso de actuar conforme a las exigencias de la buena fe[306], el Tribunal Constitucional ha puesto de relieve la existencia de un deber específico del demandante, vinculado a su condición de parte actora, con relación al primer emplazamiento del demandado: el deber de contribuir de forma *activa* a su localización y de facilitar a la Oficina Judicial cuanta información conozca o pueda llegar a conocer sobre su paradero actual.

Citando el F.J. 3º de la STC 174/1990, de 12 de noviembre, resulta "exigible del demandante la carga de facilitar al órgano judicial aquellos datos que, estando a su alcance, garantizasen formalmente al menos, que el demandado podría llegar a tener conocimiento de la citación (...)"[307].

En esta línea, de forma tajante, el Tribunal Supremo también nos recuerda en su Sentencia 84/2019, de 11 de febrero, F.J. 5º, que la parte demandante ostenta "(...) la carga procesal de promover que se intente el emplazamiento en cuantos lugares exista base racional suficiente para estimar que pueda hallarse la persona contra la que se dirige la demanda y debe desplegar la diligencia adecuada en orden a adquirir el conocimiento correspondiente", aunque, apunta, seguidamente, que "(...) no cabe exigirle una diligencia extraordinaria"[308].

Fundados en el deber de colaboración con la Justicia (arts. 118 CE y 17 LOPJ), entendemos que esta carga procesal se encuentra reforzada por tres pilares fundamentales: la posición que esta parte ocupa en el proceso como promotora de la acción judicial; la vigencia del principio dispositivo en el orden civil; y, por supuesto, el propio tenor literal de la Ley que, como explicamos con anterioridad, contempla, expresamente, la obligación del demandante de suministrar al

---

[306] Sobre el deber de todos los intervinientes en el proceso a actuar conforme a las exigencias de la buena fe, destacamos, en primer lugar, el primer inciso del artículo 11.1 LOPJ, en virtud del cual, "en todo tipo de procedimiento se respetarán las reglas de la buena fe"; así como el primer apartado del artículo 247.1, que establece que "los intervinientes en todo tipo de procesos deberán ajustarse en sus actuaciones a las reglas de la buena fe". En este sentido, señalar también la SSTC 198/1987, de 14 de diciembre (BOE nº 7, de 8 de enero), F.J. 3º; 205/1988, de 7 de noviembre (BOE nº 108, de 5 de mayo), F.J. 4º; 181/2015, de 7 de septiembre (BOE nº 245, de 13 de octubre), F.J. 4º.

[307] El F.J. 3º de la STC 134/1995, de 25 de septiembre (BOE nº 246, de 14 de octubre), desarrolla la carga que corresponde al demandante "de suministrar la información que posea para localizar al demandado, sin ocultar ningún dato". Por su parte, el ATC 325/1997, de 1 de octubre, hace referencia, en su F.J. 4º, a la "carga del demandante de indagar hasta donde sea razonable el domicilio del demandado". En favor: SSTC 118/1993, de 29 de marzo (BOE nº 107, de 5 de mayo), F.J. 2º; 34/1999, de 22 de marzo (BOE nº 100, de 27 de abril), F.J. 3º.

[308] STS 84/2019, de 11 de febrero, Rec. nº 14/2018, F.J. 5º. Asimismo, las recientes SSTS 394/2016, de 9 de junio, Rec. nº 62/2014, F.J. 2º; 346/2017, de 1 de junio, Rec. nº 35/2016, F.J. 3º; 422/2017, de 5 de julio, Rec. nº 50/2015, F.J. 3º; 531/2017, de 27 de septiembre, Rec. nº 14/2017, F.J. 3º; 559/2017, de 16 de octubre, Rec. nº 37/2016, F.J. 3º; 569/2017, de 20 de octubre, Rec. nº 25/2016, F.J. 2º; 610/2017, de 15 de noviembre, Rec. nº 20/2017, F.J. 3º; 72/2018, 14 de febrero, Rec. nº 49/2016, F.J. 2º; 129/2018, de 7 de marzo, Rec. nº 28/2017, F.J. 2º; 189/2018, de 5 de abril, Rec. nº 50/2017, F.J. 4º; 280/2018, de 18 de mayo, Rec. nº 59/2017, F.J. 2º; 336/2018, de 6 de junio, Rec. nº 60/2017, F.J. 3º; 560/2018, de 10 de octubre, Rec. nº 85/2017, F.J. 4º; 130/2019, de 5 de marzo, Rec. nº 77/2017, F.J. 2º; 275/2019, de 21 de mayo, Rec. 22/2018, F.J. 3º; 472/2019, de 17 de septiembre, Rec. nº 42/2018, F.J. 2º; 225/2020, de 1 de junio, Rec. nº 18/2019, F.J. 5º; 225/2020, de 1 de junio, Rec. nº 18/2019, F.J. 5º.

Juzgado cuantos datos conozca del demandado que puedan contribuir a su efectiva localización y emplazamiento personal (arts. 155.2 y 399.1 LEC).

Si bien el objeto del presente Capítulo es el estudio de la doctrina constitucional, debemos advertir que su análisis, en lo relativo al deber del demandante de procurar el correcto emplazamiento del demandado, se encuentra limitado por la propia naturaleza del Recurso de Amparo, cuyo ámbito se encuentra taxativamente circunscrito, a tenor del artículo 44.1º LOTC, a aquellas vulneraciones de derechos y libertades que tengan su origen inmediato y directo en un acto u omisión de un órgano judicial[309]. En su virtud, dicho precepto impide al Tribunal Constitucional enjuiciar, en esta sede, el comportamiento del actor en el proceso. Sin embargo, esto no le ha impedido reconocer la existencia del deber que analizamos y pronunciarse, si bien de forma tangencial y con ocasión del análisis de la actuación del órgano judicial, sobre la debida conducta del actor en el proceso.

Así, cabe destacar particularmente la STC 181/2015, de 7 de septiembre. En este asunto, el examen de las actuaciones puso de relieve que entre el demandante y el demandado se habían producido sucesivas comunicaciones a lo largo de todo el proceso judicial, y, sin embargo, el primero, en ningún momento, se dignó a comunicar al demandado, que permanecía ajeno al proceso, la existencia del litigio, llegando, incluso, a solicitar su emplazamiento edictal, afirmando desconocer su paradero ante el órgano judicial. Pese a que la situación de indefensión material sufrida por el demandado, terminó por ser imputada al órgano judicial, por no actuar con la debida diligencia, el Tribunal Constitucional, apuntó que la del actor fue "(...) una actuación alejada de la buena fe que ha de presidir la intervención de los litigantes en todo procedimiento judicial, y del deber que pesa especialmente sobre las partes de colaborar en el desarrollo del proceso con los órganos judiciales (...)[310]".

Asimismo, en el ámbito de las relaciones comerciales entre actor y demandado, la STC 174/1990, de 12 de noviembre, también declaró, en su F.J. 3º, lo siguiente: "quien, con ocasión de una relación contractual de compraventa mercantil, no consulta previamente el domicilio de la Entidad compradora que figura en el Registro Mercantil, ni se atiene al domicilio pactado para la entrega de las mercancías, no puede, sin más, alegar desconocer el paradero de la misma, ni el Juez conformarse con tal manifestación para seguidamente proceder al emplazamiento edictal, sin antes haberse asegurado que la citación se haya dirigido, al

[309] Apunta la STC 108/1995, de 4 de julio (BOE nº 184, de 3 de agosto), en su F.J. 3º –apartado B– "(...) las alegaciones de los recurrentes relativas a que existió una conducta fraudulenta o maliciosa de la acreedora hipotecaria, que ocultó al Juzgado –dicen– el domicilio de los actores cuando en realidad lo conocía, no pueden ser acogidas por este Tribunal al no ser posible imputar este comportamiento al órgano judicial, como exige el art. 44.1 b) LOTC. Nada había en las actuaciones que permitiera al Juzgado detectar este presunto obrar fraudulento o malicioso (...), por lo que ninguna lesión del derecho a la tutela judicial efectiva atribuible al órgano judicial cabe deducir de él". Sobre esta cuestión, también se pronunciaron las SSTC 140/1988, de 11 de julio (BOE nº 189, de 8 de agosto), F.J. 1º; 108/1994, de 11 de abril (BOE nº 117, de 17 de mayo), F.J. 3º; 55/2003, de 24 de marzo (BOE nº 91, de 16 de abril), F.J. 4º.

[310] STC 181/2015, de 7 de septiembre (BOE nº 245 de 13 de octubre), F.J. 4º.

menos, a uno de esos domicilios"[311]. La doctrina de esta Sentencia encuentra su expresión legal en el artículo 156.2 LEC, en virtud de cuyo tenor literal "en ningún caso se considerará imposible la designación de domicilio a efectos de actos de comunicación si dicho domicilio constara en archivos o registros públicos, a los que pudiere tenerse acceso". Verdaderamente, la diligencia que se exige del demandante, antes de ser de desmesurada o excesiva, en sentido estricto, es la mínima esperable de quien actúa de buena fe.

Por supuesto, queda prohibido cualquier tipo de comportamiento malicioso o doloso del actor dirigido a obtener una resolución favorable *inaudita parte*, ya sea mediante la mera ocultación del conocimiento del verdadero domicilio del demandado, o mediante el falseamiento de los datos para su localización, con inducción a confusión o a error al órgano judicial[312]. En tales casos, estaríamos ante lo que la jurisprudencia del Tribunal Supremo, más extensa al respecto[313], ha estimado *maquinación fraudulenta*[314] en los términos del artículo 510.1.4 LEC[315], y que consiste en "una conducta o actuación maliciosa que comporta aprovechamiento deliberado de una determinada situación, llevada a cabo por el litigante vencedor, mediante actos procesales voluntarios que ocasionan una grave irregularidad procesal y originan indefensión"[316].

---

[311] STC 174/1990, de 12 de noviembre (BOE nº 289, de 3 de diciembre), F.J. 3º. A favor: SSTC 100/1997, de 20 de mayo (BOE nº 137, de 9 de junio), F.J. 3º; 138/2003, de 14 de julio (BOE nº 193, de 13 de agosto), F.J. 3º; 38/2006, de 13 de febrero (BOE nº 64, de 16 de marzo) F.J. 4º.

[312] Martín González, M., (2018), "Introducción…", *Op. cit.*, p. 232.

[313] Dado que, en virtud del artículo 509 LEC, la revisión de sentencias firmes –entre cuyos motivos tasados se encuentra la maquinación fraudulenta– se ha de solicitar ante la Sala de lo Civil del Tribunal Supremo o ante las Salas de lo Civil y Penal de los Tribunales Superiores de Justicia, conforme a lo dispuesto en la LOPJ. Examinando los distintos medios de rescisión y nulidad de sentencias firmes: Armenta Deu, T., (2016), *Op. cit.*, pp. 295-304.

[314] El término «maquinación fraudulenta» también ha sido empleado por el Tribunal Constitucional en muchas de sus Sentencias, como, por ejemplo, las SSTC 158/1987, de 20 de octubre (BOE nº 271, de 12 de noviembre), F.J. 5º; 108/1994, de 11 de abril (BOE nº 117, de 17 de mayo), F.J. 1º; 143/1998, de 30 de junio (BOE nº 181, de 30 de julio), F.J. 3º; 34/1999, de 22 de marzo (BOE nº 100, de 27 de abril), F.J. 3º; 12/2000, de 17 de enero (BOE nº 42, de 18 de febrero), F.J. 2º y 4º; 55/2003, de 24 de marzo (BOE nº 91, de 16 de abril), F.J. 7º; 11/2005, de 31 de enero (BOE nº 53, de 3 de marzo), F.J. 5º; 214/2005, de 12 de septiembre (BOE nº 246, de 14 de octubre), F.J. 3º.

[315] Así, el artículo 510.1.4º LEC dispone lo siguiente: "1. Habrá lugar a la revisión de una sentencia firme: (...) 4º Si se hubiere ganado injustamente en virtud de cohecho, violencia o maquinación fraudulenta." Como ha manifestado el Tribunal Supremo en el F.J. 5º de su reciente Sentencia nº 84/2019, de 11 de febrero, precisamente, "una de las manifestaciones de la maquinación fraudulenta que permite la revisión de la sentencia es aquélla en que incurre quien ejercita una acción judicial cuando oculta el domicilio de la persona contra la que va dirigida, a fin de que se le emplace o cite por edictos y se sustancie el procedimiento en rebeldía". En este sentido: SSTS 557/2009, de 28 de julio, Rec. nº 62/2007, F.J. 3º; 241/2010, de 30 de abril, Rec. nº 61/2007, F.J. 2º; 491/2010, de 25 de noviembre, Rec. nº 9/2005, F.J. 2º; 297/2011, de 14 de abril, Rec. nº 58/2009, F.J. 3º; 594/2012, de 15 de octubre, Rec. nº 17/2010, F.J. 3º; 808/2012, de 8 de enero, Rec. nº 54/2010, F.J. 3º; 825/2013, de 13 de mayo, Rec. nº 11/2012, F.J. 3º; 430/2013, de 10 de junio, Rec. nº 47/2009, F.J. 4º; 209/2015, de 17 de abril, Rec. nº 71/2013, F.J. 3º; 324/2016, de 18 de mayo, Rec. nº 25/2015, F.J. 3º; 415/2016, de 20 de junio, Rec. nº 36/2015, F.J. 4º; 451/2017, de 13 de julio, Rec. nº 43/2016, F.J. 3º; 724/2018, de 19 de diciembre, Rec. nº 75/2017, F.J. 2º; 84/2019, de 11 de febrero, Rec. nº 14/2018, F.J. 5º, por mencionar algunas.

[316] STS 172/1998, de 19 de febrero, Rec. nº 3668/1995, F.J. 1º. Más recientes: SSTS 129/2016, de 3 de marzo, Rec. nº 14/2015, F.J. 3º; 324/2016, de 18 de mayo, Rec. nº 25/2015, F.J. 3º; 442/2016, de 30 de

Descendiendo al caso específico, y con el objeto de aproximarnos a la conducta esperable por la parte actora con el debido emplazamiento del demandado, señalaremos algunos comportamientos considerados fraudulentos. Conductas que han llevado al Tribunal Supremo a estimar las demandas de revisión de sentencia firme formuladas y acordar su rescisión:

- Identificación errónea del domicilio del demandado de forma consciente para provocar la confusión o error del ejecutor del acto de comunicación y para que se lleve a cabo el intento de emplazamiento en un lugar distinto[317].
- No facilitar el domicilio del demandado, pese a conocerlo, lo que normalmente se constata por medio de la verificación de la existencia de comunicaciones extrajudiciales entre actor y demandado[318].
- Facilitar domicilios sobre los que se tiene la certeza de que el demandado no será encontrado, ocultando tras una aparente actitud colaboradora y diligente sus intenciones torticeras[319].
- Ocultación de distintos domicilios alternativos en los que la comunicación podría llegar a ser efectiva[320].
- No dirigirse a una persona que previsiblemente podría haber facilitado información relevante sobre el paradero actual del demandado[321].
- No facilitar a la Oficina Judicial datos, distintos del domicilio, que, no obstante, podrían haber sido cruciales para lograr la localización del interesado –a saber: el correo electrónico[322], el teléfono[323] o, incluso, la di-

junio, Rec. nº 44/2015, F.J. 2º; 307/2017, de 17 de mayo, Rec. nº 31/2016, F.J. 4º; 346/2017, de 1 de junio, Rec. nº 35/2016, F.J. 3º; 422/2017, de 5 de julio, Rec. nº 50/2015, F.J. 2º; 569/2017, de 20 de octubre, Rec. nº 25/2016, F.J. 2º; 129/2018, de 7 de marzo, Rec. nº 28/2017, F.J. 3º; 280/2018, de 18 de mayo, Rec. nº 59/2017, F.J. 2º; 130/2019, de 5 de marzo, Rec. nº 77/2017, F.J. 2º; 275/2019, de 21 de mayo, Rec. nº 22/2018, F.J. 3º. Analizando la maquinación fraudulenta del actor civil en relación con el primer emplazamiento del demandado, destacamos: Vicente Rojo, J., (2019), *Comunicaciones entre Juzgados y particulares, videoconferencias y LexNET*, Tirant Lo Blanch, Valencia, pp. 224-243.

[317] SSTS 241/2010, de 20 de marzo, Rec. nº 61/2007, F.J. 3º; 808/2012, de 8 de enero, Rec. nº 54/2010, F.J. 4º; 394/2016, de 9 de junio, Rec. nº 62/2014, F.J. 2º.

[318] SSTS 231/2011, de 29 de marzo, Rec. nº 1310/2007, F.J. 3º; 594/2013, de 30 de septiembre, Rec. nº 6/2010, F.J. 4º; 427/2014, de 22 de julio, Rec. nº 34/2011, F.J. 2º; 209/2015, de 17 de marzo, Rec. nº 71/2013, F.J. 3º; 637/2015, de 10 de noviembre, Rec. nº 56/2014, F.J. 7º; 415/2016, de 20 de junio, Rec. nº 36/2015, F.J. 5º; 451/2017, de 13 de julio, Rec. nº 43/2016, F.J. 5º; 531/2017, de 27 de septiembre, Rec. nº 14/2017, F.J. 3º.

[319] SSTS 297/2011, de 14 de marzo, Rec. nº 58/2009, F.J. 3º; 808/2012, de 8 de enero, Rec. nº 54/2010, F.J. 4º; 833/2013, de 19 de diciembre, Rec. nº 5/2012, F.J. 5º; 156/2015, de 17 de marzo, Rec. nº 24/2013, F.J. 2º; 346/2017, de 1 de junio Rec. nº 35/2016, F.J. 4º; 559/2017, de 16 de octubre, Rec. nº 37/2016, F.J. 4º; 560/2018, de 10 de octubre, Rec. 85/2017, F.J. 5º.

[320] STS 129/2018, de 7 de marzo, Rec. nº 28/2017, F.J. 3º.

[321] SSTS 560/2018, de 10 de octubre, Rec. nº 85/2017, F.J. 5º; 130/2019, de 5 de marzo, Rec. nº 77/2017, F.J. 2º.

[322] SSTS 526/2015, de 23 de septiembre, Rec. nº 62/2013, F.J. 2º; 610/2017, de 15 de noviembre, Rec. nº 20/2017, F.J. 5º; 72/2018, de 14 de febrero, Rec. nº 49/2016, F.J. 3º; 275/2019, de 21 de mayo, Rec. nº 22/2018, F.J. 4º; 336/2019, 12 de junio, Rec. nº 30/2018, F.J. 2º.

[323] STS 808/2012, de 8 de enero, Rec. nº 54/2010, F.J. 4º.

rección del Letrado[324]–, por ser medios de comunicación habitual entre las partes.

- Provocar el emplazamiento en un domicilio en el que se sabe que se encuentra un familiar del demandado que, *de facto*, no trasladará la noticia al interesado por enemistad o conflicto de intereses[325].
- No poner en conocimiento del órgano judicial la pendencia de otro procedimiento judicial contra la misma persona en el que sí se encuentra personada[326].
- Aprovecharse de un error de la Oficina Judicial en la práctica del acto de comunicación, pese a ser plenamente consciente de ello y de haber podido actuar a tiempo para enmendarlo[327].

Acabamos de describir ejemplos en los que el dolo es manifiesto. Ahora bien ¿cómo calificamos aquellas circunstancias en las que el actor, decide, sencillamente, no materializar ninguna actuación para localizar al demandado, o resulta patente que la actividad desplegada fue insuficiente considerando los medios de los que podría haber hecho uso para su localización[328]?

En opinión de Cubillo López, "no sólo supone fraude procesal[329] del actor ocultar datos sobre el domicilio del demandado o indicar en la demanda uno, en el que sabe que no se le va a encontrar, supuestos donde la mala fe es más patente (...), sino también cuando el demandante no busca suficientemente un domicilio donde emplazar a quien dirige la demanda"[330].

En favor de este planteamiento, la STS 596/2017, de 5 de julio, su F.J. 5º explica que "bajo el concepto de maquinación fraudulenta ha de subsumirse no solamente las maniobras maliciosas del actor con miras a sustraer al demandado el conocimiento del proceso dirigido contra él, eliminando de este modo no solo la posibilidad de defensa, sino también aquella conducta consistente en omitir una cierta diligencia, aunque sea mínima, destinada a suministrar al órgano judicial

[324] SSTS 324/2016, de 18 de mayo, Rec. nº 25/2015, F.J. 3º; 84/2019, de 11 de febrero, Rec. nº 14/2018, F.J. 5º.

[325] SSTS 451/2017, de 13 de julio, Rec. nº 43/2016, F.J. 5º; 130/2019, de 5 de marzo, Rec. nº 77/2017, F.J. 2º.

[326] SSTS 307/2017, de 17 de mayo, Rec. nº 31/2016, F.J. 5º; 724/2018, de 19 de diciembre, Rec. nº 75/2017, F.J. 2º.

[327] Como declara el Tribunal Supremo en su Sentencia 172/1998, de 19 de febrero, "la maquinación fraudulenta no procede cuando se trata de vicios procesales de los Juzgados o Tribunales, no susceptibles de reparación por actuación de los litigantes; pero sí cabe englobar en tal concepto jurídico las irregularidades procedimentales que las partes interesadas provocan, conocen y consienten, aprovechándose decididamente de las mismas para favorecer su postura en el pleito (...)"; Rec. nº 3668/1995, F.J. 1º.

[328] STS 833/2013, de 19 de diciembre, Rec. nº 5/2012, F.J. 5º.

[329] El *fraude procesal* se proscribe en el artículo 11.2 LOPJ, al disponer: "los Juzgados y Tribunales rechazarán fundadamente las peticiones, incidentes y excepciones que se formulen con manifiesto abuso de derecho o entrañen fraude de ley o procesal". Sobre el concepto de fraude procesal, destacamos Picó I Junoy, J., (2013), *El principio de la buena fe procesal*, JMB Editor, Barcelona, pp. 117-125, Recurso electrónico ID v-Lex: 417116674.

[330] Cubillo López, I., (1999), *Op. cit.*, p. 289.

el conocimiento del domicilio del demandado y evitar la indefensión que pueda producir la citación por edictos"[331].

En efecto, como adelantábamos en sede del deber de diligencia del órgano judicial, conforme al artículo 156.1 LEC, solo en los casos en los que al actor le resulte realmente imposible obtener dicha información por los cauces que le son accesibles, el juzgador acordará la adopción de las medidas de averiguación domiciliaria que estime oportunas.

Ahora bien, dado que este precepto se refiere, sin más, a la mera "manifestación" del actor de que "le es imposible designar un domicilio o residencia del demandado, a efectos de su personación", autores como CUBILLO LÓPEZ se han mostrado partidarios de elevar un poco más este nivel de diligencia, de manera que se le exija, adicionalmente, "justificar cumplidamente tal imposibilidad, exponiendo y mostrando la diligencia que ha empleado en ello"[332].

Desde luego, sería contrario a la buena fe procesal que quien ha promovido la acción judicial realizase tal manifestación, sin tan siquiera haber llevado a cabo unas mínimas comprobaciones, como buscar algún dato que pudiera ser de utilidad en la documental de la que dispone –ya sea alguna dirección, lugar de trabajo[333] o, incluso, teléfono de contacto, fax o correo electrónico–, o consultar los principales Registros y bases de datos oficiales de acceso libre y público. Por esta causa, no nos parecería desproporcionado exigir del actor que, cuando menos, mencione las fuentes efectivamente comprobadas[334], o las razones que, en su caso, le han llevado a perder el contacto con el demandado, para exonerarlo del cumplimiento de la carga procesal que le corresponde y trasladarla al órgano judicial.

Eso sí, debemos apuntar que verificar la observancia de este deber cualificado, haría recaer sobre el órgano judicial una doble carga. Por un lado, constatar

---

331 STS 596/2017, de 5 de julio, Rec. nº 23/2016, F.J. 5º. En favor: STS 169/2010, de 17 de marzo, Rec. nº 38/2007, F.J. 4º; 203/2010, de 5 de abril, Rec. nº 48/2006, F.J. 3º; 784/2016, de 28 de septiembre, Rec. nº 25/2015, F.J. 5º; 874/2016, de 20 de octubre, Rec. nº 17/2015, F.J. 5º; 875/2016, de 20 de octubre, Rec. nº 26/2015, F.J. 5º; 39/2017, de 19 de enero, Rec. nº 16/2015, F.J. 5º; 103/2017, de 6 de febrero, Rec. nº 16/2014, F.J. 3º; 358/2017, de 26 de abril, Rec. nº 9/2016, F.J. 5º; ATS de 2 de septiembre, Rec. nº 14/2019, F.J. 3º.

332 CUBILLO LÓPEZ, I., (1999), *Op. cit.*, p. 294. Desarrollando esta idea también CUBILLO LÓPEZ, I., (2000), "Los actos de comunicación. Estudio de la nueva regulación de la notificación a Procurador", *Estudios Jurídicos. Cuerpo de Secretarios Judiciales*, Nº 5, pp. 309-310. En este sentido: FURQUET MONASTERIO, N., (2001), *Op. cit.*, p. 144.

333 STS 833/2013, de 19 de diciembre, Rec. nº 5/2012, F.J. 5º. Cabe destacar que una de las novedades introducidas por la Ley de Enjuiciamiento Civil de 2000 fue la inclusión del "lugar en que se desarrolle actividad profesional o laboral no ocasional" como domicilio apto para su designación por el demandante a efectos del primer emplazamiento del demandado o, una vez comparecidas las partes en el proceso, como domicilio a efectos de notificaciones (art. 155.3 LEC). En consonancia con el reconocimiento de la posibilidad de practicar las comunicaciones judiciales en el lugar de trabajo, el artículo 161.3º LEC reconoce, –inalterable en este sentido desde la entrada en vigor de la LEC– la admisibilidad de que, en ausencia del destinatario, la notificación mediante entrega se realice "(…) a persona que manifieste conocer a aquél o, si existiere dependencia encargada de recibir documentos u objetos, a quien estuviere a cargo de ella".

334 FURQUET MONASTERIO también se pronunció acerca de la conveniencia de que el actor indicara las diligencias de averiguación realizadas, para sortear reiteraciones; (2001), *Op. cit.*, p. 144.

que la declaración responsable del demandante es cierta o, cuanto menos, fundada, –y ello, a ser posible, sin entrar a realizar, por sí mismo, las pesquisas del artículo 156.1 LEC, pues, de lo contrario, nos encontraríamos ante la contradicción manifestada por REVILLA PÉREZ[335], y, precisamente, de lo que se trata es de liberar de trabajo a las Oficinas Judiciales–. Por otro lado, valorar si la diligencia mostrada es adecuada y suficiente para, en su caso, volver a requerir al demandante para que mejore sus esfuerzos[336], o incluso sancionarle conforme al artículo 247.3 LEC si su actuación fuere manifiestamente contraria a la lealtad procesal.

Es incontestable que el especial deber de colaboración que recae sobre la parte actora en el proceso, se concreta, en suma, en una mínima y razonable diligencia, consistente en la comunicación de cuantos datos se conozcan o puedan llegar a conocerse[337] del demandado que puedan contribuir a su efectiva localización; y, de ser necesario, el despliegue de una actividad indagadora asequible, sin que le sea exigible una diligencia extraordinaria que sobrepase los límites de lo proporcionado[338]. Y, por supuesto, instar el auxilio de la Oficina Judicial para la averiguación del domicilio actual del demandando, en aquellos supuestos en los que le resulte imposible suministrar por sus propios medios uno válido –sin perjuicio del deber de diligencia que, de forma autónoma, recae sobre el órgano judicial–, también pondrá de relieve una actitud diligente por su parte[339].

### 3.3. El deber de diligencia del destinatario

Hasta ahora, nos hemos centrado en la actuación en el proceso de los dos principales sujetos encargados de que los actos de comunicación sirvan a su propósito constitucional: el órgano judicial –integrado por todos aquellos funcionarios y profesionales que intervienen de un modo u otro en la práctica de los actos de comunicación– y la parte actora. No obstante, constatamos que un estudio sobre la "teoría de la indefensión material" y su aplicación práctica por el Tribunal Constitucional, estaría incompleto si no nos detuviésemos en la figura del primer interesado en la eficacia de las comunicaciones judiciales: el destinatario.

---

335 REVILLA PÉREZ, L., (2000), *Op. cit.*, p. 274.

336 En favor de volver a requerir al actor para que designe otro domicilio o mejore sus esfuerzos en los casos en los que se constate la insuficiencia de sus actuaciones: CUBILLO LÓPEZ, I., (2000), *Op. cit.*, 309-310.

337 Declara la STS 724/2018, de 19 de diciembre, Rec. nº 75/2017, en su F.J. 2º: "la maquinación u ocultación (...), aunque no hubiera sido originaria, se produce cuando la parte actora conoce durante el transcurso del proceso los datos necesarios para poder dar conocimiento a la parte demandada de su existencia y, pese a ello, omite cualquier actuación en ese sentido, causándole indefensión".

338 Un ejemplo de diligencia extraordinaria consta en la STS 569/2017, de 20 de octubre, Rec. nº 25/2016, F.J. 2º: "la demandante (...) tuvo que contratar un detective para encontrar al querellado, uno de los demandados en el proceso civil, porque el Juzgado de Instrucción no pudo localizarlo por sí solo, lo que no parece compatible con que la demandante conociera el domicilio. Ha de considerarse una diligencia extraordinaria (...)".

339 STS 336/2018, de 6 de junio, Rec. 60/2017, F.J. 3º.

Como expusimos con anterioridad, la indefensión que proscribe la Carta Magna en su artículo 24.1[340], calificada de *material* por nuestro Tribunal Constitucional, exige, entre otros factores[341], la concurrencia de un perjuicio real, efectivo y definitivo[342], derivado de una privación o limitación sustancial del derecho de defensa[343].

Descendiendo a lo particular, en el ámbito de las comunicaciones judiciales, el daño más evidente suele ser el generado por una resolución procesal dictada *inaudita parte* en un proceso en el que, concurriendo la defectuosa realización del primer acto de comunicación, se ha privado a quien estaba procesalmente legitimado para ello, de la oportunidad real de comparecer y hacerse oír a quien, quedando, así, apartado del litigio de forma injusta.

En efecto, reproduciendo el F.J. 3º de la STC 47/2019, de 8 de abril, "(...) el acto de comunicación es el necesario instrumento que facilita la defensa en el proceso de los derechos e intereses cuestionados, de tal manera que su falta o deficiente realización, siempre que se frustre la finalidad con ellos perseguida, coloca al interesado en una situación de indefensión que vulnera el referido derecho fundamental (...)"[344].

---

340 Art. 24.1 CE: "1. Todas las personas tienen derecho a obtener la tutela efectiva de los jueces y tribunales en el ejercicio de sus derechos e intereses legítimos, sin que, en ningún caso, pueda producirse indefensión".1. Todas las personas tienen derecho a obtener la tutela efectiva de los jueces y tribunales en el ejercicio de sus derechos e intereses legítimos, sin que, en ningún caso, pueda producirse indefensión.1. Todas las personas tienen derecho a obtener la tutela efectiva de los jueces y tribunales en el ejercicio de sus derechos e intereses legítimos, sin que, en ningún caso, pueda producirse indefensión.1. Todas las personas tienen derecho a obtener la tutela efectiva de los jueces y tribunales en el ejercicio de sus derechos e intereses legítimos, sin que, en ningún caso, pueda producirse indefensión.

341 Sobre los elementos integrantes de la indefensión material: Yélamos Bayarri, E., (2006), *Op. cit.*, pp. 194-195.

342 Cualidad del perjuicio merecedor de amparo señalada por Furquet Monasterio, N., (2001), *Op. cit.*, p. 41, comentando la STC 31/1989, de 13 de febrero (BOE nº 52, de 2 de marzo), F.J. 3º; y, *a posteriori*, por Yélamos Bayarri, E., (2006), *Op. cit.*, p. 194.

343 En palabras del TC en su Sentencia 26/1999, de 8 de marzo (BOE nº 89, de 14 de abril), F.J. 3º: "(...) para apreciar la existencia de lesión constitucional, es preciso que la indefensión sea material y no meramente formal. Ello implica que no basta la existencia de un defecto procesal, sino que es igualmente necesario que éste se haya traducido en un perjuicio real y efectivo, nunca potencial o abstracto, para el demandado, en sus posibilidades de defensa en un proceso con todas las garantías (...)". Asimismo, en su Sentencia 102/1987, de 17 de junio (BOE nº 163, de 9 de julio), F.J. 2º, también manifestó que "(...) la indefensión que se prohíbe en el art. 24.1 CE, no nace (...) de la sola y simple infracción por los órganos judiciales de las reglas procesales, pues el quebrantamiento de esta legalidad no provoca, en todos los casos, la eliminación o disminución sustancial de los derechos que corresponden a las partes en razón de su posición propia en el procedimiento ni, en consecuencia, la indefensión que la Constitución proscribe". En favor: SSTC 48/1984, de 4 de abril (BOE nº 99, de 25 de abril), F.J. 1º; 31/1989, de 13 de febrero (BOE nº 52, de 2 de marzo), F.J. 2º; 181/1994, de 20 de junio (BOE nº 177, de 26 de julio), F.J. 2º; 314/1994, de 21 de noviembre (BOE nº 310, de 28 de diciembre), F.J. 1º; 15/1995, de 24 de enero (BOE nº 50, de 28 de febrero), F.J. 3º; 126/1996, de 9 de julio (BOE nº 194, de 12 de agosto), F.J. 2º; 86/1997, de 22 de abril (BOE nº 121, de 21 de mayo) F.J. 3º; 220/2002, de 25 de noviembre (BOE nº 304, de 20 de diciembre), F.J. 3º.

344 STC 47/2019, de 8 de abril (BOE nº 116, de 15 de mayo), F.J. 3º. Asimismo: SSTC 219/1999, de 29 de noviembre (BOE nº 310, de 28 de diciembre), F.J. 2º; 128/2000, de 16 de mayo (BOE nº 147, de 20 de junio), F.J. 5º; 268/2000, de 13 de noviembre (BOE nº 299, de 14 de diciembre), F.J. 4º; 186/2007, de 10 de

Ahora bien, como advierte, a su vez, la doctrina constitucional[345], puede suceder que, pese a que alguien permanezca ajeno al proceso, no estemos ante una indefensión merecedora de tutela en sede del Recurso de Amparo.

Analizaremos la siguiente aseveración: "siempre que se frustre la finalidad con ellos perseguida". Esta declaración nos lleva a deducir que, para apreciar una indefensión material, será necesario, en primer lugar, constatar que la finalidad de la comunicación defectuosa fracasó, ya que de lo contrario, no se habrán limitado de forma real, efectiva y definitiva los medios de tutela del legítimo destinatario, ni se le habrá provocado un perjuicio relevante constitucionalmente.

Del mismo modo, y aun mediando la infracción del órgano judicial, será imprescindible verificar que quien denuncia la efectiva indefensión no ha coadyuvado, de forma relevante, con su propia conducta –ya fuere por malicia o negligencia–, al resultado dañoso. De ser así, el perjuicio le sería directamente imputable, por lo que tampoco estaríamos, de nuevo, ante una indefensión proscrita por nuestra Carta Magna.

Dicho argumento, recogido por la STC 123/1989, de 6 de julio, se encuentra matizado en su F.J. 2º, al aseverar: "no toda resolución judicial dictada *inaudita parte* implica necesariamente vulneración del derecho a la tutela judicial efectiva por causar indefensión, pues la indefensión que proscribe el artículo 24.1 de la Constitución es la material, (...) pero no aquella que es imputable al propio interesado que no actuó con la diligencia exigible para comparecer en el proceso tras conocer por otros medios (...), o que, pese a tal conocimiento, adoptó una actitud pasiva con el fin de obtener una ventaja de la marginación procesal en la que se encontraba"[346].

Es incontestable que nuestro régimen legal de comunicaciones, se configura como un auténtico sistema de garantías protector del derecho de defensa de las partes en el proceso (art. 24.1 CE), y, en especial, del demandado cuando aún no tiene noticia del procedimiento. Ahora bien, sin perjuicio de esta realidad, el Tribunal Constitucional ha evidenciado que sobre el recurrente en amparo –usualmente, parte demandada en el litigio inicial– también recae un específico deber de diligencia, a la vista de las comunicaciones judiciales que le sean defectuosamente dirigidas u omitidas y, pretendidamente, pudiesen provocar indefensión.

---

septiembre (BOE nº 248, de 16 de octubre), F.J. 2º; 78/2008, de 7 de julio (BOE nº 178, de 24 de julio), F.J. 3º; STC 181/2015, de 7 de septiembre (BOE nº 245, de 13 de octubre), F.J. 3º.

[345] SSTC 123/1989, de 6 de julio (BOE nº 175, de 24 de julio), F.J. 2º; 174/1990, de 12 de noviembre (BOE nº 289, de 3 de diciembre), F.J. 4º; 65/2000, de 13 de marzo (BOE nº 90, de 14 de abril), F.J. 3º; 232/2000, de 2 de octubre, (BOE nº 267, de 7 de noviembre), F.J. 2º; 268/2000, de 13 de noviembre (BOE nº 299, de 14 de diciembre), F.J. 4º; 161/2006, de 22 de mayo (BOE nº 148, de 22 de junio), F.J. 4º.

[346] STC 123/1989, de 6 de julio (BOE nº 175, de 24 de julio), F.J. 2º. Asimismo, SSTC 174/1990, de 12 de noviembre (BOE nº 289, de 3 de diciembre), F.J. 4º; 65/2000, de 13 de marzo (BOE nº 90, de 14 de abril) F.J. 3º; 232/2000, de 2 de octubre, (BOE nº 267, de 7 de noviembre), F.J. 2º; 268/2000, de 13 de noviembre (BOE nº 299, de 14 de diciembre), F.J. 4º; STC 161/2006, de 22 de mayo (BOE nº 148, de 22 de junio), F.J. 4º, entre otras muchas.

Evidencia de lo anterior es la STC 2/2008, de 14 de enero, cuyo F.J. 2º, pone de relieve que, "si bien es cierto que los errores de los órganos judiciales no deben repercutir negativamente en la esfera del ciudadano, también lo es que a éste le es exigible una mínima diligencia (...)"[347]. Y es que, como también asevera el F.J. 3º de la STC 217/1993, de 30 de junio, "(...) corresponde a las partes intervinientes en un proceso mostrar la debida diligencia, sin que pueda alegar indefensión quien se coloca a sí mismo en tal situación o quien no hubiera quedado indefenso de actuar con la diligencia razonablemente exigible (...)"[348].

En esencia, estamos ante un deber del destinatario, fundado en las exigencias de la buena fe, consistente en hacer cuanto esté a su alcance para promover su propia defensa e instar la reparación del perjuicio por los cauces legalmente establecidos –y razonablemente procedentes[349]–, tan pronto como adquiera conocimiento de la existencia del proceso. De lo contrario, constaremos, se apreciará que el destinatario no actuó con la debida diligencia en el momento procesal oportuno y no prosperará una denuncia de indefensión fundada en idénticos hechos.

A la vista del F.J. 3º de la STC 159/1988, de 19 de septiembre, sobre una conducta de ocultamiento libremente escogida por el recurrente en amparo constitucional, "mal puede invocar privación de la tutela judicial con la consiguiente indefensión, quien por propia y exclusiva voluntad se abstiene de defenderse en tan importante fase procesal y viene a aceptar con su pasividad resoluciones finales y definitivas, para decir luego que le son gravosas y le han privado de defensa"[350].

---

[347] STC 2/2008, de 14 de enero (BOE nº 40, de 15 de febrero), F.J. 2º. En este sentido: SSTC 31/1989, de 13 de febrero (BOE nº 52, de 2 de marzo), F.J. 6º; 186/1991, de 3 de octubre (BOE nº 265, de 5 de noviembre), F.J. 3º; 128/1998, de 16 de junio (BOE nº 170, de 17 de julio), F.J. 6º; 150/2000, de 12 de junio (BOE nº 165, de 11 de julio), F.J. 2º; 178/2003, de 13 de octubre (BOE nº 272, de 13 de noviembre), F.J. 4º; 256/2006, de 11 de septiembre (BOE nº 243, de 11 de octubre), F.J. 6º; 162/2007, de 2 de julio (BOE nº 185, de 3 de agosto), F.J. 2º; 210/2007, de 24 de septiembre (BOE nº 261, de 31 de octubre), F.J. 2º.

[348] STC 217/1993, de 30 de junio (BOE nº 183, de 2 de junio), F.J. 3º. Así: SSTC 235/1993, de 12 de junio (BOE nº 192, de 12 de agosto), F.J. 2º; 108/1995, de 4 de junio (BOE nº 184, de 3 de agosto), F.J. 3º; 82/1999, de 10 de mayo (BOE nº 142, de 15 de junio) F.J. 2º; 293/2000, de 11 de diciembre (BOE nº 14, de 16 de enero), F.J. 2º; 178/2003, de 13 de octubre (BOE nº 272, de 13 de noviembre), F.J. 4º; 187/2004, de 2 de noviembre (BOE nº 290, de 2 de diciembre), F.J. 2º; 203/2005, de 18 de julio (BOE nº 197, de 18 de agosto), F.J. 2º; 248/2005, de 10 de octubre (BOE nº 273, de 15 de noviembre), F.J. 2º; 79/2006, de 13 de marzo (BOE nº 92, de 18 de abril), F.J. 2º; 23/2009, de 26 de enero (BOE nº 49, de 26 de febrero), F.J. 2º; 208/2009, de 26 de noviembre (BOE nº 313, de 29 de diciembre), F.J. 4º.

[349] En este aspecto, destacaremos la STC 114/1986, de 2 de octubre (BOE nº 253, de 22 de octubre), cuya doctrina recogida en el F.J. 4º, sobre el requisito de agotamiento de la vía judicial con carácter previo a la interposición del Recurso de Amparo, [art. 44.1.a) LOTC], puede trasladarse a esta cuestión: "«el requisito del agotamiento de la vía judicial no obliga a utilizar en cada caso todos los medios de impugnación existentes en el ordenamiento, sino aquellos que razonablemente convenga», es decir, (...) «aquellos remedios procesales que razonablemente puedan ser conocidos y ejercitados por los litigantes»". Citando, respectivamente, las SSTC 81/1983, de 10 de octubre (BOE nº 266, de 7 de noviembre), F.J. 1º; y 65/1985, de 23 de mayo (BOE nº 134, de 5 de junio), F.J. 5º.

[350] STC 159/1988, de 19 de septiembre (BOE nº 247, de 14 de octubre), F.J. 3º; citando la STC 29/1984, de 29 de febrero (BOE nº 80, de 3 de abril), F.J. 3º.

Expuesto lo anterior, para una mejor apreciación de este complejo deber repleto de matices y fuertemente condicionado por las específicas circunstancias de cada supuesto, sistematizaremos nuestro estudio en cuatro puntos esenciales, atinentes a las cargas procesales que, en suma, estimamos integrantes en el deber de diligencia exigido al demandado.

De esta manera, profundizaremos en el deber de comparecencia; el deber –conveniencia– de denunciar la nulidad de la comunicación en el primer acto de comparecencia; el deber de permanecer localizable a lo largo del proceso; y, para concluir, nos detendremos en aquellos otros deberes que la doctrina constitucional ha considerado que recaen sobre el demandado, incluso con anterioridad a conocer de la existencia del proceso incoado en contra de él.

### *3.3.1. El deber de comparecer en el proceso. La doctrina constitucional sobre el conocimiento extraprocesal*

Como sabemos, en el orden jurisdiccional civil, el demandado no tiene la obligación legal de comparecer y actuar en el proceso[351]. Lo que recae sobre él es una carga procesal de comparecer, cuya inobservancia, manifiesta Cubillo López, no trae consigo otra sanción que la pérdida de derechos y de oportunidades en el proceso[352].

Efectivamente, si la parte demandada correctamente emplazada o citada, decide no comparecer en tiempo y forma en el procedimiento, lo que se produce a continuación es, tanto la preclusión de la oportunidad de realizar el acto procesal para el que haya sido emplazado o citado, en virtud del 136.1 LEC[353]; como su declaración procesal de rebeldía, de conformidad a lo previsto en el 496.1 LEC[354].

Por supuesto, la declaración de rebeldía no impide al demandado comparecer en un momento ulterior, sin embargo, como establece con claridad el artículo 499 LEC, esa ulterior comparecencia, cualquiera que sea el estado en que se encuentre el procedimiento no dará lugar, en ningún supuesto, a una retroacción de las actuaciones.

---

[351] Gimeno Sendra, V., (2015), *Op. cit.*, pp. 409 y 410. En este sentido, también: Molina Caballero, M.J., (2013), "Tema 8…", *Op. cit.*, p. 138.

[352] Cubillo López, I., (1999), *Op. cit.*, pp. 43-44.

[353] Art. 136 LEC: "Transcurrido el plazo o pasado el término señalado para la realización de un acto procesal de parte se producirá la preclusión y se perderá la oportunidad de realizar el acto de que se trate. (…)". Sobre este artículo: Muerza Esparza, J., (2011), "Comentario al artículo 136 de la LECiv. Preclusión", en Armenta Deu, T., Cordón Moreno, F., Muerza Esparza, J.J., y Tapia Fernández, I., (Coord.), *Comentario a la Ley de Enjuiciamiento Civil. Tomo I*, 2ª Edición, Grandes Tratados Aranzadi, Cizur Menor (Navarra), Recurso electrónico Aranzadi ID: BIB 2011\5028.

[354] Art. 496.1. LEC: "1. El Letrado de la Administración de Justicia declarará en rebeldía al demandado que no comparezca en forma en la fecha o en el plazo señalado en la citación o emplazamiento, excepto en los supuestos previstos en esta ley en que la declaración de rebeldía corresponda al Tribunal". Precepto objeto de estudio en Samanes Ara, C., (2011), "Comentario al art. 496 de la LECiv. Declaración de rebeldía", en Armenta Deu, T., Cordón Moreno, F., Muerza Esparza, J.J., y Tapia Fernández, I., (Coord.), *Op. cit.*, Recurso electrónico Aranzadi ID: BIB 2011\5133.

Desde el instante en que el rebelde quede legamente apartado del proceso, el órgano judicial cesará la remisión de actos de comunicación –con excepción de la resolución que le ponga fin, que será notificada en los términos del artículo 497.1 LEC[355]– y, a medida que progrese el proceso, se irá originando la preclusión de cada trámite en el que podría haber intervenido de haber comparecido en tiempo y forma[356]. En palabras de González Olleros, "(...) la personación no produce la retrocesión en la tramitación del procedimiento, sino que precluye para el demandado hasta entonces rebelde la posibilidad de ejercitar derechos procesales correspondientes a períodos ya transcurridos"[357].

Como podemos constatar, la inobservancia de esta carga procesal, a pesar de no llevar aparejada sanción legal, puede desencadenar graves e irreparables consecuencias. Con todo, hemos de reconocer que cuando la comunicación judicial ha sido efectiva y el demandado ha adquirido un conocimiento real de la pendencia del proceso y del contenido de la resolución, su decisión de apartarse no conlleva ulterior problemática jurídica.

La cuestión que nos interesa subrayar es: ¿recae también sobre el demandado defectuosamente notificado o, incluso, sobre aquél que ha tenido noticia de la existencia del litigio vía extraprocesal, esta carga de comparecer? Y, lo que es aún más relevante: ¿tiene su incomparecencia idénticas consecuencias que las anteriormente descritas?

La respuesta al primero de los interrogantes, la localizamos en la STC 217/1993, de 30 de junio, la cual establece de forma irrefutable que "(...) si la parte afectada tiene conocimiento por cualquier medio ajeno al proceso de la tramitación del juicio, la diligencia exigible en la defensa de sus intereses le obliga a personarse en el procedimiento, subsanando así la posible infracción cometida por el órgano judicial, de modo que sólo si dicho conocimiento es tan tardío que le impide la adecuada defensa de sus intereses o si, intentada la personación, se le deniega indebidamente, habría una actuación del órgano judicial generadora de indefensión" (F.J. 3º)[358].

---

[355] Así, en virtud del artículo 497.1 LEC: "1. La resolución que declare la rebeldía se notificará al demandado por correo, si su domicilio fuere conocido y, si no lo fuere, mediante edictos. Hecha esta notificación, no se llevará a cabo ninguna otra, excepto la de la resolución que ponga fin al proceso". Sobre este precepto, destacamos Magro Servet, V., (Coord.) (2010), "De la rebeldía y de la rescisión de sentencias firmes y nueva audiencia al demandado rebelde (preguntas 1502 a 1554)", en Magro Servet, V., (Coord.) (2010), *Guía práctica de la Ley de Enjuiciamiento Civil. Adaptada a la Ley 13/2009, de 3 de noviembre; Ley Orgánica 1/2009, de 3 de noviembre, y Ley 19/2009, de 23 de noviembre*, 4ª Edición, La Ley, Madrid, Rec. electrónico: LA LEY 8645/2010.

[356] *Vid.*, Armenta Deu, T., (2016), *Op. cit.*, pp. 168 y 169.

[357] González Olleros, J., (2008), "Comentario al art. 499 de la Ley de Enjuiciamiento Civil. Comparecencia posterior del demandado", en Xiol Ríos, J.A., *Enjuiciamiento Civil. Comentarios y Jurisprudencia. Ley 1/2000, de 7 de enero*, Editorial Sepín, Madrid, Edición Digital, p. 1.

[358] STC 217/1993, de 30 de junio (BOE nº 183, de 2 de junio), F.J. 3º. Así: SSTC 233/1988, de 2 de diciembre (BOE nº 307, de 23 de diciembre), F.J. 4º; 101/1990, de 4 de junio (BOE nº 160, de 5 de julio), F.J. 1º; 8/1991, de 17 de enero (BOE nº 38, de 13 de febrero), F.J. 3º; 153/1993, de 3 de mayo (BOE nº 127, de 28 de mayo), F.J. 3º; 149/2002, de 15 de julio (BOE nº 188, de 7 de agosto), F.J. 3º.

En este sentido, la STC 93/1987, de 3 de junio, en su F.J. 2º, asevera que: "ha de entenderse que no se ha producido indefensión cuando, pese a la existencia de infracciones procesales o, aún sin ellas, sin haberse producido actos de notificación judicial a la persona afectada por las actuaciones, ésta ha tenido efectivo y tempestivo conocimiento de ellas". Y, en este sentido, continúa precisando que "cuando tal conocimiento ha existido, la incongruencia o inactividad procesal de la persona será resultado de su libre decisión o de su falta de diligencia, pero no de la vulneración de su derecho a la tutela judicial efectiva"[359].

Ya adelantamos, con ocasión del análisis de los elementos de la indefensión material, que la actitud adoptada por el interesado desde que adquiere conocimiento del proceso judicial deviene crucial a la hora de verificar si, *de facto*, se ha producido una vulneración del derecho de defensa con relevancia constitucional.

En efecto, si una vez conocida la incoación del procedimiento, el afectado permaneciera ajeno por voluntad propia, impericia técnica -ya sea de él o de los profesionales del Derecho que le asisten- o negligencia, siguiendo la doctrina constitucional[360], las consecuencias derivadas de su incomparecencia, al margen de las infracciones que hubieran podido cometerse en la práctica del acto de comunicación, pasarían a imputarse a la conducta del destinatario, y no a la del ejecutor de la comunicación, quedando, pues, vacío de contenido cualquier alegato de indefensión *a posteriori*[361].

En palabras del máximo intérprete de nuestra Constitución, "la indefensión no se produce si la situación en la que el ciudadano se ha visto colocado se debió a una actitud voluntariamente adoptada por él o si le fue imputable por falta de la necesaria diligencia"[362].

---

[359] STC 93/1987, de 3 de junio, (BOE nº 152, de 26 de junio), F.J. 2º. En favor: SSTC 23/2003, de 10 de febrero (BOE nº 55, de 5 de marzo), F.J. 2º; ATC 796/1988, de 20 de junio, F.J. 2º

[360] Como dispone la STC 113/2001, de 7 de mayo (BOE nº 137, de 8 de junio), en su F.J. 6º, "(...) tampoco existirá indefensión efectiva lesiva del art. 24.1 CE si de las actuaciones se deduce que quien la denuncia no ha observado la debida diligencia en la defensa de sus derechos, porque el apartamiento del proceso al que se anuda dicha indefensión sea la consecuencia del desinterés, la negligencia, el error técnico o impericia de la parte o profesionales que le representen o defiendan, o bien porque se haya colocado al margen del proceso mediante una actitud pasiva con el fin de obtener una ventaja de esa marginación, o bien cuando resulte probado que poseía un conocimiento extraprocesal de la existencia del litigio en el que no fue personalmente emplazado". En idéntico sentido: SSTC 109/1985, de 8 de octubre (BOE nº 265, de 5 de noviembre), F.J. 3º; 68/1993, de 1 de marzo (BOE nº 78, de 1 de abril), F.J. 3º; 82/2000, de 27 de marzo (BOE nº 107, de 27 de marzo), F.J. 5º; 128/2005, de 23 de mayo (BOE nº 148, de 22 de junio), F.J. 2º.

[361] Según asevera el Tribunal Constitucional, en su STC nº 109/1985, de 8 de octubre (BOE nº 265, de 5 de noviembre), F.J. 3º, "(...) la indefensión resulta absolutamente irrelevante a efectos constitucionales, porque al causante de ella le es imputable su presencia, no pudiendo reunir a la vez la doble condición de autor y de perjudicado, y si la creó con su comportamiento doloso o negligente, no es posible beneficiarle con su reconocimiento y consecuencias". Asimismo: STC 68/1993, de 1 de marzo (BOE nº 78, de 1 de abril), F.J. 13º; 138/2017, de 27 de noviembre (BOE nº 7, de 8 de enero) F.J. 4º.

[362] STC 48/1984, de 4 de abril (BOE nº 99, de 24 de abril), F.J. 1º. Sobre esta doctrina constitucional también se pronuncian las SSTC 110/1989, de 12 de junio (BOE, nº 158, de 4 de julio), F.J. 3º; 142/1989, de 18 de septiembre (BOE nº 250, de 18 de octubre), F.J. 2º; 236/1992, de 14 de diciembre (BOE nº 17, de 20 de enero), F.J. 2º; 327/1993, de 8 de noviembre (BOE nº 295, de 10 de diciembre), F.J. 2º; 121/1996, de 8 de julio (BOE nº 194, de 12 de agosto), F.J. 2º; 126/1996, de 9 de julio (BOE nº 194, de 12 de agosto),

En idéntico sentido, la STC 48/1984, de 4 de abril, establece: "no se encuentra en una situación de indefensión la persona a quien se ha dado a conocer la existencia del proceso y ha podido intervenir en él, ni aquella otra que, conociéndolo, ha dejado de intervenir en él por un acto de su voluntad" (F.J. 1°)[363]. De lo contrario, siguiendo a OCAÑA RODRÍGUEZ, "se trataría de un premio a la pasividad del demandado"[364].

Muestra de la aplicación de tales argumentos, destacaremos la STC 101/1990, de 4 de junio, F.J. 2°: "(...) aunque no fuese emplazada ni citada, pudo y debió personarse si creyó que ello era necesario para una adecuada defensa de sus interese. Si no lo hizo, fue por indiligencia o por considerarlo innecesario. En ningún caso, empero, puede ahora aducir la supuesta infracción procesal cometida por el órgano judicial como causa de tal indefensión o perjuicio"[365].

De lo expuesto se desprende que, con independencia de la forma por la que se adquiera conocimiento de la existencia del proceso, bien a través de una comunicación judicial conforme a Derecho, bien mediante una notificación defectuosa o, incluso, por medios extraños al proceso, la diligencia exigida al destinatario le empuja a comparecer en él a los efectos que proceda -ya sea instar una nulidad de actuaciones o evacuar el trámite para el que fue llamado al proceso en tiempo y forma- y evitar las consecuencias derivadas de una declaración de rebeldía[366].

---

F.J. 4°; 26/1999, de 8 de marzo (BOE n° 89, de 14 de abril), F.J. 5°; 219/1999, de 29 de noviembre (BOE n° 310, de 28 de noviembre), F.J. 2°; 214/2005, de 12 de septiembre (BOE n° 246, de 14 de octubre), F.J. 4°; 38/2006, de 13 de febrero (BOE n° 64, de 16 de marzo) F.J. 4°; 30/2014, de 24 de febrero (BOE n° 73, de 25 de marzo), F.J. 3°; 137/2017, de 27 de noviembre (BOE n° 7, de 8 de enero), F.J. 4°; 32/2019, de 28 de febrero (BOE n° 73, de 26 de marzo), F.J. 4°.

363 STC 48/1984, de 4 de abril (BOE n° 99, de 24 de abril), F.J. 1°. Así: SSTC 185/1998, de 28 de septiembre (BOE n° 260, de 30 de octubre), F.J. 2°; y AATC 763/1985, de 6 de noviembre, F.J. Único; 1110/1986, de 22 de diciembre, F.J. 1°.

364 OCAÑA RODRÍGUEZ, A., (2000), "Regulación de la rebeldía en la nueva Ley de Enjuiciamiento Civil. Posibles motivos de inconstitucionalidad", *Diario La Ley*, Ref. D-118, Tomo 4°, Sección Doctrina, p. 2. Recurso electrónico ID: LA LEY 21188/2001.

365 STC 101/1990, de 4 de junio (BOE n° 160, de 5 de julio), F.J. 2°. En este sentido, el ATC 726/1998, de 20 de junio, nos recuerda, en su F.J. 2°, que "la indefensión ofrece un marcado carácter material en el plano constitucional, de modo que no cabe apreciarla cuando el interesado, pese a la falta de notificación o a la infracción de normas procesales, tiene conocimiento efectivo y tempestivo de las actuaciones judiciales".

366 Hemos de tener presente, como apunta FURQUET MONASTERIO, que "la declaración de rebeldía del demandado se fundamenta en el dato objetivo de la ausencia de comparecencia del actor en la fecha o en el plazo señalado (...), pues en el momento de dicha declaración no se tienen en cuenta los motivos que han provocado la no comparecencia del demandado", (2001), *Op. cit.*, p. 307. Así, afirma OCAÑA RODRÍGUEZ , que nuestra LEC no diferencia entre rebeldes voluntarios y rebeldes involuntarios y, de entre éstos últimos, tampoco distingue entre los válidamente emplazados y los defectuosamente emplazados, (2000), *Op. cit.*, pp. 4 y 8. Como explicaremos en un momento posterior, dado que es posible que se declare en situación procesal de rebeldía procesal a personas que, efectivamente, no conocieron por causas que no le eran imputables, nuestro legislador ha introducido mecanismos legales como, por ejemplo, la rescisión de sentencia firme a instancias del rebelde, regulada en los artículos 501 y siguientes de la LEC, para reparar situaciones de indefensión material en sede de jurisdicción ordinaria.

Ahora bien, con relación a las denominadas "causas excluyentes de la indefensión material"[367], YÉLAMOS BAYARRI expresa su inquietud acerca de la posibilidad de que, a través de ellas, queden subsanados defectos "gravísimos" en las comunicaciones, entre los que se incluiría la propia omisión de la notificación por parte del órganon judicial[368].

En palabras de la citada autora, "el problema es que se «absuelva» a la Administración de Justicia a la más mínima falta de diligencia del afectado por la comunicación irregular. (...). Y «el argumento de exigir a la parte que compense con un plus de diligencia adicional el cuidado que debió observar el órgano judicial resulta peligroso»"[369].

A nuestro parecer, la apreciación de estas causas excluyentes –en particular, la negligencia del legítimo destinatario de la comunicación o el llamado conocimiento extraprocesal– en sede del Recurso de Amparo concluye en la imputación de la responsabilidad emanada del perjuicio generado por la infracción cometida –inicialmente imputable al órgano judicial–, a la negligencia del propio destinatario, quien debió actuar con una mayor diligencia en la defensa de sus intereses, compareciendo en el proceso en cuanto tuvo ocasión. En las elocuentes palabras de la STC 121/1996, de 8 de julio, en su F.J. 2º, "el deber de diligencia del órgano judicial no debe entenderse en términos tan amplios como para excusar la propia negligencia del destinatario de la comunicación (...)"[370].

En definitiva, se sanciona la conducta negligente, pasiva o, incluso, maliciosa, del destinatario, haciendo recaer sobre él los efectos lesivos de la irregularidad procesal que no se preocupó de enmendar a tiempo y que, de algún modo, asumió con su propia conducta. Como dispone la STC 43/1989, de 20 de febrero, en su F.J. 2º, "en el supuesto de que se tuviese plena certeza de que el afectado tuvo conocimiento oportuno del proceso, y con una exigible diligencia pudo comparecer y ser oído en él, ha de entenderse que la situación de indefensión creada tuvo como concausa determinante la propia conducta procesal del interesado"[371].

---

[367] Así denominadas por YÉLAMOS BAYARRI, E., (2006), *Op. cit.*, p. 219, incluyendo entre ellas la actitud negligente del recurrente en amparo, la ausencia de perjuicio real y efectivo y el conocimiento extraprocesal.

[368] YÉLAMOS BAYARRI, E., (2006), *Op. cit.*, p. 201.

[369] YÉLAMOS BAYARRI, E., (2006), *Op. cit.*, p. 234, coincidente con la doctrina de FURQUET MONASTERIO, N., (2001), *Op. cit.*, p. 60. Desarrollando su razonamiento, la mencionada autora explicó que "(...) se ha apuntado en otro lugar los peligros que encierra esta segunda vía de subsanación, al traspasar a la parte la responsabilidad de suplir con una conducta diligente la falta de pericia que es exigible al órgano judicial. Se penaliza la pasividad de la parte, pero esta actitud lo es ante una conducta negligente del propio tribunal en la realización de los actos de comunicación (...) de ahí que se haya defendido que la omisión del órgano judicial no puede quedar compensada por la inactividad de la parte", en FURQUET MONASTERIO, N., (2001), *Op. cit.*, p. 303.

[370] STC 121/1996, de 8 de julio (BOE nº 194, de 12 de agosto), F.J. 2º.

[371] STC 43/1989, de 20 de febrero (BOE nº 52, de 2 de marzo), F.J. 2º. Recapitula dicha doctrina AYO FERNÁNDEZ, M., *Jurisprudencia Constitucional-Penal del artículo 24 de la Constitución Española*, Editorial La Ley, Madrid, 1997, pp. 32 y 33. Considera imputable la indefensión a la conducta negligente del destinatario: SSTC 110/1989, de 12 de junio (BOE nº 158, de 4 de julio), F.J. 3º; 8/1991, de 17 de enero (BOE nº 38, de 13 de febrero), F.J. 3º; 217/1993, de 30 de junio (BOE nº 183, de 2 de agosto), F.J. 3º; 168/2000, de 26 de

A mayor abundamiento, la diligencia exigible no es, en absoluto, ilógica o desmedida: ni más ni menos que comparecer y, de considerarlo conveniente, denunciar la indefensión sufrida. En buena lógica, resulta, asimismo, insostenible, *por mor* de la imprescindible salvaguarda de los derechos de las demás partes[372] y del principio de seguridad jurídica, que se ostente, indefinidamente –a la expectativa del momento procesal más favorable– el derecho de impugnar un acto procesal defectuoso[373].

Por tanto, pierde relevancia en sede constitucional el efecto lesivo del acto de comunicación irregular como consecuencia de la negligencia del principal interesado –quien no actuó en lo que era razonablemente exigible en defensa de sus derechos e intereses legítimos–. Su actitud desemboca en la imputación del resultado dañoso de indefensión a su propia conducta. Y es que, como señala la STC 168/2000, de 26 de junio (BOE nº 180, de 28 de julio), en su F.J. 3º, la indefensión material "no podrá alegarse en esta sede si, aun existiendo una omisión

junio (BOE nº 180, de 28 de julio), F.J. 3º; 197/2001, de 4 de octubre (BOE nº 266, de 6 de noviembre), F.J. 4º; 199/2002, de 28 de octubre (BOE nº 278, de 20 de noviembre), F.J. 4º; 55/2003, de 24 de marzo (BOE nº 91, de 16 de abril), F.J. 3º.

[372] Como pone de manifiesto la STC 217/1993, de 30 de junio (BOE nº 183, de 2 de junio), en su F.J. 3º, "este Tribunal ha de establecer la necesaria ponderación entre tal derecho [tutela judicial efectiva sin indefensión] (...) y el derecho fundamental, del que también son titulares las restantes partes del proceso, a que éste se resuelva sin dilaciones indebidas y a la ejecución de las resoluciones judiciales. Estos (...) derechos deberán, sin duda, ceder ante el que hemos citado en primer lugar si quien viene ante nosotros en demanda de amparo ha sido colocado en una situación de indefensión de la que no pudo librarse actuando con la diligencia que sus medios le permiten. No así cuando (...) tuvo oportunidades razonables de conocer cuál era la situación en la que se encontraba y de reaccionar frente a ella, pues en ese caso el reconocimiento de una primacía absoluta a su propio derecho equivaldría a hacer pagar a los titulares de aquéllos las consecuencias de una conducta ajena." En este sentido: SSTC 205/1988, de 7 de noviembre (BOE nº 297, de 12 de diciembre), F.J. 4º; 8/1991, de 17 de enero (BOE nº 38, de 13 de febrero), F.J. 3º.

[373] En este sentido, cabe destacar también la doctrina del Tribunal Supremo en sede del recurso extraordinario por infracción procesal. Así, según dispone el F.J. 2º de la Sentencia (Sala 1ª) 374/2003, de 11 de abril, Rec. nº 2556/1997, en relación con la aplicación del artículo 469.2 LEC, que impone, como requisito de procedibilidad del mencionado recurso, el deber de agotar todos los medios posibles para la denuncia o subsanación de la infracción o defecto procesal con carácter previo, "(...) ninguno de los litigantes puede aprovecharse de su silencio en un momento dado para luego, una vez avanzado el proceso, fundar su petición de nulidad de actuaciones en la infracción no denunciada entonces: primero, por ser tal conducta incompatible con las reglas de la buena fe que el art. 11.1 LOPJ, como también el art. 247.1 LEC (...), impone respetar en todo tipo de procesos; y segundo, porque de ser subsanable el defecto habría de procederse a remediarlo, a fin de cumplir el apdo. 3 de ese mismo artículo, con la mayor celeridad posible, ya que en otro caso podría suceder que la propia tardanza en denunciarlo acabara impidiendo su subsanación. En suma, el ordenamiento procesal, rectamente entendido, no permite que las partes, producida una determinada infracción procesal, se la guarden o reserven a modo de carta o ventaja para jugarla cuando más les convenga". En palabras de la Sentencia (Sala 1ª) 319/2008, de 5 de mayo, Rec. nº 735/2001, F.J. 2º, "tal carga viene impuesta por el contenido mismo del derecho constitucional a no sufrir indefensión, que consagra el art. 24.1 de la CE , y que impone a quien la denuncia la obligación de un actuar diligente durante el proceso, haciendo uso de todos los medios a su alcance para evitar su padecimiento". Aplicando esta doctrina, los AATS (Sala 1ª), de 16 de marzo de 2004, Rec. nº 997/2003, F.J. 4º; de 8 de septiembre de 2009, Rec. nº 171/2008, F.J. 2º; de 21 de diciembre de 2016, Rec. nº 1073/2014, F.J. 3º; de 19 de julio de 2017, Rec. nº 640/2016, F.J. 3º; de 5 de junio de 2019, Rec. nº 2189/2017, F.J. 3º; de 22 de enero de 2020, Rec. 3701/2017, F.J. 2º; de 27 de mayo de 2020, Rec. nº 5839/2019, F.J. 3º; de 1 de julio de 2020, Rec. nº 355/2018, F.J. 2º; de 8 de julio de 2020, Rec. nº 23/2018, F.J. 4º, entre otros muchos.

judicial lesiva del derecho fundamental, no se ha observado frente a aquélla, en el curso de las diferentes fases procesales, la debida conducta diligente con miras a propiciar su rectificación"[374].

Por consiguiente, y de conformidad con la STC 26/1999, de 8 de marzo, en su F.J. 5°, el llamado "juicio de imputabilidad al demandante de amparo"[375], deberá realizarse "teniendo presentes las circunstancias del caso concreto y, singularmente, si aquél tuvo o pudo haber tenido, empleando un mínimo de diligencia, un conocimiento extraprocesal de la pendencia del pleito en un momento procesal todavía oportuno para personarse y actuar en él en defensa de sus derechos o intereses"[376].

En buena lógica, y como apunta la mencionada Sentencia, en su F.J. 2°, estamos ante el problema de la prueba de la concurrencia de tales circunstancias:

El legítimo destinatario se encuentra protegido por la presunción del desconocimiento que alega. En consecuencia, será preciso que aquél que mantenga lo contrario acredite, de modo fehaciente[377], la existencia de un conocimiento previo enervador de la indefensión material. Y es que, sin perjuicio de que la doc-

---

[374] STC 168/2000, de 26 de junio (BOE n° 180, de 28 de julio), F.J. 3°. Así, la STC 56/2001, de 26 de febrero (BOE n° 77, de 30 de marzo), declaró en su F.J. 3° que, en efecto, el órgano judicial suprimió el trámite de notificación que prevé el artículo 1.373 del Código Civil, dirigido a comunicar al cónyuge no deudor la existencia del embargo de los bienes gananciales. No obstante, sin perjuicio de esta irregularidad manifiesta, se constata que la recurrente en amparo conoció extraprocesalmente la existencia de dicho embargo. Por ello, se entendió que "pese a la falta de notificación del embargo, la recurrente no sufrió indefensión material pues tuvo noticia extraprocesal de la existencia del mismo, y no actuó con la diligencia exigible para evitar las consecuencias negativas que se podían derivar, como así ocurrió, de la traba del bien ganancial. Ello excluye la lesión del derecho a la tutela judicial efectiva del art. 24.1 CE que se invoca en la demanda, ya que la irregularidad procesal no se tradujo, al conocer extraprocesalmente el embargo, en un menoscabo real y efectivo de su derecho de defensa" (F.J. 4°). En favor: SSTC 31/1989, de 13 de febrero (BOE n° 52, de 2 de marzo), F.J. 6°; 126/1991, de 6 de junio (BOE n° 162, de 8 de julio), F.J. 6°.

[375] SSTC 26/1999, de 8 de marzo (BOE n° 89, de 14 de abril), F.J. 5°; 1/2000, de 17 de enero (BOE n° 42, de 18 de febrero), F.J. 6°; 20/2000, de 31 de enero (BOE n° 54, de 3 de marzo), F.J. 5°; 145/2000, de 29 de mayo (BOE n° 156, de 30 de junio), F.J. 3°; 15/2001, de 29 de enero (BOE n° 52, de 1 de marzo), F.J. 5°.

[376] STC 26/1999, de 8 de marzo (BOE n° 89, de 14 de abril), F.J. 5°. Así: STC 7/2003, de 20 de enero (BOE n° 43 de 19 de febrero), F.J. 2°. En particular, pronunciándose sobre la necesidad de que el conocimiento se produzca en momento oportuno para personarse y actuar: SSTC 93/1987, de 3 de junio (BOE n° 152, de 26 de junio), F.J. 2°; 153/1987, de 13 de octubre (BOE n° 271, de 12 de noviembre), F.J. 4°; 129/1991, de 6 de junio (BOE n° 162, de 8 de julio), F.J. 1°; 126/1996, de 9 de julio (BOE n° 194, de 12 de agosto), F.J. 4°; 86/1997, de 22 de abril (BOE n° 121, de 21 de mayo), F.J. 3°; 118/1997, de 23 de junio (BOE n° 171, de 18 de agosto), F.J. 4°; 20/2000, de 31 de enero (BOE n° 54, de 3 de marzo), F.J. 5°; 39/2000, de 14 de febrero (BOE n° 66, de 17 de marzo), F.J. 4°; 15/2001, de 29 de enero (BOE n° 52, de 1 de marzo), F.J. 5°.

[377] Como asevera la STC 117/1983, de 12 de diciembre (BOE n° 9, de 11 de enero), F.J. 3°, "sólo la prueba fehaciente de que el conocimiento del proceso se tuvo por el afectado por el acto impugnado –prueba que corresponde aportar, naturalmente, a quien alega la existencia de dicho conocimiento– podría llevar eventualmente a este T.C. a desestimar la pretensión de amparo por la falta de emplazamiento personal y directo y ello siempre que por la fecha en que el repetido conocimiento se tuvo hubiera permitido al afectado no sólo comparecer en el proceso, sino ser oído en el mismo en el momento procedimental oportuno y pertinente en orden a la defensa procesal de sus derechos o intereses legítimos". Así las SSTC 24/1986, de 14 de febrero (BOE n° 55, de 5 de marzo), F.J. 3°; 129/1991, de 6 de junio (BOE n° 162, de 8 de julio), F.J. 1°.

trina constitucional haya declarado que "basta con que del examen de las actuaciones pueda inferirse de manera suficiente y razonable" la concurrencia de tal conocimiento[378]; y que no quedan excluidas "las reglas del criterio humano que rigen la prueba de presunciones" (*vid.*, art. 386.1 LEC)[379], es incontestable que será preciso que la prueba de cargo ostente entidad suficiente, siendo inadmisible la alegación fundada en meros indicios[380].

Como pone de manifiesto el F.J. 2º de la STC 219/1999, de 29 de noviembre, "(...) la posible negligencia, descuido o impericia imputables a la parte, o el conocimiento extraprocesal de la causa judicial tramitada supuestamente sin conocimiento del interesado, que vaciaría de contenido constitucional su queja, no puede fundarse sin más en una presunción cimentada en simples conjeturas, sino que debe acreditarse para que surta su efecto invalidante de la tacha de indefensión, pues lo presumido es (...), el desconocimiento del proceso si así se alega"[381].

A renglón seguido, expondremos los indicios y comportamientos conducentes a la constatación de la concurrencia de un conocimiento extraprocesal efectivo y temporáneo[382] de la pendencia del proceso:

---

378 SSTC 26/1999, de 8 de marzo (BOE nº 89, de 14 de abril), F.J. 5º; 145/2000, de 29 de mayo (BOE nº 156, de 30 de junio), F.J. 3º; 73/2003, de 23 de abril (BOE nº 118, de 17 de mayo), F.J. 4º; 114/2014, de 7 de julio (BOE nº 189, de 05 de agosto), F.J. 3º, entre otras.

379 En virtud del artículo 386.1 LEC, "a partir de un hecho admitido o probado, el Tribunal podrá presumir la certeza, a los efectos del proceso, de otro hecho, si entre el admitido o demostrado y el presunto existe un enlace preciso y directo según las reglas del criterio humano. La sentencia en la que se aplique el párrafo anterior deberá incluir el razonamiento en virtud del cual el tribunal ha establecido la presunción". Con respecto a la admisión de "las reglas del criterio humano que rigen la prueba de presunciones" y sobre la necesidad de prueba suficiente: SSTC 1/2000, de 17 de enero (BOE nº 42, de 18 de febrero), F.J. 6º; 62/2000, de 13 de marzo (BOE nº 90, de 14 de abril), F.J. 3º; 102/2003, de 2 de junio (BOE nº 156, de 1 de julio), F.J. 2º; 207/2005, de 18 julio (BOE nº 197, de 18 de agosto), F.J. 2º; 124/2006, de 24 de abril (BOE nº 125, de 26 de mayo), F.J. 2º; 166/2008, de 15 de diciembre (BOE nº 8, de 9 de enero), F.J. 2º; 79/2009, de 23 de marzo (BOE nº 102, de 27 de abril), F.J. 2º; 136/2014, de 8 de septiembre (BOE nº 243, de 7 de octubre), F.J. 2º; 167/2015, de 20 de julio (BOE nº 200, de 21 de agosto), F.J. 3º, entre otras muchas.

380 Cabe destacar el contenido de la STC 144/1997, de 15 de septiembre (BOE nº 248, de 16 de octubre), cuyo F.J. 4º, califica de "mera conjetura" el considerar que ha existido conocimiento extraprocesal por la mera la existencia de varios procesos con idéntico objeto y la especial trascendencia mediática en un ámbito social reducido –local–.

381 Algunas de las Sentencias en las que se recoge esta doctrina: SSTC 268/2000, de 13 de noviembre (BOE nº 299, de 14 de diciembre), F.J. 4º; 34/2001, de 12 de febrero (BOE nº 65, de 16 de marzo), F.J. 2º; 214/2005, de 12 de septiembre (BOE nº 246, de 14 de octubre), F.J. 4º; 293/2005, de 21 de noviembre (BOE nº 304, de 21 de diciembre), F.J. 2º; 161/2006, de 22 de mayo (BOE nº 148, de 22 de junio), F.J. 4º; 245/2006, de 24 de julio (BOE nº 197, de 18 de agosto), F.J. 3º; 186/2007, de 10 de septiembre (BOE nº 248, de 16 de octubre), F.J. 2º; 104/2008, de 15 de septiembre (BOE nº 245, de 10 de octubre), F.J. 3º; 168/2008, de 15 de diciembre (BOE nº 8, de 9 de enero), F.J. 2º; 93/2009, de 20 de abril (BOE nº 125, de 23 de mayo), F.J. 3º; 30/2014, de 24 de febrero (BOE nº 73, de 25 de marzo), F.J. 3º; 89/2015, de 11 de mayo (BOE nº 146, de 19 de junio), F.J. 3º; 181/2015, de 7 de septiembre (BOE nº 245, de 13 de octubre), F.J. 3º; 200/2016, de 28 de noviembre (BOE nº 7, de 9 de enero), F.J. 6º; 47/2019, de 8 de abril (BOE nº 116, de 15 de mayo), F.J. 3º.

382 "Conocimiento efectivo y temporáneo": SSTC 39/2000, de 14 de febrero (BOE nº 66, de 17 de marzo), F.J. 4º; 40/2005, de 28 de febrero (BOE nº 81, de 5 de abril), F.J. 3º; 161/2006, de 22 de mayo (BOE nº 148, de 22 de junio), F.J. 3º; 255/2006, de 11 de septiembre (BOE nº 243, de 11 de octubre), F.J. 2º; 175/2009, de 16 de julio (BOE nº 193, de 11 de agosto), F.J. 2º. En este sentido, declara Cerrada Moreno, que "este conocimiento debe producirse en un momento oportuno para personarse y ejercer el derecho de

- La condición de fiador solidario de la deudora principal. A ambos se notificó la existencia del proceso. Asimismo, se constató que el fiador conocía del vencimiento de la póliza de crédito y que se le había remitido con anterioridad a la interposición de la demanda un requerimiento de pago. A lo que se añaden las numerosas pesquisas llevadas a cabo por el órgano judicial a lo largo de seis años para lograr su efectiva localización con resultado infructuoso[383].
- Notificación remitida al Letrado director de la defensa, en lugar de a la parte procesal, que no estaba representada por Procurador. En este supuesto, pese a que las notificaciones debieron dirigirse directa y personalmente al justiciable, resulta insostenible que el contenido de las resoluciones no llegara a conocimiento de su legítimo destinatario, quien no denunció en ningún momento negligencia alguna por parte de su Letrado[384].
- Partiendo de la base de la imputación orgánica, la actuación y el conocimiento del administrador societario se imputan a la persona jurídica[385]. Y, viceversa, si conoce la Sociedad, conoce el administrador o representante legal[386].
- Presunción de conocimiento de la compañía aseguradora a través del tomador del seguro. En el supuesto que resuelve la STC 43/1989, de 20 de enero, constaba en las actuaciones la existencia una comunicación escrita de la aseguradora dirigida al asegurado, informándole fehacientemente de la exclusión de la cobertura del accidente objeto del litigio[387].

---

defensa, pues si se produce en un instante en que el estado avanzado del proceso le impidió hacer valer sus derechos e intereses, o que intentada la personación, el órgano judicial se la denegó indebidamente, está claro que se trata de una conducta generadora de indefensión", (2012), *Op. cit.*, pp. 31-32.

383 ATC 20/2004, de 26 de enero, F.J. 3º.

384 STC 126/1991, de 6 de junio (BOE nº 162, de 8 de julio), F.J. 5º.

385 Conforme nos explica la STC nº 128/2005, de 23 de mayo (BOE nº 148, de 22 de junio), en su F.J. 4º, "concurren, pues, concluyentes razones que permiten apreciar que indudablemente la sociedad recurrente tuvo conocimiento, en la persona de uno de sus socios, administrador solidario y *alma mater* de la misma, no ya sólo de la existencia del proceso sino también, desde el primer momento, de todas aquellas vicisitudes que le afectaron directamente, manteniéndose prolongadamente al margen del mismo, hasta que ya muy tardíamente insta la nulidad de actuaciones pretendiendo ignorar la existencia de una Sentencia –«al parecer, existe Sentencia condenatoria de mi representada»– perfectamente conocida por su administrador". Favorables a este pronunciamiento, señalamos las SSTC 128/2000, de 16 de mayo (BOE nº 147, de 20 de junio), F.J. 5º; 125/2020, de 21 de septiembre (BOE nº 289, de 02 de noviembre), declara, en su F.J. 3º.

386 En palabras del F.J. 3º de la STC nº 7/2003, de 20 de enero (BOE nº 43, de 19 de febrero), "ha de entenderse que, al menos, el intento de emplazamiento realizado mediante cédula en el domicilio de la sociedad de la que era socia y administradora solidaria la recurrente debe tenerse por efectivo, pues la llamada a la sociedad (…) implica la de sus administradores o representantes legales".

387 STC 43/1989, de 20 de febrero (BOE nº 52, de 2 de marzo), F. 2º. A la inversa, la STC 12/2005, de 31 de enero (BOE nº 53, de 3 de marzo), en su F.J. 5º, valora la posibilidad de que tomadora del seguro del vehículo –no llamada formalmente al proceso, pese a ser una de las lesionadas en el accidente de tráfico objeto del litigio–, adquiriera conocimiento a través de la compañía aseguradora o de su Letrado, quien suscribiría posteriormente la demanda civil presentada por la recurrente en amparo. No obstante, en este

En este caso, cabe destacar, asimismo, el inicio consistente en que se instara la nulidad de actuaciones inmediatamente después de que fuera notificada la Sentencia a las partes, lo que refuerza la convicción del Tribunal Constitucional de que la aseguradora obtuvo conocimiento extraprocesal de las diligencias penales[388].

- Existencia de un vínculo familiar estrecho con convivencia entre varios codemandados[389] o, incluso, sin convivencia, cuando las circunstancias concurrentes evidencien que los familiares se comunicaban con la suficiente asiduidad como para presumir que se transmitieron información de forma regular sobre el procedimiento en cuestión[390].
- Anotación preventiva del embargo del bien ganancial. En el supuesto sobre el que se pronuncia la STC 56/2001, de 26 de febrero, se verifica por las declaraciones del Letrado de la recurrente en amparo que conoció del embargo de la vivienda ejecutada en un momento oportuno para hacer uso de la facultad que le reconoce el artículo 1.373.1 CC[391], o, en su caso, adoptar las medidas que hubiera considerado más conveniente para liberar el inmueble de la traba[392].

---

caso, atendiendo a las demás circunstancias concurrentes, se declara que el indicio no reviste de la suficiente entidad como para presumir la concurrencia de conocimiento extraprocesal y excluir la indefensión material, lo que lleva a la estimación de la demanda de amparo (F.J. 5º).

388 Como también se constata en el F.J. 4º de la STC 162/2002, de 16 de septiembre (BOE nº 242, de 9 de octubre), una intervención sorprendentemente temporánea en un proceso del que, en principio, no se tiene conocimiento, puede constituir un indicio revelador de "un dominio de la situación capaz de evitar la consumación de perjuicios, difícilmente compatible con el desconocimiento".

389 Un ejemplo claro de ello es la STC 31/1989, de 13 de febrero (BOE nº 52, de 2 de marzo), cuyo F.J. 6º explica que "en este caso, el recurrente de amparo es el padre –responsable civil subsidiario– del acusado, el cual vivía en el domicilio paterno, donde se recibieron todas las notificaciones y citaciones del proceso desde primera instancia, lo que lleva a presuponer conocimiento extraprocesal. Además, el padre compareció en segunda instancia representado por el que había sido y seguía siendo el Procurador de su hijo".

390 Destacamos en este sentido la STC 194/1988, de 19 de octubre (BOE nº 267, de 7 de noviembre), cuyo F.J. 2º expone que "en el presente caso (...), la recurrente es hermana del demandado, que compareció y actuó durante todo el proceso y forma parte de la comunidad hereditaria contra la que se interpone la demanda en el juicio de cognición. La misma recurrente manifiesta que conoció la Sentencia de apelación porque su hermano se la comunicó inmediatamente después de ser notificada e, incluso, señala como plazo para interponer la demanda de amparo la fecha de la notificación de la Sentencia de apelación a su hermano. Ello demuestra que existía una comunicación entre los hermanos, lo que no hace verosímil que la recurrente ignorase la existencia del proceso".

391 Art. 1373.1 CC: "cada cónyuge responde con su patrimonio personal de las deudas propias y, si sus bienes privativos no fueran suficientes para hacerlas efectivas, el acreedor podrá pedir el embargo de bienes gananciales, que será inmediatamente notificado al otro cónyuge y éste podrá exigir que en la traba se sustituyan los bienes comunes por la parte que ostenta el cónyuge deudor en la sociedad conyugal, en cuyo caso el embargo llevará consigo la disolución de aquélla". Sobre este precepto: De Los Mozos, J.L. (1999), "Tomo XVIII Vol. 2: Artículos 1.344 a 1.410 del Código Civil. Sección 4ª. De la administración de la sociedad de gananciales. Artículos 1.373 y 1.374", en Albaladejo García, M. (Dir.), *Comentarios al Código Civil y Compilaciones Forales*, EDERSA, Madrid, Recurso electrónico ID vLex: 266232.

392 STC 56/2001, de 26 de febrero (BOE nº 77, de 30 de marzo), F.J 4º. Ahora bien, no siempre que el embargo se encuentre anotado de forma preventiva en el Registro correspondiente se constatará la existencia de conocimiento extraprocesal. En este sentido, podemos destacar la STC 126/1996, de 9 de julio

Con respecto a esta doctrina sobre el conocimiento extraprocesal, FURQUET MONASTERIO nos transmite su preocupación sobre el riesgo de la infravaloración del cumplimiento de las normas procesales, o "(...) una relajación del carácter formalista de los actos de comunicación (...)"[393].

No obstante, a nuestro parecer, hemos de tener presente que el conocimiento extraprocesal o la falta de diligencia del interesado, como causas excluyentes de la indefensión material, son criterios establecidos por el Tribunal Constitucional para verificar si en un supuesto concreto concurrió una situación de indefensión material y, *por ende*, procede la estimación de la demanda de amparo. Ahora bien, una cuestión es que el Tribunal Constitucional aplique una determinada doctrina al ventilar si otorga o no el amparo constitucional, y otra bien distinta es que dicha jurisprudencia, extrapolada del Recurso de Amparo –para la que ha sido específicamente concebida–, justifique la inobservancia de las normas procesales o las haga innecesarias. Nada más lejos, a nuestro parecer, de la realidad.

### *3.3.2. El deber de denunciar la nulidad de la comunicación en el primer acto de comparecencia*

Resume con acierto CUBILLO LÓPEZ que "(...) quien comparece, debe denunciar la falta –en el primer trámite procesal de que disponga–"[394]. Realmente, no estamos ante una obligación legal, pues en la voluntad del afectado se encuentra la decisión de impugnar la notificación defectuosa o de no hacerlo, aceptando expresa o tácticamente los efectos que se hubieren derivado de ella.

Ahora bien, sí que estaremos ante un deber o carga procesal, por cuanto, si se pretende denunciar el defecto de la notificación, existe un momento procesal oportuno para ello, tras el cual habrá precluido la posibilidad de hacerlo: el primer acto de comparecencia. Estamos, en definitiva, ante un deber de diligencia cuya inobservancia lleva consigo la sanción de no poder denunciar la invalidez del acto de comunicación en un momento procesal posterior[395].

---

(BOE nº 194, de 12 de agosto), cuyo F.J. 4º considera insuficiente tal anotación preventiva para imputar el desconocimiento de la pendencia del litigio a una falta de diligencia del recurrente en amparo, al no ser prueba fehaciente de un conocimiento extraprocesal.

[393] En este sentido, asevera que "si, en última instancia, lo único que importa es que el destinatario haya tenido conocimiento del acto, con independencia de cómo haya adquirido dicho conocimiento, no hay ningún motivo por el que las Leyes tengan que preocuparse en regular los requisitos conforme a los cuales debe ajustarse la práctica de toda notificación, o, llevando al extremo este argumento podría llegarse incluso a cuestionar la necesidad de la existencia misma de un sistema legal de notificaciones", FURQUET MONASTERIO, N., (2001), *Op. cit.*, p. 58.

[394] CUBILLO LÓPEZ, I., (1999), *Op. cit.*, p. 199.

[395] En este sentido, FURQUET MONASTERIO estima que la posibilidad de denunciar la nulidad de los actos de comunicación en el primer acto de comparecencia solo tiene sentido "si el demandado adquiere conocimiento del contenido de la comunicación imperfectamente realizada cuando ya ha pasado el periodo en el que puede efectuar sus alegaciones", pues "si el acto de comunicación ha cumplido su finalidad, pese a las posibles irregularidades en que se hubiese podido incurrir en su práctica, no podría decirse que se le ha producido ninguna indefensión a su destinatario"; (2001) *Op. cit.*, p. 302.

La primera y esencial manifestación de este deber, la hallamos en el artículo 166 LEC, cuyo contenido reproducimos a continuación por la conveniencia de su lectura: "serán nulos los actos de comunicación que no se practicaren con arreglo a lo dispuesto en este capítulo y pudieren causar indefensión. Sin embargo, cuando la persona notificada (...) se hubiera dado por enterada en el asunto, y no denunciase la nulidad de la diligencia en su primer acto de comparecencia ante el tribunal, surtirá ésta desde entonces todos sus efectos, como si se hubiere hecho con arreglo a las disposiciones de la ley"[396].

Sin perjuicio de que este precepto será cuidadosamente analizado con ocasión del estudio de la nulidad de las comunicaciones judiciales, destacaremos cómo, en primer lugar, vincula la nulidad de los actos de comunicación a la infracción de las normas procesales, integrantes del régimen general de notificaciones previsto en la LEC. En buena lógica, se trata de una evidente muestra de la confianza depositada por nuestro legislador en la eficacia de este sistema de garantías y en la complejidad de que se generen situaciones de indefensión en el marco del mismo[397].

Por otro lado, la Ley condiciona la eventual declaración de nulidad a que la infracción revista de la suficiente entidad como para provocar indefensión. De ahí que excluyamos de entre las causas de nulidad de las comunicaciones judiciales, la inobservancia de normas no esenciales y las meras irregularidades que, en absoluto, causarían por sí indefensión con relevancia constitucional[398].

Por último, recordemos que el apartado 2º del precepto establece un límite -podríamos calificarlo de temporal- evidente a la solicitud de nulidad de los actos de comunicación: el "primer acto de comparecencia ante el Tribunal" del destinatario. Como manifiesta Furquet Monasterio, el artículo 166.2 LEC alude a la necesidad de que el interesado denuncie, efectivamente, la nulidad de la comunicación en la primera ocasión de la que disponga para ello, vedándole, así, la posibilidad de hacerlo en un momento posterior[399], lo que tiene su razón de

---

[396] Sobre este precepto, destacamos Gascón Inchausti, F., (2000), *Op. cit.*, pp. 75-81. Rosende Villar, C., (2011), "Comentario al art. 166 de la LECiv. Nulidad y subsanación de los actos de comunicación", Armenta Deu, T., Cordón Moreno, F., Muerza Esparza, J.J., y Tapia Fernández, I., (Coord.), *Op. cit., § 1*, Recurso Aranzadi ID: BIB 2011\5037.

[397] En palabras de la STC 114/1986, de 2 de octubre (BOE nº 253, de 22 de octubre), en su F.J. 2º, "(...) la ley procesal, ley que en su concepción más amplia, no rituaria, no consiste sino en un gran sistema de garantías, no en mero contenido formal".

[398] En un sentido similar, el artículo 238.3º LOPJ establece que "los actos procesales serán nulos de pleno derecho: (...) 3º Cuando se prescinda de normas esenciales del procedimiento, siempre que, por esa causa, haya podido producirse indefensión". Realizando un extenso análisis del contenido del artículo 238 LOPJ, destacaremos: Pereira i Puigvert, S., (2011), *La ineficacia de los actos procesales. Sistematización y clarificación de conceptos*, Marcial Pons, Madrid, pp. 57-110. Recurso disponible en vLex ID: 21760. Así, profundizando en el sentido del artículo 238.3º LOPJ en relación con los actos de comunicación y, en particular, con el art. 166 LEC: Yélamos Bayarri, E., (2006), *Op. cit.*, pp. 69-96.

[399] En este sentido, Cubillo López: "el afectado por una situación así, o bien convalida la notificación defectuosa -la da por válida, no teniendo en cuenta el vicio-, o bien impugna ese defecto. Lo que no puede hacer es quedarse inactivo, dejar que avancen las actuaciones y, cuando sea de su interés, solicitar la nulidad del acto, que, si bien era inicialmente nulo, habrá quedado ya subsanado", (2000), *Op. cit.*, p. 323.

ser, asevera la autora, en la aplicación de la "teoría de los actos propios"[400], y en la protección de los derechos de las demás partes[401].

Ahora bien, no debemos obviar la existencia de pronunciamientos del Tribunal Constitucional contrarios a esta conclusión. En este sentido, la STC 154/2007, de 18 de junio, cuyo F.J. 4º aprecia que se ha realizado una interpretación del artículo 166.2 LEC contraria al derecho a la tutela judicial efectiva, consistente en que el Juzgado conocedor del proceso en primera instancia, estimó que, habiéndose presentado escrito unos días antes interesando el acceso a la vivienda desahuciada -el primer acto de comparecencia-, ya no cabía instar pocos días después, mediante nuevo escrito, la nulidad de actuaciones fundada en la defectuosa práctica de los actos de comunicación[402].

En esta ocasión, nuestro Tribunal Constitucional, considera que la interpretación acogida por el órgano judicial del artículo 166.2 LEC, para la resolución de la solicitud de nulidad de actuaciones, resulta contraria al artículo 24.1 CE, lesionando el derecho fundamental a la tutela judicial efectiva sin indefensión de la recurrente, ya que da lugar a un "sacrificio desproporcionado de aquel derecho fundamental"[403].

En efecto, en favor de esta posición, hemos de poner de manifiesto la especial situación de dificultad en la que se encuentra quien ha estado ajeno al proce-

En favor de este argumento: STS 171/2019, de 20 de marzo, Rec. Nº 1883/2016, F.J. 3º. Al fin y al cabo, como lacónicamente asevera LARA LÓPEZ, "(...) esta subsanación no necesita de un pronunciamiento por parte del órgano jurisdiccional, sino que son la actividad de la parte, dándose por enterada, y su posterior inactividad, no denunciando la nulidad, las que subsanan el acto de comunicación", (2013), "Tema 18...", *Op. cit.*, p. 259.

[400] Sobre el fundamento de la doctrina de los actos propios en relación con la buena fe procesal, destacamos PICÓ I JUNOY, J., (2013), *Op. cit.*, pp. 126-130.

[401] FURQUET MONASTERIO, N., (2001), *Op. cit.*, p. 302-303. Siguiendo los argumentos de CERNADA BADÍA y HERNÁNDEZ GALILEA, este régimen de ineficacia también encuentra su fundamento en el principio de conservación de los actos procesales. En esta línea: CERNADA BADÍA, R., (2017), *Op. cit.*, p. 482; así como HERNÁNDEZ GALILEA, J.M., (1995), *La nueva regulación de la nulidad procesal. El sistema de ineficacia de la LOPJ*, Fórum, D.L., Oviedo, p. 366.

[402] En este caso, como se pone de manifiesto en el A.H. 2º, habiéndose desarrollado el procedimiento principal *inaudita parte*, se procede a la ejecución de la Sentencia, consistente en el desahucio de la vivienda en la que la demanda era inquilina. La interesada no adquiere conocimiento de la existencia del procedimiento hasta que vuelve a la vivienda y se la encuentra precintada, con la cerradura cambiada y con la indicación de los datos del procedimiento de ejecución en la puerta. Esta situación lleva a la demanda a presentar, en primer lugar -12 de mayo-, escrito interesando le permitan la entrada a la vivienda para recuperar sus bienes de uso personal, tales como documentación personal, ropa y medicamentos, así como para comprobar el estado de los animales domésticos que tenía en la vivienda. Unos días más tarde -15 de mayo- procede a presentar escrito solicitando la nulidad de actuaciones por no haber sido llamada al proceso, una negligencia que, cabe añadir, provenía de un error cometido en la propia demanda, donde no se identificaba correctamente a la demandada; error que, por otra parte, continuó cometiéndose en los sucesivos actos de comunicación en que se la emplazaba, incluidos los edictos. Atendiendo a estas circunstancias, el F.J. 4º de la Sentencia establece que "en efecto, en el presente caso la aplicación e interpretación realizadas por el órgano judicial, en cuya virtud la sola petición de entrada en la vivienda excluía cualquier posibilidad ulterior de instar dentro del plazo previsto en la ley, tal y como aquí se hizo, la nulidad de actuaciones, determinan un resultado notoriamente desproporcionado desde la perspectiva del principio *pro actione*, lesionando, en consecuencia, el derecho a la tutela judicial efectiva sin indefensión (art. 24.1 CE)".

[403] STC 154/2007, de 18 de junio (BOE nº 179, de 27 de julio), F.J. 4º.

so judicial durante toda su tramitación y debe comparecer en forma sin conocer absolutamente nada acerca de lo que ha ocurrido durante su sustanciación[404].

Considerando que, tanto la parte afectada por la comunicación defectuosa, como los profesionales del Derecho que la asisten y representan, difícilmente podrán acceder a la información obrante en autos con anterioridad a su personación formal en el proceso, la práctica forense nos obliga a valorar la singular complejidad que reviste la formulación de un escrito de personación en el que, además, se ha de solicitar, para evitar la preclusión, una nulidad de actuaciones fundada en hechos de los que ni siquiera se tiene el debido conocimiento: ¿en qué estado se encuentra el procedimiento? ¿observó el órgano judicial la debida diligencia en la práctica del primer acto de comunicación? ¿en qué domicilios se intentó su práctica? ¿hubo algún error en la identificación del demandado o de su domicilio?

Una opción plausible sería la de admitir en el escrito de personación –primer acto de comparecencia– el anuncio de una posible solicitud de nulidad de actuaciones, condicionada a la oportuna revisión de los autos. Ello, por un lado, reforzaría la protección de quien se ha visto injustamente apartado del litigio, al no hacer recaer sobre él la carga de comparecer y actuar "a ciegas" en defensa de sus derechos e intereses legítimos; y, por otro, evitaría tramitar numerosos incidentes de nulidad *lite pendente,* en origen infundados, ya que, una vez personada la parte y revisadas las actuaciones, el Letrado director de la defensa podrá valorar con mejor criterio la viabilidad de dicha solicitud y, en su caso, declinar su formulación.

#### *3.3.3. El deber de permanecer localizable a lo largo del proceso*

Una vez personadas en el proceso, las partes tienen el deber de mantener actualizada la información de la que dispone el órgano judicial para su efectiva notificación mientras dure el procedimiento.

Esta carga procesal[405] aparece expresamente recogida en la LEC, en su artículo 155.5º[406], cuyo tenor literal no solo establece el deber de comunicar de forma

[404] En palabras de Yélamos Bayarri, refiriéndose al deber de denunciar en su primer acto de comparecencia la nulidad del acto de comunicación, "se elevan las cargas del justiciable y se disminuye paralelamente su seguridad jurídica", *Op. cit.,* p. 90. Así: Furquet Monasterio, N., (2001), *Op. cit.,* p. 303.

[405] Cubillo López, I., (2000), *Op. cit.,* p. 304. Gascón Inchausti coincide de igual modo que estamos ante una carga procesal, aunque afirma que en la Ley de Enjuiciamiento Civil, "aparece literalmente configurada como un deber" o un "mandato imperativo", (2000), *Op. cit.,* p. 40. Fernández-Gallardo Fernández-Gallardo, por su parte, estima que estamos ante una "obligación legal", (2012), *Op. cit.,* p. 12. Asimismo: Furquet Monasterio, N., (2001), *Op. cit.,* p. 295.

[406] En virtud del apartado 5º del artículo 155 LEC, "cuando las partes cambiasen su domicilio durante la sustanciación del proceso, lo comunicarán inmediatamente a la Oficina judicial. Asimismo, deberán comunicar los cambios relativos a su número de teléfono, fax, dirección de correo electrónico o similares, siempre que estos últimos estén siendo utilizados como instrumentos de comunicación con la Oficina judicial". Sobre la tecnificación de la relación del justiciable con la Administración de Justicia, destacamos: Martín González, M., (2019), *Op. cit.,* pp. 37-60.

inmediata cualquier cambio relativo al domicilio, sino también, cualquier modificación referente a instrumentos como el teléfono, el fax, el correo electrónico o similares[407], siempre y cuando se estuviesen empleando como medios de comunicación entre el órgano judicial y el interesado.

Hemos de advertir que el cumplimiento de este deber adquiere virtualidad práctica en aquellos procedimientos en los que la parte no actúa representada por Procurador. De hecho, como podemos constatar, su ubicación en la Ley procesal se sitúa en un precepto rubricado bajo el título «Actos de comunicación con las partes aún no personadas o no representadas por Procurador. Domicilio». Y es que, de encontrarse la parte representada por este profesional del Derecho, de conformidad al artículo 153 LEC[408], las comunicaciones que se le dirijan se practicarán a través de su Procurador y no en su domicilio personal[409], sin perjuicio de que éste conste en las actuaciones y pueda someterse a correcciones.

Centrándonos, por tanto, en aquellos procesos en los que "podrán los litigantes comparecer por sí mismos" (art. 23.2 LEC)[410] en el orden jurisdiccional civil, debemos destacar la importancia capital que alcanza la debida observancia de este deber, por cuanto, siendo el domicilio el medio principal a través del cual la Oficina Judicial transmite a las partes el contenido de las resoluciones procesales que se suceden a lo largo del proceso, la incorrección u obsolescencia de la información constante en las actuaciones al respecto podría desencadenar nefastas e irreparables consecuencias para los intereses del afectado.

---

[407] Esta referencia al correo electrónico fue introducida por la Ley 13/2009, de 3 de noviembre, de reforma de la legislación procesal para la implantación de la nueva Oficina Judicial. Se trataba de una de sus modificaciones relativas a la modernización tecnológica de la Administración de Justicia, en línea con lo dispuesto en el artículo 230 LOPJ.

[408] Art. 153 LEC: "La comunicación con las partes personadas en el juicio se hará a través de su Procurador cuando éste las represente. El Procurador firmará las notificaciones, emplazamientos, citaciones y requerimientos de todas clases que deban hacerse a su poderdante en el curso del pleito, incluso las de sentencias y las que tengan por objeto alguna actuación que deba realizar personalmente el poderdante". Este precepto hace referencia a la función de representación pasiva desempeñada por los Procuradores, regulada también en el artículo 28 LEC. Sobre esta función: Martín González, M., (2017), *Op. cit.*, pp. 44-47; Fuentes Tomás, P., (2008), "La representación pasiva del Procurador en el proceso civil. Sistemática actual en la organización del servicio de notificaciones", *Práctica de Tribunales*, N° 55, Sección Estudios, Diciembre, La Ley. Recurso electrónico ID: LA LEY 40954/2008.

[409] El art. 28.4 LEC, relativo a la representación pasiva del Procurador, establece una excepción a esta norma general, al disponer que los Procuradores se ocuparán de recibir todos los actos de comunicación dirigidos a sus mandantes, salvo aquellos "traslados, emplazamientos, citaciones y requerimientos que la Ley disponga que se practiquen a los litigantes en persona".

[410] Art. 23.2 LEC: "2. (...) podrán los litigantes comparecer por sí mismos: 1.° En los juicios verbales cuya determinación se haya efectuado por razón de la cuantía y ésta no exceda de 2.000 euros, y para la petición inicial de los procedimientos monitorios, conforme a lo previsto en esta Ley. 2.° En los juicios universales, cuando se limite la comparecencia a la presentación de títulos de crédito o derechos, o para concurrir a Juntas. 3.° En los incidentes relativos a impugnación de resoluciones en materia de asistencia jurídica gratuita y cuando se soliciten medidas urgentes con anterioridad al juicio". Sobre la intervención del Procurador en el proceso civil: Magro Servet, V., (2016), "Preceptividad en la intervención de Abogado y Procurador en el proceso civil", *Práctica de Tribunales*, N° 119, Marzo-Abril, La Ley, Recurso electrónico ID: LA LEY 825/2016.

Desde el momento en que el demandado comparece en el proceso, la diligencia que se le exige en la defensa de sus derechos e intereses se acentúa, y si bien es cierto que nuestra LEC no anuda ninguna sanción o consecuencia jurídica de forma expresa al incumplimiento de la carga que estudiamos, el Tribunal Constitucional ha puesto de manifiesto que, en efecto, estamos ante un deber procesal fundado en "la obligación de leal cooperación ínsita en el art. 24 CE" y que el mismo es, claramente, integrante de ese "mínimo de diligencia exigible a la parte"[411].

Esto ha llevado a la jurisprudencia constitucional a reconocer en alguna ocasión la validez de una comunicación infructuosa efectuada en un domicilio al que, con anterioridad, se remitieron comunicaciones con resultado positivo.

Así, el supuesto recogido en el ATC 325/1997, de 1 de octubre, el cual resuelve sobre un Recurso de Amparo y cuyo F.J. 4º afirma que "en efecto, de la prueba practicada se desprende que el domicilio designado coincide con el expresado en otros procesos inmediatamente anteriores seguidos entre las partes, en los que compareció la recurrente".

En similar sentido se pronuncia la STC 68/1986, de 27 de mayo, al resolver un Recurso de Amparo promovido a raíz de la notificación a un empresario en un domicilio que resultó válido con carácter previo en dos ocasiones –para la citación al acto de conciliación, al que decidió no acudir, y para el requerimiento de pago de las cantidades fijadas en la Sentencia–. No obstante, resultó negativo para la notificación de la citación al juicio. Como señala el Tribunal Constitucional en esta ocasión, en el F.J. 3º de la Sentencia, "tan dignos de protección son los derechos del demandado a una tutela judicial sin indefensión como los del actor, y es claro que los de éste resultarían fácilmente vulnerados si por una pasividad del demandado a la hora de recibir la citación por correo en forma correcta y en su domicilio, o a la hora de presentarse a juicio no pudiera celebrarse éste a causa de aquella pasividad"[412].

Cabe destacar que, en este caso, el destinatario tampoco ofreció explicación alguna respecto de las causas por las que fueron devueltos los sobres dirigidos a su propio domicilio y al de la sociedad[413], y a cómo pudo haberse desentendido del proceso, pese a conocer que se había llevado a cabo un intento de concilia-

411 STC 82/2000, de 27 de marzo (BOE nº 107, de 27 de marzo), F.J. 6º.

412 STC 68/1986, de 27 de mayo (BOE nº 144, de 17 de junio), F.J. 3º. Resolviendo sobre un supuesto de hecho similar, la STC 90/2003, de 19 de mayo (BOE nº 138, de 10 de junio), F.J. 3º. En el siguiente epígrafe analizaremos con mayor detenimiento el especial deber de diligencia que la doctrina constitucional exige a empresarios y comerciantes a efectos de permitir su localización por los acreedores comerciales y otros terceros relacionados con la actividad que desempeñan.

413 Como se explicará en el epígrafe relativo a la diligencia exigible al demandado no conocedor del proceso, sobre el empresario o comerciante recae un especial deber de diligencia a la hora de procurar su efectiva localización por acreedores y terceros relacionados con su actividad profesional o mercantil. Sin perjuicio de abordar esta cuestión con mayor detenimiento en un momento posterior, destacaremos, por su especial claridad, las SSTC 6/2003, de 20 de enero (BOE nº 43, de 19 de febrero), F.J. 4º; y 7/2003, de 20 de enero (BOE nº 43, de 19 de febrero), en su F.J. 3º.

ción, frustrado precisamente por su propia incomparecencia voluntaria, lo que, previsiblemente, a juicio del Tribunal, podía dar lugar a la interposición de una demanda (F.J. 3º).

Ahora bien, sin perjuicio de lo expuesto, apréciese que, en fechas coetáneas, concurre una doctrina constitucional más proteccionista en sede de Recuro de Amparo, como la contenida en la STC 155/1988, de 22 de julio. En este asunto, el F.J. 7º de la resolución declara que, a partir de la Providencia por la que se acuerda la venta en pública subasta de la finca embargada, las notificaciones, hasta entonces con resultado positivo, se interrumpieron, siendo devueltos los acuses de Correos con la indicación de "marchó", lo que llevó al órgano judicial a recurrir a la comunicación por edictos. No fue hasta que se decidió remitir una de las comunicaciones –aquella por la que se adjudicaba el inmueble objeto de subasta–, a su Abogado, cuando el destinatario obtuvo conocimiento a través de aquél del estado actual del proceso y solicitó mediante escrito la nulidad de actuaciones.

Considerando la especial trascendencia que adquiere la correcta práctica de los actos de comunicación en los procesos de ejecución y, en particular, la importancia de la efectiva notificación de la resolución por la que se acuerda la venta en pública subasta del bien embargado[414], el Tribunal Constitucional concluyó "que en el caso que nos ocupa, por las especiales circunstancias que en él concurren, el Magistrado de Trabajo pudo y debió al menos trasladar al Letrado de la parte hoy recurrente en amparo aquellas notificaciones que fueron devueltas por encontrarse en paradero desconocido el destinatario, para así posibilitar su defensa" (F.J. 8º).

En favor de esta solución más garantista, YÉLAMOS BAYARRI subrayó sus más que razonables dudas, sobre que de un domicilio válido anterior o posterior, pueda deducirse el efectivo conocimiento de un acto de comunicación practicado en idéntica dirección, ya que, asevera la autora, "pueden existir muchos factores que destruyan el nexo lógico entre el anterior y el posterior domicilio eficaz y la consecuencia pretendida"[415].

Desde luego, considerando la duración que puede llegar a tener un proceso judicial de cierta complejidad, no sería insólito que, a lo largo de su entera tramitación, las partes cambiasen de domicilio, o que, por determinadas circunstancias

---

414 Sobre la especial trascendencia de la correcta constitución de la relación jurídico- procesal en los procesos de ejecución: SSTC 56/2001, de 26 de febrero (BOE nº 77, de 30 de marzo), F.J. 2º; 149/2002, de 15 de junio (BOE nº 188, de 7 de agosto), F.J. 3º; 43/2010, de 26 de junio (BOE nº 195, de 12 de agosto), F.J. 2º; 79/2013, de 8 de abril (BOE nº 112, de 10 de mayo), F.J. 2º; 136/2014, de 8 de septiembre (BOE nº 243, de 7 de octubre), F.J. 2º; 190/2014, de 17 de noviembre (BOE nº 308, de 22 de diciembre), F.J. 2º. En particular, sobre la relevancia de la diligente notificación de la resolución procesal por la que se acuerda la salida a pública subasta del bien embargado: SSTC 234/1988, de 2 de diciembre (BOE nº 307, de 23 de diciembre), F.J. 4º; 52/1998, de 3 de marzo (BOE nº 77, de 31 de marzo), F.J. 3º; 39/2000, de 14 de febrero (BOE nº 66, de 17 de marzo), F.J. 5º; 40/2005, de 28 de febrero (BOE nº 81, de 5 de abril), F.J. 4º; 245/2006, de 24 de julio (BOE nº 197, de 18 de agosto), F.J. 3º; 104/2008, de 15 de septiembre (BOE nº 245, de 10 de octubre), F.J. 4º.

415 YÉLAMOS BAYARRI, E., (2006), *Op. cit.*, p. 201.

personales, las comunicaciones dejasen de recibirse en el lugar en que hasta el momento se estaban realizando de forma efectiva. Ahora bien, de darse esta situación, entendemos que el órgano judicial debería descender a la particularidad del caso concreto para determinar si, en efecto, las notificaciones dejaron de recibirse por causa de fuerza mayor debidamente acreditada o, si, por el contrario, la frustración de las comunicaciones a partir de un determinado momento respondió, sin más, a la negligencia del interesado en la gestión de sus propios asuntos. Por supuesto, como atempera la STC 163/1988, de 26 de septiembre, en su F.J. 2º, la diligencia exigida deberá "(...) graduarse ponderando las circunstancias que concurren en los respectivos sujetos y supuestos de hecho"[416].

Muestra de estos argumentos, podemos destacar la STC 48/1990, de 20 de marzo[417]. En ella, se constató la existencia de una conducta negligente imputable al entonces demandante por no haber dado cuenta al órgano judicial de su ausencia temporal del domicilio por él señalado para la recepción de las notificaciones y por no haber dejado, tampoco, persona encargada de la recepción de la correspondencia oficial que pudiera serle remitida por razón del proceso que él mismo había iniciado. En buena lógica, en este supuesto, se atribuye la negligencia a la parte actora en el proceso inicial. No obstante, pese a que cabe deducir que se le exigía un deber de diligencia mayor por su posición en el litigio, conviene subrayar la igualdad de las partes una vez comparecidas en el proceso. Desde su personación formal, ambas son destinatarios[418].

Asimismo, procede destacar la STC 156/1985, de 15 de noviembre, cuyo F.J. 5º, consideró negligente la conducta del demandante inicial, por no haberse preocupado de enmendar su propio domicilio, que había sido identificado de forma errónea en el escrito de demanda[419], lo que la llevó a ser notificada por edictos.

---

[416] STC 163/1988, de 26 de septiembre (BOE nº 247, de 14 de octubre), F.J. 2º.

[417] STC 48/1990, de 20 de marzo (BOE nº 85, de 9 de abril), F.J. 3ºB. Resolviendo sobre un supuesto de hecho similar, podemos destacar la STC 199/2002, de 28 de octubre (BOE nº 278, de 20 de noviembre), cuyo F.J. 4º será comentado en el último apartado del presente epígrafe, al abordar el análisis la diligencia exigida por el Tribunal Constitucional al propio destinatario con anterioridad al conocimiento de la existencia del proceso.

[418] En palabras de Cubillo López, refiriéndose, precisamente, a la STC 48/1990, de 20 de marzo, "ambas partes tienen la carga de notificar al tribunal sus cambios de domicilio (...). Si no atienden las comunicaciones que puedan recibir en los lugares por ellas designados, o incumplen la carga recién señalada, serán responsables de las consecuencias desfavorables que se deriven de estas negligencias", (2000), *Op. cit.*, p. 304. En este sentido, se pronuncia Fernández-Gallardo Fernández-Gallardo al apuntar "no procederá pues, la averiguación del actual domicilio del demandado si dicha situación ha sido generada por la propia parte demandada", (2012), *Op. cit.*, p. 12. Así, Furquet Monasterio, N., (2001), *Op. cit.*, p. 295; o Serrano Patiño, A., (2005), *Op. cit.*, § 3.

[419] Así, la STC 156/1985, de 15 de noviembre (BOE nº 301, de 17 de diciembre), en su F.J. 5º: "Si ésta, en efecto, recibió con normalidad la cédula de notificación de la providencia de 30 de diciembre de 1983, a pesar del error cometido en el escrito de demanda en punto a la identificación de su domicilio, ello fue debido a la diligencia tenida por el funcionario del Servicio de Correos, que corrigió no sólo el domicilio inexacto reseñado por la recurrente en su demanda, sino además el código postal que le correspondía. Desde este mismo momento, la recurrente debió observar esos errores y tomar las medidas oportunas para su reparación. Careciendo, sin embargo, el Magistrado de Trabajo de dato alguno sobre el verdadero domicilio, su decisión de acudir a la notificación por edictos tras la devolución por parte del Servicio de

En definitiva, una vez integrada en el procedimiento, se traslada a la parte la carga de que las comunicaciones se dirijan a un domicilio real y efectivo y de permanecer atenta a la necesidad de su subsanación o de actualización de los datos obrantes en autos. Y para alcanzar una plena consciencia de la trascendencia del cumplimiento de este deber, solo basta apreciar que, conforme al apartado 4º del artículo 155 LEC, "si las partes no estuviesen representadas por Procurador, las comunicaciones efectuadas en cualquiera de los lugares previstos en el apartado anterior, que se hayan designado como domicilios, surtirán plenos efectos en cuanto se acredite la correcta remisión de lo que haya de comunicarse, aunque no conste su recepción por el destinatario".

Como apuntamos al analizar la relevancia constitucional de los actos de comunicación, nuestro ordenamiento jurídico procesal, no condiciona la validez de estos actos procesales a su efectiva recepción por el legítimo destinatario[420]. De esta forma, una vez constituida la relación jurídico-procesal y personadas las partes, se presumirá la validez de los actos de comunicación realizados por los medios que, previamente, resultaron eficaces, siempre y cuando, consideramos, no concurran circunstancias impeditivas que evidencien la ineficacia de los mismos –el fallecimiento del destinatario, su hospitalización, etc.–, las cuales, de ser acreditadas, habrán de dar lugar a la reparación del perjuicio causado del modo más adecuado, ya sea remitiendo de nuevo la notificación o retrotrayendo las actuaciones al momento procesal oportuno.

Por supuesto, de tratarse de notificaciones que tengan "por objeto la personación en juicio o la realización o intervención personal de las partes en determinadas actuaciones procesales" (*vid.* art. 155.4, párr. 2º LEC), –un tenor que incluye, a nuestro parecer, no solo el primer acto de comunicación, sino también otras comunicaciones interlocutorias como, por ejemplo, la citación a la vista del juicio principal o del recurso[421]–, la mera constancia de su correcta remisión, no será suficiente. En estos casos, conforme al artículo 158 LEC, si "no pudiera acreditarse que el destinatario ha recibido una comunicación", se procederá a su entrega

---

Correos de la citación postal domiciliaria y la manifestación de dicho Servicio de no existir en la red viaria de Madrid la calle de referencia fue razonable, una vez valorados los datos deducibles de los autos".

[420] En este sentido, Lara López, A.M., (2013), "Tema 18...", *Op. cit.*, p. 258.

[421] Como señala la STC 114/1986, de 2 de octubre (BOE nº 253, de 22 de octubre), en su F.J. 2º: "(...) el amplio ámbito de la tutela judicial efectiva, no sólo comprende el derecho de acceso al proceso y a los recursos [legalmente establecidos, matiza la STC 78/1992, de 25 de mayo (BOE nº 144, de 16 de junio), F.J. 2º] y con ello al uso de los instrumentos legales y procesales que las leyes prevén, sino también el derecho de audiencia bilateral configurado por el principio de contradicción, el cual se convertiría en inútil e imposible sin el deber judicial previo de garantizar esa audiencia (...) mediante las oportunas citaciones y notificaciones señaladas por la Ley procesal (...). Si esta actividad de notificación, o citación o emplazamiento, no se realiza por el órgano judicial, aun por error, o por otra causa, pero en todo caso no por obra de la parte afectada, es evidente que no sólo se contraría la ley ordinaria, sino que, por producirse indefensión, transciende al ámbito constitucional y en ese plano debe ser considerada". En este sentido: SSTC 308/1993, de 25 de octubre (BOE nº 286, de 30 de noviembre), F.J. 2º; 80/1996, de 20 de mayo (BOE nº 150, de 21 de junio), F.J. 2º. Sobre la importancia de la citación para la vista de un recurso: SSTC 105/1993, de 22 de marzo (BOE nº 100, de 27 de abril), F.J. 3º; 192/1993, de 14 de junio (BOE nº 171, de 19 de julio), F.J. 3º; 202/1993, de 14 de junio (BOE nº 171, de 19 de julio), F.J. 3º.

en la forma establecida en el artículo 161 LEC, el cual dispone, en su apartado 4º, que, en caso de no hallarse a nadie en el domicilio al que se acuda, se procederá a intentar averiguar *in situ* si vive allí el legítimo destinatario y, de resultar infructuosas las pesquisas, se procederá a la averiguación domiciliaria prevista en el artículo 156 LEC.

El sistema de garantías legalmente articulado para la protección del derecho de defensa de las partes vela por la correcta recepción y el efectivo conocimiento del contenido de las resoluciones procesales más trascendentes del procedimiento. Ahora bien, debe advertirse, como ya hicimos anteriormente, que, en última instancia, si una vez observada la mejor de las diligencias por parte del órgano judicial, no se obtuviese el conocimiento efectivo, ello no impedirá la continuación del proceso.

Reiteramos que corresponde al órgano judicial hacer cuanto esté a su alcance para lograr la eficacia del primer acto de comunicación por el que se pone en conocimiento del demandado la existencia del litigio. Sin embargo, una vez comparecidas las partes, y quedando a salvo las excepciones indicadas, no debería pesar sobre los órganos judiciales la carga de perseguir a los litigantes que, repentinamente, dejan de estar localizables durante su sustanciación.

A nuestro parecer, sería desproporcionado y contrario al derecho fundamental a la tutela judicial efectiva sin padecer dilaciones indebidas de las restantes partes personadas[422], exigir del órgano jurisdiccional la búsqueda del paradero del destinatario cada vez que una notificación resulte negativa en un domicilio que anteriormente fue válido. Incluso en aquellas ocasiones en las que la parte no comparece por medio de Procurador, sí lo hace, generalmente, asistida de Abogado, de lo que debe deducirse que se le proporcionará el adecuado asesoramiento y que, en caso de infortunio de fuerza mayor, el Abogado, quien estará en contacto permanente con su cliente, podrá ponerlo en conocimiento del órgano judicial de forma inmediata.

En cualquier caso, en pro de una mayor seguridad jurídica, somos partidarios de una redacción más clara de la norma en cuanto a los efectos jurídicos de la designación de un domicilio a los efectos de notificaciones durante la sustanciación del proceso, de modo similar al artículo 53.2 de la Ley 36/2011, de 10 de octubre, reguladora de la Jurisdicción Social (LRJS). Así, de conformidad con su apartado 2º, las partes procesales, los interesados y, en su caso, los profesionales del Derecho designados, deberán indicar en su primer escrito o comparecencia un domicilio y sus datos completos a efectos de la práctica de los actos de comunicación, y, según advierte en su segundo inciso, "(...) el domicilio y los datos de

[422] En idéntico sentido, FERNÁNDEZ-GALLARDO FERNÁNDEZ-GALLARDO, haciendo alusión al mencionado artículo 155.4 LEC, manifiesta que "si tras la primera comunicación con el demandado, resulta negativa alguna de las siguientes que conforme a las Leyes procesales hayan de serle practicadas, las mismas surtirán plenos efectos siempre que conste su correcta remisión, sin necesidad de volver a indagar el actual paradero o domicilio de aquel. Actuar de manera contraria nos llevará a dilaciones indebidas en el curso del proceso", (2012), *Op. cit.*, p. 13.

localización facilitados con tal fin surtirán plenos efectos y las notificaciones en ellos intentadas sin efecto serán válidas hasta tanto no sean facilitados otros datos (...), siendo carga procesal de las partes y de sus representantes mantenerlos actualizados"[423].

Y, por supuesto, tampoco resultaría baladí la introducción de una cláusula de cierre en el artículo 155.5 LEC, similar a la prevista para el idéntico deber respecto de testigos, peritos y demás intervinientes que no sean parte en el litigio en el último inciso del artículo 159.3 LEC[424]. Así, "en la primera comparecencia que efectúen se les informará de esta obligación". Advertencia que consideramos elemental para poder exigir al destinatario su cumplimiento y hacer recaer, en su caso, sobre él las consecuencias derivadas de su inobservancia.

### *3.3.4. La diligencia exigible al demandado no conocedor del proceso*

Es doctrina reiterada de nuestro Tribunal Constitucional que las resoluciones dictadas en procedimientos tramitados *inaudita parte* no lesionan el derecho fundamental a la tutela judicial efectiva "cuando el afectado no ha puesto la debida diligencia en la defensa de sus derechos e intereses, bien colocándose al margen del proceso mediante una actitud pasiva con el fin de obtener una ventaja de esa marginación, bien cuando pueda deducirse que poseía un conocimiento extraprocesal de la existencia del litigio en que no fue personalmente emplazado"[425].

---

[423] Conforme establece del artículo 53 LRJS, en su apartado 2º, "en el primer escrito o comparecencia ante el órgano judicial, las partes o interesados, y en su caso los profesionales designados, señalarán un domicilio y datos completos para la práctica de actos de comunicación. El domicilio y los datos de localización facilitados con tal fin surtirán plenos efectos y las notificaciones en ellos intentadas sin efecto serán válidas hasta tanto no sean facilitados otros datos alternativos, *siendo carga procesal de las partes y de sus representantes mantenerlos actualizados*. Asimismo, deberán comunicar los cambios relativos a su número de teléfono, fax, dirección electrónica o similares, siempre que estos últimos estén siendo utilizados como instrumentos de comunicación con el tribunal". Al respecto, destacaremos que el Proyecto de Ley de Medidas de Eficiencia Procesal del Servicio Público de Justicia prevé la reforma de esta disposición, de manera que, en dicho primer escrito o comparecencia ante el órgano judicial, deban señalarse, además del domicilio físico, el "teléfono y dirección electrónica" para la realización de los actos de comunicación. Sobre la obligación de designación de domicilio en el orden social, cabe destacar: BARRIO CALLE, M.A., (2018), "Actos de comunicación telemáticos en el proceso laboral", *Diario La Ley*, Nº 9254, Sección de Tribuna, Septiembre, pp. 2-5, Recurso electrónico ID: LA LEY 6905/2018. Sobre la supletoriedad de la Ley de Enjuiciamiento Civil en el orden jurisdiccional social: MARTÍN CONTRERAS, L., (2010), "Las reformas procesales para la implantación del nuevo modelo de Oficina Judicial. La supletoriedad en los actos de comunicación en la jurisdicción laboral", *Diario La Ley*, Nº 7463, Sección Doctrina, Septiembre, Rec. electrónico ID: LA LEY 4951/2010.

[424] Conforme al apartado 3º del artículo 159 LEC: "las personas a que se refiere este artículo deberán comunicar a la Oficina judicial cualquier cambio de domicilio que se produzca durante la sustanciación del proceso. En la primera comparecencia que efectúen se les informará de esta obligación". Sobre este precepto: GASCÓN INCHAUSTI, F., (2000), *Op. cit.*, pp. 51-53. Por su parte, GALLEGO GARCÍA, estima que tanto testigos como peritos también deberán ser informados de las prevenciones contenidas en el artículo 292 LEC –relativo al deber de comparecer, bajo posible sanción de multa en caso de incumplimiento sin justa causa–, (2012), "Artículo 159. Comunicaciones con testigos, peritos y otras personas que no sean parte en el juicio", en TORIBIOS FUENTES, F., (Dir.) (2012), *Op. cit.*, p. 292.

[425] STC 176/2005, de 4 de julio (BOE nº 186, de 5 de agosto), F.J. 3º. En idéntico sentido: SSTC 99/1997, de 20 de mayo (BOE nº 137, de 9 de junio), F.J. 4º; 65/2000, de 13 de marzo (BOE nº 90, de 14 de

Consideramos que del análisis de ambas condiciones se deduce, como presupuesto común, la necesidad de que el demandado conozca la existencia del proceso judicial incoado en contra de él o, cuando menos, haya estado en perfecta disposición de conocer de haber actuado con la mínima diligencia atendidas las circunstancias concretas del caso. Desde luego, estimamos que el elemento volitivo de obtener una ventaja de esa marginación exige el conocimiento. De lo contrario, ¿cómo podría esperar el demandado obtener ventaja de una situación que ni si quiera conoce?

Este planteamiento desemboca, a nuestro juicio, en el hecho de que, generalmente, y sin perjuicio de las excepciones que se abordarán en los apartados subsiguientes, no sea exigible al demandado ignorante del litigio, un específico deber de diligencia cuyo incumplimiento pueda, incluso, neutralizar la trascendencia constitucional de una infracción de carácter esencial en la práctica del primer acto de comunicación judicial. En buena lógica, no cabe considerar, a efectos de imputar la indefensión, la conducta que hubiere adoptado el demandado desconocedor del litigio respecto de cuestiones previas o ajenas a la controversia judicial.

Favorable a estos argumentos, el F.J. 3º de la STC 231/2007, de 5 de noviembre, pone de manifiesto que no será relevante para constatar la existencia de una actitud procesal negligente por el demandado, "su posible conducta morosa y la posible dejación de sus obligaciones fiscales como propietaria de la finca"[426] objeto de embargo.

Por otro lado, como advierte el F.J. 3º de la STC 229/1997, de 16 de diciembre, la existencia de un procedimiento administrativo previo tampoco excusa el deber del órgano Judicial de llamar al proceso a los afectados que hayan intervenido en la vía administrativa, ni hace recaer sobre los particulares el deber de "mantener una constante indagación de la conducta de la otra parte, a fin de estar pronta a reaccionar frente a un eventual recurso de ésta ante los Tribunales de Justicia"[427].

---

abril), F.J. 3º; 1/2002, de 14 de enero (BOE nº 34, de 8 de febrero), F.J. 2º; 77/2001, de 26 de marzo (BOE nº 104, de 1 de mayo), F.J. 2º; 99/2003, de 2 de junio (BOE nº 156, de 1 de julio), F.J. 3º; 181/2003, de 20 de octubre (BOE nº 272, de 13 de noviembre), F.J. 4º; 191/2003, de 27 de octubre (BOE nº 283, de 26 de noviembre), F.J. 3º; 225/2004, de 29 de noviembre (BOE nº 3, de 4 de enero), F.J. 2º; 117/2005, de 9 de mayo (BOE nº 136, de 8 de junio), F.J. 3º; 295/2005, de 21 de noviembre (BOE nº 304, de 21 de diciembre), F.J. 5º; 106/2006, de 3 de abril (BOE nº 110, de 9 de mayo), F.J. 4º; 162/2007, de 2 de julio (BOE nº 185, de 3 de agosto), F.J. 2º; 93/2009, de 20 de abril (BOE nº 125, de 23 de mayo), F.J. 3º; 10/2013, de 28 de enero (BOE nº 49, de 26 de febrero), F.J. 4º; entre otras muchas.

[426] STC 231/2007, de 5 de noviembre (BOE nº 295, de 10 de diciembre), F.J. 3º. Por el contrario, sí que será tenida en consideración la actitud procesal adoptada por las partes o por los profesionales del Derecho que le asistan o representen. Al respecto: SSTC 205/1988, de 7 de noviembre (BOE nº 108, de 5 de mayo), F.J. 4º; 82/2000, de 27 de marzo (BOE nº 107, de 27 de marzo), F.J. 7º –aunque, en este caso, a pesar de la reprochable actitud procesal de la recurrente en amparo, puesta de manifiesto por el propio Tribunal Constitucional, se termina concediendo el amparo, dada la absoluta inexistencia de intento alguno de notificación del órgano judicial–.

[427] STC 229/1997, de 16 de diciembre (BOE nº 18, de 21 de enero), F.J. 3º. En efecto, como dispone la STC 102/2003, de 2 de julio (BOE nº 156, de 1 de julio), en su F.J. 3º, "(...) existe una obligación legal, impuesta a los Poderes Públicos por la Ley de la Jurisdicción Contencioso-Administrativa, de emplazar a los interesados, lo que puede generar en éstos una legítima confianza en el recto actuar de las instituciones

Asimismo, conforme a la STC 214/2005, de 12 de septiembre, F.J. 4º, la mera existencia de comunicaciones previas entre las partes, en las que el acreedor o su Letrado anuncia o insinúa al demandado la futura reclamación del cumplimiento de una obligación por la vía judicial, no es suficiente para enervar el deber del órgano judicial de comunicar por los medios legalmente establecidos la existencia del proceso judicial a la parte demandada[428].

En idéntico sentido, el F.J. 5º de la STC 181/2003, de 20 de octubre, asevera que la actitud pasiva del demandado adoptada frente a diversos telegramas remitidos por el actor con anterioridad al litigio, en modo alguno puede fundar una minoración el deber del órgano judicial de intentar su emplazamiento personal, como tampoco puede concluirse que dicha actitud sea expresiva de una voluntad de no comparecer o de no hacer uso de sus medios de defensa[429].

En suma, ante la recepción de tales comunicaciones previas, no se exige, pues, del destinatario -parte demandada potencial- una actitud de constante indagación acerca de la posible incoación de un proceso judicial en contra de él, siendo constitucionalmente legítima, a nuestro parecer, la expectativa de ser citado o emplazado conforme a Derecho, en el caso de que, finalmente, el acreedor decida interponer la demanda anunciada[430].

Distinto supuesto es aquél ventilado por la STC 199/2002, de 28 de octubre:

Habiéndose llevado a cabo dos intentos de conciliación previos sin avenencia y existiendo graves discrepancias entre las partes -lo que hacía previsible, según manifiesta el Tribunal Constitucional en el F.J. 4º, la recepción de alguna notificación judicial relacionada con la vivienda arrendada-, se consideró negligente que la demandada abandonara el inmueble durante meses sin avisar, ni dejar señas de su paradero o instrucciones a sus vecinos[431].

---

públicas. Mantener la postura contraria, considerando negligente en este caso la conducta del que no ha llevado aquel seguimiento hasta la averiguación de si el acto administrativo ha sido impugnado o no en vía judicial, equivaldría a establecer como regla general de comportamiento un principio de desconfianza en las instituciones, lo cual resulta incompatible con los principios y reglas que, de acuerdo con los arts. 9 y 103.1 CE, deben presidir la actuación de los poderes públicos". Así: SSTC 70/1994, de 28 de febrero (BOE nº 71, de 24 de marzo), F.J. 3º; 146/1985, de 28 de octubre (BOE nº 283, de 26 de noviembre), F.J. 2º; 8/1997, de 14 de enero (BOE nº 39, de 14 de febrero), F.J. 4º. A favor: Yélamos Bayarri, E., (2006), *Op. cit.*, p. 261.

[428] STC 214/2005, de 12 de septiembre (BOE nº 246, de 14 de octubre), F.J. 4º.

[429] En palabras del F.J. 5º de la STC 181/2003, de 20 de octubre (BOE nº 272, de 13 de noviembre), "la actitud del ahora demandante de amparo respecto de aquellos telegramas, si bien puede resultar reveladora de que se mostraba renuente a cumplir voluntariamente sus obligaciones como fiador, no puede equipararse, sin más, una vez incoado el proceso, a una supuesta voluntad del demandado de no comparecer en el mismo y de no hacer uso efectivo de sus facultades de defensa". En este sentido: STC 245/2006, de 24 de julio (BOE nº 197, de 18 de agosto), F.J. 3º.

[430] Sobre la legítima expectativa de ser notificado personalmente y la confianza en una actuación judicial -y administrativa- ajustada a Derecho: SSTC 211/1989, de 19 de diciembre (BOE nº 10, de 11 de enero), F.J. 2º; 42/2002, de 25 de febrero (BOE nº 80, de 3 de abril), F.J. 3º; 102/2003, de 2 de julio (BOE nº 156, de 1 de julio), F.J. 3º.

[431] Recordemos que, en virtud del artículo 268 LEC 1881, las notificaciones podían ser entregadas a los vecinos, en el caso de ausencia del destinatario y de las demás personas contempladas en la disposición

En el supuesto de autos, a nuestro juicio, pese a que la demandada, en puridad, desconocía la existencia del proceso, adquieren una especial transcendencia el elemento de la previsibilidad e inminencia[432] de la acción judicial tras varios intentos de conciliación frustrados, así como la evidente insostenibilidad de la relación arrendaticia. Fueron estas particulares circunstancias las que justificaron la exigencia de un *plus* de prudencia en la gestión de los asuntos propios[433] a la demandada, quien no debió ausentarse de la vivienda arrendada durante un periodo de tiempo tan largo –cuatro meses– sin dejar señas.

Justificado o no, lo cierto es que estamos ante un claro ejemplo de diligencia exigida a un demandado que, en el momento de adoptar la conducta calificada de negligente, no conocía de la existencia del litigio, aunque, razonablemente, pudiera preverlo. Esto nos conduce a advertir que, en el ámbito del Recurso de Amparo constitucional, no hay lugar para soluciones categóricas. El deber del investigador comprende, por tanto, acudir a la casuística y atesorar todos aquellos pronunciamientos que, en su conjunto, integran el contenido de la doctrina constitucional, para aproximarse, de la forma más precisa posible, a la solución del supuesto particular.

Siguiendo nuestro propio consejo, y sin perjuicio de lo expuesto en líneas precedentes con vocación generalista, nos detendremos a continuación en algunos casos específicos en los que el Tribunal Constitucional, considerando la actividad, cargo o circunstancias específicas del destinatario, ha elevado el grado de diligencia exigible a la parte procesal desconocedora del litigio.

### *A) El deber de diligencia exigido al comerciante o empresario*

En primer lugar, cabe destacar la diligencia exigida al comerciante o empresario que cesa en su negocio, en *pro* de su posterior localización por acreedores y

–"pariente más cercano, familiar o criado, mayor de catorce años, que se hallare en la habitación"– en el domicilio.

432 Poniendo de manifiesto el elemento de la previsibilidad como factor a considerar a la hora de valorar la diligencia desplegada por el destinatario de la comunicación, hemos destacado, con anterioridad, la STC 68/1986, de 27 de mayo (BOE nº 144, de 17 de junio), F.J. 3º, al abordar el estudio del deber de los litigantes de permanecer localizables durante el proceso. En este supuesto, el Tribunal Constitucional declaró la previsibilidad de la interposición de la demanda, ante la realización previa de un intento de conciliación, frustrado, precisamente, por la incomparecencia voluntaria del destinatario –que terminaría siendo el demandado en el proceso inicial–.

433 STC 199/2002, de 28 de octubre (BOE nº 278, de 20 de noviembre), en su F.J. 4º: "(…) el acto de comunicación procesal se realizó con la idoneidad suficiente para que los vecinos que recibieron las cédulas de citación –para el juicio– y de notificación –de la Sentencia–, pudieran entregárselas a la demandada si ésta hubiera estado en su vivienda o hubiera dispuesto lo procedente para su localización, lo que impide imputar la indefensión que se alega a la actuación de los órganos judiciales, o a la eventual conducta de los terceros que recibieron las cédulas (…) excluyéndose, de este modo, la vulneración del art. 24 CE que se denuncia (…) ya que la indefensión sufrida en el juicio de desahucio sólo cabe atribuirla a la conducta de la demandada, que se ausentó de la vivienda arrendada que constituía su domicilio, por un período de tiempo prolongado, sin adoptar las medidas de localización que la prudencia exigía, haciendo inviable la efectividad de los actos de comunicación procesal (…)".

terceros relacionados con el giro o tráfico mercantil desplegado. Conforme declara la STC 6/2003, de 20 de enero, en su F.J. 4°, corresponde a quien pone fin a su negocio o actividad mercantil, conforme a las exigencias de la buena fe contractual, facilitar su efectiva localización por las personas o entidades con las que hubiera mantenido hasta entonces una relación profesional o mercantil[434], así como por los organismos públicos[435], sin necesidad, añade el F.J. 4° de la STC 12/2000, de 17 de enero, de "indagatorias acerca de su paradero"[436].

Tratándose de personas jurídicas, el estricto cumplimiento de este deber adquiere aún más relevancia. Hemos de considerar, siguiendo las acertadas precisiones de la doctrina constitucional, que, a diferencia de las personas físicas o naturales, las personas jurídicas son entes ficticios, entidades de creación legal a las que se les otorga personalidad jurídica propia e independiente y la capacidad jurídica necesaria para alcanzar los fines que le son propios[437]. Por este motivo, en aras de proteger la seguridad del tráfico mercantil[438] y garantizar los derechos de quienes se relacionan jurídicamente con ellas, la jurisprudencia constitucional ha manifestado la trascendencia de "velar porque su domicilio social no responda a una simple designación ficticia, sino que coincida con el mismo centro administrativo y funcional de la sociedad"[439].

---

434 STC 6/2003, de 20 de enero (BOE n° 43, de 19 de febrero), F.J. 4°. En este sentido: SSTC 167/1992, de 26 de octubre (BOE n° 288, de 1 de diciembre), F.J. 2°; 12/2000, de 17 de enero (BOE n° 42, de 18 de febrero), F.J. 4°; 7/2003, de 20 de enero (BOE n° 43, de 19 de febrero), F.J. 2°; 90/2003, de 19 de mayo (BOE n° 138, de 10 de junio), F.J. 3°; 162/2004, de 4 de octubre (BOE n° 270, de 9 de noviembre), F.J. 4°; 43/2006, de 13 de febrero (BOE n° 64, de 16 de marzo), F.J. 2°; 2/2008, de 14 de enero (BOE n° 40, de 15 de febrero), F.J. 2°.

435 STC 55/2003, de 24 de marzo (BOE n° 91, de 16 de abril), F.J. 3°.

436 En palabras de la STC 12/2000, de 17 de enero (BOE n° 42, de 18 de febrero), F.J. 4°, "(…) al demandante de amparo (…) le era exigible, en tanto que comerciante que pone fin a una actividad mercantil desarrollada de manera continua y desde hacía años, haber tomado cuidado de que pudiera ser localizado por quienes hasta entonces eran (…) sus suministradores, al objeto de que cualquier cuestión derivada del ejercicio de aquella actividad y pendiente al tiempo de cerrar su negocio pudiera solventarse sin necesidad de indagatorias acerca de su paradero".

437 Tomando como referencia la definición ofrecida por Vela Sánchez, A.J., (2013), *Derecho Civil para el Grado I. Parte General*, Dykinson, pp. 97-106.

438 Conforme manifiesta la STC 7/2003, de 20 de enero (BOE n° 43, de 19 de febrero), en su F.J. 3°, la exigencia de permanecer localizable "no es ajena a los presupuestos sobre los que se asienta el principio de seguridad jurídica consagrado en nuestra Constitución (art. 9.3), de los que la seguridad de tráfico mercantil constituye una significativa proyección".

439 STC 38/2006, de 13 de febrero (BOE n° 64, de 16 de marzo), F.J. 4°. Afirmación acorde con lo establecido por el artículo 9.1 del Real Decreto Legislativo 1/2010, de 2 de julio, por el que se aprueba el Texto Refundido de la Ley de Sociedades de Capital (en adelante TRLSC), en virtud del cual "las sociedades de capital fijarán su domicilio dentro del territorio español en el lugar en que se halle el centro de su efectiva administración y dirección, o en el que radique su principal establecimiento o explotación". En idéntico sentido, *vid.* artículos 120 -S.A.- y 182 -S.L.- del Real Decreto 1784/1996, de 19 de julio, por el que se aprueba el Reglamento del Registro Mercantil (en adelante RRM). En este sentido, el artículo 41 CC también establece: "cuando ni la ley que las haya creado o reconocido ni los estatutos o las reglas de fundación fijaren el domicilio de las personas jurídicas, se entenderá que lo tienen en el lugar en que se halle establecida su representación legal, o donde ejerzan las principales funciones de su instituto". Sobre el concepto legal de domicilio de la persona jurídica: Fortea Gorbe, J.L., (2016), "Problemática procesal del domicilio de las personas jurídicas para ser demandadas", *Práctica de Tribunales*, N° 121,

Esta preocupación por potenciar la fácil y efectiva localización de las personas jurídicas, también ha llevado al legislador ordinario, como apunta la STC 7/2003, de 20 de enero, en su F.J. 3º, "a facilitar al máximo las posibilidades de comunicación y localización del empresario social, ampliando los lugares de comunicación (...) más allá del puro domicilio formal (...) y reforzando los deberes de publicidad del empresario social para proteger adecuadamente los intereses legítimos de terceros"[440].

En el ámbito de los actos de comunicación, encontramos un claro reflejo de esta afirmación en la reforma del apartado 3º del artículo 155 LEC operada por la Ley 19/2009, de 23 de noviembre, de medidas de fomento y agilización procesal del alquiler y de la eficiencia energética de los edificios. Su nueva redacción, aún vigente, introdujo la posibilidad de designar como domicilio de la persona jurídica demandada, a efectos de su emplazamiento, además del social, el domicilio de quien constase como "administrador, gerente o apoderado de la empresa mercantil, o presidente, miembro o gestor de la Junta de cualquier asociación que apareciese en un Registro oficial". Con esta disposición, afirma Bernardo San José, se buscaba reducir la problemática existente en torno al primer emplazamiento de las personas jurídicas cuya sede permanece siempre cerrada[441].

Ahora bien, sin perjuicio de esta facultad otorgada al demandante para proteger su derecho a la tutela judicial efectiva, la STC 38/2006, de 13 de febrero, ya manifestó, en su F.J. 4º, la específica carga que recae sobre toda persona jurídica de "disponer en el lugar que libremente había designado como domicilio social de la organización de los medios precisos para poder ser destinataria de actos de

Julio-Agosto, La Ley, pp. 2-3; Recurso electrónico ID: LA LEY 4515/2016; y Capilla Roncero, F. y Peña Bernaldo Dequirós, M., (1993), "Tomo I, Volumen 3, Artículos 17 a 41", en Albaladejo García, M. y Díaz Alabart, S., (Dir.), *Comentarios al Código Civil y Compilaciones Forales*, EDERSA, Madrid, Recurso electrónico ID vLex: 229893.

[440] STC 7/2003, de 20 de enero (BOE nº 43, de 19 de febrero), F.J. 3º. De conformidad con el artículo 23 TRLSC, las Sociedades de Capital tienen la obligación de consignar en sus estatutos sociales el domicilio social, el cual, además, debe corresponderse con el real. A su vez, en virtud de los artículos 120 -S.A.- y 182 -S.L.- RRM, esta mención en los estatutos constituye un requisito para su inscripción en el Registro Mercantil. Con respecto a la publicidad del domicilio social, en el ámbito comunitario, la Directiva (UE) 2017/1132 del Parlamento Europeo y del Consejo, de 14 de junio de 2017, sobre determinados aspectos del Derecho de Sociedades establece en su artículo 14 que los Estados Miembros deberán adoptar "las medidas necesarias para que la publicidad obligatoria relativa a las sociedades se refiera, al menos, a los actos e indicaciones siguientes: (...) g) todo cambio de domicilio social (...)". Sobre los deberes de publicidad del empresario ante una modificación del domicilio social y sobre la protección de los terceros ante una "desconexión entre el domicilio registral y el domicilio real", Fernández Del Pozo, L., (2017), "Cambio de domicilio social: comentario al nuevo artículo 285.2 LSC", *La Ley Mercantil*, Nº 40, Secc. Sociedades/ Doctrina, Octubre, La Ley; Recurso electrónico ID: LA LEY 14314/2017.

[441] Bernardo San José, A., (2010), "Sección IV: la reforma de los procesos de desahucio (Ley 19/2009, de 23 de noviembre)", en Banacloche Palao, J., (Coord.), *Op. cit.*, p. 90.

comunicación"[442]. Un deber que también, matiza el F.J. 3° de la STC 55/2003, de 24 de marzo, se predica de los administradores societarios[443].

Centrándonos en el análisis de esta Sentencia, de 24 de marzo de 2003, cabe destacar que, en esta ocasión, se consideró negligente la actuación del administrador solidario de la sociedad por "abandonar el domicilio social sin hacer constar en el Registro Mercantil la alteración, y sin dejar indicado en aquél uno nuevo". Esta falta de la debida diligencia, llevó al Tribunal Constitucional a imputar la indefensión sufrida a la persona del administrador, quien, con su propia conducta, "obstaculizó una de las posibles vías que le habrían permitido tener noticia de la pendencia del litigio y de su condición de demandado, sin que sea admisible pretender ahora que ese obstáculo debía haber sido superado por medio de una mayor diligencia del Juzgado, pues él mismo no observó la diligencia que, por lo dicho, le era exigible (...)".

En idéntico sentido e ilustrador de la negligencia atribuible a la persona jurídica por dificultar su propio emplazamiento por el órgano judicial, el F.J. 3° de la STC 90/2003, de 19 de mayo, asevera lo siguiente: "no cabe duda de que ha sido su propia actitud –de la persona jurídica, ahora recurrente en amparo– la que ha contribuido a crear la situación de la que ahora se queja, pues si su domicilio social no era el apropiado para asegurar dentro del tráfico jurídico la necesaria comunicación de terceras personas con esa entidad societaria, debió facilitar cualquier otro medio adecuado que la hiciera posible. Al no hacerlo así, no puede exigir al órgano judicial el despliegue de una desmedida labor investigadora tendente a su localización, cuando en realidad ha sido ella misma la que activa o negligentemente la ha impedido"[444].

Esta atribución del resultado de indefensión a la negligencia del recurrente en amparo, se deduce de la necesaria ponderación entre el deber de averiguación del paradero del demandado que recae sobre el demandante y el órgano judicial; y el deber de aquel de actuar de forma diligente, esto es, conforme a las exigencias derivadas de la buena fe y de su condición de comerciante. En palabras del ATC 325/1997, de 1 de octubre, F.J. 4°, se "tiene en cuenta el equilibrio procesal entre la carga del demandante de indagar hasta donde sea razonable el domicilio del demandado y el deber de éste, apreciado con el estándar del ordenado comerciante (...), de atender a la recepción de la correspondencia en los diversos domicilios (...)"[445].

---

[442] STC 38/2006, de 13 de febrero (BOE n° 64, de 16 de marzo), F.J. 4°. En favor de este pronunciamiento: SSTC 6/2003, de 20 de enero (BOE n° 43, de 19 de febrero), F.J. 4°; 7/2003, de 20 de enero (BOE n° 43, de 19 febrero), F.J. 3°; 90/2003, de 19 de mayo (BOE n° 138, de 10 de junio), F.J. 3°; ATC 325/1997, de 1 de octubre, F.J. 4°.

[443] STC 55/2003, de 24 de marzo (BOE n° 91, de 16 de abril), F.J. 3°. Asimismo: STC 43/2006, de 13 de febrero (BOE n° 64, de 16 de marzo), F.J. 4°.

[444] STC 90/2003, de 19 de mayo (BOE n° 138, de 10 de junio), F.J. 3°. En este sentido, las SSTC 6/2003, de 20 de enero (BOE n° 43, de 19 de febrero), F.J. 4°; 7/2003, de 20 de enero (BOE n° 43, de 19 de febrero), F.J. 3°; 38/2006, de 13 de febrero (BOE n° 64, de 16 de marzo), F.J. 4°.

[445] ATC 325/1997, de 1 de octubre, F.J. 4°.

Como circunstancias relevantes para este juicio de ponderación, el mencionado ATC destaca en su F.J. 4º "la proximidad o distancia entre la fecha del cierre de un centro de trabajo y la del acto de comunicación procesal de la demanda". Así, la STC 167/1992, de 26 de octubre, pone de relieve el factor de la previsibilidad de las acciones legales dirigidas contra el empresario. Sobre esta cuestión, su F.J. 2º resalta "el deber de la empresa de procurar la eficacia de las notificaciones en el domicilio social, sobre todo, cuando han sido despedidos muchos trabajadores y es perfectamente previsible la incoación de procesos judiciales"[446].

Por último, señalaremos como elemento determinante de la atribución de la indefensión al proceder del destinatario la facilidad de localización de su paradero una vez cesado el negocio o actividad.

Tomaremos como referencia la STC 161/2006, de 22 de mayo, en la que, finalmente, se declara la inexistencia de negligencia por parte de la empresaria, precisamente, por razón de su sencilla localización.

En este supuesto, los primeros intentos de notificación resultaron infructuosos a consecuencia del cierre de la empresa. Pese a ello, el Tribunal Constitucional, no constata la concurrencia de una conducta negligente, pues entiende que la demandada permaneció perfectamente localizable en todo momento en su domicilio, el cual, de hecho, constaba en los autos desde la incorporación de una certificación del Registro de la Propiedad y, además, podía conocerse sin dificultad a través de la mera consulta del Padrón Municipal o de otros Registros oficiales en los que también aparecía dicha información[447].

Ante tales circunstancias, el F.J. 4º de la Sentencia establece: "(...) ni el hecho de que pudiera saber o intuir que la falta de pago de su deuda podría tener consecuencias legales, ni el hecho del cierre total del centro de trabajo en el que había prestado servicios el trabajador, constituyen elementos que hubieran exigido una actitud de especial diligencia por parte de la demandada al efecto de «ponerse al alcance» de las posibles comunicaciones procesales".

En principio, podría parecernos que este pronunciamiento entra en clara contradicción con lo expuesto hasta el momento. No obstante, a continuación, el Tribunal Constitucional matiza que, atendiendo a la particularidad del caso concreto, la fácil localización de la demandada por los "medios normales"[448] al

---

[446] STC 167/1992, de 26 de octubre (BOE nº 288, de 1 de diciembre), F.J. 2º. Así: STC 68/1986, de 27 de mayo (BOE nº 144, de 17 de junio), F.J. 3º

[447] STC 161/2006, de 22 de mayo (BOE nº 148, de 22 de junio), F.J. 3º y 4º.

[448] STC 161/2006, de 22 de mayo (BOE nº 148, de 22 de junio), F.J. 5º. Sobre el deber del órgano judicial de emplear, al menos, los "medios normales a su alcance" para la efectiva localización del demandado: SSTC 29/1997, de 24 de febrero (BOE nº 78, de 1 de abril), F.J. 2º; 65/2000, de 13 de marzo (BOE nº 90, de 14 de abril), F.J. 3º; 232/2000, de 2 de octubre (BOE nº 267, de 7 de noviembre), F.J. 2º; 77/2001, de 26 de marzo (BOE nº 104, de 1 de mayo), F.J. 2º; 1/2002, de 14 de febrero (BOE nº 34, de 8 de febrero), F.J. 2º; 225/2004, de 29 de noviembre (BOE nº 3, de 4 de enero), F.J. 2º; 117/2005, de 9 de mayo (BOE nº 136, de 8 de junio), F.J. 3º; 231/2007, de 5 de noviembre (BOE nº 295, de 10 de diciembre), F.J. 2º; 168/2008, de 15 de diciembre (BOE nº 8, de 9 de enero), F.J. 4º; 93/2009, de 20 de abril (BOE nº 125, de 23 de mayo), F.J. 4º; 61/2010, de 18 de octubre (BOE nº 279, de 18 de noviembre), F.J. 2º; 197/2013, de 2 de diciembre

alcance del órgano judicial provoca la imposible equiparación de "esta situación de cierre del centro de trabajo a la situación, analizada por este Tribunal en otras ocasiones, en las que el notificado se ausenta de su domicilio sin dejar razón de su nuevo paradero"[449]. No se aprecia, por consiguiente, intención del demandado de mantenerse oculto o ajeno al proceso, como tampoco se constata una mínima diligencia por parte del órgano judicial en la utilización de los medios razonables a su alcance.

Para finalizar el estudio de este especial deber de diligencia que recae sobre comerciantes y personas jurídicas, apuntaremos que sin la concurrencia del cese de un negocio o actividad mercantil, la doctrina constitucional también ha imputado las consecuencias derivadas de la indefensión sufrida a una empresa –recurrente en amparo– por razón de su compleja estructura organizativa. De este modo, citando el F.J. 2º del ATC 986/1986, de 19 de noviembre, "si la falta de transparencia o complejidad de la estructura organizativa de la empresa fueron la causa de que se frustrase la finalidad informativa de la notificación, es claro que éstas son circunstancias que cabe imputar a la esfera de riesgos del emplazado, y no a la falta de diligencia de los órganos judiciales"[450].

### *B) Especial deber de consulta de los Diarios y Boletines Oficiales*

Siguiendo con el examen de aquellas circunstancias en las que el Tribunal Constitucional ha elevado el nivel de diligencia medio exigido a la parte desconocedora del litigio, en líneas subsiguientes, se realizará un análisis del deber de determinadas personas –por razón de su cargo, función o actividad– y organismos públicos, de consultar los Diarios y Boletines Oficiales puntualmente[451].

Con respecto a esta cuestión, señalaremos, por ser especialmente clarificadora, la STC 62/2000, de 13 de marzo, cuyo F.J. 4º asevera: "este Tribunal viene exigiendo tanto de las Administraciones Públicas (...), como de los funcionarios incorporados al ámbito de la Administración demandada (...), un especial o más riguroso deber de diligencia a la hora de la consulta de los Diarios o Boletines Oficiales en los que se anuncia la interposición de recursos contencioso-administrativos en los que se ventilan cuestiones en las que aparecen directamente concernidos[452]".

En idéntico sentido, y, particularmente, con relación al deber de conocimiento de las Administraciones Públicas –diferenciado del deber que recae sobre sus

(BOE nº 7, de 8 de enero), F.J. 2º y 4º; 50/2017, de 8 de mayo (BOE nº 142, de 15 de junio), F.J. 3º, entre otras.

449 STC 161/2006, de 22 de mayo (BOE nº 148, de 22 de junio), F.J. 4º.

450 ATC 986/1986, de 19 de noviembre, F.J. 2º. En este sentido, la STC 118/1993, de 29 de marzo (BOE nº 107, de 5 de mayo), F.J. 3º.

451 Sobre esta cuestión reflexiona Yélamos Bayarri, E., (2006), *Op. cit.*, pp. 464-467.

452 STC 62/2000, de 13 de marzo (BOE nº 90, de 14 de abril), F.J. 4º. Así, las SSTC 113/1998, de 1 de junio (BOE nº 158, de 3 de julio), F.J. 4º; 152/1999, de 14 de septiembre (BOE nº 250, de 19 de octubre), F.J. 5º.

funcionarios–, cabe destacar la STC 81/1985, de 4 de julio, cuyo F.J. 4º declara lo siguiente: "(...) es excesivo generalizar a las Administraciones Públicas la idea de que el conocimiento de los emplazamientos edictales, publicados en un periódico oficial, constituye una carga excesiva, al mismo nivel predicable de los ciudadanos, (...), pues, no son (...) supuestos iguales ni pueden reclamar necesariamente la misma solución"[453].

Expresado en los términos de la STC 97/1997, de 19 de mayo, "los organismos oficiales deben prestar más atención que los particulares a las notificaciones edictales de la existencia de los procesos contencioso-administrativos"[454]. Una doctrina aplicable, según matiza el F.J. 3º de la STC 100/1994, de 11 de abril, cuando el ámbito de difusión del Diario o Boletín en cuestión se corresponde con el de la sede del ente público[455].

Con relación a los funcionarios, como adelantamos al mencionar la STC 62/2000, de 13 de marzo, ha de señalarse también la posibilidad de presumir su conocimiento extraprocesal del proceso, pese a haberse realizado un emplazamiento edictal, ante determinadas circunstancias.

Sobre esta cuestión, la STC 197/2001, de 4 de octubre, es muy ilustradora. Una vez interpuesto un recurso contencioso-administrativo, el emplazamiento de los interesados se llevó a cabo mediante edictos publicados en el Boletín Oficial de la Provincia. Asimismo, se acordó su publicación en los tablones de anuncios[456] de los distintos centros de trabajo dependientes de la Corporación –Diputación Provincial–, y la remisión de copias de los emplazamientos a las distintas secciones de los sindicatos más representativos. Estas actuaciones de difusión, junto

---

453 STC 81/1985, de 4 de julio (BOE nº 170, de 17 de julio), F.J. 4º. En este supuesto, respecto de un Colegio Profesional –se trata de una Corporación de Derecho Público, en virtud del art. 1 de la Ley 2/1974, de 13 de febrero, sobre Colegios Profesionales–, considera que "no es excesiva la carga de consultar el Boletín Oficial de la Provincia correspondiente a la sede de la Audiencia Territorial en cuyo ámbito se encuentran incluidos, con objeto de poder comparecer en aquellos procesos para los que estén legitimados" (F.J. 4ºB). Así, las SSTC 70/1998, de 30 de marzo (BOE nº 108, de 6 de mayo), F.J. 5º; 122/1998, de 15 de junio (BOE nº 170, de 17 de julio), F.J. 6º; o el ATC 525/1984, de 19 de septiembre, F.J. 2º.

454 STC 97/1997, de 19 de mayo (BOE nº 137, de 9 de junio), F.J. 3º. En favor: SSTC 34/1988, de 1 de marzo (BOE nº 67, de 18 de marzo), F.J. 5º.

455 Así, STC 100/1994, de 11 de abril (BOE nº 117, de 17 de mayo), F.J. 3º: "De igual modo, si bien en ciertos casos se ha considerado que los organismos oficiales y, en concreto, los Ayuntamientos, deben prestar más atención que los particulares a las notificaciones edictales de la existencia de los procesos contencioso-administrativos este dato en el presente supuesto (...) no puede ser determinante para imputar falta de diligencia a la Corporación demandante (...), al haberse insertado los anuncios de la interposición de los recursos en el Diario Oficial de una Comunidad Autónoma cuyo ámbito de difusión no se extiende a la provincia de la que forma parte (...)". Así: STC 46/1987, de 21 de abril (BOE nº 107, de 5 de mayo), F.J. 3º.

456 Definidos por el F.J. 6º de la STC 197/1997, de 24 de noviembre (BOE nº 312, de 30 de diciembre), como "instrumento de conocimiento interno para los funcionarios destinados en la correspondiente oficina pública". En este sentido, la STC 45/1985, de 26 de marzo (BOE nº 94, de 19 de abril), manifestó con carácter previo, en su F.J. 3º, que "pretender (...) darse por no enterados del contenido, suficiente y fehaciente, de una Circular debidamente publicada en un instrumento de conocimiento interno para los funcionarios destinados en la correspondiente oficina pública como es el tablón de anuncios, es tanto como desconocer la peculiaridad de la relación funcionarial y el correlativo entramado de derechos, deberes y cargas inherentes a la pertinente relación especial de la Administración con sus funcionarios".

con la consideración de los cargos ocupados por las recurrentes en amparo en la Corporación, como muestra inequívoca del conocimiento, llevaron al Tribunal Constitucional a declarar la existencia de "más que fundados elementos de juicio para entender que las demandantes de amparo tuvieron conocimiento extraprocesal del recurso (...), y que, en todo caso, si la personación en aquél no se llegó a producir, ello se debió a razones exclusivamente imputables a su falta de diligencia"[457].

Así, la STC 152/1999, de 14 de septiembre, consideró fundada de forma innegable la presunción de conocimiento extraprocesal respecto de un grupo de docentes. Para alcanzar esta convicción, además de la importante repercusión mediática de la impugnación del baremo de un concurso, se tuvieron en consideración las características subjetivas de los recurrentes en amparo: "todos tienen la condición de funcionarios al servicio de la Administración demandada; su condición de docentes les sitúa dentro del círculo de población con acceso frecuente a los medios de comunicación y, especialmente, a la prensa escrita; por último, el número de afectados por los recursos era altísimo (...) y en un ámbito funcional bien delimitado -centros de enseñanza-". [458]

A la misma conclusión llegó años antes la STC 197/1997, de 24 de noviembre. Concurriendo esta vez una menor difusión, estableció "la publicidad en un instrumento como el tablón de anuncios en las oficinas públicas implica, respecto a los funcionarios que trabajan en las mismas y a los que aquéllas puedan afectar, una carga de conocimiento, con sus lógicas consecuencias, que no puede equipararse a la publicidad que con respecto a los ciudadanos en general representan los diarios o boletines oficiales"[459].

Puntualiza Yélamos Bayarri, "no es conocimiento fehaciente, pero las circunstancias particulares del caso justifican que no sean tratados del mismo modo que ciudadanos"[460].

En último lugar, destacaremos la STC 72/1999, de 26 de abril, por hacer recaer la carga de consultar los Diarios y Boletines Oficiales sobre ciudadanos. Concretamente, sobre un grupo de aspirantes admitidos en un proceso de selección público.

Para comprender la particularidad del caso, hemos de acudir al F.J. 3º, en virtud del cual, "(...) debe tenerse en cuenta que, según se dispone en la Orden que convocó estos procesos selectivos (...), es a través de la publicación en el «Boletín Oficial de Cantabria» como se van a poner en conocimiento de los admitidos en este proceso selectivo los actos que son de su interés (...), por lo que en este su-

---

[457] STC 197/2001, de 4 de octubre (BOE nº 266, de 6 de noviembre), F.J. 4º. Así: STC 300/2000, de 11 de diciembre (BOE nº 14, de 16 de enero), F.J. 3º.

[458] STC 152/1999, de 14 de septiembre (BOE nº 250, de 19 de octubre), F.J. 5º. Sobre un supuesto de hecho similar resuelve la STC 113/1998, de 1 de junio (BOE nº 158, de 3 de julio), F.J. 4º.

[459] STC 197/1997, de 24 de noviembre (BOE nº 312, de 30 de diciembre), F.J. 6º. Así: STC 45/1985, de 26 de marzo (BOE nº 94, de 19 de abril).

[460] Yélamos Bayarri, E., (2006), *Op. cit.*, p. 466.

puesto la lectura del «Boletín Oficial de la Comunidad» no puede considerarse como una carga excesiva, sino al contrario, como un deber".

Nos encontramos, en definitiva, ante una interesante excepción a la concepción de los edictos como medio "ficticio" de comunicación[461] que, rara vez, obtiene el resultado de conocimiento efectivo por parte del destinatario.

#### *3.3.5. Especial referencia a la reciente doctrina constitucional sobre el primer acto de comunicación dirigido a los sujetos obligados al uso de medios electrónicos en el ámbito de la Administración de Justicia*

Considerando que, en el orden jurisdiccional civil, los justiciables comparecen en juicio[462], como norma general, representados y defendidos por profesionales del Derecho, y que, incluso, en los casos en los que su intervención resulta potestativa (art. 23.2 y 31.2 LEC), no es extraño que opten por su intervención, ciertamente, el principal acto procesal de comunicación –y, en la inmensa mayoría de las ocasiones, el único–, que se entenderá de forma directa con el ciudadano, será aquél por el que se ponga en su conocimiento la pendencia del proceso judicial incoado en contra de él; en otras palabras: el primero[463].

Expuesto lo anterior, es evidente que la completa tecnificación de la relación del ciudadano con la Administración de Justicia, deberá pasar, irremediablemente, por la digitalización de este trámite inicial que, cabe añadir, siguiendo a Pérez Daudí, es, por excelencia, el que mayor dilación provoca en los procesos[464]. Ahora bien, llegados a este punto, hemos de formular la siguiente cuestión: ¿admite nuestra legislación procesal civil en vigor la práctica de un primer acto procesal de comunicación dirigido al demandado por medios electrónicos?

---

461 Citando la SSTC 186/1997, de 10 de noviembre (BOE nº 297, de 12 de diciembre), F.J. 3º, los edictos son "ficciones jurídicas con un significado más simbólico que real (...), cuya recepción por el destinatario no puede ser demostrada". Considerando los edictos un medio de comunicación "ficticio": SSTC 40/2005, de 28 de febrero (BOE nº 81, de 5 de abril), F.J. 4º; 104/2008, de 15 de septiembre (BOE nº 245, de 10 de octubre), F.J. 4º; 126/2014, de 21 de julio (BOE nº 198, de 15 de agosto), F.J. 3º. Así: Cerrada Moreno, M., (2012), *Op. cit.*, p. 87; De Diego Díez, L.A., (2010), "Presupuestos y requisitos de la notificación edictal", *Actualidad Administrativa*, Nº 20, Sección A Fondo, 2ª Quincena Noviembre, La Ley, pp. 1 y 12; Recurso electrónico ID: LA LEY 13822/2010.

462 El presente epígrafe trae causa del artículo "La definitiva tecnificación de las comunicaciones judiciales dirigidas al justiciable", publicado durante el Programa de Doctorado en Derecho y Ciencias Sociales de la UNED: Martín González, M. (2022), "La definitiva tecnificación de las comunicaciones judiciales dirigidas al justiciable", en Llorente Sánchez-Arjona, M., Calaza López, S. y Muinelo Cobo, J.C. (2022), *Digitalización de la Justicia, prevención, investigación y enjuiciamiento,* Aranzadi, Cizur Menor (Navarra), pp. 417-460.

463 Así, la STC 40/2020, de 27 de febrero (BOE nº 83, de 26 de marzo), en su F.J. 3º: "(...) en todos aquellos procesos donde resulte legalmente preceptiva la intervención de profesionales de la justicia, las comunicaciones electrónicas posteriores al primer emplazamiento del demandado o ejecutado no han de hacerse tampoco a través de la dirección electrónica habilitada, sino de la plataforma del sistema LexNET (...)". En idénticos términos, la STC 133/2020, de 23 de septiembre (BOE nº 289, de 02 de noviembre), F.J. 2º.

464 Pérez Daudí, V., (2020), "Las notificaciones electrónicas", *Práctica de Tribunales,* Nº 142, Enero-Febrero, La Ley, p. 8; Rec. electrónico ID: LA LEY 1614/2020.

La solución a este crucial interrogante, si bien en sentido *negativo*, –al menos en la actualidad–, la hallamos en la reciente, pero consolidada, jurisprudencia del Tribunal Constitucional, sentada, inicialmente, por su Sentencia 47/2019, de 8 de abril –y con anterioridad, aunque de manera tangencial, por su Sentencia 6/2019, de 17 de enero–, y, desde entonces, reiterada en ya incontables resoluciones[465].

Así, conforme declara la primera, en su F.J. 2º, el texto del artículo 155 LEC –"actos de comunicación con las partes aún no personadas o no representadas por procurador. Domicilio"–, lejos de admitir la práctica de la primera comunicación judicial vía electrónica, cuando menos, a los sujetos obligados a relacionarse por medios electrónicos con la Justicia en virtud del artículo 273.3º LEC, vedaría toda posibilidad de recurrir a esta vía, al contener un auténtico régimen jurídico *sui generis* del primer acto de comunicación dirigido al demandado no personado. Un régimen que, asevera el Tribunal Constitucional, se vería validado, asimismo, por el artículo 273 LEC, en su apartado 4º, al imponer el deber de presentar, de todo escrito que dé lugar "(…) al primer emplazamiento, citación o requerimiento del demandado o ejecutado (…)", tantas copias a *papel* como sean las otras partes; y que, sin duda, como apunta en su Sentencia 40/2020, de 27 de febrero, será aplicable a todos los procesos judiciales en los que, en materia de actos de comunicación, se aplique supletoriamente la LEC[466].

Dicho esto, profundizando en la Sentencia 47/2019, de 8 de abril, destacaremos dos conclusiones trascendentales con relación al primer acto de comunicación dirigido al demandado y a la coetánea vigencia de la obligación de determinados sujetos de hacer uso de la vía electrónica en el ámbito jurisdiccional:

En primer lugar, el deber de interactuar por medios electrónicos con la Justicia no es fundamento para que los distintos sujetos obligados "(…) queden constreñidos, en cualquier caso y circunstancia, a recibir los actos de comunicación a través de esos medios, hasta el extremo de quedar neutralizada la regula-

---

[465] STC 47/2019, de 8 de abril (BOE nº 116, de 15 de mayo), F.J. 2º. Criterio reflejado con anterioridad en la STC 6/2019, de 17 de enero (BOE nº 39, de 14 de febrero), F.J. 4º, al resolver sobre la cuestión de inconstitucionalidad nº 3323-2017, planteada en relación con el último inciso del art. 152.2 LEC –avisos sobre la puesta a disposición de actos de comunicación–. En este sentido, las SSTC 150/2019, de 25 de noviembre (BOE nº 5, de 6 de enero), F.J. 3º; 63/2020, de 15 de junio (BOE nº 196, de 18 de julio), F.J. 2º; 76/2020, de 29 de junio (BOE nº 207, de 31 de julio), F.J. 2º; 77/2020, de 29 de junio (BOE nº 207, de 31 de julio), F.J. 2º; 122/2020, de 21 de septiembre (BOE nº 289, de 2 de noviembre), F.J. Único; 169/2020, de 16 de noviembre (BOE nº 332, de 22 de diciembre), F.J. 2º; 45/2021, de 3 de marzo (BOE nº 77, de 31 de marzo), F.J. Único; 62/2021, de 15 de marzo (BOE nº 97, de 23 de abril), F.J. 2º; 84/2021, de 19 de abril (BOE nº 119, de 19 de mayo), F.J. Único; 86/2021, de 19 de abril (BOE nº 119, de 19 de mayo), F.J. Único, entre otras muchas.

[466] STC 40/2020, de 27 de febrero (BOE nº 83, de 26 de marzo), F.J. 3º. En particular, sobre la aplicación del régimen jurídico de la LEC específico del primer acto procesal de comunicación en el orden social: SSTC 47/2019, de 8 de abril (BOE nº 116, de 15 de mayo) F.J. 4º; 102/2019, de 16 de septiembre (BOE nº 247, de 14 de octubre), F.J. 2º; 150/2019, de 25 de noviembre (BOE nº 5, de 6 de enero), F.J. 3º; 7/2020, de 27 de enero (BOE nº 52, de 29 de febrero), F.J. 2º; 72/2020, de 29 de junio (BOE nº 207, de 31 de julio), F.J. 2º. Con respecto a la aplicación de esta doctrina constitucional en procesos civiles no regulados en la LEC, procede destacar las SSTC 129/2019, de 11 de noviembre (BOE nº 304, de 19 de diciembre) F.J. 4º; 95/2020, de 20 de julio (BOE nº 220, de 15 de agosto), F.J. 4º, ambas sobre procesos concursales.

ción especialmente prevista, sin distinción de supuestos o sujetos, para las primeras citaciones o emplazamientos del demandado en el art. 155.1 y 2 LEC" [467]. Esta comunicación inicial deberá efectuarse, por tanto, con independencia del destinatario, por remisión tradicional, en los términos del artículo 160 LEC y, en su caso, por el juego de la remisión de los artículos 155.4 y 158 LEC, conforme al artículo 161 LEC –quedando, por supuesto, a salvo, los supuestos en los que esta última modalidad de comunicación, mediante entrega personal domiciliaria por funcionario del Cuerpo de Auxilio Judicial o el Procurador de la parte que lo solicite, proceda en primer lugar, y no con carácter subsidiario al fracaso de la remisión[468] –.

En segundo lugar, siguiendo con las conclusiones de la Sentencia 47/2019, de 8 de abril, subrayaremos que, a los efectos del primer acto de comunicación, la falta de acceso por el destinatario a su buzón virtual, no podrá atribuirse a su negligencia o pasividad, precisamente, asevera el Tribunal Constitucional, por no estar legalmente prevista la práctica de dicha comunicación por esta vía. Atendiendo, por consiguiente, tanto al hecho de que, generalmente, el ciudadano habrá activado su dirección electrónica a otros efectos[469], como a la inexistencia de una dis-

---

467 STC 47/2019, de 8 de abril (BOE nº 116, de 15 de mayo), F.J. 4º. Asimismo: SSTC 150/2019, de 25 de noviembre (BOE nº 5, de 06 de enero), F.J. 3º; 7/2020, de 27 de enero (BOE nº 52, de 29 de febrero), F.J. 2º; 19/2020, de 10 de febrero (BOE nº 59, de 09 de marzo), F.J. 2º; 63/2020, de 15 de junio (BOE nº 196, de 18 de julio), F.J. 2º; 72/2020, de 29 de junio (BOE nº 207, de 31 de julio), F.J. 2º; 95/2020, de 20 de julio (BOE nº 220, de 15 de agosto), F.J. 2º; 48/2021, de 3 de marzo (BOE nº 77, de 31 de marzo), F.J. 2º.

468 La especial necesidad de procurar el célere y efectivo conocimiento del demandado en determinados casos, justifica la priorización de esta modalidad y su establecimiento como primera –y última, en supuestos, como el monitorio– opción. Así se prevé para el requerimiento de pago del proceso monitorio (art. 815.1º LEC ); el requerimiento de desalojo y pago de los procesos de desahucio por falta de pago de rentas o cantidades debidas (art. 440.3 LEC ); y para la notificación de la sentencia o resolución procesal que ponga fin al proceso al demandado declarado en rebeldía –incluyendo "(…) las sentencias dictadas en apelación, en recurso extraordinario por infracción procesal o en casación"– (art. 497.2 LEC ). En este punto, destacaremos la STC 122/2019, de 28 de octubre (BOE nº 293, de 6 de diciembre), pues se pronuncia específicamente sobre la inadmisibilidad de los medios electrónicos para la práctica del requerimiento de pago inicial en los procesos monitorios, en aplicación, tanto de la consolidada doctrina del Tribunal Constitucional sobre el primer emplazamiento, como de lo dispuesto, expresamente, en el artículo 815.1 LEC –"El requerimiento se notificará en la forma prevista en el artículo 161 de esta ley, (…)".

469 Ejemplo de ello, destacamos la STC 40/2020, de 27 de febrero (BOE nº 83, de 26 de marzo), cuyo F.J. 4º manifiesta que el acto de comunicación judicial, en este caso, fue efectuado a través del buzón virtual de la dirección electrónica habilitada de la FNMT, que la empresa "(…) tenía dado de alta para relacionarse con órganos de las administraciones públicas para la gestión ordinaria de trámites administrativos, y no con los tribunales de justicia para defenderse de ninguna demanda". Conviene destacar, además, que, conforme a la Orden PRE/878/2010, de 5 de abril, por la que se establece el régimen del sistema de dirección electrónica habilitada previsto en el artículo 38.2 del Real Decreto 1671/2009, de 6 de noviembre, en su artículo 4, la vigencia de la dirección electrónica habilitada será *indefinida*, salvo que se produzca su inhabilitación en los supuestos expresamente previstos –revocación por el titular; fallecimiento de la persona física o extinción de la personalidad jurídica; resolución administrativa o judicial en dicho sentido; o transcurso de tres años sin que la DEH se utilice para la práctica de notificaciones–, debiendo tener en cuenta, asimismo, en la materia que nos ocupa, que conforme dispone el apartado 2º del mismo precepto, esta inhabilitación no se producirá "(…) cuando cuando se establezca la práctica de notificaciones electrónicas con carácter obligatorio –lo que ocurre precisamente, en el ámbito jurisdiccional, respecto de los sujetos obligados–, y así se confirme por los órganos u organismos afectados (…)". Si bien estimamos que esta vigencia indefinida de la dirección electrónica habilitada, no será óbice para que se termine ad-

posición legal específica que establezca el deber de acceder a la misma con cierta regularidad al objeto de tenerse, en su caso, por emplazado en un nuevo asunto, no cabrá exigir al justiciable que permanezca permanentemente alerta a la recepción de actos de comunicación iniciales.

De admitirse lo contrario, asevera el Tribunal Constitucional, F.J. 5º, "(...) se conferiría una dimensión tan exorbitante y desproporcionada al deber de diligencia procesal de la parte, que quedaría completamente relegada la relevancia de la inadecuada opción por la que el órgano judicial se decantó para efectuar la citación"[470].

El deber de diligencia sobre la dirección electrónica, se activará, por tanto, conforme precisa la Sentencia 6/2019, de 17 de enero, desde el momento de la personación y no antes[471]. De este modo, solo una vez comparecidos en el proceso, los obligados al uso de medios electrónicos, así como quienes, voluntariamente, hubieren optado por ello, quedarán definitivamente sujetos al régimen de comunicaciones electrónicas del artículo 162 LEC, y, en particular, obligados a acceder regularmente a su buzón virtual, no pudiendo reputarse "desproporcionado o exorbitante", desde entonces, dicho deber.

Ahora bien, sentado lo anterior, y aun no existiendo duda sobre la improcedencia de los canales electrónicos para la realización del primer acto procesal de comunicación dirigido al demandado conforme al texto vigente de la LEC,

mitiendo la práctica de los actos de comunicación iniciales a través de la misma –ciertamente, es cuestión de poco tiempo que se acometa una reforma procesal que introduzca tal posibilidad, y muestra de ello es el Proyecto de Ley de Medidas de Eficiencia Procesal; *vid.* su Memoria del Análisis de Impacto Normativo, pág. 43–, sí que dota de mayor relevancia, si cabe, a las garantías que rodean a la práctica de los actos de comunicación por medios electrónicos, en especial, aquellos estrechamente vinculados al efectivo ejercicio del derecho de defensa de las partes en el proceso. En este punto, destacaremos, asimismo, la conveniencia de facilitar al ciudadano un listado de las administraciones de las que podrá recibir notificaciones a través de la dirección electrónica, con el objeto de que sea plenamente consciente de que no solo se suscribe a los efectos del trámite para el que la habilita –que será, generalmente, administrativo y no judicial–, sino para la recepción de toda clase de notificaciones emanadas de los organismos públicos adscritos. Por otro lado, y en línea con COTINO HUESO, sostendremos la conveniencia de centralizar todas las notificaciones –tanto administrativas, como judiciales– en una sola dirección electrónica, con el objeto de evitar que los administrados-justiciables deban estar permanentemente conectados y atentos a todo un conjunto de buzones, (2021), "La preocupante falta de garantías constitucionales y administrativas en las notificaciones electrónicas", *Revista General de Derecho Administrativo (RGDA Iustel)*, Nº 57, Mayo, versión electrónica, §III.1. Así: CERDÁ MESEGUER, J.I., (2020), "Garantías constitucionales de las notificaciones electrónicas en los procedimientos judiciales y las singularidades en el ámbito Contencioso-Administrativo", *Revista Andaluza de Administración Pública*, Nº 106, Enero-Abril, p. 121.

[470] STC 47/2019, de 8 de abril (BOE nº 116, de 15 de mayo), F.J. 5º. En palabras de la STC 129/2019, de 11 de noviembre (BOE nº 304, de 19 de diciembre), F.J. 5º, "(...) no puede obligarse a la sociedad a sostener una conducta prospectiva para conocer la existencia de demandas en su contra (...)", pese, incluso, añade el Tribunal, "(...) a constar su previsible iniciación". Con todo, no podemos dejar de subrayar los casos en los que el Tribunal Constitucional ha señalado, precisamente, la previsibilidad e inminencia de la acción judicial como elemento a tener en cuenta a la hora de valorar la existencia de una conducta negligente del destinatario que excluya su indefensión: SSTC 68/1986, de 27 de mayo (BOE nº 144, de 17 de junio), F.J. 3º; 167/1992, de 26 de octubre (BOE nº 288, de 1 de diciembre), F.J. 2º; o 199/2002, de 28 de octubre (BOE nº 278, de 20 de noviembre), F.J. 4º.

[471] STC 6/2019, de 17 de enero (BOE nº 39, de 14 de febrero), F.J. 6º.

estamos con el Magistrado D. Alfredo Montoya Melgar, en su voto particular de la STC 150/2019, de 15 de noviembre, cuando apunta a la relevancia que debiera otorgarse, a su vez, en aplicación de la teoría de la indefensión material construida por el mismo Tribunal, al conocimiento efectivo del interesado adquirido por medios electrónicos, siempre que éste fuere debidamente acreditado y probado en autos[472].

Dicho esto, trayendo a colación la doctrina constitucional sobre el *conocimiento extraprocesal*, apuntaremos que, de producirse el acceso al contenido de la comunicación judicial electrónica por el destinatario en el supuesto de hecho concreto, recaerá, entonces, sobre él, la obligación de actuar diligentemente en defensa de sus derechos e intereses, para lo que deberá comparecer, denunciando la infracción sufrida e instando la reparación de su derecho y el correcto traslado del escrito iniciador del proceso junto con sus documentos. De lo contrario, como ya pusimos de manifiesto en líneas precedentes, su conducta pasiva ante el efectivo conocimiento actuaría como *causa excluyente de indefensión*, bloqueando toda posibilidad de obtener la nulidad de la comunicación judicial defectuosa en un momento posterior, junto con la restauración de las oportunidades procesales perdidas, pues desde el instante en que el interesado adquiere conocimiento, pasamos a la esfera de su voluntad y la atención recae sobre la conducta que éste adopta con respecto de la lesión sufrida[473].

---

[472] En este punto, destacamos el voto particular del Magistrado D. Alfredo Montoya Melgar, en la STC 150/2019, de 15 de noviembre (BOE nº 5, de 06 de enero). En el supuesto de hecho enjuiciado, la empresa demandada sí que accedió al contenido de la notificación en su buzón electrónico de la dirección electrónica habilitada seis días antes de que tuviera lugar la celebración de los actos para los que había sido citada. Esta situación, en opinión del Magistrado, debiera haberse considerado, al efecto de aplicar al caso la teoría de la indefensión material, y, en particular, la doctrina sobre el conocimiento extraprocesal del Tribunal Constitucional. Y es que, sin perjuicio del deber de emplazamiento personal –que ni cede, ni se desvanece, asevera el Ponente, por el hecho de que una indebida comunicación judicial electrónica haya conllevado, *de facto*, el conocimiento del contenido–, "(…) si la notificación ha sido conocida por la parte demandada a través de la dirección electrónica habilitada, se está ante una fuente de conocimiento cuyos efectos pueden no ser irrelevantes dentro del proceso, dependiendo del estado en el que se halle éste al conocerse dicha comunicación". Y, en cualquier caso, cuando la parte que no ha sido regularmente emplazada, adquiere conocimiento extraprocesal de la existencia del litigio iniciado en contra de él, añade, asume "(...) la carga de generar la oportuna reacción (…), en el sentido de personarse e intervenir en el proceso, instando el recurso que fuera procedente si dispusiera de plazo para ello (…) o, en su caso, mediante la solicitud de nulidad de actuaciones (…)". En este sentido, cabe destacar, por su oportunidad, la SAP Murcia (Secc. 4ª) 834/2021, de 8 de julio, Rec. nº 1439/2020, cuyo F.J. 2º asevera que: "(…) a pesar de que el primer emplazamiento fuera realizado a través de la dirección electrónica habilitada, hubo un conocimiento extraprocesal del procedimiento. En consecuencia, aunque ello no sana y torna esa notificación en válida, sí que, (…), genera un deber de personación de la parte demandada, facultada para pedir que se le practique el emplazamiento en debida forma, con nuevo plazo". Así, citando, además, el voto particular mencionado: SAP Murcia (Secc. 4ª), 217/2021, de 4 de marzo, Rec. nº 419/2020, F.J. 2º.

[473] Subrayando la relevancia del voto particular del Magistrado D. Alfredo Montoya Melgar, en la Sentencia 150/2019, de 15 de noviembre (BOE nº 5, de 6 de enero), por introducir matices que pueden llegar a provocar un verdadero cambio de paradigma en la consolidada jurisprudencia constitucional sobre la práctica del primer acto de comunicación por medios electrónicos, destacamos: Cerdá Meseguer, J.I., (2020), "El acceso efectivo a la demanda por medios electrónicos en el proceso judicial: ¿un cambio de rumbo en la jurisprudencia del Tribunal constitucional español sobre el uso de medios electrónicos en

Expuestos los anteriores argumentos, si bien no podrá tildarse de negligente la actuación de quien no accede a su dirección electrónica con regularidad a efectos de darse por notificado por primera vez, sí podrá calificarse como tal la de quien accede a su buzón, recoge la notificación pendiente, consulta su contenido, y, pese a todo ello, decide no actuar en consecuencia[474]. En este sentido, cabe añadir que no estaremos ante un supuesto relevante en sede constitucional, cuando, habiendo recibido la notificación vía electrónica, el destinatario no haya visto efectivamente mermadas sus posibilidades de defensa, adquiriendo un conocimiento tempestivo del proceso y teniendo la oportunidad real de comparecer y actuar en pro de sus intereses en tiempo y forma[475].

Ciertamente, de la doctrina constitucional examinada, deducimos, más que una cuestión de *inidoneidad* de la vía electrónica para alcanzar el efectivo conocimiento del interesado en la práctica del primer acto de comunicación, un problema de legalidad vigente[476].

En efecto, como apunta un sector doctrinal, como CERDÁ MESEGUER y REGO BLANCO, es incontestable que la regulación de las comunicaciones dirigidas a las partes aún no personadas, contenida, fundamentalmente, en el artículo 155 LEC –y, en esta línea, en el mencionado artículo 273.4, así como en el 276.4 LEC[477]–,

la administración de justicia?, *European Review of Digital Administration & Law – Erdal*, Volume 1, Issue 1-2, June-December, pp. 237-245.

474 Como precisa la STC 138/2003, de 14 de julio (BOE nº 193, de 13 de agosto), en su F.J. 2º, "sólo cuando la indefensión que produzca en el notificado la comunicación edictal sea meramente formal y no efectiva, o cuando en tal indefensión haya tenido un papel protagonista la falta de diligencia del propio emplazado, especialmente en el caso de que tuviera conocimiento extraprocesal de la causa seguida sin que ello generase la oportuna reacción, el interesado dejaría de ser acreedor de la especial protección que brinda el amparo".

475 STC 95/2020, de 20 de julio (BOE nº 220, de 15 de agosto), F.J. 4º. En este caso, se constata un incumplimiento por parte del Juzgado de lo Mercantil conocedor del concurso abreviado, tanto de la legislación procesal civil –de aplicación subsidiaria–, como de lo dispuesto en el artículo 184.7 LC –ahora 16 TRLC –, en lo relativo al deber de emplazamiento personal del deudor, pues dicho acto de comunicación se efectuó en la dirección electrónica habilitada de la persona jurídica deudora, en lugar de en su domicilio. No obstante, a la vista de las circunstancias concurrentes, precisa el TC, a los efectos de obtener el amparo en sede constitucional, además de la transgresión de la Ley, el deudor debería haber sufrido "una eliminación o disminución sustancial" de los derechos que le corresponden por razón de su posición en el procedimiento, quedando privado, así, del "derecho a alegar y a demostrar en el proceso los propios derechos", lo que, ciertamente, no ocurrió, pues el recurrente sí pudo personarse en el procedimiento y alegar, antes de que se dictara la declaración del concurso de acreedores, los motivos de oposición legamente previstos, sin que sufrir un perjuicio real y efectivo. Ello, en definitiva, lleva al TC a denegar el amparo solicitado.

476 Citando la STC 122/2019, de 28 de octubre (BOE nº 293, de 6 de diciembre), F.J. 3º, "(...) la doctrina que ahora aplicamos no se funda en la inidoneidad general del medio (electrónico) utilizado, sino en la vigencia de preceptos legales que excluyen la posibilidad de acudir al mismo para el acto de primera citación o emplazamiento, por la importancia que este acto reviste para la adecuada constitución de la relación jurídica procesal". Y en este sentido, la STC 47/2019, de 08 de abril (BOE nº 116, de 15 de mayo), F.J. 4º, cuando alude a los medios electrónicos como "(...) modalidad de comunicación procesal que (...) no aparece prevista para los actos que constituyan el primer emplazamiento o citación de los demandados".

477 Al regular el preceptivo traslado de copias entre Procuradores, el artículo 276.4 LEC, en perfecta coherencia con el artículo 273.4 LEC, establece que, cuando se trate del traslado de la demanda o de cualquier otro escrito que pueda originar la primera comparecencia en juicio, "(...) el procurador habrá de

determina el obligado recurso a los medios que podríamos denominar "tradicionales", para la ejecución del primer acto de comunicación, no pudiendo estimarse admitida la opción electrónica, ni tan si quiera para los colectivos obligados a su uso, salvo recurriendo, como ya pusimos de relieve, a una interpretación forzada de la Ley[478].

Ahora bien, dicho esto, realmente, nada obstaría al acometimiento de una reforma procesal, por la que se introdujera la posibilidad real de efectuar esta comunicación inicial por medios electrónicos, con perfecta traslación de todas las garantías ya consolidadas en el ámbito del primer acto de comunicación judicial[479]. De hecho, estamos ante un objetivo verdaderamente ineludible para alcan-

---

acompañar copias –en formato papel– de dichos escritos y de los documentos que a ellos se acompañen y el Letrado de la Administración de Justicia efectuará el traslado conforme a lo dispuesto en los artículos 273 y 274 de esta Ley –el segundo, sobre el "traslado por la oficina judicial de las copias a las otras partes interesadas, cuando no intervengan procuradores"–. Si el procurador omitiere la presentación de estas copias, se tendrá a los escritos por no presentados o a los documentos por no aportados, a todos los efectos". Asimismo, en idéntico sentido, procede destacar el artículo 17.2 RD 1065/2015 –párrafo 2º–: "En su caso, se acompañarán también aquellos elementos que no sean susceptibles de conversión en formato electrónico y las copias en soporte papel para realizar el acto de comunicación o traslado de copias *a las partes no personadas*".

[478] Ciertamente, como apunta CERDÁ MESEGUER, el artículo 155 LEC vigente, no solo no distingue entre personas físicas y personas jurídicas –o entre sujetos obligados y no obligados al uso de la vía electrónica–, sino que, además, contiene una regulación detallada, que se antoja incompatible con la modalidad de comunicación judicial por medios electrónicos –véase la relación de domicilios del demandado que podrán ser designados por el demandante a efectos de su primer emplazamiento o citación (ap. 3º), o la alusión a medios electrónicos como el "número de teléfono, de fax, dirección de correo electrónico o similares" (ap. 2º) como "datos" que podrían "ser de utilidad para la localización" del demandado, pero no como canales aptos para la práctica de esa primera comunicación–, (2019), "La notificación electrónica de la demanda a las personas jurídicas: ¿Innovación tecnológica o indefensión?", *Diario La Ley*, Nº 9388, Sección Doctrina, Abril, La Ley, p. 11; Rec. electrónico ID: LA LEY 3237/2019. En este sentido, también, REGO BLANCO, M.D., (2012), "Las comunicaciones y notificaciones electrónicas en la tramitación de los procedimientos judiciales", en VALERO TORRIJOS, J. y GAMERO CASADO, E., (Coord.), *Grandes Tratados. Las Tecnologías de la Información y la Comunicación en la Administración de Justicia*, Cizur Menor (Navarra), Aranzadi, p. 357. Otro sector doctrinal, por el contrario, estima admisible y acorde a la legislación procesal vigente, la práctica del primer acto procesal de comunicación por medios electrónicos "(...) puesto que la obligación de relación electrónica no se excepciona para actos de iniciación de los procesos", CERNADA BADÍA, R., (2017), *Op. cit.*, pp. 397-398. En esta posición, favorable a la vía electrónica para el primer acto de comunicación: TORRES YANES, F., (2016), *Op. cit.*, pp. 209-210; o, incluso, mucho antes de la reforma de la LEC operada por la Ley 42/2015: FURQUET MONASTERIO, N., (2001), *Op. cit.*, p. 269. Asimismo, en este sentido, jurisprudencia menor, como las SSAP Cartagena (Secc. 5ª) 109/2018, de 17 de abril, Rec. nº 117/2018, F.J. 2º; 298/2018, de 20 de noviembre, Rec. nº 417/2018, F.J. 2º; SAP Palma de Mallorca (Secc. 5ª) 114/2019, de 25 de febrero, Rec. nº 623/2018, F.J. 4º; SAP Palma de Mallorca (Secc. 4ª) 189/2019, de 31 de mayo, Rec. nº 209/2019, F.J. 2º; SAP Zamora (Secc. 1ª) 311/2019, de 12 de septiembre, Rec. nº 72/2019, F.J. 3º. De este modo, en favor de una reforma procesal clarificadora: CERDÁ MESEGUER, J.I., (2019), Ibídem, p. 11; o LAMO RUBIO, J., (2019), "Nulidad de actuaciones judiciales y expediente judicial electrónico: la primera citación de empresas demandadas aún no personadas", *Diario La Ley*, Nº 9437, Secc. Comentarios de Jurisprudencia, Junio, La Ley, p. 8; Recurso electrónico: LA LEY 7004/2019.

[479] COTINO HUESO, L., (2021), *Op. cit.*, §VII. Al fin y al cabo, valorando la eficacia de las comunicaciones electrónicas –incluso tratándose del primer acto de comunicación–, en lo relativo al "conocimiento efectivo", procede destacar que, en supuestos como el enjuiciado por la STC 77/2020, de 29 de junio (BOE nº 207, de 31 de julio), lo que se da no es una *falta de acceso* a la dirección electrónica habilitada por el interesado –quien, por cierto, accede a la comunicación judicial depositada en el plazo que se le indica por correo electrónico, junto con las demás instrucciones para el acceso, solo que éstas resultaron no ser

zar la completa y definitiva tecnificación de la relación de los ciudadanos con la Administración de Justicia por tratarse del principal acto de comunicación que se entiende, de forma directa, con los justiciables[480]. Y muestra de ello es el *Proyecto de Ley de Medidas de Eficiencia Procesal del Servicio Público de Justicia*, actualmente en tramitación parlamentaria, a través del cual, se propone una reforma trascendental de la LEC en materia de comunicaciones, con el objeto de priorizar su práctica por canales electrónicos con plena eficacia[481].

acordes a la legislación procesal, sino a la administrativa; y, finalmente, procede a presentar escrito de oposición a la ejecución en el plazo de diez días -procesal- desde el acceso, sino una inadecuada aplicación de las normas del *procedimiento administrativo común* para el cómputo del plazo para formular el escrito de oposición a la ejecución hipotecaria. Así ocurre en otros casos como: SSTC 76/2020, de 29 de junio (BOE nº 207, de 31 de julio), F.J. 2º; 114/2020, 115/2020, 122/2020, y 123/2020, todas de 21 de septiembre (BOE nº 289, de 2 de noviembre), F.J. Único; 169/2020, de 16 de noviembre (BOE nº 332, de 22 de diciembre), F.J. 2º; 45/2021, de 3 de marzo (BOE nº 77, de 31 de marzo), F.J. Único; 62/2021, de 15 de marzo (BOE nº 97, de 23 de abril), F.J. 2º; 84/2021, de 19 de abril (BOE nº 119, de 19 de mayo), F.J. Único. Aprovechamos, por tanto, para poner de relieve la necesidad de adaptar el funcionamiento y, en especial, la información facilitada al justiciable, a través de los avisos y los propios sistemas de comunicación electrónica -muchos de ellos, como la dirección electrónica habilitada, administrativos- de los que disponen los sujetos que interactúan electrónicamente con la Justicia, a las normas procesales, y, en especial, a las disposiciones reguladoras del cómputo de plazos.

480 A favor de una reforma por la que se admita el primer acto de comunicación por medios electrónicos, se pronuncian: Perea González, A., (2019), "Tareas pendientes: el emplazamiento electrónico", *Diario La Ley*, Nº 9473, Sección Tribuna, Septiembre, La Ley, p. 2; Recurso electrónico ID: LA LEY 8163/2019; Valero Canales, A.L., (2020), "Notificaciones telemática. Presente y futuro. Novedades ante las modificaciones del estado de alarma", *Práctica de Tribunales*, Nº 147, La Ley, p. 8; Recurso electrónico ID: LA LEY 14739/2020.

481 Sobre las comunicaciones judiciales electrónicas dirigidas directamente al justiciable y, particularmente, con respecto a las novedades previstas en el Proyecto de Ley de Medidas de Eficiencia Procesal del Servicio Público de Justicia: Martín González, M., (2022), *Op. cit.*, pp. 417-460.

# CAPÍTULO III. LA NULIDAD DE LOS ACTOS PROCESALES DE COMUNICACIÓN

## 1. RÉGIMEN DE INEFICACIA DE LOS ACTOS DE COMUNICACIÓN

### 1.1. Nulidad y subsanación de los actos de comunicación

Con base en la debida ponderación entre el derecho de defensa del destinatario y el derecho a la tutela judicial efectiva de las demás partes procesales[482], nuestro Derecho procesal civil no condiciona la validez y eficacia de los actos de comunicación judicial a su efectivo conocimiento por parte del interesado. En definitiva, como hemos verificado en líneas precedentes, se procura la continuación de los procesos judiciales hasta su definitiva resolución, incluso *inaudita parte*, con las debidas garantías. De lo contrario, el adecuado devenir del proceso judicial podría quedar a merced de una eventual conducta maliciosa del destinatario, tendente a mantenerse ajeno al litigio ante una posible resolución condenatoria, o sencillamente, de resultar imposible su localización por cualquier otra causa, el proceso quedaría interrumpido de forma indefinida, afectando, así, a los derechos e intereses de las restantes partes y, en particular, al derecho a no sufrir dilaciones indebidas (art. 24.2 CE).

Expuestos los anteriores argumentos, destacaremos, nuevamente, la función de las normas integrantes del régimen legal de notificaciones vigente, como auténtico sistema de garantías protector de los derechos del destinatario de la comunicación[483]. Y es que, recordemos, solo es la correcta interpretación y aplica-

[482] Necesaria ponderación apuntada por las SSTC 133/1986, de 29 de octubre (BOE nº 276, de 18 de noviembre), F.J. 4º; 205/1988, de 07 de noviembre (BOE nº 297, de 12 de diciembre), F.J. 4º; 246/1988, de 19 de diciembre (BOE nº 11, de 13 de enero), F.J. 1º; 8/1991, de 17 de enero (BOE nº 38, de 13 de febrero), F.J. 3º; 186/1991, de 3 de octubre (BOE nº 265, de 5 de noviembre) F.J. 3º; 217/1993, de 30 de junio (BOE nº 183, de 02 de junio), F.J. 3º; 100/1994, de 11 de abril (BOE nº 117, de 17 de mayo), F.J. 3º. Así, un sector doctrinal, como YÉLAMOS BAYARRI, E. (2006), *Op. cit.*, pp. 441-446; LARA LÓPEZ, A.M., (2013), "Tema 18...", *Op. cit.*, p. 258; TORRES YANES, F., (2016), *Op. cit.*, pp. 32-33; o CERNADA BADÍA, R., (2017), *Op. cit.*, pp. 197-203.

[483] Tal y como pone de manifiesto la STC 43/2021, de 3 de marzo (BOE nº 77, de 31 de marzo), F.J. 2º, los actos de comunicación y, particularmente, el primero, dirigido al demandado, "(...) han de ser realizados por el órgano judicial con todo el cuidado y respeto de las normas procesales que regulan dichos actos de comunicación, como deber específico integrado en el de la tutela judicial efectiva, dado que no son un formalismo, sino una *garantía* para las partes en el procedimiento y una carga que corresponde llevar a cabo al órgano judicial, integrante del contenido esencial del derecho consagrado en el art. 24 de

ción de estas normas[484], lo que legitima y activa la denominada *presunción* o *ficción jurídica* de conocimiento[485], la cual aporta seguridad jurídica al proceso, permitiendo su prosecución.

De este modo, como hemos tenido ocasión de exponer al examinar la doctrina constitucional sobre los actos de comunicación, aún a falta del conocimiento efectivo por parte del destinatario, la constancia en autos de una actuación diligente y conforme a Derecho, dirigida a localizar y comunicar el acto procesal en cuestión al legítimo interesado, permitirá presumir que, aun no habiendo llegado a conocer, sí estuvo en posición razonable para hacerlo, y, por tanto, la resolución que se adopte en dicha instancia será definitiva.

Evidenciando, precisamente, el estrecho vínculo existente entre la observancia de la legalidad en la práctica de los actos de comunicación y la efectiva defensión del destinatario, procede destacar el artículo 166 LEC, relativo a la "nulidad y subsanación" de estos actos procesales. Así, en su primer apartado es tajante, al establecer que "serán nulos los actos de comunicación que no se practicaren con arreglo a lo dispuesto en este capítulo y pudieren causar indefensión"[486].

---

la Constitución". En idénticos términos, las SSTC 110/1989, de 12 de junio (BOE nº 158, de 4 de julio), F.J. 2º; 113/2001, de 7 de mayo (BOE nº 137, de 8 de junio), F.J. 6º; 19/2004, de 23 de febrero (BOE nº 74, de 26 de marzo), F.J. 2º. Así, también, la STC 157/1987, de 15 de octubre (BOE nº 271, de 12 de noviembre), al aseverar, en su F.J. 2º, que el ordenamiento procesal "(...) no es un simple conjunto de trámites y ordenación del proceso, sino un ajustado sistema de garantías para las partes (...)". Citando, asimismo, a Cubillo López, "el fin principal de los actos de comunicación, como se ha dicho, es poner en conocimiento de las partes el contenido de las resoluciones judiciales. Las normas sobre actos de comunicación son garantías legales de ese conocimiento", (2000), *Op. cit.*, p. 321.

484 Recordaremos, en este punto, conforme subraya la STC 81/1986, de 20 de junio (BOE nº 159, de 4 de julio), F.J. 4º, que "(...) el derecho a la tutela judicial efectiva no puede ser comprometido u obstaculizado mediante la imposición de formalismos enervantes o acudiendo a interpretaciones de las normas que regulan las exigencias formales del proceso claramente desviadas del sentido propio de tales exigencias o requisitos, interpretados a la luz del art. 24.1 de la C.E.". Así: SSTC 57/1984, de 8 de mayo (BOE nº 128, de 29 de mayo), F.J. 3º; 122/1986, de 22 de octubre (BOE nº 276, de 18 de noviembre), F.J. 4º; 16/1987, de 12 de febrero (BOE nº 54, de 4 de marzo), F.J. 3º; entre otras muchas.

485 "Presunción legal de conocimiento", para Yélamos Bayarri, E., (2006), *Op. cit.*, p. 259; "ficción jurídica" de conocimiento, para Cubillo López, I., (1999), *Op. cit.*, p. 277; "presunción de conocimiento iuris tantum", para Cernada Badía, R., (2017), *Op. cit.*, p. 202; o "conocimiento legal", para Furquet Monasterio, N., (2001), *Op. cit.*, p. 46. En efecto, asumida la debida diligencia en el aseguramiento del derecho del demandado a comparecer y actuar en defensa de sus derechos e intereses legítimos en un juicio contradictorio, cuyo "soporte instrumental básico" es, precisamente, el acto procesal de comunicación –por todas, las SSTC 97/1992, de 11 de junio (BOE nº 169, de 15 de julio), F.J. 3º; 81/1996, de 20 de mayo (BOE nº 150, de 21 de junio), F.J. 3º–, esta presunción de conocimiento permite que el proceso prosiga sin dilaciones indebidas y que, incluso, pueda resolverse *inaudita parte* –así, la STC 217/1993, de 30 de junio (BOE nº 183, de 02 de agosto), al pronunciarse, en su F.J. 3º, sobre la "(...) necesaria ponderación entre tal derecho, en el supuesto concreto, y el derecho fundamental, del que también son titulares las restantes partes del proceso, a que éste se resuelva sin dilaciones indebidas y a la ejecución de las resoluciones judiciales"–.

486 Procede advertir, siguiendo a Torres Yanes, que el precepto presume la práctica, aun defectuosa, del acto de comunicación, pero no contempla la contingencia de que dicho acto nunca llegue a realizarse, estando, por tanto, ante un caso de *inexistencia*. En tales casos de palmaria indefensión, estamos con el autor, cuando aboga por una inmediata reacción del órgano judicial tendente a corregir la omisión, acordando la práctica del acto procesal a la mayor brevedad y adoptando las medidas –tales como la suspensión de señalamientos, o, incluso, la retroacción de actuaciones (art. 227.2º LEC)– que resulten necesarias

Dicho esto, podemos afirmar que, en atención a su esencialidad, el artículo 166.1 LEC condiciona, en sentido negativo, la validez y eficacia de las comunicaciones judiciales al respeto de las normas rectoras de su práctica. Ahora bien, sin perjuicio de su trascendencia, y prosiguiendo con el análisis de dicho artículo, destacaremos que la mera inobservancia de tales normas no será, per se, suficiente para determinar la nulidad de un acto procesal de comunicación. Tal y como exige el precepto examinado, será preciso que los defectos en cuestión "pudieren causar indefensión", a lo que añadiremos, adelantándonos al análisis inmediato del apartado 2º del artículo 166 LEC, la ausencia de subsanación del acto irregular por la conducta del destinatario en su primera comparecencia.

Deteniéndonos, sucintamente, por el interés doctrinal suscitado, en la subsunción de los defectos de los actos procesales de comunicación en las clásicas categorías civilistas de *nulidad, anulabilidad* e *irregularidad*[487], apuntaremos a la complejidad de alcanzar un encaje terminante de estos vicios en una de las dos primeras, fundamentalmente, con motivo de las especificidades propias del tratamiento procesal de las comunicaciones judiciales defectuosas. Primero, por la posibilidad de su verificación de oficio y, segundo, por la admisibilidad de su convalidación conforme a lo dispuesto en el artículo 166.2 LEC. Cualidades propias de la *nulidad* y de la *anulabilidad* respectivamente, y, sobre la teoría –aunque ambas llevarán aparejada la *ineficacia* como sanción–, excluyentes entre sí y con distinto alcance[488].

En efecto, el tenor literal del artículo 166.1 LEC[489], en conjunción con el estrecha relación existente entre el ejercicio efectivo del derecho de defensa (art. 24.1 CE) y la correcta realización de los actos procesales de comunicación, decla-

para remediar la situación de indefensión provocada, (2016), *Op. cit.*, pp. 159-160. Así, Cernada Badía, al recordar que la subsanación tan solo opera con respecto de los actos procesales efectuados de manera irregular, pero no con respecto de los *omitidos* o inexistentes, (2017), *Op. cit.*, p. 480.

487 Referentes, apunta Lara López, a defectos de distinta entidad. Así, en función de la gravedad de la infracción cometida, de mayor a menor relevancia, estaremos ante una *nulidad absoluta, nulidad relativa* o *anulabilidad* o *irregularidad*, ésta última sin conllevar la ineficacia del acto, ni de los efectos derivados del mismo, (2013), "Tema 17...", *Op. cit.*, pp. 243-244. Sobre la ineficacia de los actos procesales, asimismo: Díaz Martínez, M., (2020), "Lección 24ª...", *Op. cit.*, pp. 356-362.

488 Lara López, A.M., (2013), "Tema 17...", *Op. cit.*, pp. 244-245; Yélamos Bayarri, E., (2006), *Op. cit.*, pp. 51-52.

489 El propio artículo 166.1 LEC, dispone que "serán *nulos* los actos de comunicación que no se practicaren con arreglo a lo dispuesto en este capítulo y pudieren causar indefensión". Es precisamente la dicción de este precepto la que lleva a Cubillo López a afirmar que las infracciones relativas a los actos de comunicación se sancionan con la *nulidad de pleno derecho*, (2019), *Actos procesales, comunicación procesal y medios electrónicos*, La Ley, Madrid; Recurso electrónico ID: LA LEY 9594/2019, p. 3. Con anterioridad, el autor ya manifestó: "en nuestra opinión, todos los defectos a que se refiere el artículo 166 NLEC provocan la *nulidad absoluta*; y esto, aparte de por la difícil calificación en distintas categorías de los defectos que pueden tener lugar en la práctica de los actos de comunicación, sobre todo, porque, cualquiera que sea ese defecto, la consecuencia será la misma en todos los casos en que se declare la existencia de un vicio en la notificación: se dejará sin efecto (...) y se invalidarán las actuaciones subsiguientes", (2001), *La comunicación procesal en la nueva Ley de Enjuiciamiento Civil*, EDERSA, Madrid, p. 102 [versión electrónica]; Recurso electrónico ID vLex: 1669. En idéntico sentido, con respecto al artículo 279 LEC 1881, Cubillo López, I., (1999), *Op. cit.*, pp. 165-166.

rado de forma incansable por la jurisprudencia constitucional, permite manifestar, fundadamente, que una infracción normativa que "pudiere causar indefensión"[490], dará lugar a la nulidad absoluta del acto de comunicación defectuoso. No obstante, también es cierto, como pone de relieve un relevante sector doctrinal, como TORRES YANES o YÉLAMOS BAYARRI, que la admisibilidad de la subsanación del acto viciado, prevista en el apartado 2º del mismo artículo 166 LEC, sitúa el régimen de ineficacia de las comunicaciones judiciales en un punto más cercano a la categoría de la anulabilidad o nulidad relativa, que a la de la nulidad absoluta, eso sí, conservando, entendemos, la admisibilidad de la apreciación de oficio del vicio, propia de ésta última[491].

Situados, por tanto, en una posición intermedia entre la *nulidad* y la *anulabilidad*, estimamos que una solución al problema de subsunción formulado, respetuosa con la clásica independencia de ambos conceptos, radicaría en aplicar a la comunicación viciada el tratamiento procesal de una u otra categoría en función, no de la entidad del defecto –en efecto, el artículo 166.1 LEC ya establece que todo acto de comunicación realizado en contravención de las normas procesales será *nulo*, siempre que "pudiere causar indefensión", y ello con independencia de que pueda ser convalidado en los términos del artículo 166.2 LEC–; sino del momento procesal en el que éste se aprecie. Así, hasta que el destinatario se dé por enterado en el asunto y comparezca –lo que no tiene por qué ocurrir–, operará el tratamiento procesal de la *nulidad absoluta*, siendo el vicio, por tanto, apreciable de oficio. Y, por su parte, una vez se produzca el primer acto de comparecencia, el tratamiento procesal será el de la *anulabilidad*, siendo solo admisible su impugnación a instancia de parte[492].

Efectivamente, conforme establece el apartado 2º del artículo 166 LEC, "(...) cuando la persona notificada, citada, emplazada o requerida se hubiera dado por enterada en el asunto, y no denunciase la nulidad de la diligencia en su primer acto de comparecencia ante el tribunal, surtirá ésta desde entonces

---

490 Sin perjuicio de analizar este presupuesto en líneas subsiguientes, entendemos que es, precisamente, este inciso, el que abre la vía de la apreciación de oficio de los defectos en los actos procesales de comunicación. En efecto, con carácter previo a la comparecencia del interesado, lo que hará, en su caso, el órgano judicial es constatar la existencia de una irregularidad en la comunicación judicial que podría –*pudiere*– causarle indefensión –potencial–, y con base en ello, acordar su corrección. Procede subrayar, en este punto, el deber de los Letrados de la Administración de Justicia, en su condición de responsables y directores del servicio de actos de comunicación (art. 152.1 LEC), de comprobar la corrección de estos actos procesales, acordando, en su caso, su repetición de verificar que, en la forma en que fueron realizado, no reúnen los presupuestos y garantías necesarios para alcanzar su fin. Estamos, en definitiva, ante el primer "filtro" de validez de las comunicaciones judiciales. Subrayando este deber de supervisión de los Letrados de la Administración de Justicia, en particular, sobre los actos de comunicación realizados por Procuradores: ARIZA COLMENAREJO, M.J., (2012), *Op. cit.*, p. 25.

491 Estimando admisible la apreciación de oficio: GASCÓN INCHAUSTI, F., (2000), *Op. cit.*, p. 78; FURQUET MONASTERIO, N., (2001), *Op. cit.*, p. 305; YÉLAMOS BAYARRI, E., (2006), *Op. cit.*, p. 76; MONTERO AROCA, J. (2016), *Op. cit.*, §21.IV.G; o TORRES YANES, F., (2016), *Op. cit.*, p. 157.

492 Subrayando que no cabrá la apreciación de oficio desde ese momento, asimismo, GASCÓN INCHAUSTI, F., (2000), *Op. cit.*, p. 79.

todos sus efectos, como si se hubiere hecho con arreglo a las disposiciones de la ley" [493].

Transcurrido, por tanto, el momento preclusivo para impugnar la comunicación defectuosa por el destinatario –que será, si atendemos al tenor literal del precepto, "su primer acto de comparecencia"–, este acto procesal quedará sanado y dotado de eficacia, al concurrir, por un lado, el conocimiento efectivo de la persona perjudicada, quien se ha "dado por enterada en el asunto"[494]; y, por otro lado, la ausencia de "denuncia de su nulidad", ya sea por su voluntad de dar por válida la comunicación viciada, o por su negligencia en la defensa de sus derechos e intereses, al no impugnarla cuando debiera haberlo hecho[495].

Consecuencia de ello, desde el instante en que pueda entenderse que concurren los requisitos para que el acto procesal defectuoso pueda verse subsanado por la actividad –o inactividad– de la parte interesada, estimamos, dejará de ser posible la apreciación del defecto de oficio por el órgano judicial y se trasladará el deber de su denuncia al destinatario diligente, si es que constata que, efectivamente, el acto de comunicación nulo ha mermado sus posibilidades de defensa en el proceso judicial. En otras palabras, de no darse, en estos casos, una conducta impugnadora de parte, se producirá la subsanación del acto de comunicación viciado, sin necesidad de pronunciamiento judicial alguno[496], y precluirá para el destinatario toda posibilidad de denunciar el defecto del acto procesal en un momento posterior, en aras de la trascendental seguridad jurídica de la que debe dotarse al proceso para permitir su prosecución hasta su definitiva resolución[497].

Atendiendo, precisamente, a la trascendencia que puede llegar a tener esta posibilidad de convalidación de la comunicación defectuosa, –que podríamos calificar de "automática", ante el conocimiento y la falta de impugnación del desti-

[493] En similares términos, procede señalar el artículo 180 LECrim, el cual incorpora, a su vez, una referencia expresa a la responsabilidad disciplinaria que cabrá exigir a los sujetos activos de la comunicación judicial, aun en el caso de haberse producido la convalidación regulada en el mismo. Así, establece: "serán nulas las notificaciones, citaciones y emplazamientos que no se practicaren con arreglo a lo dispuesto en este capítulo. Sin embargo, cuando la persona notificada, citada o emplazada se hubiere dado por enterada en el juicio, surtirá desde entonces la diligencia todos sus efectos, como si se hubiese hecho con arreglo a las disposiciones de la ley (...)"; a lo que añade, seguidamente, que "(...) no por esto quedará relevado el auxiliar o subalterno de la corrección disciplinaria establecida en el artículo siguiente" –*vid.* art. 181 LECrim–. El *Anteproyecto de Ley de Enjuiciamiento Criminal* no contempla ninguna disposición equivalente, limitándose a remitir en su artículo 141.1, en lo que respecta a los actos de comunicación, a lo previsto en el Capítulo V del Título V del Libro I de la LEC, "sin perjuicio de las especialidades establecidas en esta ley", de conformidad precisa, por su parte, el artículo 140.1 del Anteproyecto.

[494] Destacando la relevancia del efectivo conocimiento del acto de comunicación en relación con su validez: Cubillo López, I., (2000), *Op. cit.*, p. 322.

[495] Así: Cubillo López, I., (1999), *Op. cit.*, p. 51 –LEC 1881–; (2001), *Op. cit.*, pp. 103-104 –LEC 2000–; Gallego García, R., (2012), "Artículo 166. Nulidad y subsanación de los actos de comunicación", en Toribios Fuentes, F., (Dir.), *Op. cit.*, p. 303.

[496] Como asevera, en este sentido, Lara López: "esta subsanación no necesita de un pronunciamiento por parte del órgano jurisdiccional, sino que son la actividad de la parte, dándose por enterada, y su posterior inactividad, no denunciando la nulidad, las que subsanan el acto de comunicación", (2013), "Tema 18...", *Op. cit.*, p. 259. Así: Torres Yanes, F., (2016), *Op. cit.*, p. 158.

[497] Yélamos Bayarri, E., (2006), *Op. cit.*, p. 37.

natario en su primer acto de comparecencia– en el proceso judicial, son dos los presupuestos clave que deberán darse para considerar sanado un acto de comunicación irregular: primero, que el legítimo destinatario se dé por enterado en el asunto; y, segundo, que éste, en su primer acto de comparecencia no denuncie, precisamente, la nulidad de la diligencia de notificación.

El primer presupuesto del efecto sanatorio de las comunicaciones regulado en el artículo 166.2 LEC, consiste, por tanto, en el conocimiento efectivo por el destinatario del objeto de notificación –entendida ésta en un sentido amplio y comprensivo de todas las clases de actos procesales de comunicación–, pese a la existencia de defectos formales que podrían llevar a la declaración de su nulidad[498], en los términos del apartado 1º del mismo artículo 166 LEC. Deberemos estar, por tanto, ante un acto de comunicación irregular que, pese a ello, ha cumplido con su cometido de "dar a conocer"[499].

Ahora bien, como subraya un relevante sector doctrinal, para que, efectivamente, se constate que el destinatario se ha "dado por enterado en el asunto" en los términos del precepto analizado, la concurrencia de ese conocimiento –que, precisaremos, habrá de ser del acto procesal de comunicación en cuestión y no de otro[500]–, no será suficiente. Además, manifiesta Ortells Ramos, será necesaria la verificación de una conducta del interesado coherente con la notificación irregular[501]; y, cabe añadir, asumiendo los postulados de Guasp Delgado, esta actuación deberá ser, del mismo modo, irreconciliable con la voluntad de impugnar dicho acto procesal[502]. Solo así podrá deducirse que se han sentado, propiamente, las bases para el despliegue del efecto subsanador del artículo 166.2 LEC.

Sin duda, la conducta contraria a la impugnación en este momento procesal que, como verificaremos en líneas subsiguientes, será el primer acto de compare-

---

498 Declarada su nulidad, que no "anulado", precisa Cubillo López, por entender que siempre estaremos ante supuestos de *nulidad absoluta*, (2001), *Op. cit.*, p. 102.

499 Gascón Inchausti, F., (2000), *Op. cit.*, p. 80; Furquet Monasterio, N., (2001), *Op. cit.*, p. 301; Cernada Badía, R., (2017), *Op. cit.*, pp. 494-495; Cubillo López, I., (2019), *Op. cit.*, p. 28 [versión online]; Recurso electrónico ID: LA LEY 9595/2019.

500 La SAP Barcelona (Secc. 13ª) 312/2015, de 15 de octubre, Rec. nº 466/2014, F.J. 3º, manifiesta que la expresión del artículo 166.2 LEC: "cuando la persona notificada, citada, emplazada o requerida se hubiera dado por enterada en el asunto", "(...) debe interpretarse entendiendo que el conocimiento al que alude debe venir referido al contenido del asunto y las pretensiones ejercitadas, y no a la mera existencia de un proceso judicial que le concierne".

501 Ortells Ramos, M., Cámara Ruíz, J., y Juan Sánchez, R., (2000), *Derecho procesal. Introducción*, Nomos, Valencia, p. 343. Destacando la opinión de este autor: Cubillo López, I., (1999), *Op. cit.*, p. 164; o Gascón Inchausti, I., (2000), *Op. cit.*, p. 80; o Furquet Monasterio, N., (2001), *Op. cit.*, p. 301. En este sentido, podemos destacar, el ATSJ de Cataluña (Sala de lo Social, Secc. 1ª) 14/2021, de 18 de febrero, Rec. nº 55/2020, F.J. 2º –del depósito de la cantidad reclamada, se desprende el conocimiento tempestivo de la Sentencia por la empresa condenada–, o la SAP Barcelona (Secc. 5ª) 394/2021, de 5 de junio, Rec. nº 5/2021, F.J. 2º –la recurrente comparece al acto de juicio en la fecha señalada en la cédula de citación, pese a manifestar que lo la recibió–.

502 En palabras del autor, será exigible "una voluntad incompatible con la voluntad de impugnar la comunicación", Guasp Delgado, J., (1948) *Op. cit.*, pp. 741-742. En esta línea, Furquet Monasterio, al requerir "(...) una conducta inequívoca del destinatario consistente en la no impugnación del acto defectuoso", (2001), *Op. cit.*, p. 301.

cencia del destinatario, será clave para que se produzca la subsanación. En efecto, tal y como declara la STS 171/2019, de 20 de marzo, en su F.J. 3º, sería inadmisible permitir que la parte afectada por la notificación defectuosa albergara, indefinidamente, la posibilidad de impugnar dicho acto procesal[503]. Ello, ciertamente, resultaría contrario a las exigencias de la buena fe procesal[504] y afectaría a los derechos de las demás partes, sin dejar de considerar, asimismo, que, a medida que avance el proceso, toda eventual nulidad de actuaciones –que conllevará, advierte Gascón Inchausti, la retroacción de las actuaciones al momento anterior a la infracción cometida, sin perjuicio de la conservación de los actos procesales en los términos del artículo 230 LEC[505]–, que pudiera derivarse de la impugnación de un defecto procesal, causará, aún mayor perjuicio, si cabe, tanto a las partes procesales y como al propio objeto litigioso, de ahí la especial relevancia del momento preclusivo.

En definitiva, como pone de relieve el referido autor, una vez dado por enterado en el asunto, el fundamento del régimen de nulidad de las comunicaciones judiciales se desvanece[506]. En este instante, la ausencia de impugnación, ya sea por el consentimiento meditado del destinatario en dar por válido el acto de comunicación irregular, pese a su defecto, o, simplemente, por un descuido en la defensa de sus derechos e intereses –en cuyo caso, el perjuicio sufrido pasaría a serle imputable, por recaer, en su esfera de actuación, la denuncia de la inde-

---

[503] En los términos de la STS 171/2019, de 20 de marzo, Rec. nº 1883/2016, en su F.J. 3-3º, "lo que no debe hacer es dejar que las actuaciones avancen sin hacer notar la falta y, posteriormente, cuando le interese, pretender la declaración de nulidad de una notificación, que, si bien inicialmente fue nula, luego ha quedado subsanada". En consideración de esta doctrina, se pronuncian: SAP Barcelona (Secc. 19ª) 525/2019, de 10 de octubre, Rec. nº 419/2017, F.J. 2º; SAP Cádiz (Secc. 5ª) 133/2020, de 17 de febrero, Rec. nº 917/2017, F.J. 1º; SSAP Málaga (Secc. 6ª) 931/2020, de 6 de octubre, Rec. nº 243/2020, F.J. 2º; 445/2021, de 08 de abril, Rec. nº 1308/2019, F.J. 2º; SAP Madrid (Secc. 22ª) 496/2021, de 06 de mayo, Rec. nº 150/2020, F.J. 2º; o 1039/2021, de 13 de julio, Rec. nº 2098/2019, F.J. 2º.

[504] En este sentido, la STS 374/2003, de 11 de abril, Rec. nº 2556/1997, F.J. 2º, es tajante, al aseverar: "(…) ninguno de los litigantes puede aprovecharse de su silencio en un momento dado para luego, una vez avanzado el proceso, fundar su petición de nulidad de actuaciones en la infracción no denunciada entonces: primero, por ser tal conducta incompatible con las reglas de la buena fe (…); y segundo, porque de ser subsanable el defecto habría de procederse a remediarlo (…) con la mayor celeridad posible, ya que en otro caso podría suceder que la propia tardanza en denunciarlo acabara impidiendo su subsanación". De este modo, añade el ATS de 16 de marzo de 2004, Rec. nº 997/2003, en su F.J. 4º, "(…) la subsanación de la falta o transgresión tiene que ser pedida por la parte afectada en la primera oportunidad que tenga para ello, o, lo que es lo mismo, en cuanto llegue a su conocimiento la infracción procesal". En estos términos: ATS de 8 de septiembre de 2009, Rec. nº 171/2008, F.J. 2º.

[505] Conforme establece el artículo 230 LEC, "la nulidad de un acto no implicará la de los sucesivos que fueren independientes de aquél ni la de aquéllos cuyo contenido hubiese permanecido invariado aún sin haberse cometido la infracción que dio lugar a la nulidad", Gascón Inchausti, F., (2000), *Op. cit.*, p. 77. En idénticos términos, cabe destacar el apartado 1º del artículo 243 LOPJ. Sobre el principio de conservación de los actos procesales: Gallego García, R., (2012), "Artículo 230. Conservación de los actos", en Toribios Fuentes, F., (Dir.), *Op. cit.*, pp. 396-397; o Cernada Badía, R., (2017), *Op. cit.*, pp. 477-481. Por su parte, manifiesta Font de Mora Rullán, este principio se consagra en nuestro ordenamiento, precisamente, para "tratar de evitar o paliar" los drásticos efectos de la nulidad, (2019), "Nulidad de los actos procesales del art. 225 LEC. Una aproximación desde la jurisprudencia", *Práctica de Tribunales*, Nº 140, Septiembre-Octubre, La Ley; Recurso electrónico ID: LA LEY 11717/2019, p. 2.

[506] Gascón Inchausti, F., (2000), Ibídem, p. 80.

fensión sufrida en forma y en el momento procesal oportuno[507]–, traerá consigo la convalidación del acto procesal defectuoso y éste pasará a adquirir la eficacia jurídica que, de otro modo, no hubiera alcanzado, por razón de su irregularidad, no siendo posible en un momento posterior denunciar la falta.

Concurriendo, por tanto, los presupuestos examinados, conforme al artículo 166.2 LEC, el acto de comunicación viciado surtirá "(…) desde entonces todos sus efectos, como si se hubiere hecho con arreglo a las disposiciones de la Ley".

Autores, como Cubillo López y Furquet Monasterio, coinciden en que será desde el momento en que el destinatario se dé por enterado en el asunto y comparezca en el proceso, sin denunciar la nulidad, cuándo la comunicación judicial defectuosamente practicada despliegue efectos, y no desde el momento de su realización por el órgano judicial[508]. Para Yélamos Bayarri, por su parte, esta interpretación de la expresión *desde entonces* es, sin duda, mucho más beneficiosa para el interesado, quien, al fin y al cabo, no ha concurrido en la infracción cometida en el proceso de notificación, por lo que no debería verse perjudicado por la misma[509].

Por nuestra parte, haremos notar, ante todo, la conveniencia de la modificación del artículo 166.2 LEC, de forma que no deje lugar a dudas acerca de una cuestión tan relevante para el devenir del proceso y para los derechos de todas las partes procesales, como lo es la subsanación y eficacia de las comunicaciones judiciales nulas. Por otro lado, en lo que respecta a la preclusión de las actuaciones judiciales dependientes de la comunicación irregular, destararemos la dificultad de trasladar al plano fáctico la mencionada interpretación, favorable a situar la eficacia de la comunicación en un momento procesal distinto al de su realización *real*, sin que concurra impugnación de parte.

Para llegar a esta conclusión, debemos de partir, necesariamente, de una premisa: si en el momento procesal de comparecencia de la parte afectada por la

---

[507] Conforme apunta la STS 1290/2006, de 4 de diciembre, Rec. nº 712/2000, en su F.J. 1º, "tal carga viene impuesta por el contenido mismo del derecho constitucional a no sufrir indefensión, que consagra el artículo 24.1º de la CE , y que impone a quien la denuncia la obligación de un actuar diligente durante el proceso, haciendo uso de todos los medios a su alcance para evitar su padecimiento (…)". En idéntico sentido: SSTS 609/2007, de 21 de mayo, Rec. nº 4175/2000, F.J. 2º; 634/2007, de 28 de mayo, Rec. nº 2502/2000, F.J. 2º; 319/2008, de 5 de mayo, Rec. nº 735/2001, F.J. 2º. Todas, atendiendo a la jurisprudencia constitucional, recogida en resoluciones como la STC 102/1987, de 17 de junio (BOE nº 163, de 9 de julio), en su F.J. 2º: "la indefensión con todo, no se producirá cuando, aun habiéndose quebrantado la legalidad procesal por el juzgador, el propio interesado, por impericia o por negligencia, no haya utilizado sus posibilidades de defensa, desdeñando los remedios hábiles para hacer valer sus intereses y cooperando, con ello, al menoscabo de su posición procesal". Así, las SSTC 109/1985, de 8 de octubre (BOE nº 265, de 5 de noviembre), F.J. 3º; 130/1987, de 17 de julio (BOE nº 191, 11 de agosto), F.J. 2º; 226/2005, de 12 de septiembre (BOE nº 246, de 14 de octubre), F.J. 2º; 287/2005, de 7 de noviembre (BOE nº 297, de 13 de diciembre), F.J. 2º. En este sentido: Furquet Monasterio, N., (2001), *Op. cit.*, p. 64, o Cubillo López, I., (2019), *Op. cit.*, p. 28 [versión online]; Recurso electrónico ID: LA LEY 9595/2019.

[508] Cubillo López, I., (2001), *Op. cit.*, pp. 99-100; Furquet Monasterio, N., (2001), *Op. cit.*, p. 303.

[509] Yélamos Bayarri, E., (2006), *Op. cit.*, p. 87.

irregularidad tras darse por enterada, el órgano judicial no había declarado la nulidad de la comunicación, por ser causante de la posible indefensión del destinatario, y acordado su repetición conforme a Derecho, es, bien porque la tuvo por correctamente llevada a cabo en su momento[510], bien porque no se percató de la irregularidad cometida a tiempo. Sentado lo anterior, y considerando, por tanto, que el órgano judicial, aun errando, da por válida la comunicación, cabe preguntarse cómo podrá entenderse, entonces, que el acto procesal de comunicación despliega su eficacia en un momento distinto al inicialmente concebido por el órgano judicial, si el destinatario no "denuncia" el defecto y, sobre todo, si éste comparece y actúa en el proceso como si la comunicación en cuestión se hubiere efectuado válidamente.

Es más, aun verificando por sí mismo el defecto el órgano judicial tras la comparecencia del interesando sin impugnación alguna, podría, incluso, entenderse que el momento de denuncia precluyó, dándose por válida la comunicación y quedando imputados los perjuicios generados por la notificación defectuosa a la negligencia o impericia de la parte, al no denunciarlos en tiempo y forma.

Pensemos, por otro lado, que, para que el acto de comunicación se tuviera por efectuado al darse por enterado y comparecer el interesado, restableciéndose, a dicho instante, los plazos procesales que del mismo pudieran depender, sería necesario, en todo caso, con su previo traslado a las demás partes para alegaciones, una actividad valorativa y decisoria del órgano judicial, tendente a constatar y, en su caso, declarar, no sólo la efectiva concurrencia del defecto, sino, además, su gravedad, de modo que quede acreditado que la infracción cometida situó a la parte en una situación de efectiva indefensión, con merma de sus opciones de defensa. De no estar, por el contrario, ante un defecto de tal entidad atendidas las circunstancias concurrentes, no procedería, por tanto, ese despliegue de efectos "*a posteriori*", debiendo asumir el destinatario las consecuencias de su propia pasividad o negligencia. Precisamente por la necesidad de esta valoración, estimamos que debiera ser necesaria la previa denuncia de la infracción por el interesado.

Destacaremos, asimismo, los riesgos y la evidente desventaja para las demás partes personadas de dejar en manos de uno de los litigantes cuándo comparecer,

---

[510] En este punto, siguiendo a CUBILLO LÓPEZ, procede recordar la posibilidad de que el acto de comunicación se efectúe conforme a Derecho, y, sin embargo, al concurrir circunstancias impeditivas ajenas al propio acto –no imputables al destinatario–, no llegue a cumplir con su fin esencial de dar a conocer, causando indefensión, (2000), *Op. cit.*, p. 322; (2019), *Op. cit.*, p. 27 [versión online]; Recurso electrónico ID: LA LEY 9595/2019. En este sentido, y, particularmente, con respecto a las comunicaciones judiciales practicadas a través de un receptor subsidiario, la STC 42/2002, de 25 de febrero (BOE nº 80, de 3 de abril), "los órganos judiciales no pueden presumir, sin lesionar el derecho a la tutela judicial efectiva (…), que las notificaciones realizadas a través de terceras personas hayan llegado al conocimiento de la parte interesada cuando ésta cuestiona su entrega misma, pues, a la vista de las circunstancias del caso, de las alegaciones formuladas y de la prueba (...), se encuentran obligados a emitir un pronunciamiento expreso sobre la posibilidad de que haya existido o no una falta de entrega que haya impedido al interesado utilizar los medios de defensa para cuyo ejercicio efectivo establece el Ordenamiento un determinado plazo" (F.J. 2º).

decidiendo que la comunicación despliegue efectos, porque, recordemos, el conocimiento del acto, *per se*, no será suficiente; se exigirá, asimismo, una conducta congruente y sanadora del mismo[511].

Dicho esto, entendemos que, de comprobar que sus posibilidades de defensa se han visto mermadas por un acto procesal de comunicación irregularmente practicado, el afectado deberá ponerlo en conocimiento del órgano judicial conocedor del proceso en la primera oportunidad de la que disponga, manifestando el defecto, para que se proceda a la justa reparación de sus oportunidades procesales.

### 1.2. La impugnación del acto de comunicación defectuoso

Examinado el tenor literal del artículo 166 LEC, descenderemos a la impugnación de los actos procesales de comunicación efectuados en contravención de la legalidad vigente y que –conforme exige el apartado 1º del artículo 166 LEC– "pudieren causar indefensión".

De este modo, nos detendremos, en primer lugar, en el momento procesal oportuno para la "denuncia" de la nulidad de la comunicación, y, concretamente, en la expresión "primer acto de comparecencia" del apartado 2º del artículo 166 LEC, por ser determinante del momento de preclusión de toda posibilidad de impugnación estos actos procesales.

Seguidamente, analizaremos la exigencia de efectiva indefensión del destinatario, para la declaración de la nulidad de un acto procesal de comunicación defectuoso y el consecuente acuerdo de retroacción de las actuaciones al momento en que se produjo la irregularidad, con el fin de restaurar las oportunidades procesales perdidas al legítimo interesado.

Y, para finalizar, destacaremos las vías esenciales de impugnación de los actos de comunicación, sin ánimo de ser exhaustivos, pues, como comprobaremos, ver-

[511] El conocimiento efectivo acreditado, ya sea procesal o extraprocesal, sí que será relevante en el ámbito de la jurisdicción social, por cuanto, el artículo 61 LRJS prevé la convalidación del acto procesal de comunicación irregular "(...) si el interesado se hubiere dado por enterado o constara de forma suficiente su *conocimiento* procesal o extraprocesal de los elementos esenciales de la resolución". En estos casos, añade el referido precepto, "la diligencia surtirá efecto desde ese momento". Con relación al conocimiento extraprocesal, cabe precisar, como advierte la STS 938/2021, de 28 de septiembre, Rec. nº 1817/2018, en su F.J. 4º, que la existencia del mismo no podrá fundarse en meras presunciones no adveradas por ningún medio de prueba –en este sentido, nos remitimos a la doctrina constitucional sobre la prueba del conocimiento extraprocesal, examinada en el Capítulo II del presente estudio, y referida en resoluciones como la reciente STC 179/2021, de 25 de octubre (BOE nº 282, de 25 de noviembre), F.J. 2º–. Con respecto al requisito de indefensión, sí previsto en la LEC, para declarar la nulidad del acto procesal defectuoso, si bien el artículo 61 LRJS, se limita a establecer que "serán nulos las notificaciones, citaciones y emplazamientos que no se practiquen con arreglo a lo dispuesto en este Capítulo", González González, manifiesta que, del mismo modo que se exige en el orden civil, la efectiva privación de los medios de defensa del destinatario deberá darse, asimismo, en el orden social, para que se declare la nulidad del acto procesal de comunicación en cuestión, (2011), "Artículo 61. Nulidad de las comunicaciones", en Folguera Crespo, J.A. (Coord.), Salinas Molina, F. (Coord.) y Segoviano Astaburuaga, M.L. (Coord.), *Comentarios a la Ley Reguladora de la Jurisdicción Social*, Lex Nova, Valladolid, pp. 309-310.

daderamente, nuestro ordenamiento no contempla un canal de impugnación específico para estos actos procesales, siendo preciso acudir, por tanto, a los medios ordinarios y extraordinarios que establece la legislación procesal vigente para la denuncia de los defectos procesales y las situaciones de efectiva indefensión.

#### *1.2.1. El momento procesal oportuno*

Al examinar el deber del demandado de comparecer en el proceso una vez adquiere conocimiento –aun extraprocesal– de su existencia, ya pusimos de manifiesto la situación de especial vulnerabilidad en la que se sitúa quien comparece por primera vez en el proceso, sin conocer el estado del mismo, ni lo actuado hasta el momento.

Dicho esto, recordaremos que, en virtud del artículo 166.2 LEC, el momento procesal oportuno para denunciar cualquier irregularidad del acto de comunicación efectuado que hubiere podido causar indefensión al destinatario, es "su primer acto de comparecencia ante el tribunal", no siendo admisible la impugnación del defecto de la comunicación con posterioridad, pues, una vez transcurrida esta oportunidad procesal, se producirá su subsanación en los términos expuestos anteriormente[512].

Reviste, por tanto, de especial trascendencia la precisa y correcta determinación del contenido y alcance de la expresión "primer acto de comparecencia" –un rigor que sería deseable de nuestro legislador, cabe añadir–, para dotar de seguridad jurídica al proceso, en general, y, sobre todo, al interesado afectado por el acto de comunicación irregular, pues, cuando menos, merece conocer, con suma certeza, el momento en que precluirá su oportunidad para denunciar el defecto.

Y es que, considerando que difícilmente podrá el justiciable –así como los profesionales del Derecho que le asistan y representen, en su caso– acceder al contenido de las actuaciones, con carácter previo a la admisión de su escrito de personación, esto es, a su personación formal en el procedimiento, la práctica forense nos obliga a subrayar la singular complejidad que reviste la formulación de un escrito de personación en el que, además, se ha de instar, necesariamente, para evitar la preclusión, una nulidad de actuaciones fundada en hechos de los que ni siquiera se ostenta un conocimiento fehaciente: ¿en qué domicilios se intentó llevar a cabo el emplazamiento del demandado? ¿identificó el actor a la parte demandada correctamente en su escrito de demanda? ¿se realización las oportunas labores de averiguación del paradero del destinatario? ¿hubo maquinación fraudulenta por parte del demandante en la ocultación del verdadero domicilio del interesado? O quizás, ¿se hizo entrega del acto de comunicación a

---

[512] Este régimen de subsanación ha sido objeto de críticas por un sector doctrinal, como YÉLAMOS BAYARRI, al estimar que eleva las "cargas del justiciable" y disminuye, "paralelamente, su seguridad jurídica", (2006), *Op. cit.*, p. 90; o FURQUET MONASTERIO, quien, por su parte, afirma que la subsanación por falta de denuncia del destinatario conlleva, en definitiva, "(...) traspasar a la parte la responsabilidad de suplir con una conducta diligente la falta de pericia que es exigible al órgano judicial", (2001), *Op. cit.*, p. 303.

un receptor subsidiario que, finalmente, no cumplió con su obligación de hacerle entrega al interesado por razones ajenas al mismo? Ciertamente, todos estos son interrogantes a los que el legítimo destinatario irregularmente notificado, citado, emplazado o requerido, no podrá dar respuesta hasta la debida comprobación de los autos.

En este punto, y aun siendo conscientes de la dificultad de ofrecer una solución ecuménica a la cuestión planteada sobre la interpretación de la expresión "primer acto de comparecencia" del artículo 166.2 LEC, destacaremos, por su especial claridad y oportunidad, la STS 171/2019, de 20 de marzo, Rec. nº 1883/2016, cuyo F.J. 3º, partiendo de una noción garantista del artículo 166.1 LEC, opta por una interpretación sustancial y no formalista del apartado 2º del mismo precepto.

Así, teniendo en cuenta que, conforme al momento de personación del demandado en el proceso, el remedio procesal procedente consistía en la interposición de recurso de apelación contra la sentencia recaída en los autos, el Alto Tribunal estimó que el *dies a quo* para la formulación del recurso –en discordancia con el criterio meramente formal asumido por la Audiencia Provincial, que desestimó el recurso por interposición extemporánea–, no se correspondía con el instante de presentación del escrito de personación, sino con el momento en el que, admitido dicho escrito, se le dio traslado formal de la Sentencia, cuyo contenido, hasta entonces, le era desconocido[513].

En otras palabras, el *dies a quo* para la interposición del recurso o medio de impugnación procedente, quedaría fijado en el instante en que el interesado se sitúa en posición razonable para conocer e impugnar, y no antes. Aunque, por nuestra parte, sí que estimaríamos integrante del deber de diligencia exigible a la parte perjudicada por la comunicación irregular, cuando menos, la manifestación en su escrito de personación del desconocimiento del proceso, solicitando, asimismo, se le dé célere y oportuno traslado de todo lo actuado hasta el momento, a fin de instar lo que a su derecho convenga en tiempo y forma –reservándose, así, con especial prudencia, ante la posible disparidad de criterios de los órganos judiciales con respecto al artículo 166.2 LEC, la posibilidad de denunciar la nulidad de los actos de comunicación que le causaron indefensión una vez tenga conocimiento de las actuaciones–.

Siguiendo esta línea, procede señalar, asimismo, la STC 154/2007, de 18 de junio. En este caso, el Tribunal Constitucional, advirtiendo, ante todo, de sus li-

---

[513] STS 171/2019, de 20 de marzo, Rec. nº 1883/2016, F.J. 3º. En este sentido: AAP Valencia (Secc. 6ª) 226/2015, de 5 de octubre, Rec. nº 395/2015, F.J. 6º: "(...) en el presente caso aun cuando es cierto que la parte se persono por medio de escrito el 8-octubre-2013, (...), y desde luego, el mismo queda encuadrado en el ámbito de lo que denomina «primera comparecencia» no es menos cierto que en dicho momento la parte carecía del conocimiento necesario de las actuaciones para poder instar la nulidad de actuaciones (...)". Así, la SAP Barcelona (Secc. 13ª) nº 312/2015, de 15 de octubre, Rec. nº 466/2014, F.J. 3º, entendiendo que no puede considerarse "primer acto de comparecencia ante el Tribunal", en los términos del artículo 166.2º LEC, la comparecencia a efectos de otorgar apoderamiento apud acta.

mitaciones para pronunciarse acerca de la interpretación de la legalidad ordinaria[514], entra a analizar si la interpretación acogida del artículo 166.2 LEC por el órgano judicial conocedor del proceso –que le llevaría a resolver, sin entrar en el fondo, un incidente de nulidad de actuaciones en sentido desestimatorio–, fue vulneradora del derecho a la tutela judicial efectiva sin indefensión de la promotora del incidente, por conllevar un sacrificio desproporcionado del mismo[515].

Así, en el supuesto de hecho enjuiciado, denunciada la nulidad de los actos de comunicación practicados en el proceso, el órgano judicial rehusó verificar si las comunicaciones realizadas a la demandada fueron, efectivamente, irregulares y causantes de indefensión, fundado en una interpretación formalista y excesivamente restrictiva del artículo 166.2 LEC. Concretamente, se estimó precluida la posibilidad de impugnación para la demandada, por no haber denunciado la nulidad de los actos de comunicación en su primer escrito –en el cual, con carácter de urgencia, y ante el descubrimiento de que su vivienda había sido precintada por la Comisión Judicial encargada del lanzamiento, y habiéndose procedido al cambio de cerradura, solicitaba el acceso al inmueble para recoger sus enseres personales y atender a sus animales domésticos–, sino tres días más tarde, en un nuevo escrito, esta vez, dirigido, específicamente, a la formulación del incidente de nulidad de actuaciones. Y ello, cabe añadir, aun desprendiéndose claramente de los autos, que la demanda, así como las sucesivas comunicaciones –incluidos los edictos–, se dirigieron, por error, a otra persona distinta.

Constatada, por tanto, una actuación desproporcionada del órgano judicial "(…) desde la perspectiva del principio *pro actione*, lesionando, en consecuencia, el derecho a la tutela judicial efectiva sin indefensión (art. 24.1 CE)" en su F.J. 4º, el Tribunal Constitucional, otorga el amparo solicitado a la demandada inicial, declarando efectivamente vulnerado el derecho del artículo 24.1 CE y declarando la nulidad de los Autos por los que se le denegó el incidente de nulidad de actuaciones, así como la aclaración y complemento de éste, respectivamente, con retroacción de las actuaciones al momento inmediatamente anterior.

Expuesto lo anterior, si bien consideramos que, verdaderamente, la respuesta al interrogante de qué debe entenderse por "primer acto de comparecencia ante el tribunal" del interesado, deberá construirse, caso por caso, atendiendo a las circunstancias concurrentes, es incontestable que esta interpretación habrá de ser sustancial, y no meramente formal, atendiendo, en todo caso, a la razonabilidad

---

[514] Pues ello, aclara la Sentencia, en su F.J. 3º, compete a la "jurisdicción ordinaria". No es cometido, por tanto, del Tribunal Constitucional pronunciarse sobre "(…) cuál es la interpretación más acertada de la legalidad ordinaria, ni revisar la selección de la norma aplicable hecha en vía judicial [*vid.* las SSTC 8/2004, de 9 de febrero (BOE nº 60, de 10 de marzo), F.J. 9º; 157/2005, de 20 de junio (BOE nº 173, de 21 de junio), F.J. 2º.], sí le compete, desde el estricto punto de vista constitucional, apreciar si en el desarrollo de tales cometidos atribuidos a la *jurisdicción ordinaria* se ha producido una infracción constitucionalmente relevante". Así, la STC 22/2007, de 12 de febrero (BOE nº 63, de 14 de marzo), F.J. 5º.

[515] STC 154/2007, de 18 de junio (BOE nº 179, de 27 de julio), F.J. 4º.

y a las posibilidades reales de actuación de quien se encontraba en situación de indefensión.

### *1.2.2. La exigencia de efectiva indefensión*

Denunciada en tiempo y forma la nulidad de la comunicación, será preciso, constatar, asimismo, la *efectiva indefensión* del destinatario[516] para que, finalmente, proceda la declaración de la nulidad del acto y el acuerdo de la retroacción de los autos al momento justamente anterior a la infracción cometida, con la sola conservación de los actos procesales sucesivos independientes de él y la de aquéllos cuyo contenido hubiere permanecido, verdaderamente, inmutable, aún sin haberse cometido la infracción de la que trajo su causa la nulidad (arts. 243 LOPJ y 230 LEC).

Con todo, como hemos manifestado con anterioridad, en materia de actos de comunicación y, en particular, en lo que respecta a la nulidad de los mismos, no será posible determinar, *a priori*, la esencialidad o, en su caso, la accesoriedad de una u otra norma integrante del régimen de notificaciones vigente, con respecto al resultado de efectiva indefensión, siendo una cuestión, ciertamente, valorable de forma casuística.

Por supuesto, sostendremos que lo correcto es partir de la original esencialidad de todas las normas procesales reguladoras de los actos de comunicación. En definitiva, como hemos reiterado, consideradas en su conjunto, constituyen un verdadero sistema de garantías, protector del derecho de defensa de las partes en el proceso.

Ahora bien, sin perjuicio de ello, debemos ser conscientes de que, en determinadas circunstancias, la infracción de un precepto podría no conllevar, *per se*, la

[516] Exigiendo la concurrencia de efectiva indefensión para la declaración de nulidad, cabe señalar: Ocaña Rodríguez, A., (2000), *Op. cit.*, p. 2; Serrano Patiño, A., (2005), *Op. cit.*, § 6; Rosende Villar, C., (2011), *Op. cit.*, § 2; Lara López, A.M., (2013), "Tema 18...", *Op. cit.*, p. 258; Cernada Badía, R., (2017), *Op. cit.*, p. 493; Martínez de Santos, A., (2019), "La subsanación de los actos procesales. Vías para la subsanación", *Práctica de Tribunales*, Nº 140, Septiembre-Octubre, La Ley, p. 10; Recurso electrónico ID: LA LEY 11719/2019; Font de Mora Rullán, J., (2019), *Op. cit.*, p. 5; Díaz Martínez, M., (2020), "Lección 24ª...", *Op. cit.*, pp. 359-360. Así, el ATS (Sala 4ª) de 10 de enero de 2011, Rec. nº 1230/2010, en su F.J. 1º, al manifestar que "(...) con independencia de la responsabilidad disciplinaria –y en su caso civil– de los funcionarios y profesionales e intervinientes en la comunicación procesal (art. 168 LEC), la nulidad sólo se produce, repetimos, cuando la ilegalidad de los actos de comunicación cause indefensión". En idénticos términos, el ATS (Sala 4ª) de 12 de diciembre de 2013, Rec. nº 85/2013, F.J. 2º. Así: SAP Palma de Mallorca (Secc. 5ª) 439/2002, de 17 de julio, Rec. nº 416/2002, F.J. 3º; SSAP Madrid (Secc. 10ª) 569/2007, de 3 de diciembre, Rec. nº 638/2007, F.J. 3º; 136/2008, de 11 de febrero, Rec. nº 539/2007, F.J. 2º; SAP Madrid (Secc. 11ª) 371/2015, de 11 de diciembre, Rec. nº 195/2015, F.J. 2º; SAP Cádiz (Secc. 2ª) 185/2018, de 25 de junio, Rec. nº 105/2018, F.J. 1º; SAP Toledo (Secc. 1ª) 259/2018, de 14 de diciembre, Rec. nº 550/2017, F.J. 1º; SAP León (Secc. 1ª) 183/2019, de 14 de mayo, Rec. 579/2018, F.J. 2º; SAP Barcelona (Secc. 19ª) 525/2019, de 10 de octubre, Rec. 419/2017, F.J. 3º; SAP Pamplona (Secc. 3ª) 528/2020, de 29 de junio, Rec. nº 111/2020, F.J. 4º; SAP Logroño (Secc. 1ª) 83/ 2021, de 26 de febrero, Rec. 317/2020, F.J. 5º; SAP Barcelona (Secc. 16ª) 139/2021, de 30 de marzo, Rec. nº 198/2019, F.J. 2º; SAP Madrid (Secc. 22ª) 496/2021, de 6 de mayo, Rec. nº 150/2020, F.J. 2º, entre otras muchas.

producción de una situación de indefensión efectiva, quedando reducida, solo en el caso concreto, a *mera irregularidad*[517]. Y ello es, precisamente, a nuestro parecer, la razón de vincular la exigencia de efectiva indefensión –o *potencial*, en caso de apreciarse de oficio[518]– al requisito de infracción normativa –formal– del artículo 166.1 LEC[519], pues, la mera inobservancia de una formalidad, no podría derivar en los graves efectos que produce una nulidad de actuaciones si, al fin y al cabo, el acto de comunicación defectuoso no ha mermado las posibilidades de defensa reales del destinatario en el proceso. En estos supuestos, del principio general de conservación de los actos procesales, se deriva la preferencia por la continuación del proceso[520], del mismo modo que, de haber provocado la efectiva indefensión del interesado, el acto procesal de comunicación defectuoso será nulo de pleno derecho.

Este razonamiento nos lleva a recordar la "teoría de la indefensión material", construida por Tribunal Constitucional en sede del recurso de amparo y examinada con ocasión del estudio de la doctrina del máximo intérprete de nuestra Constitución sobre los actos de comunicación. De ella, destacaremos, en este punto, dos de sus elementos esenciales para la determinación de la indefensión *material* del destinatario: el primero, la frustración del objeto de la comunicación; y el segundo, la ausencia de negligencia o malicia del interesado, procediendo destacar la relevancia que podrá tener sobre la nulidad del acto de comunicación irregular la concurrencia de un conocimiento oportuno –aun extraprocesal, precisa con acierto CUBILLO LÓPEZ[521]– del interesado, aparejado de su pasividad y marginación voluntaria con respecto al proceso[522].

---

[517] Ello, por supuesto, sin perjuicio, apunta CUBILLO LÓPEZ, de la responsabilidad que cabrá exigir, en su caso, al sujeto activo de la comunicación, conforme al artículo 168 LEC, cuyo contenido será analizado en líneas subsiguientes, (2000), *Op. cit.*, p. 323.

[518] De constatar la infracción normativa con carácter previo a la comparecencia del destinatario, el órgano judicial –no pudiendo conocer en ese instante si el defecto ha provocado, *de facto*, efectiva indefensión–, atenderá a la entidad de la irregularidad y su aptitud para generar una situación indefensión para acordar su corrección. En palabras de GASCÓN INCHAUSTI, lo que será necesario para constatar una situación de indefensión *potencial* es un "(…) juicio hipotético sobre el resultado que la infracción tendrá para la defensa de la posición jurídica de la parte afectada", (2000), *Op. cit.*, p. 77.

[519] Como acertadamente manifiesta GASCÓN INCHAUSTI, "(…) la finalidad del precepto radica más bien en excluir de este régimen de nulidad tan severo los supuestos en que las consecuencias de la infracción procesal sobre la esfera de los justiciables no sean susceptibles de comprometer la tutela de sus derechos", (2000), *Op. cit.*, p. 77.

[520] En este sentido, DÍAZ MARTÍNEZ, M., (2020), "Lección 24ª…", *Op. cit.*, pp. 359-360. Especialmente ilustradora de este extremo es la Audiencia Provincial de Huelva, en su Auto 46/2012, de 13 de noviembre, Rec. nº 209/2012, cuando, con ocasión de un acto procesal de comunicación defectuoso, asevera, en su F.J. 2º: "en materia de trámites procesales, siempre que sea posible, debe anteponerse subsanar a anular, como nos dicen los arts. 240 LOPJ y 227.2 LEC, siguiendo el principio de economía procesal ínsito en esta idea de máxima conservación de actos procesales". A lo que añade que, "en el presente caso, con independencia de la mayor o menor rigurosidad formal en el trámite, no observamos que se haya producido una efectiva indefensión real o material a la parte recurrente (…)". Con posterioridad: SSAP Huelva (Secc. 1ª) 11/2013, de 21 de enero, Rec. nº 137/2012, F.J. 2º; 183/2013, de 17 de octubre, Rec. nº 147/2013, F.J. 2º; 41/2014, de 31 de marzo, Rec. nº 27/2014, F.J. 2º; 64/2014, de 12 de mayo, Rec. nº 8/2014, F.J. 2º.

[521] CUBILLO LÓPEZ, I., (1999), *Op. cit.*, p. 199.

[522] Recordemos que, "la falta o deficiente realización" de los actos de comunicación, "(…) siempre que se frustre la finalidad con ellos perseguida, coloca al interesado en una situación de indefensión que

En efecto, de concurrir con posterioridad a la práctica defectuosa de la comunicación, el conocimiento extraprocesal del mismo, se espera del perjudicado que actúe de un modo diligente y comparezca a la mayor brevedad ante el órgano judicial para, bien subsanar el acto procesal en los términos del artículo 166.2 LEC, examinados en líneas anteriores, o bien, impugnar el defecto del que adolece el acto de comunicación. De lo contrario, su conducta pasiva ante el conocimiento, actuaría como causa excluyente de la indefensión, bloqueando toda posibilidad de obtener la nulidad de la comunicación y la justa restauración de las oportunidades procesales perdidas[523].

En palabras del Tribunal Supremo, en su Sentencia 698/1995, de 13 de julio, Rec. nº 627/1992, "(...) lo que no puede proteger el derecho es el desinterés, la pasividad o negligencia del interesado que adquirió, a pesar de un posible defecto de comunicación, conocimiento del acto o resolución judicial por otros medios distintos, supuesto en el que no puede alegar indefensión, al depender su conducta activa o pasiva de su exclusiva conveniencia y acomodo"[524].

En estos supuestos, en los que el legítimo interesado adquiere un conocimiento efectivo de lo comunicado, pero, aun así, no comparece en el proceso, no podemos concluir que se produzca el efecto subsanatorio regulado en el artículo 166.2 LEC. Para ello, como verificamos en líneas precedentes, resultaría necesario el destinatario se diera por enterado en el asunto y compareciera actuando de una forma incompatible con la voluntad de impugnar el defecto de la comunicación. En estos casos, sin embargo, estaremos ante una causa excluyente de la

---

es lesiva al derecho fundamental citado, salvo que la falta de comunicación tenga su causa en la pasividad o negligencia del interesado que adquirió conocimiento del acto o resolución por otros medios distintos (...)" –así expuesto por la STC 16/1989, de 30 de enero (BOE nº 50, de 28 de febrero), F.J. 2º–. En idénticos términos: SSTC 142/1989, de 18 de septiembre (BOE nº 250, de 18 de octubre), F.J. 2º; o 17/1992, de 10 de febrero (BOE nº 54, de 3 de marzo), F.J. 2º. Con posterioridad, exponen esta doctrina, las SSTC 93/2009, de 20 de abril (BOE nº 125, de 23 de mayo), F.J. 3º; 61/2010, de 18 de octubre (BOE nº 279, de 18 de noviembre), F.J. 2º; 89/2015, de 11 de mayo (BOE nº 146, de 19 de junio), F.J. 4º; 47/2019, de 8 de abril (BOE nº 116, de 15 de mayo), F.J. 3º; 122/2019, de 28 de octubre (BOE nº 293, de 6 de diciembre), F.J. 3º; 62/2020, de 15 de junio (BOE nº 196, de 18 de julio), F.J. 2º; 119/2020, de 21 de septiembre (BOE nº 289, de 2 de noviembre), F.J. 3º; 167/2020, de 16 de noviembre (BOE nº 332, de 22 de diciembre), F.J. 3º; 20/2021, de 15 de febrero (BOE nº 69, de 22 de marzo), F.J. 2º; 117/2021, de 31 de mayo (BOE nº 161, de 7 de julio), F.J. 3º, solo por mencionar algunas.

[523] Considerando imputable la indefensión a la conducta negligente del destinatario: SSTC 110/1989, de 12 de junio (BOE nº 158, de 4 de julio), F.J. 3º; 8/1991, de 17 de enero (BOE nº 38, de 13 de febrero), F.J. 3º; 217/1993, de 30 de junio (BOE nº 183, de 2 de agosto), F.J. 3º; 168/2000, de 26 de junio (BOE nº 180, de 28 de julio), F.J. 3º; 197/2001, de 4 de octubre (BOE nº 266, de 6 de noviembre), F.J. 4º; 199/2002, de 28 de octubre (BOE nº 278, de 20 de noviembre), F.J. 4º; 55/2003, de 24 de marzo (BOE nº 91, de 16 de abril), F.J. 3º.

[524] STS 698/1995, de 13 de julio, Rec. nº 627/1992, F.J. 2º. En idéntico sentido: STS 171/2019, de 20 de marzo, Rec. nº 1883/2016, F.J. 3º. Siguiendo esta doctrina: SAP Alicante (Secc. 5ª) 405/1998, de 28 de mayo, Rec. nº 986/1997, F.J. 2º; SAP Madrid (Secc. 24ª) 104/2005, de 9 de febrero, Rec. nº 840/2004, F.J. 3º; SAP Ávila (Secc. 1ª) 59/2006, de 22 de marzo, Rec. nº 56/2006, F.J. 3º; SAP Madrid (Secc. 11ª) 437/2009, de 23 de octubre, Rec. nº 155/2009, F.J. 3º; SAP Barcelona (Secc. 19ª) 525/2019, de 10 de octubre, Rec. nº 419/2017, F.J. 2º; o SSAP Málaga (Secc. 6ª) 931/2020, de 6 de octubre, Rec. nº 243/2020, F.J. 2º; 445/2021, de 8 de abril, Rec. nº 1308/2019, F.J. 2º; 1039/2021, de 13 de julio, Rec. nº 2098/2019, F.J. 2º, entre otras muchas.

indefensión que, de acreditarse, impedirá que se declare la nulidad del acto de comunicación defectuoso y la subsiguiente retroacción de las actuaciones al momento anterior a la infracción procesal, aun habiéndose impugnado el defecto por el destinatario en su primer acto de comparecencia[525].

En definitiva, se sanciona la conducta negligente, pasiva o, incluso, maliciosa, del destinatario, haciendo recaer sobre él los efectos lesivos de la infracción procesal que no se preocupó de enmendar a tiempo y que, de algún modo, asumió con su propia conducta[526].

A mayor abundamiento, la diligencia exigible no será, en absoluto, ilógica o desmedida: ni más ni menos que personarse[527] y, de estimarlo conveniente, denunciar la indefensión sufrida. En buena lógica, como ya expusimos, al examinar el deber de comparecencia del destinatario una vez que adquiere conocimiento, aun extraprocesal, del proceso, resulta, asimismo, insostenible, *por mor* de la imprescindible salvaguarda de los derechos de las demás partes y del principio de seguridad jurídica, que se ostente, indefinidamente –a la expectativa del momento procesal más favorable– el derecho de impugnar un acto procesal defectuoso.

### *1.2.3. Medios de impugnación de la comunicación defectuosa*

Recordemos que, junto con el requisito de "darse por enterada en el asunto", el artículo 166.2º LEC, exige la falta de denuncia de la nulidad de la comunicación irregular, para que se produzca el despliegue de su efecto sanador. Así, conforme a su tenor literal, "(…) cuando la persona notificada, citada, emplazada o requerida se hubiera dado por enterada en el asunto, y no *denunciase la nulidad*

---

[525] Aun produciendo indefensión, apunta Díaz Martínez, existen situaciones que no pueden provocar nulidad de actuaciones: "a) cuando dicha situación ha sido buscada intencionadamente por la parte que la invoca, mediante su comportamiento doloso o negligente (…); b) cuando se deba a una actuación desacertada, equívoca, errónea u omisiva de quien pretende la declaración de nulidad (…); c) cuando la situación de indefensión hubiera sido provocada por su conducta de ocultamiento, como sucede en aquellos casos en los que el motivo de nulidad invocado fuese la indefensión producida por la falta de emplazamiento (…); d) cuando quien instase la nulidad de las actuaciones no hubiese usado de los medios que ofrece el ordenamiento jurídico con la suficiente pericia técnica (…)", (2020), "Lección 24ª…", *Op. cit.*, p. 357.

[526] Furquet Monasterio, N., (2001), *Op. cit.*, p. 63.

[527] En palabras del Magistrado D. Alfredo Montoya Melgar, en el Voto Particular que formula en relación con la STC 150/2019, de 25 de noviembre (BOE nº 5, de 06 de enero), cuando parte que no ha sido emplazada personalmente, tiene conocimiento extraprocesal del proceso incoado en contra de ella, (…) asume, conforme a nuestra doctrina, la carga de generar la oportuna reacción [*vid.* STC 138/2003, de 14 de julio (BOE nº 193, de 13 de agosto), F.J. 2º], en el sentido de personarse e intervenir en el proceso, instando el recurso que fuera procedente si dispusiera de plazo para ello [*vid.* STC 185/1997, de 10 de noviembre (BOE nº 297, de 12 de diciembre), F.J. 1º], o, en su caso, mediante solicitud de nulidad de actuaciones [*vid.* STC 126/2006, de 24 de abril (BOE nº 125, de 26 de mayo), F.J. 4º]". Subrayando el deber de personarse del destinatario tras adquirir conocimiento: SSTC 101/1990, de 4 de junio (BOE nº 160, de 5 de julio), F.J. 1º; 8/1991, de 17 de enero (BOE nº 38, de 13 de febrero), F.J. 3º; 153/1993, de 3 de mayo (BOE nº 127, de 28 de mayo), F.J. 3º; 217/1993, de 30 de junio (BOE nº 183, de 2 de agosto), F.J. 3º. Así: SAP Madrid (Secc. 28ª) 273/2012, de 10 de octubre, Rec. nº 572/2011, F.J. 3º; SAP Elche (Secc. 9ª) 60/2019, de 08 de febrero, Rec. nº 1141/2018, F.J. 2º; o las SSAP Murcia (Secc. 4ª) 217/2021, de 4 de marzo, Rec. nº 419/2020, F.J. 2º; 834/2021, de 8 de julio, Rec. nº 1439/2020, F.J. 2º.

*de la diligencia* en su primer acto de comparecencia ante el tribunal, surtirá ésta desde entonces todos sus efectos, como si se hubiere hecho con arreglo a las disposiciones de la ley".

Ahora bien, del mismo modo que ocurre con otras expresiones del artículo 166.2, y tal y como ha puesto de manifiesto un relevante sector doctrinal –como Revilla Pérez, Gascón Inchausti o Cubillo López–, la LEC no ofrece, en absoluto, certeza a la hora de dotar de contenido al término "denunciar", ni, mucho menos, exactitud, respecto de los medios válidos para la impugnación de los actos de comunicación nulos, debiendo, por tanto, remitirnos a las normas procesales aplicables para el tratamiento procesal de la ineficacia de los actos procesales, con carácter general[528].

Ciertamente, el único precepto de la LEC en el que se regula, de un modo específico, la impugnación de los actos de comunicación –para ser más precisos: la impugnación de la *actuación* de su sujeto activo–, es el artículo 23.5°, con respecto a los Procuradores de los Tribunales.

Así, el mencionado artículo establece, como primer cauce procesal para la denuncia de las irregularidades cometidas por un Procurador en la realización de un acto de comunicación, el *recurso de reposición* ante el Letrado de la Administración de Justicia, en los términos previstos en los artículos 452 y 453 LEC[529]; y contempla, asimismo, la posibilidad de formular *recurso de revisión* contra el decreto resolutivo del recurso de reposición (art. 454 bis LEC)[530]. Por supuesto,

[528] Particularmente, apunta Gascón Inchausti, a lo previsto en el artículo 227.1 LEC, en cuya virtud, "1. la nulidad de pleno derecho, en todo caso, y los defectos de forma en los actos procesales que impliquen ausencia de los requisitos indispensables para alcanzar su fin o determinen efectiva indefensión, se harán valer por medio de los recursos establecidos en la ley contra la resolución de que se trate", (2000), *Op. cit.*, p. 78. En este sentido: Cubillo López, I., (1999), *Op. cit.*, p. 183; y (2001), *Op. cit.*, pp. 113-114. Por su parte, Revilla Pérez, valorando si será suficiente con la mera puesta en conocimiento de la infracción, o si, por el contrario, será preciso formular recurso o, incluso, el incidente de nulidad del artículo 240 LOPJ, concluye que debiera bastar con "la comunicación al Tribunal para que éste, previo análisis de la comunicación practicada, se pronunciara en cuanto a su adecuación a la legalidad –al menos en los casos de postulación voluntaria–", (2000), *Op. cit.*, p. 282.

[529] El recurso de reposición habrá de interponerse en el plazo de cinco días hábiles, con expresión de la irregularidad en que hubiera incurrido la diligencia, a juicio del recurrente (art. 452.1 LEC). Ambos requisitos son de esencial importancia, pues su incumplimiento conllevará la inadmisión a trámite del recurso, mediante decreto del Letrado de la Administración de Justicia no susceptible, por su parte, de recurso (art. 452.2 LEC).

[530] De este modo, establece el artículo 23.5 LEC: "(…) en el ejercicio de las funciones contempladas en este apartado –"realización de los actos de comunicación"–, y sin perjuicio de la posibilidad de sustitución por otro procurador conforme a lo previsto en la Ley Orgánica del Poder Judicial, actuarán de forma personal e indelegable y su actuación será impugnable ante el letrado de la Administración de Justicia conforme a la tramitación prevista en los artículos 452 y 453. Contra el decreto resolutivo de esta impugnación se podrá interponer recurso de revisión". En línea con Monserrat Molina, destacaremos, en este punto, la repercusión del otorgamiento de capacidad de certificación a estos profesionales en la realización de los actos de comunicación, por cuanto, en lo que respecta a la impugnación de estos actos procesales, conlleva una inversión de carga de la prueba sobre la veracidad de la información consignada por el Procurador en la diligencia de notificación expedida, (2017), "Los actos de comunicación por los Procuradores en el proceso de ejecución, y su capacidad de certificación", *Práctica de Tribunales,* N° 127, Julio-Agosto, La Ley. Recurso Electrónico ID: LA LEY: 9327/2017, p. 3.

en línea con TORRES YANES y BANACLOCHE PALAO, y ante la falta de precisión del precepto, añadiremos que el primero de los recursos, deberá interponerse contra la resolución procesal dictada por el Letrado de la Administración de Justicia, dando por correctamente efectuada la comunicación judicial por el Procurador, no siendo posible, a nuestro parecer, con base en el artículo 451.1° LEC interponer el recurso de reposición, directamente, contra la "actuación" o la diligencia de notificación expedida por el Procurador, pero sí contra la resolución que, en su caso, acuerde su incorporación a los autos y la tenga por válida[531].

Resulta, cuando menos, reseñable que, pese a que los funcionarios del Cuerpo de Auxilio Judicial y estos representantes procesales, actúen prácticamente en equivalentes condiciones en el ejercicio de su función "notificadora", esta vía de impugnación tan solo se halle expresamente prevista para los Procuradores. Al respecto, estamos, por consiguiente, con PASCUAL BROTÓNS, cuando sostiene que la posibilidad de impugnar la actuación del sujeto activo de la comunicación debiera contemplarse, en su caso, de forma general para ambos colectivos y no para uno solo[532].

Por nuestra parte, subrayaremos, asimismo, la conveniencia de remitir, en cualquier caso, no a un recurso determinado, sino a las reglas generales sobre impugnación de los actos procesales ineficaces, pues, ciertamente, entendemos que el referido recurso de reposición solo será procedente en los supuestos específicamente previstos en la Ley y en el momento procesal oportuno, pero no siempre que concurra un acto de comunicación irregular practicado por Procurador.

Ciertamente, con independencia de la responsabilidad que, por supuesto, cabrá exigir, en su caso, del sujeto activo de la comunicación, lo relevante a los efectos de terminar el medio de impugnación no será quién efectuó la comunicación, sino el momento procesal en que el afectado adquiere conocimiento y, como consecuencia, toma la decisión de impugnar[533].

Pensemos que el destinatario no siempre se percatará del defecto a tiempo para interponer dicho recurso contra la resolución del Letrado de la Administración de Justicia teniendo por efectuada la comunicación. Por ejemplo,

---

[531] Conforme al artículo 451.1° LEC: "contra las *diligencias de ordenación y decretos* no definitivos cabrá recurso de reposición ante el Letrado de la Administración de Justicia que dictó la resolución recurrida, excepto en los casos en que la ley prevea recurso directo de revisión"; TORRES YANES, F., (2016), *Op. cit.*, p. 133. Así, BANACLOCHE PALAO, al cuestionar la posibilidad de recurrir en reposición una *actuación* procesal, en lugar de una resolución; (2013), "Algunas reflexiones sobre el Anteproyecto de reforma parcial de la Ley de Enjuiciamiento Civil en materia de Procuradores, Juicio Verbal y Monitorio", *Diario La Ley*, N° 8137, Sección Documento On-Line, Julio, La Ley, p. 4; Recurso electrónico ID: LA LEY 5061/2013.

[532] En definitiva, ambos ejercen esta competencia bajo la dirección del Letrado de la Administración de Justicia, quien es el responsable de la correcta organización del servicio (art. 152.1 LEC). PASCUAL BROTÓNS, C.C., (2013), "Impugnación de los actos de comunicación practicados por Procurador", *Revista Procuradores*, N° 104, Octubre, Consejo General de Procuradores de España, Madrid, pp. 51-52.

[533] Así CUBILLO LÓPEZ: "las posibilidades de impugnación de un acto de comunicación defectuoso dependen de cuál sea la situación de la litis cuando el afectado alcance conocimiento del acto", (2001), *Op. cit.*, p. 113.

como verificaremos en líneas subsiguientes, de conocer de la existencia del litigio una vez recaída Sentencia en autos, pero antes de su firmeza, lo procedente no será interponer un recurso de reposición, sino un recurso apelación contra aquella resolución. El cauce procesal para la impugnación del defecto y la reparación oportuna del daño será, por tanto, diverso, en función del estadio del proceso en que tenga lugar el conocimiento del destinatario. Este razonamiento justificaría que el propio artículo 166.2 LEC, no especifique un medio de impugnación en particular, aludiendo, con carácter general, a la "denuncia de la nulidad", debiendo ser la parte quien valore la vía procedente, con independencia del sujeto activo que haya ejecutado la comunicación. Quizás, por tanto, al regular específicamente la impugnación de los actos de comunicación practicados por Procurador en el artículo 23.5º LEC, lo que pretendía el legislador era reforzar la idea de que estos profesionales liberales están sometidos, en su actuación como sujetos activos de las comunicaciones, a la Ley y al control judicial.

Expuestos los anteriores argumentos, ¿cuáles serían, por tanto, los medios de impugnación disponibles, con carácter general, conforme a nuestro ordenamiento jurídico procesal para la "denuncia de la nulidad" de las comunicaciones judiciales?

Sin ánimo de desarrollar un análisis exhaustivo, nos detendremos, seguidamente, en las vías procesales con las que contarán los legítimos interesados para impugnar los actos procesales de comunicación nulos y generadores de indefensión:

– *Recursos ordinarios y extraordinarios*

De conformidad al artículo 227.1 LEC, la nulidad de pleno derecho, en todo caso, así como los defectos formales de los actos procesales que conlleven la ausencia de los requisitos imprescindibles para alcanzar su objeto o determinen una efectiva indefensión, se harán valer por medio de los recursos legalmente establecidos contra la resolución procesal en cuestión[534]. Y, en idéntico sentido, el artículo 240.1 LOPJ, mencionando, a su vez, en su último inciso, "los demás medios que establezcan las leyes procesales". Una precisión que resulta ciertamente acertada, por cuanto, como verificaremos, nuestro ordenamiento también contempla, para

[534] Art. 227.1 LEC: "la nulidad de pleno derecho, en todo caso, y los defectos de forma en los actos procesales que impliquen ausencia de los requisitos indispensables para alcanzar su fin o determinen efectiva indefensión, se harán valer por medio de los recursos establecidos en la ley contra la resolución de que se trate". En las oportunas palabras de GIMENO SENDRA, "bajo el término de *recursos* cabe entender el conjunto de actos de postulación, a través de los cuales la parte perjudicada por una determinada resolución judicial, impugnable y que no haya adquirido firmeza, puede obtener su revisión, bien por el mismo órgano judicial autor de la misma, bien por otro superior con la finalidad de garantizar, en general, que todas las resoluciones judiciales se ajusten a Derecho y, en particular, que la sentencia sea respetuosa con las exigencias del derecho a la tutela judicial efectiva", (2015), *Op. cit.*, p. 677. Examinando nuestro sistema de recursos en el orden civil: GIMENO SENDRA, V., (2015), Ibídem, pp. 677 y ss.; ARMENTA DEU, T., (2016), *Op. cit.*, pp. 261-284; y, específicamente respecto a los actos de comunicación: TORRES YANES, F., (2016), *Op. cit.*, pp. 163-167.

su impugnación, además de los *recursos ordinarios y extraordinarios*, otros "medios rescisorios" de carácter excepcional, que no son, propiamente, recursos[535].

En este punto, siguiendo a GIMENO SENDRA, subrayaremos que en el orden civil[536], no existe el derecho fundamental a una instancia judicial superior, esto es, un derecho de origen constitucional al recurso[537], que imponga al legislador proveer de medios de impugnación a las partes en los procesos civiles. Lo que existe, es el derecho de acceso a los recursos legalmente establecidos, como vertiente del derecho a la tutela judicial efectiva del artículo 24.1 CE: un derecho de configuración legal, de modo que, solo una vez incorporado a nuestro ordenamiento jurídico procesal un determinado medio de impugnación, éste quedará incorporado, en su concreta formulación legal, al derecho fundamental a la tutela judicial efectiva[538].

535 Así denominados por ARMENTA DEU, englobando la revisión de sentencias firmes (arts. 509-516 LEC); el instituto procesal de la audiencia al rebelde o la rescisión de sentencia firme a instancias del rebelde (arts. 501-508 LEC); y, finalmente, la nulidad de actuaciones –el llamado "incidente excepcional de nulidad de actuaciones"– (arts. 241 LOPJ y 228 LEC); (2016), *Op. cit.*, p. 295. Al configurar estos medios de rescisión de carácter excepcional, apunta GIMENO SENDRA, se prioriza el valor superior "justicia" sobre el principio constitucional de seguridad jurídica, consagrado en el artículo 9.3 CE, dejándose expedita la posibilidad de suprimir la eficacia de la cosa juzgada, para, así, reestablecer el derecho fundamental afectado por la resolución que ha devenido firme, (2015), *Op cit.*, p. 803. En este sentido, LÓPEZ GIL, M., (2013), "Tema 37. Medios de impugnación de sentencias firmes", en ROBLES GARZÓN, J.A., (2013), *Op. cit.*, p. 447.

536 A diferencia de lo que ocurre en el orden jurisdiccional penal, donde el derecho a la "doble instancia penal", se consagra en instrumentos como el *Pacto Internacional de Derechos Civiles y Políticos*, de 19 de diciembre de 1966, en su artículo 14.5 –"toda persona declarada culpable de un delito tendrá derecho a que el fallo condenatorio y la pena que se le haya impuesto sean sometidos a un tribunal superior, conforme a lo prescrito por la ley"–; o el *Convenio Europeo de Derechos Humanos*, en el artículo 2.1 del Protocolo 7º –"toda persona declarada culpable de una infracción penal por un tribunal tendrá derecho a que la declaración de culpabilidad o la condena sea examinada por una jurisdicción superior. El ejercicio de ese derecho, incluidos los motivos por los cuales pueda ser ejercitado, se regularán por ley"–, GIMENO SENDRA, V., (2020), "Lección 17. El derecho a la tutela judicial efectiva", en GIMENO SENDRA, V., DÍAZ MARTÍNEZ, M. y CALAZA LÓPEZ, S., (2020), *Op. cit.*, p. 256. Así, la STC 3/2021, de 25 de enero (BOE nº 46, de 23 de febrero), ha declarado, en su F.J. 3º, que "este derecho, aunque no esté expresamente recogido en el art. 24.2 CE, es una de las garantías del proceso penal (…)". En este sentido, por ejemplo: SSTC 55/2008, de 14 de abril (BOE nº 117, de 14 de mayo), F.J. 2º; 186/2008, de 26 de diciembre (BOE nº 21, de 24 de enero), F.J. 2º; 55/2015, de 16 de marzo (BOE nº 98, de 24 de abril), F.J. 4º; 4/2021, de 25 de enero (BOE nº 46, de 23 de febrero), F.J. 3º. Procede destacar, en este punto, la inclusión del "derecho a la doble instancia penal", de forma expresa, en el artículo 23 del *Anteproyecto de Ley de Enjuiciamiento Criminal*, cuyo tenor literal dispondría: "1. La persona condenada tendrá derecho a recurrir en apelación para obtener de un tribunal superior la revisión de todas las cuestiones de hecho y de derecho resueltas en la sentencia de primera instancia que le fueran perjudiciales. 2. No podrá pedirse la revisión cuando la sentencia haya sido dictada tras la conformidad de la persona acusada ni cuando haya sido juzgada en única instancia por el Tribunal Supremo o cuando haya sido declarada culpable y condenada al resolverse un recurso contra su absolución".

537 Para BALAGUER CALLEJÓN, el derecho al recurso, salvo en el orden penal, "no tiene vinculación constitucional", (Coord.) (2011), *Op. cit.*, p. 284. Por su parte, conforme asevera GIMENO SENDRA, "(…) el derecho de acceso a los recursos contra resoluciones judiciales en el proceso civil no nace «ex Constitutione» (…)", (2015), *Op. cit.*, p. 678. En este sentido: SSTC 98/2015, de 25 de mayo (BOE nº 159, de 4 de julio), F.J. 4º; o 149/2015, de 6 de julio (BOE nº 194, de 14 de agosto), F.J. 3º.

538 GIMENO SENDRA, V., (2015), Ibídem, p. 678. En idéntico sentido: LORCA NAVARRETE, J.F. y LORCA MARTÍN DE VILLODRES, M.I., (2010), *Op. cit.*, p. 460. Tal y como apunta la STC 254/2007, de 17 de diciembre (BOE nº 19, de 22 de enero), F.J. 2º: "este Tribunal ha reiterado la distinta naturaleza del derecho de

El Poder Legislativo dispone, por tanto, apunta Balaguer Callejón, de un amplio margen de discrecionalidad para conformar el sistema de recursos civiles, lo que nos lleva a subrayar, en la materia que nos ocupa, que las partes tan solo dispondrán de los medios de impugnación de los actos procesales de comunicación que la Ley establezca, no pudiéndose alegar indefensión por la ausencia de una doble instancia judicial[539].

Asimismo, en línea con este autor y con la doctrina constitucional, añadiremos que la interpretación y aplicación de las normas procesales reguladoras de los requisitos para la admisión de los recursos, al ser una cuestión de legalidad ordinaria[540], atinente a Juzgados y Tribunales, en ejercicio de la potestad jurisdiccional que la Carta Magna, en su artículo 117.3, les otorga en exclusiva, tampoco podrá ser objeto de revisión en sede de amparo constitucional, a excepción de los supuestos en los que los pronunciamientos se muestren carentes de motivación, se sostengan en una causa no prevista legalmente o evidencien un juicio arbitrario, irrazonable o fundado en error fáctico patente[541]. Y todo ello, sin que

acceso a la jurisdicción y del derecho de acceso a los recursos ya que, aun estando amparados ambos por el derecho a la tutela judicial efectiva sin indefensión (art. 24.1 CE), el primero deriva directamente de la Constitución y el segundo es de configuración legal y se incorpora a la tutela judicial en la configuración que le otorga cada una de las leyes reguladoras de los diversos órdenes jurisdiccionales". Así, la STC 102/1984, de 12 de noviembre (BOE nº 285, de 28 de noviembre), en su F.J. 2º, al declarar: "el derecho de acceso a la tutela judicial no comprende, con carácter general, la existencia de una doble instancia en materia civil (...), pero cuando la Ley la establece el derecho fundamental se extiende a la misma en los términos y con el alcance previstos por el Ordenamiento". En este sentido, las SSTC 258/2000, de 30 de octubre (BOE nº 288, de 01 de diciembre), F.J. 2º; 89/2002, de 22 de abril (BOE nº 122, de 22 de mayo) F.J. 2º; 167/2003, de 29 de septiembre (BOE nº 254, de 23 de octubre), F.J. 2º; 270/2005, de 24 de octubre (BOE nº 285, de 29 de noviembre), F.J. 3º; 55/2008, de 14 de abril (BOE nº 117, de 14 de mayo), F.J. 2º; 204/2012, de 12 de noviembre (BOE nº 299, de 13 de diciembre), F.J. 4º, solo por mencionar algunas.

539 Balaguer Callejón, F., (Coord.) (2011), *Op. cit.*, p. 284. En palabras del Tribunal Constitucional, en su Sentencia 204/2012, de 12 de noviembre (BOE nº 299, de 13 de diciembre), F.J. 4º, "no existe un derecho derivado de la Constitución a disponer de un recurso contra las resoluciones judiciales, salvo en lo relativo a las Sentencias penales condenatorias, de manera que, con esta última excepción, son cada una de las leyes de enjuiciamiento reguladoras de los diversos órdenes jurisdiccionales las que determinan los concretos supuestos en que procede un recurso, de modo que su establecimiento y regulación pertenecen, en principio, al ámbito de libertad del legislador". En idéntico sentido: STC 248/2005, de 10 de octubre (BOE nº 273, de 15 de noviembre), F.J. 2º. Muestra de la discrecionalidad del legislador para configurar el sistema de recursos civiles, cabe destacar la reforma prevista en el Proyecto de Ley de Medidas de Eficiencia Procesal del Servicio Público de Justicia –cuyo análisis no se abordará en las presentes líneas, por excederse de nuestro objeto de estudio–, entre cuyas relevantes previsiones se contempla, por ejemplo, la eliminación de los recursos extraordinarios por infracción procesal (arts. 468-476 LEC) y en interés de la Ley (arts. 490-493 LEC). Examinando la reforma del régimen de recursos civiles del referido Proyecto: Banacloche Palao, J., (2021), "Las reformas en el proceso civil previstas en el Anteproyecto de Ley de Medidas de Eficiencia Procesal: ¿una vuelta al pasado?", *Diario La Ley*, Nº 9814, Secc. Plan de Choque de la Justicia / Tribuna, Marzo, La Ley, pp. 14-17; Recurso electrónico ID: LA LEY 2979/2021.

540 Así lo apunta un sector doctrinal como Balaguer Callejón, F., (Coord.) (2011), *Op. cit.*, pp. 284-285; o López Gil, M., (2013), "Tema 33. Consideraciones generales sobre los recursos. Recursos de reposición, revisión y queja", en Robles Garzón, J.A., (2013) (Coord.), *Op. cit.*, pp. 407-408.

541 En efecto, conforme manifiesta con precisión la STC 176/2016, de 17 de octubre (BOE nº 285, 25 de noviembre), en su F.J. 2º, "(...) la decisión sobre la admisión o no del recurso, es decir, la verificación de la concurrencia de los requisitos materiales y procesales exigidos a tal fin, constituye una cuestión de mera legalidad ordinaria que corresponde exclusivamente a los Jueces y Tribunales *ex* artículo 117.3 CE, sin

el control externo[542] que procede realizar al Tribunal Constitucional, "(...) pueda extenderse al juicio de proporcionalidad inherente al principio *pro actione*, característico del derecho de acceso a la jurisdicción"[543].

Expuesto lo anterior, los recursos ordinarios y extraordinarios de los que dispondrán las partes para la impugnación de los defectos de los actos procesales de comunicación, serán, por tanto, aquellos dispuestos por la legislación procesal en vigor, a cuyo acceso solo tendrán derecho en los términos y con los requisitos establecidos por la Ley[544].

Deteniéndonos, brevemente, por su especial interés en la materia que nos ocupa, en las opciones del demandado rebelde para el ejercicio de los recursos legalmente previstos, destacaremos el artículo 500 LEC, en virtud del cual, "el demandado rebelde a quien haya sido notificada personalmente la sentencia, sólo podrá utilizar contra ella el recurso de apelación, y el extraordinario por infracción procesal o el de casación[545], cuando procedan, si los interpone dentro del plazo legal". Una norma a la que añade, en su párrafo 2º, que, tratándose de

que este Tribunal pueda intervenir salvo que la interpretación de la norma a que se llegue sea arbitraria, irrazonable o manifiestamente infundada o bien producto de un error patente". Así: SSTC 226/2002, de 9 de diciembre (BOE nº 9, de 10 de enero), F.J. 3º; 22/2007, de 12 de febrero (BOE nº 63, de 14 de marzo), F.J. 4º; 47/2014, de 7 de abril (BOE nº 111, de 7 de marzo), F.J. 3º; 140/2014, de 11 de septiembre (BOE nº 243, de 7 de octubre) F.J. 4º; 90/2015, de 11 de mayo (BOE nº 146, de 19 de junio), F.J. 3º; 124/2015, de 8 de junio (BOE nº 160, de 6 de julio) F.J. 3º; 149/2015, de 6 de julio (BOE nº 194, de 14 de agosto), F.J. 3º; 143/2020, de 19 de octubre (BOE nº 305, de 20 de noviembre), F.J. 4º; 104/2021, de 10 de mayo (BOE nº 142, de 15 de junio), F.J. 3º.

542 Así, el Tribunal Constitucional declara, en su Sentencia 51/2007, de 12 de marzo (BOE nº 92, de 17 de abril), F.J. 4º: "(...) el control constitucional de las resoluciones judiciales que puede realizar este Tribunal es meramente externo y debe limitarse a comprobar si carecen de motivación (...), se apoyan en una causa legal inexistente (...), resultan infundadas, o han incurrido en error material patente, en arbitrariedad o en manifiesta irracionabilidad lógica (...). En idénticos términos: SSTC 107/2005, de 9 de mayo (BOE nº 136, de 08 de junio), F.J. 4º; o 256/2006, de 11 de septiembre (BOE nº 243, de 11 de octubre), F.J. 5º.

543 Por todas, la STC 107/2005, de 9 de mayo (BOE nº 136, de 8 de junio) F.J. 4º: "en efecto, mientras que el derecho a la obtención de una resolución judicial razonada y fundada en Derecho goza de protección constitucional directa en el art. 24.1 CE, el derecho a la revisión de esta resolución es, en principio, y dejando a salvo la materia penal, un derecho de configuración legal al que no resulta aplicable el *principio pro actione*". Así: SSTC 124/2019, de 28 de octubre (BOE nº 293, de 6 de diciembre), F.J. 3º; ó 7/2015, de 22 de enero (BOE nº 47, de 24 de febrero), F.J. 3º, entre otras. Sobre el "principio *pro actione*", que exige la interpretación de los requisitos de acceso a la jurisdicción en un sentido amplio y no restrictivo, con interdicción de las decisiones de inadmisión que, por su rigorismo, formalismo excesivo o por cualquier otra razón, se revelen desfavorables para la efectividad del derecho a la tutela judicial efectiva o resulten desproporcionadas en la apreciación del equilibrio entre los fines que se pretenden preservar y la consecuencia de cierre del proceso, sin que ello suponga la relativización o la devaluación de los presupuestos y requisitos establecidos por la Ley –STC 140/2021, de 12 de julio, (BOE nº 182, de 31 de julio), F.J. 4º–, destacamos: Balaguer Callejón, F., (Coord.) (2011), *Op. cit.*, pp. 280-282.

544 Conforme apunta la STC 23/2009, de 26 de enero (BOE nº 49, de 26 de febrero), F.J. 2º, "al tratarse de un derecho de configuración legal su ejercicio está supeditado a la concurrencia de los presupuestos y requisitos que haya establecido el legislador para cada sector del ordenamiento procesal (...)". Así: STC 79/2006, de 13 de marzo (BOE nº 92, de 18 de abril), F.J. 2º.

545 En este punto, pondremos de manifiesto la imprecisión de la rúbrica del artículo 500 LEC, "ejercicio por el demandado rebelde de los recursos ordinarios", por cuanto, es evidente que la regulación contenida en el mismo sobre el uso de los recursos por el demandado rebelde, incluye, asimismo, la inter-

aquellos supuestos en los que la sentencia se haya notificado mediante edictos, el *dies a quo* para la interposición del recurso procedente en Derecho, se computará desde el día hábil siguiente al de su publicación a través del *Tablón Edictal Judicial Único*[546].

Sin duda, la determinación de este límite temporal para el ejercicio de los recursos legalmente establecidos, encuentra su razón de ser en el principio de seguridad jurídica, consagrado en el artículo 9.3 de nuestra Constitución, el cual, conforme asevera el Tribunal Constitucional, en su Sentencia nº 102/1984, de 12 de noviembre, opera como una restricción a la revisión de las sentencias y demás resoluciones firmes por los Jueces y Tribunales, a excepción de los supuestos en los que dicha revisión se encuentra legalmente prevista[547].

De este modo, incluso cuando la resolución por la que se pone fin al proceso no se notifica personalmente al demandado rebelde en la forma del artículo 161 LEC (art. 497.2 LEC), sino mediante su publicación edictal, también se establece un *dies a quo* para la interposición de los recursos procedentes, haciendo depender tal momento, no de su conocimiento efectivo por el destinatario, sino del denominado conocimiento legal u oficial[548].

---

posición de recursos no ordinarios, como el extraordinario por infracción procesal o el de casación, ambos, ciertamente, extraordinarios.

[546] Art. 500 LEC: "(...) los mismos recursos podrá utilizar el demandado rebelde a quien no haya sido notificada personalmente la sentencia, pero en este caso, el plazo para interponerlos se contará desde el día siguiente al de la publicación del edicto de notificación de la sentencia en el Boletín Oficial del Estado, Boletín Oficial de la Comunidad Autónoma o Boletín Oficial de la Provincia o, en su caso, por los medios telemáticos, informáticos o electrónicos a que se refiere el apartado 2 del artículo 497 de esta ley o del modo establecido en el apartado 3 del mismo artículo". Examina este disposición: Pérez Ureña, A.A., (2011), "La declaración de rebeldía en el proceso civil, a la luz de la praxis judicial", *Práctica de Tribunales*, Nº 81, Secc. Tribuna Libre, Abril, La Ley, pp. 10-12. Sin duda, estamos ante un precepto que deberá adecuarse a la definitiva implantación del Tablón Edictal Judicial Único –al igual que los artículos 164 o 497 LEC, entre otros muchos– por medio de la oportuna reforma legislativa. Al respecto, pondremos de relieve su propuesta de modificación por el Proyecto de Ley de Medidas de Eficiencia Procesal del Servicio Público de Justicia, si bien, de un modo impreciso a nuestro parecer, por cuanto, se introduciría la referencia al TEJU, pero conservando, con todo, el inciso, "(...) o, en su caso, por los medios telemáticos, informáticos o electrónicos a que se refiere el apartado 2 del artículo 497 de esta ley o del modo establecido en el apartado 3 del mismo artículo", lo que ya carecería de todo sentido, entre otros motivos, porque el artículo 497 LEC, cuya reforma también se proyecta, tan solo contemplaría el TEJU, y sus apartados 3º y 4º serían suprimidos.

[547] STC 102/1984, de 12 de noviembre (BOE nº 285, de 28 de noviembre), en su F.J. 4º: "La seguridad jurídica opera en la Constitución como un límite que impide el que los Jueces y Tribunales puedan revisar las Sentencias y demás resoluciones firmes al margen de los supuestos taxativamente previstos por el legislador (...)". Vinculada, además, la seguridad jurídica, con el derecho a la tutela judicial efectiva, consagrado en el artículo 24.1 CE, conforme manifiestan las SSTC 119/1988, de 20 de junio (BOE nº 166, de 12 de julio), F.J. 2º; 149/1989, de 22 de septiembre (BOE nº 250, de 18 de octubre), F.J. 2º; 304/1993, de 25 de octubre (BOE nº 286, de 30 de noviembre), F.J. 3º.

[548] SAP Málaga (Secc. 5ª) 466/2004, de 21 de abril, Rec. nº 645/2003, F.J. 2º. Ahora bien, subrayaremos, en este punto, la necesidad de que la comunicación por edictos, que conllevará el "conocimiento oficial" de la resolución y, finalmente, su firmeza, se acuerde y lleve a cabo conforme a Derecho, pues, como ya pusimos de manifiesto al examinar el tenor del artículo 166 LEC, el *dies a quo* para la interposición del recurso o medio de impugnación oportuno, quedará fijado en el instante en que el interesado se sitúe en una posición razonable para conocer e impugnar, y no antes. Dicho esto, ya explicamos cómo la STS 171/2019, de 20 de marzo, Rec. nº 1883/2016, F.J. 3º, al haberse efectuado la publicación de la sentencia incorrecta-

– *Denuncia de la nulidad antes de la finalización del proceso*

Como acabamos de exponer, de conformidad al artículo 227.1 LEC, la nulidad de pleno derecho, en todo caso, y los defectos de forma de los actos procesales que conlleven la inobservancia de requisitos esenciales o determinen efectiva indefensión, "(...) se harán valer por medio de los recursos establecidos en la ley contra la resolución de que se trate".

Ahora bien, sin perjuicio de lo anterior –dispone el mismo artículo, en su apartado 2º–, con carácter previo a la resolución que ponga fin al proceso, y siempre que no proceda la subsanación –con respecto a los actos de comunicación judicial, estimamos, en los términos del artículo 166.2 LEC, examinado en líneas precedentes–, "(...) el tribunal podrá, de oficio o a instancia de parte, (...) declarar previa audiencia de las partes la nulidad de todas las actuaciones o de alguna en particular"[549].

Sin duda, sobre el contenido de este precepto, estamos con Cubillo López, cuando advierte que este "incidente de nulidad de actuaciones *lite pendente*", solo procederá, a instancia de parte, cuando no proceda otro vía procesal, como un recurso ordinario, para hacer valer la nulidad[550]. De ahí, su carácter excepcional, apuntado también por Torres Yanes[551].

Expuesto lo anterior, en línea con ambos autores, destacaremos, por ejemplo, los casos en los que el objeto de impugnación es, de forma directa, la diligencia de notificación expedida por el sujeto activo de la comunicación, al no haberse dictado la oportuna resolución procesal de unión de la misma a los autos y teniendo por efectuado el acto procesal de comunicación en cuestión conforme a Derecho. Supuesto este último, en el que procedería el recurso contra la resolución, tal y como pusimos de relieve con respecto a la impugnación de la

mente solo en el tablón de anuncios de la Oficina Judicial, entendió que el *dies a quo* para la interposición del recurso de apelación contra la misma, no comenzó al día siguiente de su publicación –como tampoco con el escrito de personación del afectado–, sino en el momento en el que se hizo entrega de la copia de la resolución, pues solo entonces estuvo en una posición razonable de conocer su contenido y actuar en consecuencia, al no haberse llevado a cabo, previamente, la publicación del edicto conforme a lo dispuesto en el artículo 497.2 LEC.

549 Art. 227.2 LEC: "sin perjuicio de ello, el tribunal podrá, de oficio o a instancia de parte, antes de que hubiere recaído resolución que ponga fin al proceso, y siempre que no proceda la subsanación, declarar, previa audiencia de las partes, la nulidad de todas las actuaciones o de alguna en particular. En ningún caso podrá el tribunal, con ocasión de un recurso, decretar de oficio una nulidad de las actuaciones que no haya sido solicitada en dicho recurso, salvo que apreciare falta de jurisdicción o de competencia objetiva o funcional o se hubiese producido violencia o intimidación que afectare a ese tribunal". En idénticos términos, procede señalar el artículo 240.2 LOPJ. Respecto de la audiencia a las partes, precisa Torres Yanes, que solo se oirá a las personadas. Al fin y al cabo, en palabras del autor, "sería absurdo tener que oír a un demandado ausente en el proceso tras un emplazamiento erróneo o no realizado para que se pronuncie sobre la nulidad de unas actuaciones que no conoce", (2016), *Op. cit.*, p. 174.

550 Cubillo López, I., (2001), *Op. cit.*, p. 116.

551 Torres Yanes, F., (2016), *Op. cit.*, p. 171.

actuación del Procurador como sujeto activo de las comunicaciones, en líneas precedentes[552].

Prosiguiendo, particularmente, con la impugnación de los actos de comunicación judicial, nos remitiremos, también, a lo ya expuesto sobre la declaración de la nulidad de oficio desde que se produce el primer acto de comparecencia del interesado en el proceso. Un momento a partir del cual –reiteramos– estimamos que ya no procede la apreciación de oficio, siendo, desde entonces, de la parte afectada por el acto de comunicación irregular de quien dependerá su impugnación o subsanación en virtud de lo dispuesto en el artículo 166.2 LEC.

Como límite a la declaración de la nulidad de actuaciones de oficio, cabría subrayar, asimismo, el último inciso del artículo 227.2 LEC, por el cual, tal facultad del juzgador queda vedada, específicamente, en fase de recurso, de modo que, no habiendo sido solicitada por el recurrente, no podrá ser "decretada" de oficio, a excepción de los supuestos en los que, añade la norma, se "(...) apreciare falta de jurisdicción o de competencia objetiva o funcional o se hubiese producido violencia o intimidación que afectare a ese tribunal".

Ahora bien, estimamos que este límite tan solo operará cuando la parte perjudicada por la defectuosa práctica del acto de comunicación haya podido denunciar la nulidad, ya sea a través de dicho recurso[553] o con anterioridad –en todo caso, en su primer acto de comparecencia– y no lo haya hecho, desplegándose, pues, el efecto subsanador del artículo 166.2 LEC, ya que, de lo contrario, nada debería obstar a la apreciación de oficio, en fase de recurso, de los defectos de gravedad, referentes a la correcta y escrupulosa constitución de la relación jurídica procesal, de la que el régimen de actos de comunicación es "instrumento capital"[554].

Piénsese, por ejemplo, en la constatación de la práctica del primer acto de comunicación en una persona distinta del demandado y en un lugar que no se

[552] Así, un sector doctrinal, como CUBILLO LÓPEZ, I., (2001), Ibídem; BANACLOCHE PALAO, J., (2013), *Op. cit.*, p. 4; TORRES YANES, F., (2016), *Op. cit.*, p. 133.

[553] Naturalmente, de formularse el recurso por el afectado, sin que solicite a través del mismo la nulidad de lo actuado desde la defectuosa ejecución de la comunicación judicial, operará, en su plenitud, el límite previsto en el artículo 227.2, párr. 2º, LEC, no pudiendo el órgano judicial decretar de oficio dicha nulidad –sin perjuicio de los supuestos en los que, conforme al mismo precepto, apreciare falta de jurisdicción o de competencia objetiva o funcional o se hubiese producido violencia o intimidación que afectare a ese tribunal, en cuyo caso, sí será admisible–. En este sentido, procede destacar: SAP Badajoz (Secc. 3ª) 237/2012, de 29 de junio, Rec. nº 240/2012, F.J. 1º; SAP Toledo (Secc. 1ª) 206/2012, de 2 de julio, Rec. 2/2012, F.J. 2º; SAP Guadalajara (Secc. 1ª) 59/2015, de 20 de abril, Rec. nº 64/2015, F.J. 2º; SAP Barcelona (Secc. 17ª) 336/2018, de 12 de abril, Rec. 290/2017, F.J. 2º; SAP Ourense (Secc. 1ª) 259/2019, de 26 de junio, Rec. nº 418/2018, F.J. 2º.

[554] SSTC 176/2009, de 16 de julio (BOE nº 193, de 11 de agosto), F.J. 2º; 169/2014, de 22 de octubre (BOE nº 282, de 21 de noviembre), F.J. 3º; 89/2015, de 11 de mayo (BOE nº 146, de 19 de junio), F.J. 3º; 167/2015, de 20 de julio (BOE nº 200, de 21 de agosto), F.J. 3º; 150/2016, de 19 de septiembre (BOE nº 263, de 31 de octubre), F.J. 2º; 200/2016, de 28 de noviembre (BOE nº 7, de 9 de enero), F.J. 4º; 6/2017, de 16 de enero (BOE nº 46, de 23 de febrero), F.J. 3º; 50/2017, de 8 de mayo (BOE nº 142, de 15 de junio), F.J. 3º; 48/2021, de 3 de marzo (BOE nº 77, de 31 de marzo), F.J. 3º; 181/2021, de 25 de octubre (BOE nº 282, de 25 de noviembre), F.J. 2º.

corresponde con su domicilio, no existiendo indicios en autos de los que pueda deducirse el conocimiento por el demandado[555]; en la falta del debido litisconsorcio pasivo necesario[556]; o, incluso, en la prosecución del proceso hasta su definitiva resolución –condenatoria–, teniendo por contestada la demanda por ambos codemandados, cuando, ciertamente, solo contestó uno de ellos, en su propio nombre y derecho, no llegándose, por tanto, a declarar en situación de rebeldía procesal al demandado no comparecido, en los términos previstos en la legislación procesal vigente[557]. Defectos, en suma, de tal gravedad, que quedarían fuera del poder de disposición del recurrente que no se ha visto afectado por la irregularidad procesal, sin perjuicio del oportuno traslado que se le dé para alegaciones, con carácter previo a la eventual declaración de la nulidad, en los términos del artículo 227.1 LEC.

*– La revisión de sentencias firmes*

Regulada en los artículos 509 a 516 LEC, la revisión de sentencias firmes, es, siguiendo a Gimeno Sendra, uno de los medios de rescisión de la cosa juzgada previstos en nuestro ordenamiento jurídico con carácter excepcional. Una vía de impugnación de sentencias firmes que, en suma, surge de la necesidad de otorgar prioridad al valor superior de la Justicia sobre el principio constitucional de seguridad jurídica, en determinados supuestos en los que se ha visto afectado uno de los derechos integrados en el derecho fundamental a la tutela judicial efectiva, procediendo su restablecimiento –derechos tales como, asevera el autor, el derecho de acceso al proceso, el derecho de defensa o el derecho a la obtención de una resolución ajustada a Derecho y congruente–[558].

Expuesto lo anterior, centrándonos en la impugnación de los actos procesales de comunicación, señalaremos, específicamente, de entre los motivos, tasados en el artículo 510 LEC, que podrían fundar la revisión de una sentencia firme, la maquinación fraudulenta[559]. Concretamente, como analizamos con detenimiento en el Capítulo II del presente estudio al estudiar el deber de diligencia del actor, a cuyas líneas nos remitimos, aludimos a la conducta del demandante dirigida, de forma consciente y perniciosa, a la ocultación del verdadero paradero del

---

555 Así, la SAP Madrid (Secc. 13ª) 297/2014, de 17 de septiembre, Rec. nº 691/2013, F.J. 4º, declara: "(…) tal limitación solo es aplicable cuando el recurso lo interpone la propia parte que ha sufrido las consecuencias de las actuaciones procesales viciadas, en cuanto su falta de denuncia comporta la conformidad con lo resuelto pese a tal defecto procesal, pero no cuando la que sufre el gravamen procesal no puede utilizar el remedio del recurso para ponerle remedio, precisamente por desconocer la existencia del procedimiento". En idéntico sentido, se pronuncia la SAP Madrid (Secc. 11ª) 371/2015, de 11 de diciembre, Rec. nº 195/2015, F.J. 2º.

556 SSAP A Coruña (Secc. 4ª) 284/2009, de 11 de junio, Rec. nº 302/2009, F.J. 4º; y 414/2011, de 28 de septiembre, Rec. nº 485/2011, F.J. 1º.

557 SAP Cuenca (Secc. 1ª) 301/2019, de 15 de octubre, Rec. nº 166/2019, F.J. 2º.

558 Gimeno Sendra, V., (2015), *Op. cit.*, p. 803. Así: López Gil, M., (2013), "Tema 37…", *Op. cit.*, p. 447; Armenta Deu, T., (2016), *Op. cit.*, p. 295.

559 Cubillo López, I., (2001), *Op. cit.*, p. 118; Torres Yanes, F., (2016), *Op. cit.*, p. 162.

demandado, para evitar su localización a los efectos de ser notificado, emplazado, citado o requerido por el órgano jurisdiccional.

En estos casos, tal y como subraya Cubillo López, no estamos ante defectos del acto de comunicación derivados de una actuación u omisión del órgano judicial[560], sino ante un comportamiento malicioso o doloso del demandante, encaminado a la obtención de una resolución judicial *inaudita parte*, ya sea mediante la mera ocultación del conocimiento del verdadero domicilio del demandado o mediante el falseamiento de la información relativa a su localización, induciendo a confusión y a error al órgano judicial (art. 510.1.4º LEC[561]). Expresado en los términos del Tribunal Supremo, en su Sentencia 822/2021, de 30 de noviembre, Rec. nº 50/2020, F.J. 2º, se trataría de una actuación maliciosa que implicase un "(...) aprovechamiento deliberado de determinada situación, llevada a cabo por el litigante vencedor, mediante actos procesales voluntarios que ocasionan una grave irregularidad procesal y originan indefensión", en este caso, al demandado desconocedor del proceso[562].

Para finalizar, en línea con Torres Yanes, apuntaremos que el plazo para interponer la demanda de revisión, conforme al artículo 512.1 LEC, será de *cinco años*, contados desde la publicación de la sentencia objeto de impugnación, sin perjuicio de lo dispuesto, específicamente, para las sentencias del Tribunal Europeo de Derechos Humanos, en cuyo caso, el plazo será de un año desde que adquiera firmeza la resolución, en virtud del párrafo 2º del mismo precepto. Ahora bien, dentro del mencionado plazo, cabe precisar, conforme añade el artículo 512.2 LEC, el legitimado activamente –bien perjudicado por la sentencia

[560] Cubillo López, I., (2001), Ibídem.

[561] Conforme al artículo 510.1.4º LEC: "1. Habrá lugar a la revisión de una sentencia firme: (...) 4º Si se hubiere ganado injustamente en virtud de cohecho, violencia o maquinación fraudulenta". Tal y como declara el Tribunal Supremo en el F.J. 4º de su Sentencia 579/2021, de 27 de julio, Rec. nº 40/2020, "una de las manifestaciones de la maquinación fraudulenta que permite la revisión de la sentencia es aquélla en que incurre quien ejercita una acción judicial cuando oculta el domicilio de la persona contra la que va dirigida, a fin de que se le emplace o cite por edictos y se sustancie el procedimiento en rebeldía". En este sentido: SSTS 241/2010, de 30 de abril, Rec. nº 61/2007, F.J. 2º; 491/2010, de 25 de noviembre, Rec. nº 9/2005, F.J. 2º; 297/2011, de 14 de abril, Rec. nº 58/2009, F.J. 3º; 594/2012, de 15 de octubre, Rec. nº 17/2010, F.J. 3º; 808/2012, de 8 de enero, Rec. 54/2010, F.J. 3º; 825/2013, de 13 de mayo, Rec. nº 11/2012, F.J. 3º; 430/2013, de 10 de junio, Rec. nº 47/2009, F.J. 4º; 209/2015, de 17 de abril, Rec. nº 71/2013, F.J. 3º; 324/2016, de 18 de mayo, Rec. nº 25/2015, F.J. 3º; 415/2016, de 20 de junio, Rec. nº 36/2015, F.J. 4º; 451/2017, de 13 de julio, Rec. nº 43/2016, F.J. 3º; 724/2018, de 19 de diciembre, Rec. 75/2017, F.J. 2º; 84/2019, de 11 de febrero, Rec. nº 14/2018, F.J. 5º; 225/2020, de 1 de junio, Rec. nº 18/2019, F.J. 5º; 424/2021, de 22 de junio, Rec. nº 12/2020, F.J. 4º, solo por mencionar algunas.

[562] STS 822/2021, de 30 de noviembre, Rec. nº 50/2020, F.J. 2º. En estos términos: SSTS 129/2016, de 3 de marzo, Rec. nº 14/2015, F.J. 3º; 324/2016, de 18 de mayo, Rec. nº 25/2015, F.J. 3º; 442/2016, de 30 de junio, Rec. nº 44/2015, F.J. 2º; 307/2017, de 17 de mayo, Rec. nº 31/2016, F.J. 4º; 346/2017, de 1 de junio, Rec. nº 35/2016, F.J. 3º; 422/2017, de 5 de julio, Rec. nº 50/2015, F.J. 2º; 569/2017, de 20 de octubre, Rec. nº 25/2016, F.J. 2º; 129/2018, de 7 de marzo, Rec. nº 28/2017, F.J. 3º; 280/2018, de 18 de mayo, Rec. nº 59/2017, F.J. 2º; 130/2019, de 5 de marzo, Rec. nº 77/2017, F.J. 2º; 275/2019, de 21 de mayo, Rec. nº 22/2018, F.J. 3º; 90/2020, de 10 de febrero, Rec. nº 12/2019, F.J. 3º; 221/2021, de 20 de abril, Rec. nº 36/2019, F.J. 3º; 618/2021, de 21 de septiembre, Rec. nº 3/2020, F.J. 5º. Analizando la maquinación fraudulenta del actor civil en relación con el primer emplazamiento del demandado: Vicente Rojo, J., (2019), *Op. cit.*, pp. 224-243.

firme, bien demandante ante el Tribunal Europeo de Derechos Humanos, según proceda (art. 511 LEC)–, tan solo podrá instar la revisión hasta transcurridos *tres meses* desde el descubrimiento de la maquinación o fraude, de lo contrario, se producirá su caducidad[563].

*– La rescisión de sentencia firme a instancias del rebelde*

Regulado en los artículos 501-508 LEC, estamos ante un medio de impugnación de sentencias firmes[564], específicamente articulado para otorgar al demandado que ha permanecido, de forma ininterrumpida, en situación de rebeldía involuntaria –no negligente, conforme precisa, con acierto, GIMENO SENDRA[565]–, sin posibilidad de acceso a los recursos (art. 500 LEC)[566], una vía procesal para la rescisión de una sentencia firme condenatoria con efecto de cosa juzgada (art. 503 LEC)[567].

Tasados en el artículo 501 LEC, los supuestos en los que procederá este medio de impugnación de sentencias firmes serán, esencialmente, tres:

- Cuando concurra una causa de fuerza mayor que, de forma constante, haya impedido al demandado declarado en rebeldía comparecer en el proceso (art. 501.1º LEC). Éste es el único supuesto, de los tres previstos en el referido artículo, en el que la falta de conocimiento del demandado acerca de la existencia del proceso no constituye un presupuesto de procedencia. Únicamente se exige que la causa de fuerza mayor haya sido ininterrumpida, provocando, con ello, una imposibilidad de comparecencia permanente[568]. Asimismo, precisa FURQUET MONASTERIO, en

---

[563] TORRES YANES, F., (2016), *Op. cit.*, p. 170. Así lo manifiesta, a su vez, GIMENO SENDRA, quien, con ocasión del análisis de este medio de impugnación de sentencias firmes, apunta a la existencia de *tres plazos* en el artículo 512 LEC: dos "absolutos" –de cinco años, con carácter general, y de un año, específico para la impugnación de sentencias del Tribunal Europeo de Derechos Humanos–; y uno "relativo" –tres meses–; (2015), *Op. cit.*, pp. 812-813.

[564] Así denominados por LÓPEZ GIL, M., (2013), "Tema 37…", *Op. cit.*, p. 447. "Medios de rescisión de la cosa juzgada", para GIMENO SENDRA, V., (2015), *Op. cit.*, pp. 803-804; o ARMENTA DEU, T., (2016), *Op. cit.*, p. 295.

[565] En efecto, como asevera GIMENO SENDRA, nuestro ordenamiento jurídico procesal, mediante instituciones, como la rescisión de sentencias firmes, ahora examinada, o el recurso de amparo constitucional, no dispensa protección al demandado rebelde, situado al margen del proceso, como consecuencia de su propia conducta negligente o maliciosa, (2015), *Op. cit.*, p. 807. En este punto, nos remitiremos a lo ya expuesto, con ocasión del análisis del deber de diligencia del demandado en su localización, en el Capítulo II de la presente investigación.

[566] FURQUET MONASTERIO, N., (2001), *Op. cit.*, p. 315.

[567] GIMENO SENDRA, V., (2015), *Op. cit.*, p. 808.

[568] Así, en virtud del artículo 501 LEC, en su primer numeral, "los demandados que hayan permanecido constantemente en rebeldía podrán pretender, del tribunal que la hubiere dictado, la rescisión de la sentencia firme en los casos siguientes: 1.º De fuerza mayor ininterrumpida, que impidió al rebelde comparecer en todo momento, aunque haya tenido conocimiento del pleito por haber sido citado o emplazado en forma". En palabras de la STS 691/2019, de 8 de octubre, Rec. nº 2/2017, F.J. 4º, la causa de fuerza mayor, es definida, tradicionalmente, "(…) como un acontecimiento extraordinario, irresistible e imprevisible, y que no hubiera sido posible evitar aun aplicando la mayor diligencia". Trasladando este concepto al

estos casos, la norma tampoco condiciona la procedencia de la rescisión al precedente de una modalidad de comunicación determinada, siendo, por tanto, irrelevante, a dichos efectos, que se haya llevado a cabo el primer acto procesal de comunicación en cualquiera de las formas previstas en la LEC (arts. 152.3 y 164 LEC)[569].

- Cuando, por causa no imputable al demandado rebelde, concurra la ineficacia del acto procesal de comunicación practicado en la persona de un receptor subsidiario de los relacionados en el apartado 3º del artículo 161 LEC[570].
- Cuando se verifique la ausencia del demandado declarado en rebeldía notificado mediante edictos –y no a través una de las modalidades de comunicación personal previstas en la LEC en su artículo 152.1–, en el lugar donde se siga el proceso, así como en el ámbito territorial que corresponda al Boletín o a los Boletines Oficiales donde se hubiere realizado tal publicación edictal –desde el 1 de junio de 2021, en todo caso, en el Tablón Judicial Edictal Único, Suplemento del "Boletín Oficial del Estado"–[571]. Si bien estamos ante una modalidad de comunicación judicial, la edictal, que, por sí misma, ofrece limitadas garantías para alcanzar el conocimiento efectivo del destinatario, sin que ello constituya una causa autónoma para fundar la acción de rescisión, estimamos que, en estos casos, los límites inherentes a la comunicación edictal, ligados a la ausencia física del demandado en el ámbito territorial de la publicación, fundamentan que se presuma el desconocimiento en el que se sostiene este medio de impugnación de sentencias firmes.

Expuesto lo anterior, apuntaremos, con todo, a la creciente eficacia de esta modalidad de comunicación judicial supletoria y excepcional, gracias a su centralización y tecnificación a través del Suplemento *Tablón Edictal Judicial Único*, publicado online en el Portal Web de la Agencia

ámbito de la rescisión de sentencia firme a instancias del demandado rebelde, manifiesta el AAP Pamplona (Secc. 3ª) 157/2019, de 4 de octubre, Rec. nº 259/2019, en su F.J. 4º que "constituye fuerza mayor aquél acontecimiento extraordinario que se desata desde el exterior, imprevisible, y que no hubiera sido posible evitar aun aplicando la mayor diligencia".

[569] Furquet Monasterio, N., (2001), *Op. cit.*, p. 316.

[570] De este modo, establece el artículo 501 LEC, numeral 2º:"los demandados que hayan permanecido constantemente en rebeldía podrán pretender, del tribunal que la hubiere dictado, la rescisión de la sentencia firme en los casos siguientes: (…) 2.º De desconocimiento de la demanda y del pleito, cuando la citación o emplazamiento se hubieren practicado por cédula, a tenor del artículo 161, pero ésta no hubiese llegado a poder del demandado rebelde por causa que no le sea imputable". Sin duda, del tenor literal del precepto, se deduce la directa alusión al apartado 3º.

[571] Así, de conformidad al artículo 501 LEC, en su tercer numeral, "los demandados que hayan permanecido constantemente en rebeldía podrán pretender, del tribunal que la hubiere dictado, la rescisión de la sentencia firme en los casos siguientes: 3.º De desconocimiento de la demanda y del pleito, cuando el demandado rebelde haya sido citado o emplazado por edictos y haya estado ausente del lugar en que se haya seguido el proceso y de cualquier otro lugar del Estado o de la Comunidad Autónoma, en cuyos Boletines Oficiales se hubiesen publicado aquéllos".

Estatal Boletín Oficial del Estado para su acceso desde cualquier lugar, no ya de nuestro territorio nacional, sino del mundo. A lo que se suma la opción de configurar avisos por correo electrónico para las publicaciones que contengan un DNI o NIF determinado, lo que supone un auténtico cambio de paradigma para esta tradicionalmente ineficaz vía de comunicación judicial.

Sin duda, fundados en el potencial del Tablón Edictal Judicial Único, nos aventuramos a proyectar, a corto plazo, el deber de suscripción al TEJU de los sujetos obligados a relacionarse por medios electrónicos con la Administración de Justicia, como, incluso, obligación integrante del deber de diligencia que cabe exigir del demandado para entender que su ilocalización no ha sido fruto de su conducta negligente, pasiva o maliciosa[572].

Examinados los supuestos, previstos en el artículo 501 LEC, en los que procede la rescisión de sentencia firme a instancias del demandado rebelde, concluiremos, siguiendo a CUBILLO LÓPEZ, que estamos, en suma, ante casos en los que la comunicación se efectúa, ciertamente, conforme a la Ley, pero, pese a ello, el rebelde acredita suficientemente[573] haber visto obstaculizada su oportuna y tempestiva comparecencia en el litigio, bien por causa de fuerza mayor, bien por circunstancias no imputables a su propia conducta que, en definitiva, han derivado en la ineficacia de la comunicación efectuada a través de terceras personas (art. 161.3 LEC, con relación al art. 501.2º LEC), o por edictos (art. 497 LEC, en relación con el art. 501.3º LEC)[574]. Y, es, precisamente, esta presunta corrección formal de la comunicación –pese a su ineficacia, *de facto*–, la que lleva a GASCÓN INCHAUSTI a aseverar que no estamos ante un cauce procesal para el tratamiento de la nulidad de los actos procesales de comunicación[575].

---

572 En esta línea, mucho antes, FURQUET MONASTERIO, ya puso de manifiesto la crítica de un sector doctrinal a este supuesto del artículo 501 LEC, por estimar "anacrónico" el hecho de vincular la ausencia del demandado en el lugar donde se sigue el proceso al desconocimiento, además de cuestionar que no se otorgue la debida relevancia, a los efectos de verificar una posible conducta maliciosa o negligente del demandado, a la voluntariedad o involuntariedad de esta ausencia, (2001), *Op. cit.*, pp. 317-318.

573 Si bien no recaerá sobre el demandado rebelde la carga material de la prueba del desconocimiento del proceso principal –lo que abocaría, declara GIMENO SENDRA, a la prueba de un hecho negativo, (2015), *Op. cit.*, p. 806–, sí gravitará sobre él la debida acreditación de las circunstancias que dan lugar a la procedencia de la rescisión, en los términos del examinado artículo 501 LEC, GIMENO SENDRA, V., (2015), Ibídem, p. 807. En este sentido: CUBILLO LÓPEZ, I., (2001), *Op. cit.*, p. 122; o FURQUET MONASTERIO, N., (2001), *Op. cit.*, p. 317. Así: AAP Pamplona (Secc. 3ª) 157/2019, de 04 de octubre, Rec. nº 259/2019, F.J. 3º.

574 En palabras de CUBILLO LÓPEZ, "formas de notificación poco garantizadoras de la efectividad de la comunicación", (2001), *Op. cit.*, p. 122. Así: FURQUET MONASTERIO, N., (2001), *Op. cit.*, p. 317. Conviene recordar, en este punto, la doctrina constitucional, contenida en Sentencias como la 275/1993, de 20 de septiembre (BOE nº 256, de 26 de octubre), F.J. 3º, conforme a la cual, considerando el riesgo de ineficacia inherente a la comunicación judicial a través de receptor subsidiario, el órgano judicial no debe conceder a dicho acto procesal un "(…) valor absoluto, prescindiendo de cualquier enjuiciamiento de los motivos alegados por la parte sobre la no recepción (…)", pues, ello, añade el Tribunal Constitucional, supondría "(…) imputar a la parte el riesgo del cumplimiento por parte del tercero del deber de colaboración con la Justicia que le impone el art. 268.2 L.E.C. [ahora art. 161.3 LEC]".

575 GASCÓN INCHAUSTI, F., (2000), *Op. cit.*, p. 79.

Para finalizar, con relación a la caducidad de la acción de rescisión, apuntaremos que el artículo 502 LEC, prevé, en primer lugar, dos plazos diferenciados, en función de si la modalidad de comunicación empleada para la notificación de la sentencia fue personal o edictal. De este modo, habiéndose realizado la comunicación de la sentencia de forma personal, se establece un plazo de veinte días, desde su notificación, para instar la rescisión de la sentencia firme; y, de haberse efectuado la comunicación por edictos, se determina un plazo de cuatro meses desde su publicación. Ambos plazos, prorrogables hasta dieciséis meses desde la notificación –o publicación, añadiríamos, pues el precepto se refiere, conjuntamente, a "los plazos a que se refiere el apartado anterior"– de la sentencia, si la causa de fuerza mayor que ha estado impidiendo, ininterrumpidamente, al demandado rebelde comparecer, subsistiera[576].

– *La nulidad de actuaciones del artículo 241 LOPJ y 228 LEC*

Definida por Gimeno Sendra como "remedio extraordinario" [577], la nulidad de actuaciones regulada en los artículos 241 LOPJ y 228 LEC[578], permite a quienes fueron parte, o bien debieron serlo, instar la rescisión de resoluciones definitivas

[576] Conforme al artículo 502.1 LEC, "la rescisión de sentencia firme a instancia del demandado rebelde sólo procederá si se solicita dentro de los plazos siguientes: 1.º De veinte días, a partir de la notificación de la sentencia firme, si dicha notificación se hubiere practicado personalmente. 2.º De cuatro meses, a partir de la publicación del edicto de notificación de la sentencia firme, si ésta no se notificó personalmente". A lo que adiciona, en su apartado 2º, "los plazos a que se refiere el apartado anterior podrán prolongarse, conforme al apartado segundo del artículo 134, si subsistiera la fuerza mayor que hubiera impedido al rebelde la comparecencia, pero sin que en ningún caso quepa ejercitar la acción de rescisión una vez transcurridos dieciséis meses desde la notificación de la sentencia". Sobre este precepto: Gimeno Sendra, V., (2015), *Op. cit.*, pp. 808-809. Por su parte, Armenta Deu, destaca la existencia, por un lado, de dos plazos "absolutos" –de veinte días y de cuatro meses, respectivamente– y, por otro, de un plazo "relativo" –de dieciséis meses, condicionado a la subsistencia en el tiempo de la causa de fuerza mayor–, (2016), *Op. cit.*, pp. 300-301.

[577] Gimeno Sendra, V., (2015), *Op. cit.*, p. 729. "Medio excepcional rescisorio de la cosa juzgada", apunta Armenta Deu, T., (2016), *Op cit.*, p. 302; o "medio extraordinario de anulación de sentencias firmes", citando a López Gil, M., (2013), "Tema 37…", *Op. cit.*, p. 454. Sucintamente, y sin ánimo de extralimitarnos del objeto de nuestro estudio, procede destacar que se trata de un instrumento procesal reintroducido en nuestro ordenamiento jurídico, con la finalidad de establecer, en el ámbito de la jurisdicción ordinaria, un cauce para instar la nulidad de actuaciones fundada en la vulneración de derechos fundamentales una vez adquirida firmeza por la resolución que ponga fin al proceso, y, con ello, liberar la sobrecarga de trabajo del Tribunal Constitucional –objetivo señalado por un sector doctrinal, como Cubillo López, I., (2001), *Op. cit.*, p. 117; Chozas Lozano, J., (2011), "La expansión del incidente de nulidad de actuaciones por motivos procesales. A propósito de la STC 43/2010, de 26 de julio", *Derecho Privado y Constitución*, Nº 25, Enero-Diciembre, p. 318; o Armenta Deu, T., (2016), *Op cit.*, p. 300–. Examinando la evolución del "incidente de nulidad de actuaciones", desde antes de su reincorporación, por la Ley Orgánica 5/1997, de 4 de diciembre, de reforma de la LOPJ: Chozas Lozano, J., (2011), Ibídem, pp. 311-348.

[578] Denominado por ambos preceptos "*incidente* de nulidad de actuaciones", pese a la imprecisión de tal calificación, por no existir ya un proceso judicial en tramitación. Así lo han apuntado Chozas Lozano, J., (2011), *Op cit.*, p. 326; Armenta Deu, T., (2016), *Op. cit.*, p. 302; o De Lucchi López-Tapia, quien, con ocasión del estudio de los medios de impugnación de sentencias firmes en el orden social, aclara que, lejos de ser una "cuestión incidental", se trata de "(…) una acción impugnatoria autónoma de la cosa juzgada por motivos tasados", (2010), "Capítulo V. Medios de rescisión y nulidad de sentencias firmes", en Cavas Martínez, F., (Coord.) (2010), *Los recursos en el proceso laboral*, Laborum, Murcia, p. 228.

irrecurribles, fundados en la vulneración de un derecho fundamental de los referidos en el artículo 53.2 CE –arts. 14 a 29 CE–.

Diferenciando esta vía extraordinaria de rescisión de resoluciones firmes, de la nulidad de actuaciones regulada en los artículos 240.2 LOPJ y 227.1 LEC, anteriormente examinada, procede destacar que, en estos casos, el expediente de nulidad de actuaciones solo podrá promoverse a instancia de parte[579], y una vez haya recaído resolución que ponga fin al proceso de forma definitiva, sin que contra ella quepa recurso alguno ya sea ordinario o extraordinario. Una condición esta última que, como manifiesta Torres Yanes, deberemos estimar extendida, dado el carácter subsidiario y excepcional del "incidente de nulidad de actuaciones", a los medios de rescisión que no son propiamente recursos –examinados en líneas precedentes–, esto es, la revisión de sentencias firmes (arts. 509 a 516 LEC) y la rescisión de sentencia firme a instancias del rebelde (arts. 501 a 508 LEC), siempre que éstos resultaren procedentes[580].

Por su parte, de conformidad a los artículos 241.1º LOPJ y 228.1º LEC, el plazo para la solicitud de la nulidad de actuaciones, será de "(...) veinte días desde la notificación de la resolución o, en todo caso, desde que se tuvo conocimiento del defecto causante de indefensión, sin que, en este último caso, pueda solicitarse la nulidad de actuaciones después de transcurridos cinco años desde la notificación de la resolución". Este último plazo, tal y como advierten Armenta Deu y López Gil, previsto con carácter absoluto por evidentes razones de seguridad jurídica[581].

Reforzando aún más, si cabe, la naturaleza *excepcional* de esta vía procesal, cabe destacar que el propio artículo 241.2, párr. 2º, LOPJ –y en idéntico sentido, el artículo 228.2 LEC–, prevé, específicamente, para el supuesto de desestimación de la solicitud de nulidad con apreciación de temeridad en el promotor del "incidente", la imposición de una multa de entre 90 a 600 euros, lo que se añadiría a la eventual condena en costas, en aplicación del criterio general del vencimiento.

*– El recurso de amparo constitucional*

Encuadrado por Gimeno Sendra dentro de la categoría de recursos extraordinarios[582], el recurso de amparo constitucional, regulado en los artículos 41 a 58 LOTC, constituye el último y subsidiario cauce ofrecido por nuestro ordenamiento jurídico para obtener la tutela de los derechos y libertades reconocidos en los artículos 14 a 29 y 30.2 CE (arts. 53.2 CE y 41.1 LOTC[583]).

---

579 Armenta Deu, T., (2016), *Op. cit.*, p. 303.

580 Torres Yanes, F., (2016), *Op. cit.*, pp. 175-176.

581 Armenta Deu, T., (2016), *Op cit.*, p. 304; López Gil, M., (2013), "Tema 37...", *Op. cit.*, p. 455.

582 Gimeno Sendra, V., (2015), *Op. cit.*, p. 732. Examinando el recurso de amparo, cabe destacar el estudio de Sospedra Navas, F.J. (2016), "El recurso de amparo: admisión, objeto y efectos", *Cuadernos de Derecho Local*, Nº 42, pp. 296-317.

583 Conforme prevé el artículo 53 de la Constitución, en su apartado 2º, "cualquier ciudadano podrá recabar la tutela de las libertades y derechos reconocidos en el artículo 14 y la Sección primera del Capítulo segundo ante los Tribunales ordinarios por un procedimiento basado en los principios de preferencia y

Si bien no realizaremos un examen exhaustivo de este recurso, por excederse del objeto de nuestro estudio, sí destacaremos, cuando menos, los requisitos procesales esenciales y determinantes de su admisibilidad que fueron objeto de análisis en el Capítulo II del presente estudio, a cuyas líneas nos remitimos[584], centrándonos en los casos en los que se denuncia una violación de los derechos y liberades del artículo 53.2 CE, directa e inmediatamente imputable al órgano judicial, en los términos del artículo 44 LOTC. Así, subrayaremos la tempestividad del recurso; la invocación formal temprana de la vulneración; el agotamiento previo de la vía judicial ordinaria; y la trascendencia constitucional del recurso.

- *Tempestividad*. Conforme al artículo 44.2 LOTC, tratándose de violaciones de derechos y libertades susceptibles de amparo, que tengan su origen directo e inmediato en un acto u omisión del órgano judicial, el plazo del que dispondrá el legitimado[585] para interponer este recurso,

---

sumariedad y, en su caso, a través del recurso de amparo ante el Tribunal Constitucional. Este último recurso será aplicable a la objeción de conciencia reconocida en el artículo 30". Así, el artículo 41.1 LOTC, al establecer que "1. Los derechos y libertades reconocidos en los artículos catorce a veintinueve de la Constitución, serán susceptibles de amparo constitucional, en los casos y formas que esta Ley establece, sin perjuicio de su tutela general encomendada a los Tribunales de Justicia. Igual protección será aplicable a la objeción de conciencia reconocida en el artículo treinta de la Constitución". De lo dispuesto en ambos preceptos, se deriva la necesidad de ver satisfecha la "exigencia de subsidiariedad del amparo" constitucional, para que proceda la admisión de este recurso -STC 190/2021, de 17 de diciembre (BOE nº 17, de 20 de enero), F.J. 2º-. Y es que, tal y como manifiesta la STC 139/2021, de 12 de julio (BOE nº 182, de 31 de julio), en su F.J. 2º, "(...) en virtud de lo dispuesto en el art. 53.2 CE, la tutela general de los derechos y libertades corresponde, en primer lugar, a los órganos del Poder Judicial". En idéntico sentido: SSTC 144/2007, de 18 de junio (BOE nº 179, de 27 de julio), F.J. 2º; 152/2015, de 6 de julio (BOE nº 194, de 14 de agosto), F.J. 2º; 63/2016, de 11 de abril (BOE nº 122, de 20 de mayo) F.J. 3º; 77/2016, de 25 de abril (BOE nº 131, de 31 de mayo), F.J. 3º; 129/2016, de 18 de julio (BOE nº 196, de 15 de agosto), F.J. 3º; 78/2021, de 19 de abril (BOE nº 119, de 19 de mayo), F.J. 2º; o 107/2021, de 13 de mayo (BOE nº 142, de 15 de junio), F.J. 2º.

[584] A saber: la denuncia formal previa de la lesión en el proceso, si hubo oportunidad para ello, y, de ser así, tan pronto como, una vez conocida, hubiere habido lugar para ello (art. 44.1.c) LOTC); y la imputabilidad directa e inmediata de la vulneración del derecho o la libertad del artículo 53.2 CE a un órgano judicial. Sobre estos requisitos y los demás del artículo 44 LOTC –el recurso de amparo contra actos u omisiones de órganos judiciales–: Ulloa Rubio, I., (2020), "Artículo 44", en González Rivas, J.J. (Dir.) y Gutiérrez Gil, A.J., (Coord.), *Comentarios a la Ley Orgánica 2/1979, de 3 de octubre, del Tribunal Constitucional*, Editan: Centro de Estudios Políticos y Constitucionales; Coeditan: BOE, Tribunal Constitucional y Fundación Wolters Kluwer, Madrid, pp. 518-527. Asimismo, examinando, con carácter general, los requisitos del recurso de amparo, cabe destacar: Sospedra Navas, F.J., (2015), "Los requisitos procesales del recurso de amparo: el incidente excepcional de nulidad de actuaciones y la especial trascendencia constitucional", *Cuadernos de Derecho Local*, Nº 39, Octubre, pp. 162-193.

[585] En virtud del artículo 162.1.b) CE, están legitimados para interponer el recurso de amparo: "(...) toda persona natural o jurídica que invoque un interés legítimo, así como el Defensor del Pueblo y el Ministerio Fiscal". Particularmente, según dispone el artículo 46.1.b) LOTC, cuando el objeto del recurso sea la violación de un derecho o libertad de los referidos en el artículo 53.2 CE, imputable de un modo inmediato y directo a una acción u omisión de un órgano judicial (art. 44 LOTC), los legitimados activamente serán "quienes hayan sido parte en el proceso judicial correspondiente, el Defensor del Pueblo y el Ministerio Fiscal". Disposición a la que el artículo 46 LOTC, en su apartado 2º, añade que, de promoverse el recurso de amparo por el Defensor del Pueblo o el Ministerio Fiscal, la interposición del mismo será comunicada por la Sala competente a los posibles agraviados, ordenando, asimismo su anuncio a través del Boletín Oficial del Estado, con carácter preferente, a efectos de la comparecencia de otros posibles interesados. Sobre este precepto, también: Ulloa Rubio, I., (2020), "Artículo 46", en González Rivas, J.J. (Dir.) y Gutiérrez Gil, A.J., (Coord.) (2020), *Op. cit.*, pp. 529-536.

será de *treinta días*, computados desde la notificación de la resolución recaída en el proceso. Con todo, tratándose de supuestos en los que dicha notificación no se ha producido –relevantes para el objeto de nuestro estudio–, declara la STC 248/2006, de 24 de julio, en su F.J. 2°, que, para suplir el vacío legal existente, se deberá situar el *dies a quo* –en una aplicación analógica del mencionado artículo 44.2 LOTC–, en el momento en que se adquirió por el recurrente en amparo "(...) un conocimiento suficiente y fehaciente de la Sentencia dictada por el órgano judicial, dándose por informada de su alcance material, puesto que esta noticia es equivalente por su contenido a la proveniente de la notificación procesal (...)"[586]. En cualquier caso, como pone de relieve ULLOA RUBIO, estamos ante un término "(...) de caducidad, de naturaleza sustantiva e improrrogable, no pudiendo quedar al arbitrio de las partes ni ser objeto de prórrogas artificiosas, mediante la interposición de recursos manifiestamente improcedentes"[587].

- *Invocación temprana y agotamiento de la vía judicial previa*. De conformidad al artículo 44.1 LOTC, junto con el requisito de la imputabilidad directa e inmediata de la vulneración a un acto u omisión de un órgano judicial (art. 44.1.b LOTC), la admisión del recurso de amparo se encuentra condicionada, a su vez, a la denuncia formal previa de la lesión en el proceso tan pronto como se hubiere tenido conocimiento y oportunidad para ello (art. 44.1.c LOTC)[588]; y el agotamiento previo de todas las vías procesales que ofrece la vía judicial ordinaria, susceptibles de

---

[586] STC 248/2006, de 24 de julio (BOE n° 197, de 18 de agosto), F.J. 2°. En idénticos términos: ATC 421/1983, de 28 de septiembre, F.J. 1°; o las SSTC 72/1990, de 23 de abril (BOE n° 129, de 30 de mayo), F.J. 2°; 1/2000, de 17 de enero (BOE n° 42, de 18 de febrero), F.J. 2°. Así, YÉLAMOS BAYARRI, subraya la importancia de la constancia del momento en que el recurrente en amparo adquiere conocimiento, y ya no solo a los efectos de aplicar la "teoría de la indefensión material" y verificar la concurrencia de un elemento excluyente de tal indefensión –recordemos, en este punto, lo expuesto en líneas precedentes sobre el *conocimiento extraprocesal*–, sino, además, en fase de admisión, como determinante de la temporalidad del recurso, (2006), *Op. cit.*, p. 300.

[587] ULLOA RUBIO, I., (2020), "Artículo 44", *Op. cit.*, p. 526. Asimismo: YÉLAMOS BAYARRI, E., (2006), *Op. cit.*, p. 302. Sobre la naturaleza de este término, el cual representa una "garantía sustancial de seguridad jurídica", las SSTC 12/2001, de 29 de enero (BOE n° 52, de 1 de marzo), F.J. 2°; 112/2002, de 20 de mayo (BOE n° 146, de 19 de junio), F.J. 2°; 56/2005, de 14 de marzo (BOE n° 93, de 19 de abril) F.J. 2°; 237/2006, de 17 de julio (BOE n° 197, de 18 de agosto), F.J. 3°; 323/2006, de 20 de noviembre (BOE n° 303, de 20 de diciembre), F.J. 1°; o 19/2008, de 31 de enero (BOE n° 52, de 29 de febrero), F.J. 3°.

[588] En este punto, conforme apunta CABALLERO SÁNCHEZ-IZQUIERDO, el criterio del TC al verificar la observancia de este requisito, es flexible, (2012), "Requisitos generales de admisión del recurso de amparo", *Diario La Ley*, N° 7838, Sección Tribuna, Abril, Ref. D-153, La Ley, pp. 3-4; Recurso electrónico ID: LA LEY 3357/2012. Así, apunta la STC 37/2019, de 26 de marzo (BOE n° 99, de 25 de abril), F.J. 3°, que no exige "(...) que en el proceso judicial se haga una mención concreta y numérica del precepto constitucional en el que se reconozca el derecho vulnerado o mención de su *nomen iuris*, siendo suficiente que se someta el hecho fundamentador de la vulneración al análisis de los órganos judiciales, dándoles la oportunidad de pronunciarse y, en su caso, reparar la lesión del derecho fundamental que posteriormente se alega en el recurso de amparo". Así: SSTC 216/2006, de 3 de julio (BOE n° 185, de 4 de agosto), F.J. 2°; 71/2007, de 16 de abril (BOE n° 123, de 23 de mayo) F.J. 2°; 212/2009, de 26 de noviembre (BOE n° 313, de 29 de diciembre), F.J. 3°; 133/2010, de 2 de diciembre (BOE n° 4, de 5 de enero de 2011), F.J. 2°; 16/2011, de 28

ser empleados, y adecuados por su carácter y naturaleza, para la debida reparación de derecho o libertad fundamental que se estima lesionado (art. 44.1.a LOTC)[589].

Tal y como subraya la STC 170/2021, de 7 de octubre, en su F.J. 2º, ambas exigencias procesales encuentran su fundamento en el principio de subsidiariedad del amparo constitucional (arts. 53.2 CE y 41.1 LOTC) y garantizan que los órganos judiciales, a los que corresponde, en primer lugar, la tutela de los derechos constitucionales, hayan contado con una ocasión efectiva para pronunciarse sobre la lesión invocada en el recurso de amparo y, en su caso, reestablecer la vulneración aducida[590].

Ahora bien, destacaremos, en este punto, que lejos de exigirse la interposición de *cualquier* recurso o medio de impugnación, este presupuesto de admisibilidad del recurso de amparo, solo exige la formulación de aquéllos razonablemente útiles para la defensa de los intereses cuestionados[591], debiendo, incluso, la parte cuidarse de acudir a cauces procesales manifiestamente improcedentes, por poder llegar a representar esta actuación una prolongación artificial de la vía judicial, que derive en una declaración de extemporaneidad de la demanda de amparo, en los términos del artículo 44.2 LOTC, analizado previamente[592]. Ello,

---

de febrero (BOE nº 75, de 29 de marzo), F.J. 2º; 127/2011, de 18 de julio (BOE nº 197, de 17 de agosto), F.J. 5º; 127/2013, de 3 de junio (BOE nº 157, de 2 de julio), F.J. 2º.

[589] Así, las SSTC 151/2004, de 20 de septiembre (BOE nº 255, de 22 de octubre), F.J. 5º; 175/2004, de 18 de octubre (BOE nº 279, de 19 de noviembre), F.J. 2º; 85/2006, de 27 de marzo (BOE nº 106, de 4 de mayo), F.J. 2º; 144/2007, de 18 de junio (BOE nº 179, de 27 de julio), F.J. 2º; 34/2010, de 19 de julio (BOE nº 192, de 9 de agosto), F.J. 2º; 111/2011, de 4 de julio (BOE nº 184, de 2 de agosto), F.J. 2º; 168/2013, de 7 de octubre (BOE nº 267, de 7 de noviembre), F.J. 3º; 186/2014, de 17 de noviembre (BOE nº 308, de 22 de diciembre) F.J. 2º; 78/2021, de 19 de abril (BOE nº 119, de 19 de mayo), F.J. 2º; 107/2021, de 13 de mayo (BOE nº 142, de 15 de junio), F.J. 2º; o la 139/2021, de 12 de julio (BOE nº 182, de 31 de julio), F.J. 2º.

[590] STC 170/2021, de 7 de octubre (BOE nº 268, de 9 de noviembre) F.J. 2º. En este sentido: SSTC 174/2021, de 25 de octubre (BOE nº 282, de 25 de noviembre), F.J. 2º.

[591] En palabras de la STC 107/2021, de 13 de mayo (BOE nº 142, de 15 de junio) F.J. 2º, la subsidiariedad del amparo exige que "(…) cuando existe un recurso susceptible de ser utilizado y adecuado por su carácter y naturaleza para tutelar la libertad o derecho que se entiende vulnerado, tal recurso ha de interponerse antes de acudir a este tribunal; es preciso, por tanto, que se apuren las posibilidades que los cauces procesales ofrecen en la vía judicial para la reparación del derecho fundamental que se estima lesionado (…)". En idénticos términos, las SSTC 112/2019, de 3 de octubre (BOE nº 262, de 31 de octubre), F.J. 3º; 139/2021, de 12 de julio (BOE nº 182, de 31 de julio) F.J. 2º; 78/2021, de 19 de abril (BOE nº 119, de 19 de mayo) F.J. 2º, solo por mencionar las más recientes. Dicho esto, estamos con Chozas Lozano, cuando apunta a la imposibilidad de ofrecer unas pautas universalmente válidas para determinar el camino judicial previo a recorrer hacia la admisibilidad del amparo constitucional. Ello, asevera el autor, "dependerá de las vicisitudes de cada caso concreto", (2011), *Op. cit.*, p. 341.

[592] Así lo pone de relieve la STC 175/2021, de 25 de octubre (BOE nº 282, de 25 de noviembre), F.J. 2º, al examinar el óbice procesal de falta de agotamiento de la vía judicial con carácter previo, concretamente, por falta de formulación de un incidente de nulidad de actuaciones (arts. 241.1 LOTC y 228.1 LEC). Si bien, conforme asevera la misma Sentencia, el incidente de nulidad de actuaciones forma parte de las vías de impugnación a las que habrá de recurrirse con carácter previo a la interposición de un recurso de amparo constitucional conforme al artículo 44.1.a LOTC –"cuando la vulneración del derecho fundamental suceda en la última resolución judicial y los tribunales ordinarios no hayan tenido posibilidad de restablecer dicha vulneración", precisa Gimeno Sendra, V., (2015), *Op. cit.*, p. 730–, y, de ahí, su "función

por supuesto, sin perjuicio del debido respeto al derecho de la parte a emplear cuantos recursos considere adecuados y útiles para la defensa de sus derechos e intereses legítimos, lo que, en palabras de la STC 80/2020, de 15 de julio, en su F.J. 2º, "(...) impide exigirle que se abstenga de emplear aquellos cuya improcedencia sea razonablemente dudosa y, en consecuencia, que asuma el riesgo de incurrir en una falta de agotamiento de la vía judicial previa"[593].

Evidenciando, pues, las circunstancias, que el recurrente obra en la legítima creencia de que actúa correctamente, sin ánimo dilatorio o fraudulento, subraya la mencionada Sentencia, los recursos, aun siendo improcedentes –en aplicación restrictiva del concepto "manifiestamente improcedentes"–, suspenderán el plazo de caducidad de treinta días para recurrir en amparo del artículo 44.2 LOTC[594].

- *La especial trascendencia constitucional del recurso de amparo.* Siguiendo a Sospedra Navas, cabe destacar que estamos ante un requisito procesal para la admisión del recurso de amparo con una doble faceta[595]. De este modo, por un lado, el último inciso del artículo 49.1 LOTC, establece como requisito –subsanable– que la demanda de amparo, incorpore la justificación de dicha trascendencia constitucional; y por otro, el artículo 50.1 LOTC, letra b), contempla, como requisito de admisión del recurso, la verificación por el Tribunal Constitucional –en ejercicio de

---

de preservar la naturaleza subsidiaria del recurso de amparo constitucional", de promoverse de forma manifiestamente improcedente y superflua, podría representar, incluso, una prolongación artificial de la vía judicial previa que arriesgue una posible declaración de extemporaneidad de la demanda de amparo, al no tener esta clase de actuación un efecto suspensivo del cómputo del plazo de caducidad del artículo 44.2 LOTC. En idéntico sentido, la STC 170/2021, de 7 de octubre (BOE nº 268, de 9 de noviembre), F.J. 2º.

593 STC 80/2020, de 15 de julio (BOE nº 220, de 15 de agosto), F.J. 2º. De este modo, evidenciando la flexibilidad del Tribunal Constitucional en lo relativo al agotamiento previo de la vía judicial ordinaria como presupuesto de admisibilidad del recurso, la misma Sentencia declara que debe permitirse "(...) la utilización de cuantos recursos se consideren útiles para la defensa de los intereses de las partes, «siempre que no se vislumbre en ello una intención meramente dilatoria o defraudadora del carácter preclusivo y perentorio del plazo para demandar en amparo» (...)" (F.J. 2º). Así: SSTC 195/2015, de 21 de septiembre (BOE nº 260, de 30 de octubre), F.J. 4º; o 39/2016, de 3 de marzo (BOE nº 85, de 8 de abril), F.J. 2º. Complementando lo anteriormente expuesto, este Tribunal también ha establecido reiteradamente, en Sentencias como la 62/2009, de 9 de marzo (BOE nº 91, de 14 de abril), F.J. 3º, que "(...) sólo han de considerarse improcedentes aquellos recursos en los que la improcedencia «sea evidente, esto es, constatable *prima facie* sin intervención de dudas interpretativas que sea necesario despejar por medio de criterios no absolutamente indiscutibles (...)»". En idénticos términos, la STC 267/2000, de 13 de noviembre (BOE nº 299, de 14 de diciembre), F.J. 2º.

594 SSTC 80/2020, de 15 de julio (BOE nº 220, de 15 de agosto), F.J. 2º. De este modo, los recursos "manifiestamente improcedentes", quedarían limitados "(...) a los casos en que se constate que la parte ha tenido la intención de prolongar artificialmente la vía judicial previa, o cuando tal improcedencia derive de manera terminante, clara e inequívoca del propio texto legal, sin dudas que hayan de resolverse con criterios interpretativos no absolutamente indiscutibles (...)" (F.J. 2º). Así: SSTC 14/2008, de 31 de enero (BOE nº 52, de 29 de febrero), F.J. 2º; 131/2008, de 27 de octubre (BOE nº 281, de 21 de noviembre), F.J. 2º; 41/2009, de 9 de febrero (BOE nº 63, de 14 de marzo), F.J. 3º; 150/2019, de 25 de noviembre (BOE nº 5, de 6 de enero), F.J. 2º.

595 Sospedra Navas, F.J., (2016), *Op. cit.*, p. 304.

una potestad discrecional[596]–, de tal trascendencia constitucional "(...) atendiendo a su importancia para la interpretación de la Constitución, para su aplicación o para su general eficacia, y para la determinación del contenido y alcance de los derechos fundamentales"[597].

En otras palabras, tras la comprobación de que la demanda no adolece del defecto consistente en la falta de justificación de la *especial trascendencia constitucional* del recurso, corresponde al propio Tribunal Constitucional, en el momento de adoptar la decisión de admitir a trámite o no el recurso, verificar si el contenido del mismo justifica una decisión sobre el fondo, con razón de su especial trascendencia constitucional. Cometido para el que tendrá en consideración las causas relacionadas, si bien no de forma exhaustiva, en la renombrada STC 155/2009, de 25 de junio –F.J. 2º–, cuyo contenido no examinaremos por excederse del objeto de nuestro estudio[598].

---

[596] Sospedra Navas, F.J., (2016), Ibídem. En idéntico sentido: Gutiérrez Gil, A., (2020), "Artículo 50", en González Rivas, J.J. (Dir.) y Gutiérrez Gil, A.J., (Coord.), *Op. cit.*, pp. 569. Así lo ha subraya el Tribunal Constitucional, en su reciente Sentencia 190/2021, de 17 de diciembre (BOE nº 17, de 20 de enero), al manifestar que "(...) corresponde únicamente al tribunal apreciar en cada caso en el momento de admitir a trámite el recurso de amparo si este tiene especial trascendencia constitucional, de acuerdo con lo exigido por el art. 50.1 LOTC" (F.J. 3º). En esta línea: SSTC 122/2019, de 28 de octubre (BOE nº 293, de 6 de diciembre), F.J. 2º; 155/2020, de 4 de noviembre (BOE nº 319, de 7 de diciembre), F.J. 2º; 144/2021, de 12 de julio (BOE nº 182, de 31 de julio), F.J. 2º; 147/2021, de 12 de julio (BOE nº 182, de 31 de julio), F.J. 2º; 149/2021, de 13 de septiembre (BOE nº 251, de 20 de octubre), F.J. 2º; o la 171/2021, de 7 de octubre (BOE nº 268, de 9 de noviembre), F.J. 5º, solo por reseñar algunas recientes. Cuestionando la discrecionalidad del Tribunal Constitucional a la hora de valorar la especial trascendencia constitucional de un recurso de amparo: Yélamos Bayarri, E., (2006), *Op. cit.*, pp. 319-322.

[597] Así, conforme dispone el artículo 50.1 LOTC, en su letra b, "el recurso de amparo debe ser objeto de una decisión de admisión a trámite. La Sección, por unanimidad de sus miembros, acordará mediante providencia la admisión, en todo o en parte, del recurso solamente cuando concurran todos los siguientes requisitos: (...) b) Que el contenido del recurso justifique una decisión sobre el fondo por parte del Tribunal Constitucional en razón de su *especial trascendencia constitucional*, que se apreciará atendiendo a su importancia para la interpretación de la Constitución, para su aplicación o para su general eficacia, y para la determinación del contenido y alcance de los derechos fundamentales". Analizando con el debido detenimiento el contenido de este precepto, cabe destacar: Gutiérrez Gil, A., (2020), *Op. cit.*, pp. 567-582.

[598] STC 155/2009, de 25 de junio (BOE nº 181, de 28 de julio), F.J. 2º. Sucintamente, conforme manifiesta la referida Sentencia, el Tribunal Constitucional verificará una *especial trascendencia constitucional* de un recurso de amparo, cuando éste: plantee un problema o faceta de un derecho fundamental sobre el que no exista doctrina de este Tribunal; constituya una ocasión para modificar o aclarar su doctrina; denuncie la vulneración de un derecho fundamental con origen en la Ley u otra disposición de carácter general; denuncie la lesión de un derecho fundamental que traiga causa en una reiterada interpretación jurisprudencial que el Tribunal Constitucional estime lesiva del derecho fundamental y le lleve a proclamar una interpretación *secundum constitutionem*; evidencie el incumplimiento general y reiterado por la jurisdicción ordinaria de la doctrina del Tribunal Constitucional o la existencia de resoluciones judiciales contradictorias al respecto; ponga de manifiesto la negativa de un órgano judicial a acatar su doctrina; o finalmente, plantee una cuestión jurídica de relevante y general repercusión social, económica o política. Con todo, sin perjuicio de conocer, con carácter general y de forma no exhaustiva, los principales supuestos en los que el Tribunal Constitucional constatará la especial trascendencia constitucional de un determinado recurso de amparo, destacaremos que, en cualquier caso –y siguiendo con las exigencias de la STEDH de 20 de enero de 2015, dictada en el *Asunto Arribas Antón c. España*, §46, con ocasión de su pronunciamiento sobre la presunta violación del derecho de acceso a un tribunal del artículo 6.1 CEDH, alegada al inadmitirse un recurso de amparo por incumplimiento del requisito examinado (art. 50.1.b LOTC)– , el Tribunal deberá

Examinados los requisitos procesales esenciales para la admisión del recurso de amparo constitucional, solo nos queda remitir al lector al estudio pormenorizado de la doctrina constitucional sobre los actos de comunicación, contenido en el Capítulo II de la presente investigación.

explicitar los razonamientos que le llevan, en cada caso concreto, a apreciar la concurrencia de este presupuesto de admisión, GUTIÉRREZ GIL, A., (2020), *Op. cit.*, pp. 583-584; SOSPEDRA NAVAS, F.J., (2016), *Op. cit.*, p. 305.

# BIBLIOGRAFÍA


Achón Bruñén, M.J., (2015), "Comentario crítico de las modificaciones introducidas en el procedimiento de ejecución hipotecaria por la Ley 19/2015, de 13 de julio", *Diario La Ley*, Nº 8619, Tribuna, Octubre, La Ley; Recurso electrónico ID: LA LEY 5573/2015.

– (2019), "Deficiencias del procedimiento de okupas regulado por la Ley 5/2018 y soluciones a los problemas que plantea", *Práctica de Tribunales*, Nº 139, Julio-Agosto, La Ley; Recurso electrónico ID: LA LEY 8768/2019.

Ariza Colmenarejo, M.J., (2012), "El acto de comunicación entre las funciones de los Procuradores", *Boletín del Ministerio de Justicia*, Estudios Doctrinales, Año LXVI, Nº 2149, Madrid, Edición Digital.

Armenta Deu, T., (2016), *Lecciones de Derecho Procesal Civil*, 9ª Edición, Marcial Pons, Madrid.

Arsuaga Cortázar, J., Anta González, J.F., y De La Serna Bosch, J., (2015), *La reforma del procedimiento civil*, Tirant Lo Blanch, Valencia.

Ayo Fernández, M., (1997), *Jurisprudencia Constitucional-Penal del artículo 24 de la Constitución Española*, Editorial La Ley, Madrid.

Balaguer Callejón, F., (Coord.) (2011), *Manual de Derecho Constitucional*, Editorial Tecnos, 6ª Edición, Madrid.

Banacloche Palao, J., (2010), *Guía Práctica de la nueva Oficina Judicial*, La Ley, Madrid.

– (2013), "Algunas reflexiones sobre el Anteproyecto de reforma parcial de la Ley de Enjuiciamiento Civil en materia de Procuradores, Juicio Verbal y Monitorio", *Diario La Ley*, Nº 8137, Sección Documento On-Line, Julio, La Ley; Recurso electrónico ID: LA LEY 5061/2013.

– (2021), "Las reformas en el proceso civil previstas en el Anteproyecto de Ley de Medidas de Eficiencia Procesal: ¿una vuelta al pasado?", *Diario La Ley*, Nº 9814, Secc. Plan de Choque de la Justicia /Tribuna, Marzo, La Ley; Recurso electrónico ID: LA LEY 2979/2021.

Barrio Calle, M.A., (2018), "Actos de comunicación telemáticos en el proceso laboral", *Diario La Ley*, Nº 9254, Sección Tribuna, Septiembre, La Ley, Recurso electrónico ID: LA LEY 6905/2018.

Bernardo San José, A., (2010), "Sección IV: la reforma de los procesos de desahucio (Ley 19/2009, de 23 de noviembre)", en Banacloche Palao, J. (Coord.), *Guía Práctica de la Nueva Oficina Judicial*, La Ley, Madrid, Recurso electrónico ID: LA LEY 12705/2011.

Borrajo Iniesta, I., (2000), "El derecho a la tutela sin indefensión (art. 24.1 CE): guión de cuestiones", *Cuadernos de Derecho Público*, Nº 10, Mayo-Agosto 2000, pp. 39-56.

Bonet Navarro, J., (2014), *Justicia de Paz y Alternativa*, Dykinson, Madrid.

Caballero Sánchez-Izquierdo, J.M., (2012), "Requisitos generales de admisión del recurso de amparo", *Diario La Ley*, Nº 7838, Sección Tribuna, Abril, Ref. D-153, La Ley; Recurso electrónico ID: LA LEY 3357/2012.

Calaza López, S. (2011), "Principios rectores del proceso judicial español", *Revista de Derecho UNED (RDUNED)*, Nº 8, Madrid, pp. 49-84.

– (2015), "Procesos de modificación judicial de la capacidad por causa de discapacidad (1)", *Actualidad Civil*, Nº 11, Noviembre, La Ley; Recurso electrónico ID: LA LEY 7413/2015.

Capilla Roncero, F. y Peña Bernaldo Dequirós, M., (1993), "Tomo I, Volumen 3, Artículos 17 a 41", en Albaladejo García, M. y Díaz Alabart, S. (Dir.), *Comentarios al Código Civil y Compilaciones Forales*, EDERSA, Madrid, Recurso electrónico ID vLex: 229893.

Cerdá Meseguer, J.I., (2019) "La notificación electrónica de la demanda a las personas jurídicas: ¿Innovación tecnológica o indefensión?", *Diario La Ley*, Nº 9388, Sección Doctrina, Abril, La Ley; Recurso electrónico ID: LA LEY 3237/2019.

– (2020), "Garantías constitucionales de las notificaciones electrónicas en los procedimientos judiciales y las singularidades en el ámbito Contencioso-Administrativo", *Revista Andaluza de Administración Pública*, Nº 106, Enero-Abril, pp. 87-127.

– (2020), "El acceso efectivo a la demanda por medios electrónicos en el proceso judicial: ¿un cambio de rumbo en la jurisprudencia del Tribunal constitucional español sobre el uso de medios electrónicos en la administración de justicia?, *European Review of Digital Administration & Law – Erdal*, Volume 1, Issue 1-2, June-December, pp. 237-245.

Cernada Badía, R., (2017), "La notificación judicial electrónica: Garantía del derecho fundamental a la tutela judicial efectiva y retos que plantea a la Administración de la Justicia en España", Tesis Doctoral, Director: D. Lorenzo Cotino Hueso, Facultad de Derecho de la Universidad de Valencia, Fecha de Lectura: 13/03/2017.

Cerrada Moreno, M., (2012), *Actos de Comunicación Procesal y Derechos Fundamentales*, Aranzadi, Cizur Menor (Navarra).

Chozas Lozano, J., (2011), "La expansión del incidente de nulidad de actuaciones por motivos procesales. A propósito de la STC 43/2010, de 26 de julio", *Derecho Privado y Constitución*, Nº 25, Enero-Diciembre.

Cotino Hueso, L., (2021), "La preocupante falta de garantías constitucionales y administrativas en las notificaciones electrónicas", *Revista General de Derecho Administrativo (RGDA Iustel)*, Nº 57, Mayo.

Cortés Domínguez, V. y Moreno Catena, V., (2013), *Derecho procesal civil. Parte especial*, Tirant Lo Blanch, 7ª Edición, Valencia.

Cubillo López, I., (1999), "Los actos de comunicación del Tribunal con las partes en el proceso civil", Tesis Doctoral, Director: D. Andrés De La Oliva Santos, Facultad de Derecho de la Universidad Complutense de Madrid, Fecha de Lectura: 01/01/1999.

– (2000), "Los actos de comunicación. Estudio de la nueva regulación de la notificación a Procurador", *Revista Estudios Jurídicos. Cuerpo de Secretarios Judiciales*, Nº 5, pp. 293-324.

– (2001), *La comunicación procesal en la nueva Ley de Enjuiciamiento Civil*, EDERSA, Madrid [versión electrónica]; Recurso electrónico ID vLex: 1669.

– (2019), *Actos procesales, comunicación procesal y medios electrónicos*, La Ley, Madrid; Recurso electrónico ID: LA LEY 9594/2019.

De Diego Díez, L.A., (2010), "Presupuestos y requisitos de la notificación edictal", *Actualidad Administrativa*, Nº 20, Sección A Fondo, 2ª Quincena de Noviembre, La Ley; Recurso electrónico ID: LA LEY 13822/2010.

– (2011), *Notificaciones administrativas por edictos. Patologías y deficiencias*, Tirant lo Blanch, Valencia, Edición Digital.

De La Oliva Santos, A., Díez-Picazo Giménez, I. y Vega Torres, J., (Coord.) (2019), *Curso de Derecho Procesal Civil I. Parte General*, Ramón Aceres, 4ª Edición, Madrid.

De Los Mozos, J.L., (1999), "Tomo XVIII Vol. 2: Artículos 1.344 a 1.410 del Código Civil. Sección 4ª. De la administración de la sociedad de gananciales. Artículos 1.373 y 1.374", en Albaladejo García, M. (Dir.), *Comentarios al Código Civil y Compilaciones Forales*, EDERSA, Madrid, Recurso electrónico ID vLex: 266232.

De Lucchi López-Tapia, Y., (2010), "Capítulo V. Medios de rescisión y nulidad de sentencias firmes", en Cavas Martínez, F., (Coord.) (2010), *Los recursos en el proceso laboral*, Laborum, Murcia, pp. 197-246.

– (2021), "Ajustes procedimentales para garantizar el acceso a la justicia de las personas en situación de discapacidad: el nuevo artículo 7 bis de la Ley de Enjuiciamiento Civil", *Práctica de Tribunales*, Nº 151, Julio-Agosto, La Ley; Recurso electrónico ID: LA LEY 8312/2021.

Delgado Martín, J., (2019), "Guía comentada de las Reglas de Brasilia. Comentarios a las Reglas de Brasilia sobre acceso a la Justicia de las personas en condición de vulnerabilidad", *Herramientas EUROsociAL+*, 26/2019, Serie Cohesión Social en la práctica, Edita Programa EUROsociAL+, Madrid.

Díaz Martínez, M., (2020), "Lección 26ª. Los actos de comunicación", en Gimeno Sendra, V., Díaz Martínez, M. y Calaza López, S., (2020), *Introducción al Derecho Procesal*, Tirant Lo Blanch, Valencia, pp. 373-391.

Fernández Del Pozo, L., (2017), "Cambio de domicilio social: comentario al nuevo artículo 285.2 LSC", *La Ley Mercantil*, Nº 40, Sección Sociedades/Doctrina, Octubre, La Ley; Recurso electrónico ID: LA LEY 14314/2017.

Fernández-Gallardo Fernández-Gallardo, J.A., (2012), "La averiguación del domicilio del demandado para la práctica de los actos de comunicación", *Boletín del Ministerio de Justicia*, Estudios Doctrinales, Año LXVI, Nº 2139, Madrid, Edición Digital.

Fernández Gil, C., (2013), *El desahucio «exprés» por falta de pago. Legislación, comentarios y formularios*, Tecnos, 2ª Edición, Madrid. Edición e-Book.

Font De Mora Rullán, J., (2019), "Nulidad de los actos procesales del art. 225 LEC. Una aproximación desde la jurisprudencia", *Práctica de Tribunales*, Nº 140, Septiembre-Octubre, La Ley; Recurso electrónico ID: LA LEY 11717/2019.

Fortea Gorbe, J.L., (2016), "Problemática procesal del domicilio de las personas jurídicas para ser demandadas", *Práctica de Tribunales*, Nº 121, Julio-Agosto, La Ley; Rec. electrónico ID LA LEY 4515/2016.

Fuentes Tomás, P., (2008), "La representación pasiva del Procurador en el proceso civil. Sistemática actual en la organización del servicio de notificaciones", *Práctica de Tribunales*, Nº 55, Sección Estudios, Diciembre, La Ley; Recurso electrónico ID: LA LEY 40954/2008.

Furquet Monasterio, N., (2001), "Los actos de comunicación procesales", Tesis Doctoral, Director: D. Francisco Ramos Méndez, Facultad de Derecho de la Universitat Pompeu Fabra de Barcelona, Fecha de Lectura: 19-04-2002.

Gallego García, R., (2012), "Artículo 149. Clases de actos de comunicación", en Toribios Fuentes, F., (Dir.), *Comentarios a la Ley de Enjuiciamiento Civil*, Lex Nova, 1ª Edición, Valladolid, Edición E-Book, p. 277-279.

– (2012), "Artículo 159. Comunicaciones con testigos, peritos y otras personas que no sean parte en el juicio", en Toribios Fuentes, F., (Dir.), *Comentarios a la Ley de Enjuiciamiento Civil*, Lex Nova, 1ª Edición, Valladolid, Edición E-Book, p. 292.

– (2012), "Artículo 166. Nulidad y subsanación de los actos de comunicación", en Toribios Fuentes, F., (Dir.), *Comentarios a la Ley de Enjuiciamiento Civil*, Lex Nova, 1ª Edición, Valladolid, Edición E-Book, pp. 305-306.

– (2012), "Artículo 230. Conservación de los actos", en Toribios Fuentes, F., (Dir.), *Comentarios a la Ley de Enjuiciamiento Civil*, Lex Nova, 1ª Edición, Valladolid, Edición E-Book, pp. 396-397.

Gamero Casado, E., (2010), "Comunicaciones y notificaciones electrónicas" *Cuadernos de Derecho Local*, Nº 22, Febrero, pp. 96-124.

García-Lubén Barthe, P., (2010), "Sección II. Reformas del Libro I de la LEC sobre disposiciones generales relativas a los juicios civiles (II): Artículos 129 a 247 LEC", en Banacloche Palao, J., (Coord.), *Guía Práctica de la Nueva Oficina Judicial*, La Ley, 1ª Edición, Madrid; Recurso electrónico ID: LA LEY 12705/2011.

Gascón Inchausti, F., (2000), "Comentarios a los artículos 149 a 168 (Actos de comunicación) y 160, 170, 171, 173, 175 y 176 (Auxilio judicial) de la Ley de Enjuiciamiento Civil", Fernández-Ballesteros López, M.A., Rifá Soler, J.M. y Valls Gombau, J.F., *Comentarios a la nueva Ley de Enjuiciamiento Civil*, Vol. I, Iurgium, Barcelona, Edición Digital.

Gesto Alonso, G., (1991), "Precisiones sobre el concepto de indefensión desde el punto de vista procesal", *Revista Iberoamericana de Derecho Procesal (R.I.D.P)*, Nº 2, pp. 299-321.

Gimeno Sendra, V., (2015), *Derecho Procesal Civil. I. El proceso de declaración. Parte General*, Ediciones Jurídicas Castillo de Luna, Colección Grado UNED, Madrid.

– (2020) "Lección 17. El derecho a la tutela judicial efectiva", en Gimeno Sendra, V., Díaz Martínez, M., y Calaza López, S., (2020), *Introducción al Derecho Procesal*, Tirant Lo Blanch, Valencia, pp. 251-261.

– (2020), "Lección 21. Principios del proceso", en Gimeno Sendra, V., Díaz Martínez, M. y Calaza López, S., *Introducción al Derecho Procesal*, Tirant Lo Blanch, Valencia, pp. 307-318.

GOIG MARTÍNEZ, J.M., (2013), "La interpretación constitucional las Sentencias del Tribunal Constitucional. De la interpretación evolutiva a la mutación constitucional", *Revista de Derecho UNED (RDUNED)*, Nº 12, Madrid, pp. 257-292.

GONZÁLEZ CRESPO, M.A., (2000), "Los actos de comunicación en la nueva Ley de Enjuiciamiento Civil", *Revista Estudios Jurídicos. Cuerpo de Secretarios Judiciales*, Nº 5, Centro de Estudios Jurídicos de la Administración de Justicia, Madrid, pp. 209-240.

GONZÁLEZ GONZÁLEZ, A., (2011), "Artículo 61. Nulidad de las comunicaciones", en FOLGUERA CRESPO, J.A. (Coord.), SALINAS MOLINA, F. (Coord.) Y SEGOVIANO ASTABURUAGA, M.L. (Coord.), *Comentarios a la Ley Reguladora de la Jurisdicción Social*, Lex Nova, Valladolid.

GONZÁLEZ OLLEROS, J., (2008), "Comentario al art. 499 de la Ley de Enjuiciamiento Civil. Comparecencia posterior del demandado", en XIOL RÍOS, J.A., *Enjuiciamiento Civil. Comentarios y Jurisprudencia. Ley 1/2000, de 7 de enero,* Editorial Sepín, Madrid, Edición Digital.

GRANDA ALONSO, J.L., (2015), "El control constitucional de la Justicia española", *Revista de Derecho UNED (RDUNED)*, Nº 16, Madrid, pp. 383-415.

GUASP DELGADO, J., (1948), *Comentarios a la Ley de Enjuiciamiento Civil,* Tomo I, Editorial Aguilar, 2ª Edición, Madrid.

– (1997), *Concepto y método de Derecho Procesal*, Civitas, Madrid.

GUTIÉRREZ CARBONELL, M., (2002), "Artículo 149", en GIMENO SENDRA, V. (Coord.), *Proceso Civil Práctico,* Tomo II, La Ley, Madrid.

GUTIÉRREZ GIL, A., (2020), "Artículo 50", en GONZÁLEZ RIVAS, J.J. (Dir.) y GUTIÉRREZ GIL, A.J., (Coord.), *Comentarios a la Ley Orgánica 2/1979, de 3 de octubre, del Tribunal Constitucional,* Editan: Centro de Estudios Políticos y Constitucionales; Coeditan: BOE, Tribunal Constitucional y Fundación Wolters Kluwer, Madrid.

HERNÁNDEZ GALILEA, J.M., (1995), *La nueva regulación de la nulidad procesal. El sistema de ineficacia de la LOPJ,* Fórum, D.L., Oviedo.

HOYOS SANCHO, M., (2003), "Actos procesales de notificación y nuevas tecnologías", *Diario La Ley,* Nº 5751, Secc. Doctrina, Abril, La Ley; Recurso electrónico ID: LA LEY 442/2003.

IBARRA SÁNCHEZ, J.L., (2012), "El juicio verbal de desahucio por expiración del plazo contractual y legal", en IBARRA SÁNCHEZ, J.L. (2012), *Teoría y práctica de los juicios verbales de desahucio,* La Ley, 1ª Edición, Madrid; Recurso electrónico ID: LA LEY 5447/2012.

JIMÉNEZ BAUTISTA, S., (2003), "La buena fe: perspectiva doctrinal, legal y jurisprudencial. Examen del artículo 247 de la vigente Ley de Enjuiciamiento Civil", *Diario La Ley,* Nº 5828, Sección Doctrina, Julio, La Ley, Recurso electrónico ID: LA LEY 1326/2003.

JIMENO BULNES, M., (2006), "Los nuevos cuerpos al servicio de la Administración de Justicia", *Revista Jurídica de Castilla y León,* Nº 9, Mayo, pp. 147-192.

JULVE GUERRERO, I., (2000), "Actos de comunicación en la nueva Ley de Enjuiciamiento Civil. El nuevo papel de los Procuradores en el proceso", *Revista Estudios Jurídicos. Cuerpo de Secretarios Judiciales,* Nº 5, Centro de Estudios Jurídicos de la Administración de Justicia, Madrid, pp. 325-376.

LAMO RUBIO, J., (2019), "Nulidad de actuaciones judiciales y expediente judicial electrónico: la primera citación de empresas demandadas aún no personadas", *Diario La Ley*, Nº 9437, Secc. Comentarios de Jurisprudencia, Junio, La Ley, p. 8; Recurso electrónico: LA LEY 7004/2019.

LARA LÓPEZ, A.M., (2013), "Tema 17. Hechos y actos procesales", en ROBLES GARZÓN, J.A. (Dir.), *Conceptos Básicos de Derecho Procesal Civil*, Tecnos, 4ª Edición, Madrid, pp. 235-248.

– (2013), "Tema 18. Actos de comunicación procesal", en ROBLES GARZÓN, J.A. (Dir.), *Conceptos Básicos de Derecho Procesal Civil*, Tecnos, 4ª Edición, Madrid, pp. 249-260.

LÓPEZ GIL, M., (2013), "Tema 33. Consideraciones generales sobre los recursos. Recursos de reposición, revisión y queja", en ROBLES GARZÓN, J.A. (Dir.), *Conceptos Básicos de Derecho Procesal Civil*, Tecnos, 4ª Edición, Madrid, pp. 407-416.

– (2013), "Tema 37. Medios de impugnación de sentencias firmes", en ROBLES GARZÓN, J.A. (Dir.), *Conceptos Básicos de Derecho Procesal Civil*, Tecnos, 4ª Edición, Madrid, pp. 447-456.

LORCA NAVARRETE, J.F. y LORCA MARTÍN DE VILLODRES, M.I., (2010), *Derechos Fundamentales y Jurisprudencia*, Pirámide, 4ª Edición, Madrid.

LORCA NAVARRETE, A.M., (2004), "El Derecho Procesal como sistema de garantías", *Diario La Ley*, Nº 5933, Sección Doctrina, Enero, La Ley; Recurso electrónico ID: LA LEY 2068/2003.

MAGRO SERVET, V., (2008), "Posibilidades procesales del demandado una vez declarada la rebeldía", *Práctica de Tribunales*, Nº 47, Sección Práctica Procesal, Marzo, La Ley, Recurso electrónico ID: LA LEY 883/2008.

– (2010) (Coord.) VV.AA., *Guía práctica de la Ley de Enjuiciamiento Civil. Adaptada a la Ley 13/2009, de 3 de noviembre; Ley Orgánica 1/2009, de 3 de noviembre, y Ley 19/2009, de 23 de noviembre*, 4ª Edición, La Ley, Las Rozas, Madrid.

– (2013), "Primeras reflexiones sobre el nuevo Anteproyecto de reforma de la LEC", *Diario La Ley*, Nº 8084, Sección Doctrina, Mayo, Ref. D-183, La Ley; Recurso electrónico: LA LEY 2821/2013.

– (2016), "Preceptividad en la intervención de Abogado y Procurador en el proceso civil", *Práctica de Tribunales*, Nº 119, Marzo-Abril, La Ley, Recurso electrónico ID: LA LEY 825/2016.

– (2019), "Análisis de la STC de 28 de febrero de 2019, desestimando recurso contra la Ley 5/2018 en materia de ocupación de viviendas", *Práctica de Tribunales*, Nº 139, Julio-Agosto, La Ley; Recurso electrónico ID: LA LEY 8775/2019.

MARCOS FRANCISCO, D., (2016), "El nuevo juicio verbal tras la Ley 42/2015, de 5 de octubre, de reforma de la Ley 1/2000, de 7 de enero, de Enjuiciamiento Civil", *Revista General de Derecho Procesal IUSTEL*, Nº 38.

MARES ROGER, F., (2001), "Los actos de comunicación judicial en la nueva Ley de Enjuiciamiento Civil (perspectivas de práctica forense)", *Diario La Ley*, Sección Doctrina, Ref. D-82, Tomo 3, La Ley; Recurso electrónico ID: LA LEY 12476/2001.

Martí Martí, J., (2001), "La buena fe procesal en la Ley 1/2000, de Enjuiciamiento Civil", *Diario La Ley*, Secc. Doctrina, Ref. D-35, Tomo I, La Ley; Recurso electrónico ID: LA LEY 21094/2001.

– (2015), "El juicio verbal tras la reforma de la LEC 1/2000 y tras su evolución normativa" *Práctica de Tribunales*, Nº 117, Noviembre- Diciembre, La Ley; Recurso electrónico ID: LA LEY 6223/2015.

Martín Contreras, L., (2010), "Las reformas procesales para la implantación del nuevo modelo de Oficina Judicial. La supletoriedad en los actos de comunicación en la jurisdicción laboral", *Diario La Ley*, Nº 7463, Sección Doctrina, Septiembre, La Ley; Recurso electrónico ID: LA LEY 4951/2010.

Martín González, M., (2016), "Especialidades del proceso de desahucio por falta de pago desde un punto de vista doctrinal y jurisprudencial", *Revista de Derecho UNED (RDUNED)*, Nº 18, Madrid, pp. 349-392.

– (2017), "Régimen general de notificaciones en el proceso civil declarativo: novedades en las funciones de los Procuradores en las comunicaciones electrónicas", *Derecho y Tecnología: Revista Arbitrada de Derecho y Nuevas Tecnologías*, Nº 3/2017 (Ed. Digital), Nº 18/2017 (Ed. Ordinaria), Enero-Diciembre, Táchira (Venezuela), pp. 43-90.

– (2018), "Introducción a la doctrina constitucional sobre actos de comunicación", *Revista Estudios Institucionales de la UNED (REI)*, Nº 9, Vol. 5, pp. 213-242.

– (2018), "Evolución legislativa del proceso de desahucio por falta de pago", *Actualidad Civil*, Nº 6, Junio, La Ley; Recurso electrónico ID: LA LEY 6354/2018.

– (2019), "La modernización de la relación de los ciudadanos con la Administración de Justicia", *RIJE: Revista Internacional Jurídica y Empresarial*, Nº 2, Madrid, pp. 37-60.

– (2022), "La definitiva tecnificación de las comunicaciones judiciales dirigidas al justiciable", en Llorente Sánchez-Arjona, M., Calaza López, S. y Muinelo Cobo, J.C. (2022), *Digitalización de la Justicia, prevención, investigación y enjuiciamiento*, Aranzadi, Cizur Menor (Navarra), pp. 417-460.

Martínez De Santos, A., (2015) "El nuevo empleo de sistemas telemáticos o electrónicos en los trámites con la Administración de Justicia", *Actualidad Civil*, Nº 11, Noviembre, La Ley; Recurso electrónico ID: LA LEY 7672/2015.

– (2019), "De nuevo sobre las medidas urgentes en materia de vivienda y alquiler: el Real Decreto-ley 7/2019, de 1 de marzo", *Diario La Ley*, Nº 9382, Marzo, La Ley; Recurso electrónico ID: LA LEY 3838/2019.

– (2019), "La subsanación de los actos procesales. Vías para la subsanación", *Práctica de Tribunales*, Nº 140, Septiembre-Octubre, La Ley; Recurso electrónico ID: LA LEY 11719/2019.

Mejía Salazar, A.R., (2017) "La oralidad y los recursos en el proceso civil español y ecuatoriano", Tesis Doctoral, Director: D. Enrique Vallines García, Facultad de Derecho de la Universidad Complutense de Madrid, Fecha de Lectura: 22/06/2017.

Mira Ros, C., (2010), *El Expediente Judicial Electrónico*, Dykinson, Madrid.

– (2012) "Algunas reflexiones sobre la protección de datos personales en el ámbito judicial", en Neira Pena, A., Pérez Cruz Martín, A. y Ferreiro Baamonde,

X., (Dir. Congr.), *Los retos del Poder Judicial ante la sociedad globalizada,* Actas publicadas del IV Congreso Gallego de Derecho Procesal (I Internacional), Universidade Da Coruña, pp. 581-594.

Molina Caballero, M.J., (2013), "Tema 7. El proceso como instrumento de la función jurisdiccional", en Robles Garzón, J.A. (Dir.), *Conceptos Básicos de Derecho Procesal Civil,* Tecnos, 4ª Edición, Madrid, pp. 129-136.

– (2013), "Tema 8. Principios y formas del proceso y del procedimiento", en Robles Garzón, J.A. (Dir.), *Conceptos Básicos de Derecho Procesal Civil,* Tecnos, 4ª Edición, Madrid, pp. 137-152.

Monserrat Molina, P.E., (2017), "Los actos de comunicación por los Procuradores en el proceso de ejecución, y su capacidad de certificación", *Práctica de Tribunales,* Nº 127, Julio-Agosto, La Ley. Recurso Electrónico ID. LA LEY: 9327/2017.

– (2018), "Las notificaciones electrónicas, aspectos procesales de las mismas, ventajas y desventajas", *Práctica de Tribunales,* Nº 131, Marzo-Abril, La Ley; Recurso electrónico ID: LA LEY 2180/2018.

Montero Aroca, J., (2016), *El Proceso Civil. Los procesos ordinarios de declaración y de ejecución,* Tirant Lo Blanch, 2ª Edición, Madrid. Acceso online: Base de Datos de Tirant Lo Blanch.

Muerza Esparza, J., (2011), "Comentario al art. 136 de la LECiv. Preclusión", Armenta Deu, T., Cordón Moreno, F., Muerza Esparza, J.J., y Tapia Fernández, I., (Coord.), *Comentario a la Ley de Enjuiciamiento Civil. Tomo I,* Grandes Tratados Aranzadi, 2ª Edición, Cizur Menor (Navarra), Recurso electrónico Aranzadi ID: BIB 2011\5028.

Ocaña Rodríguez, A., (2000), "Regulación de la rebeldía en la nueva Ley de Enjuiciamiento Civil. Posibles motivos de inconstitucionalidad", *Diario La Ley,* Ref. D-118, Tomo 4º, Sección Doctrina. Recurso electrónico ID: LA LEY 21188/2001.

Ortells Ramos, M., Cámara Ruíz, J., y Juan Sánchez, R., (2000), *Derecho procesal. Introducción,* Nomos, Valencia.

Pascual Brotóns, C.C., (2013), "Impugnación de los actos de comunicación practicados por Procurador", *Revista Procuradores,* Nº 104, Octubre, Consejo General de Procuradores de España, Madrid.

Perarnau Moya, J., (2016), "El juicio verbal tras su reforma por la Ley 42/2015, de 5 de octubre. Una mirada práctica", *Diario La Ley,* Nº 8727, Sección Doctrina, 22 de Marzo, Ref. D-121, La Ley; Recurso electrónico ID: LA LEY 1291/2016.

Perea González, A., (2019), "Tareas pendientes: el emplazamiento electrónico", *Diario La Ley,* Nº 9473, Sección Tribuna, Septiembre, La Ley, p. 2; Recurso electrónico ID: LA LEY 8163/2019; Valero Canales, A.L., (2020), "Notificaciones telemática. Presente y futuro. Novedades ante las modificaciones del estado de alarma", *Práctica de Tribunales,* Nº 147, La Ley; Recurso electrónico ID: LA LEY 14739/2020.

Pereira I Puigvert, S., (2011), *La ineficacia de los actos procesales. Sistematización y clarificación de conceptos,* Marcial Pons, Madrid. Recurso disponible en vLex ID: 21760.

PÉREZ DAUDÍ, V., (2020), "Las notificaciones electrónicas", *Práctica de Tribunales*, Nº 142, Enero-Febrero, La Ley, p. 8; Rec. electrónico ID: LA LEY 1614/2020.

PÉREZ UREÑA, A.A., (2011), "La declaración de rebeldía en el proceso civil, a la luz de la praxis judicial", *Práctica de Tribunales*, Nº 81, Secc. Tribuna Libre, Abril, La Ley.

PICÓ I JUNOY, J., (2013), *El principio de la buena fe procesal*, JMB Editor, Barcelona, pp. 117-125, Recurso electrónico ID v-Lex: 417116674.

PRIETO-CASTRO Y FERRÁNDIZ, L., (1988), *Derecho Procesal Civil*, Tecnos, 4ª Edición, Madrid.

PRIETO DE PEDRO, J.J., (1983), "Los requisitos de la garantía de emplazamiento eficaz de los interesados en el recurso contencioso-administrativo", *Revista de Administración Pública*, Nº 100-102, Vol. II. Enero-Diciembre, pp. 1447-1499.

REGO BLANCO, M.D., (2012), "Las comunicaciones y notificaciones electrónicas en la tramitación de los procedimientos judiciales", en VALERO TORRIJOS, J. y GAMERO CASADO, E., (Coord.), *Grandes Tratados. Las Tecnologías de la Información y la Comunicación en la Administración de Justicia*, Cizur Menor (Navarra), Aranzadi.

REVILLA PÉREZ, L., (2000), "Los actos de comunicación en la Ley de Enjuiciamiento Civil", *Estudios Jurídicos. Cuerpo de Secretarios Judiciales*, Nº 5, Dedicado a la Ley de Enjuiciamiento Civil (I), pp. 241-292, Recurso electrónico del Repositorio Jurídico Científico del Centro de Estudios Jurídicos del Ministerio de Justicia.

RÍO GÓMEZ, E., (2018), "Efectos del expediente judicial electrónico en el cómputo de plazos", Ponencia impartida en el Curso "Tramitación electrónica de expedientes judiciales", 4ª edición, disponible en el Repositorio Jurídico-Científico del Centro de Estudios Jurídicos de la Administración de Justicia, Ministerio de Justicia, Madrid.

ROBLES GARZÓN, J.A., (2013), "Tema 2. Acepciones y perspectivas de la jurisdicción", en ROBLES GARZÓN, J.A. (Dir.), *Conceptos Básicos de Derecho Procesal Civil*, Tecnos, 4ª Edición, Madrid, pp. 55-64.

– (2013), "Tema 6. Derechos básicos de los justiciables. La acción procesal", en ROBLES GARZÓN, J.A. (Dir.), *Conceptos Básicos de Derecho Procesal Civil*, Tecnos, 4ª Edición, Madrid, pp. 120-128.

RODRÍGUEZ CARBAJO, J.R., (2012), "La indicación de recursos", *Actualidad Administrativa*, Nº 2, Sección Fundamentos de Casación. Quincena 16 al 31 Enero, La Ley; Recurso electrónico ID: LA LEY 22114/2011.

RODRÍGUEZ-PIÑERO Y BRAVO-FERRER, M., (2017), "Sobre la función «parajudicial» y la independencia de los Letrados de la Administración de Justicia", *Diario La Ley*, Nº 8952, Secc. Doctrina, Marzo, La Ley; Recurso electrónico ID: LA LEY 2910/2017.

RODRÍGUEZ TIRADO, A.M., (2012), "El juicio «monitorio» de desahucio de finca arrendada por falta de pago del art. 440.3 LEC (modificado por Ley 37/2011)", *Práctica de Tribunales*, Nº 96/97, Sección Estudios, Septiembre-Octubre, La Ley, Rec. electrónico: LA LEY 8446/2012.

– (2015), "La nueva configuración del juicio verbal con contestación escrita. El derecho a la asistencia jurídica gratuita del demandado", *Práctica de Tribunales*, Nº 117, Noviembre-Diciembre, La Ley; Rec. electrónico ID: LA LEY 6752/2015.

Rosende Villar, C., (2011), "Comentario al art. 166 de la LECiv. Nulidad y subsanación de los actos de comunicación", en Armenta Deu, T., Cordón Moreno, F., Muerza Esparza, J.J., y Tapia Fernández, I. (Coord.), *Comentario a la Ley de Enjuiciamiento Civil.* Tomo I, Grandes Tratados Aranzadi, 2ª Edición, Cizur Menor (Navarra), Rec. electrónico Aranzadi ID: BIB 2011\5037.

Samanes Ara, C., (2011), "Comentario al art. 496 de la LECiv. Declaración de rebeldía", en Armenta Deu, T., Cordón Moreno, F., Muerza Esparza, J.J., y Tapia Fernández, I. (Coord.), *Comentario a la Ley de Enjuiciamiento Civil.* Tomo I, Grandes Tratados Aranzadi, 2ª Edición, Cizur Menor (Navarra), Recurso electrónico Aranzadi ID: BIB 2011\5133.

Sánchez García, J.M., (2015), "Aspectos básicos de la reforma operada en el juicio verbal y en el procedimiento monitorio por la Ley 42/2015, de reforma de la L.E.Civil", *Revista de Derecho vLex,* Nº 137, Octubre, vLex, §2; Recurso electrónico ID vLex: 584668427.

Sánchez Gimeno, S., (2012), "La modificación de la Ley de Enjuiciamiento Civil operada por la Ley 37/2011, de 10 de octubre, de Medidas de Agilización Procesal", *Actualidad Jurídica Uría Menéndez,* Nº 31, pp. 39-52.

Sánchez Parellada, J., (2002), "Averiguación del domicilio de las partes en los procesos civiles", *Revista Doctrinal Aranzadi Civil-Mercantil,* Nº 14, Aranzadi, pp. 2175-2189; Recurso electrónico Aranzadi ID: BIB 2002\1914.

Sánchez Rubio, M.A., (2003), "Derecho a la tutela judicial efectiva: prohibición de sufrir indefensión y su tratamiento por el Tribunal Constitucional", *Anuario de la Facultad de Derecho de la Universidad de Extremadura,* Nº 21, pp. 601-616.

Saraza Jimena, R., (1994), *Doctrina constitucional aplicable en materia civil y procesal civil,* Civitas, Madrid.

Serrano Patiño, A., (2005) "Breve análisis de los Actos de Comunicación en la Ley de Enjuiciamiento Civil 1/2000, de 7 de enero", *Revista Jurídica de la Comunidad de Madrid,* Nº. 22, Madrid, pp. 141-180.

Schumann Barragán, G., (2018), "El proceso de tutela sumaria de la posesión por ocupación ilegal de viviendas introducido por la Ley 5/2018. Su naturaleza jurídica y algunas implicaciones prácticas", *Diario La Ley,* Nº 9264, Sección Tribuna, Septiembre, La Ley; Recurso electrónico ID: LA LEY 8922/2018.

Sierra Gil De La Cuesta, I., (1995), "Principios del proceso civil", *Revista Aldaba, editada por el Centro Asociado de la UNED en Melilla,* Nº 24, pp. 81-91.

Sospedra Navas, F.J., (2015), "Los requisitos procesales del recurso de amparo: el incidente excepcional de nulidad de actuaciones y la especial trascendencia constitucional", *Cuadernos de Derecho Local,* Nº 39, Octubre, pp. 162-193.

– (2016), "El recurso de amparo: admisión, objeto y efectos", *Cuadernos de Derecho Local,* Nº 42, pp. 296-317.

Tapia Fernández, I., (2016), *Lecciones de Derecho Procesal: Introducción,* Colección de Materiales Didácticos, Nº 91, Editor Universitat de les Illes Balears, 4ª Edición, Palma.

Talavera Hernández, J.A., (2014), "La notificación por edictos. Comentario a la STC 197/2013, de 2 de diciembre. Recurso de amparo 2028-2013", *Revista Boliviana de Derecho,* Nº 18 (Julio), pp. 502-513.

Torres Yanes, F., (2014), "Comunicaciones judiciales civiles mediante entrega por funcionario o Procurador. Problemas prácticos que plantea el artículo 161 de la Ley de Enjuiciamiento Civil", *Boletín del Ministerio de Justicia,* Estudios Doctrinales, Año LXVIII, Nº 2164, Madrid, Edición Digital.

– (2016), "Presente y futuro en la comunicación de los actos procesales de la Jurisdicción Civil", Tesis Doctoral, Director: D. Juan Antonio Robles Garzón y Dª Yolanda De Lucchi López-Tapia, Facultad de Derecho de la Universidad de Málaga, Fecha de lectura: 22-01-2016.

Ulloa Rubio, I., (2020), "Artículo 44", en González Rivas, J.J. (Dir.) y Gutiérrez Gil, A.J., (Coord.), *Comentarios a la Ley Orgánica 2/1979, de 3 de octubre, del Tribunal Constitucional,* Editan: Centro de Estudios Políticos y Constitucionales; Coeditan: BOE, Tribunal Constitucional y Fundación Wolters Kluwer, Madrid, pp. 518-527.

– (2020), "Artículo 46", en González Rivas, J.J. (Dir.) y Gutiérrez Gil, A.J., (Coord.), *Comentarios a la Ley Orgánica 2/1979, de 3 de octubre, del Tribunal Constitucional,* Editan: Centro de Estudios Políticos y Constitucionales; BOE, Tribunal Constitucional y Fundación Wolters Kluwer, Madrid, pp. 529-536.

Vallespín Pérez, D., (2015), "Análisis constitucional del juicio verbal previsto en la Ley 42/2015, de 5 de octubre de 2015, de reforma de la Ley 1/2000, de 7 de enero, de Enjuiciamiento Civil", *Práctica de Tribunales,* Nº 117, Noviembre-Diciembre, La Ley; Rec. electrónico: LA LEY 6243/2015.

Vela Sánchez, A.J., (2013), *Derecho Civil para el Grado I. Parte General,* Dykinson, Madrid.

Vicente Rojo, J., (2019), *Comunicaciones entre Juzgados y particulares, videoconferencias y LexNET,* Tirant Lo Blanch, Valencia.

Vila Rodríguez, J.P., (2000), "El Procurador ante los Actos de Comunicación en la Ley 1/2000", *Estudios Jurídicos. Cuerpo de Secretarios Judiciales,* Nº 5, Dedicado a la Ley de Enjuiciamiento Civil (I), pp. 377-412. Recurso electrónico: Repositorio Jurídico Científico del Centro de Estudios Jurídicos del Ministerio de Justicia.

Yélamos Bayarri, E., (2006), *Nulidad procesal y comunicaciones judiciales fallidas,* Editorial Atelier, Barcelona.

**GRACIAS POR CONFIAR EN NUESTRAS PUBLICACIONES**

Al comprar este libro le damos la posibilidad
de consultar gratuitamente la versión ebook.

**Cómo acceder al ebook:**

- **Entre en nuestra página web,** sección Acceso ebook (www.dykinson.com/acceso_ebook)
- **Rellene el formulario** que encontrará insertando el código de acceso que le facilitamos a continuación así como los datos con los que quiere consultar el libro en el futuro (correo electrónico y contraseña de acceso).
- Si ya es **cliente registrado**, deberá introducir su **correo electrónico y contraseña habitual**.
- Una vez registrado, **acceda a la sección Mis e-books de su cuenta de cliente**, donde encontrará la versión electrónica de esta obra ya desbloqueada para su uso.
- Para consultar el libro en el futuro, ya sólo es necesario que se identifique en nuestra web con su correo electrónico y su contraseña, y que se dirija a la sección Mis ebooks de su cuenta de cliente.

CÓDIGO DE ACCESO

DYK067235

[illegible]

Rasque para ver el código

Nota importante: Sólo está permitido el uso individual y privado de este código de acceso. Está prohibida la puesta a disposición de esta obra a una comunidad de usuarios.